KB267595

첫걸음 베스트 1위!

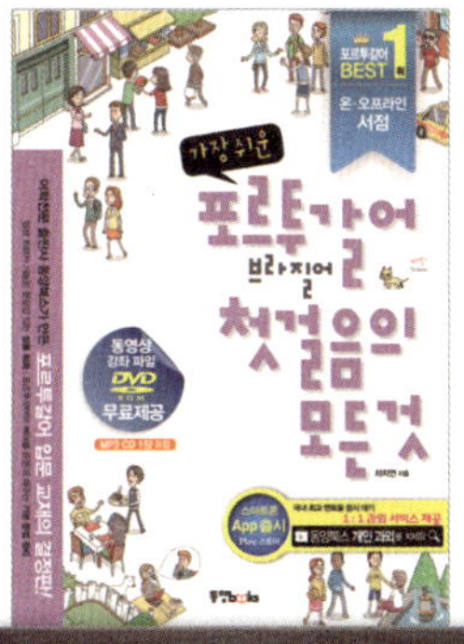

가장 쉬운
포르투갈어 첫걸음의 모든 것
18,000원

가장 쉬운
터키어 첫걸음의 모든 것
16,500원

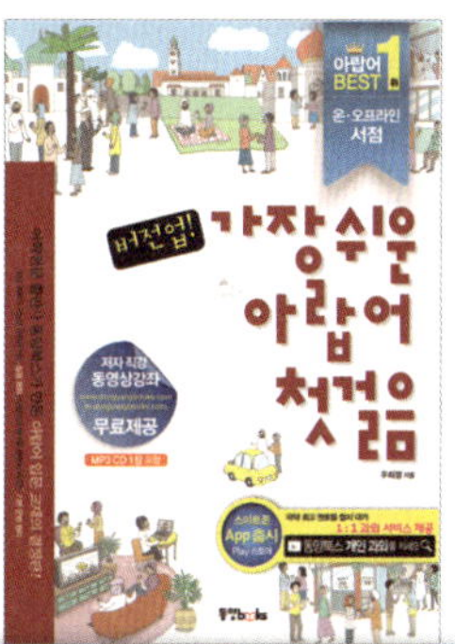

버전업! 가장 쉬운
아랍어 첫걸음
18,500원

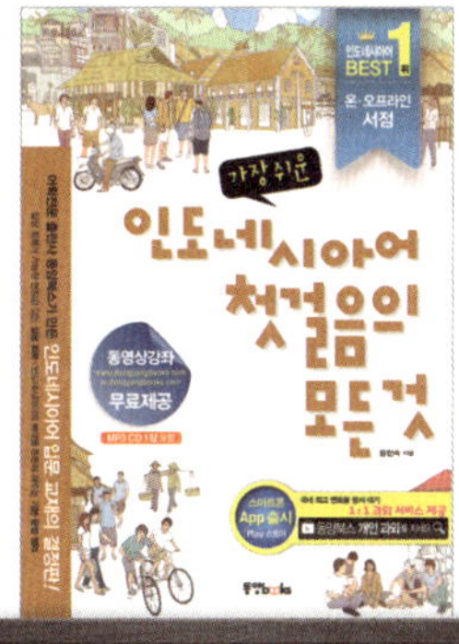

가장 쉬운
인도네시아어 첫걸음의 모든 것
18,500원

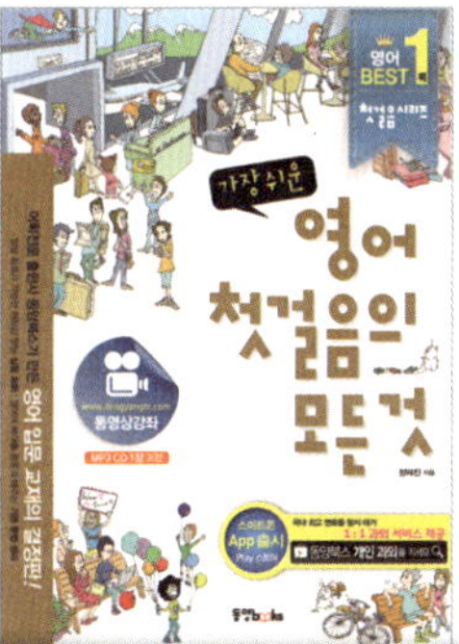

가장 쉬운
영어 첫걸음의 모든 것
16,500원

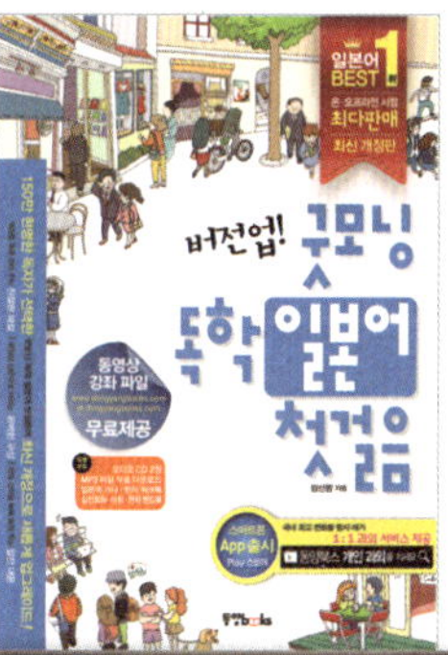

버전업! 굿모닝
독학 일본어 첫걸음
14,500원

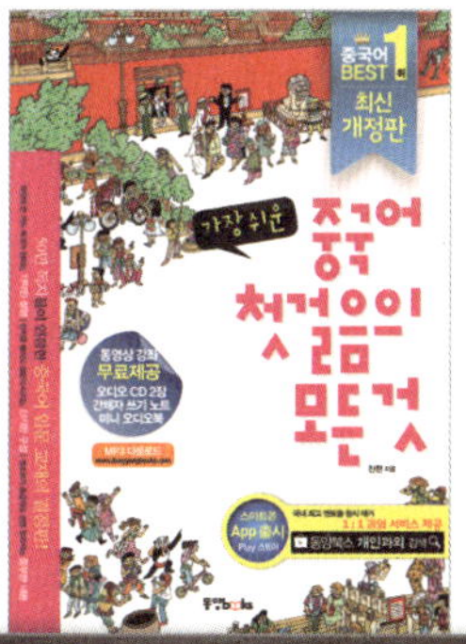

가장 쉬운
중국어 첫걸음의 모든 것
14,500원

동양북스
www.dongyangbooks.com
www.dongyangtv.com
m.dongyangbooks.com

15일 공략 5급 마스터플랜!
新 HSK 한 권이면 끝
한선영 지음
5급
영역별 공략서
듣기
동양북스

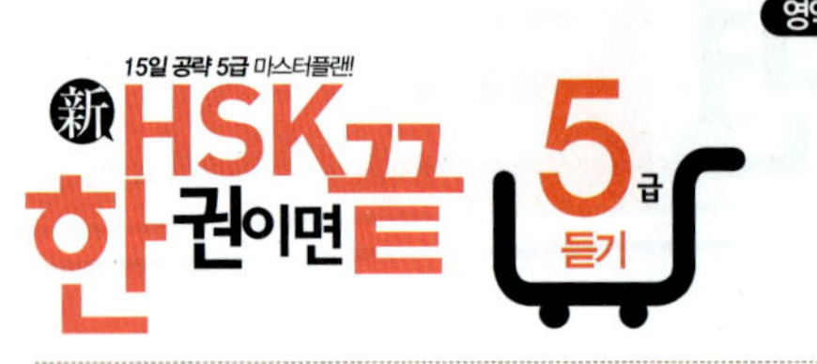

초판 3쇄 | 2016년 8월 20일

지은이 | 한선영
발행인 | 김태웅
총 괄 | 권혁주
편집장 | 이경숙
편 집 | 연윤영
디자인 | 차경숙
마케팅 총괄 | 나재승
마케팅 | 서재욱, 김귀찬, 왕성석, 이종민, 조경현
온라인 마케팅 | 김철영, 양윤모, 탁수지
제 작 | 현대순
총 무 | 한경숙, 안서현, 최여진, 강아담
관 리 | 김훈희, 이국희, 김승훈, 이규재

발행처 | 동양북스
등 록 | 제 10-806호(1993년 4월 3일)
주 소 | 서울시 마포구 동교로22길 12 (04030)
전 화 | (02)337-1737
팩 스 | (02)334-6624

http://www.dongyangbooks.com
http://www.dongyangTV.com

ISBN 978-89-8300-834-3 14720
      978-89-8300-820-6 (세트)

新HSK 5급을 쉽고 재미있게 공부할 수 있는 책 좀 추천해주세요!

학생들에게 자주 듣는 말이다. 그러나 지금까지 나와 있는 책은 대부분 모의고사 문제집으로, 유형별로 공부할 수 있는 교재가 부족했고, 그래서 HSK 강의 12년의 노하우와 급변하는 출제 경향의 변화를 밤낮으로 연구·분석한 결실을 바탕으로 〈新HSK 한 권이면 끝-5급〉이 완성되었다.

나에게 있는 달란트!

신은 모든 이에게 달란트를 주셨다. 하지만 나는 '왜 나에게는 특별한 달란트가 없을까?'라는 생각으로 힘들어한 적이 있다. 그때 JRC 김효정 원장 선생님의 격려 한마디가 나의 가슴을 벅차게 했다. "너에게는 다른 사람이 갖지 못한 열정이 있어. 가진 것의 120%를 발휘할 수 있는 네가 자랑스럽다." 그렇다! 나는 분명 다른 사람이 갖지 못한 것을 가졌다. 학생을 사랑하는 마음, 학생들의 눈높이에서 더 쉽게 가르치려는 열정, 그리고 문제를 분석하고 비법을 정리해내는 능력이 바로 그것이다. 그래서 나는 신이 주신 나의 달란트를 이 책의 집필에 최대한 발휘하였다.

오아시스를 만나다!

'풍요 속의 빈곤'이라는 말처럼, 수많은 교재의 홍수 속에서도 마음에 드는 교재를 찾기란 쉽지 않다. 학생들은 마치 사막에서 헤매는 것처럼 '비법서'에 목말라하고 있다. 新HSK 5급 문제는 원리만 알면 풀 수 있는 '비법이 통하는' 유형이다. 이 책은 학습자들이 좀 더 빠른 시간 내에 급수를 획득할 수 있도록 많은 비법과 공부 방법을 소개함으로써 사막의 길잡이 역할을 해준다. 이 책을 펼치는 순간 여러분은 오아시스를 만날 것이며, 오랜 갈증이 속 시원히 해소될 것이다.

분권을 결정하다!

〈新HSK 한 권이면 끝-5급〉 책이 출간된 후, 수험생들의 반응은 뜨거웠다. 新HSK 수험서 중 국내 최초로 선보인 올 컬러 편집이 보기에도 시원하고, 내용까지도 만족스럽다는 평이 나왔다. 가장 큰 이유는 〈듣기〉, 〈독해〉, 〈쓰기〉 각 영역마다 기출문제 분석을 통해 얻은 비법이 녹아 있고, 꼼꼼한 설명으로 누구나 쉽게 공부할 수 있도록 되어 있기 때문이다. 우리는 또다시 수험생들에게 더 필요한 것은 무엇인지 고민하기 시작했다. 그 결과 더 많은 수험생들이 부담 없이 이 책을 선택하여 학습할 수 있도록 영역별로 분권을 결정하게 되었다.

마지막으로 이 책이 나오기까지 옆에서 묵묵히 도와준 김하령 학생, 송근호 선생님, 朴香쯔 선생님께 진심으로 감사하다는 말을 전하고 싶다. 그리고 나의 인생에 터닝 포인트를 만들어주신 권혁주 부사장님, 좋은 교재를 만들기 위해 애써주신 동양북스 편집부의 노고에도 머리 숙여 감사의 마음을 전한다.

한 선 영

만점 노하우

1. '듣기'는 암기다!

녹음이 잘 안 들린다면 원인은 어휘량 부족에 있습니다. 공부한 문제와 핵심 단어 학습을 게을리하지 않아야 합니다.

2. 보기를 최대한 활용하라!

4개의 보기 중 하나는 분명히 답이고, 나머지 3개는 녹음에서 사용된 어휘가 등장할 가능성이 높습니다. 보기 분석을 통해 녹음에 나올 질문을 미리 간파하고, 핵심 포인트를 잡아낼 수 있는 능력이 필요합니다.

3. 긍정인지 부정인지를 파악하라!

대화문은 일반적으로 첫 번째 사람이 화제를 던지면 두 번째 사람이 자신의 생각을 말합니다. 반응이 긍정적인지 부정적인지만 알아도 50%는 성공입니다.

4. 성별을 구분하여 정보를 기억하라!

열심히 내용만 듣느라, 남자가 한 말인지 여자가 한 말인지 잊어버리는 경우가 있습니다. 들은 정보를 반드시 남/녀로 구분해서 기억합니다.

5. 첫 문장과 마지막 문장을 잘 들어라!

첫 문장에 있는 힌트를 놓쳤다면 그 문제는 아무리 열심히 들어도 답을 찾을 수 없습니다. 첫 문장부터 꼼꼼히 듣고, 녹음 지문의 결론이나 주제는 맨 마지막 부분에 나올 수 있으니 끝까지 집중력을 발휘해야 합니다.

6. 노트에 정리해서 암기하라!

자신이 푼 문제가 맞았는지 틀렸는지 점수만 매기고 끝나면 안 됩니다. 중요한 표현은 시험문제에서도 키워드로 제시될 수 있기 때문에 핵심어와 정답에 나온 표현법을 연결해서 암기해야 합니다.

제1부분

문제 형식	두 사람의 짧은 대화를 듣고 질문에 알맞은 답을 고르는 문제
출제 문항	20문제
점수 배점	1문제당 2.2점
문제 풀이 시간	15초
정답 체크	듣기 영역을 다 푼 후, 답안지에 체크하는 시간이 5분 주어진다. 제시된 [A] [B] [C] [D] 중 답이라고 생각되는 곳에 체크한다.

1. 녹음 내용을 듣기 전에 먼저 보기를 보고, 어떤 유형의 문제인지를 분석하고, 미리 내용을 예측하는 것이 중요합니다.

2. 문제 분석법: 보기가 [주어+술어] 혹은 [술어+목적어]의 형태로 나오면, 중요한 부분에 밑줄을 그어놓습니다.

> **예** 价格很贵 (가격이 비싼지에 집중)
> 在国外买的 (어디서 샀는지에 집중)
> 快要毕业了 (졸업했는지에 집중)

3. 녹음 청취법: 대부분 두 번째 말하는 사람의 말속에 힌트가 있습니다. 따라서, 첫 번째 사람의 말에서 대화의 화제를 파악하고, 두 번째 사람의 말에서 힌트를 찾아내면 됩니다.

제2부분

문제 형식	❶ 남녀가 각각 2번씩 주고받는 대화문으로, 대화를 듣고 질문에 알맞은 답을 고르는 문제 (10문제) ❷ 서술형 지문(또는 긴 대화문)을 듣고 2~4개의 질문에 알맞은 답을 고르는 문제 (15문제)
출제 문항	25문제
점수 배점	1문제당 2.2점
문제 풀이 시간	15초
정답 체크	듣기 영역을 다 푼 후, 답안지에 체크하는 시간이 5분 주어진다. 제시된 [A] [B] [C] [D] 중 답이라고 생각되는 곳에 체크한다.

1. 제2부분은 제1부분에 비해 정보의 양이 많아서 학생들이 부담을 많이 가집니다. 하지만 문제는 오히려 쉽게 제시되는 경우가 많으니, 겁내거나 포기하지 말고 적극적인 자세로 들어야 합니다.

2. 녹음을 들으면서 머릿속으로 그 상황을 상상하는 이미지화 훈련을 해야 합니다.

3. 서술형 지문 하나에 평균 3문제 정도가 출제되며, 힌트는 대부분 문제 순서대로 나올 가능성이 높습니다.

4. 지문을 다 듣고 답을 찾는 것이 아니라, 녹음이 나오기 시작하면 들리는 내용과 연관된 보기에 체크, 메모하면서 들어야 합니다.

5. 지문 내용의 '핵심어'나 '주제'를 묻는 문제가 자주 출제되므로, 항상 지문의 주제를 생각하는 습관을 길러야 합니다.

이 책의 구성

★맞춤형 5급 듣기 공략 프로젝트

新HSK 시험 형식에 맞춰 1~2부분으로 나누어져 있고, 총 15개 장으로 구성되어 있습니다. 학습 환경에 따라 15일, 30일 공략 프로젝트로 활용할 수 있습니다.

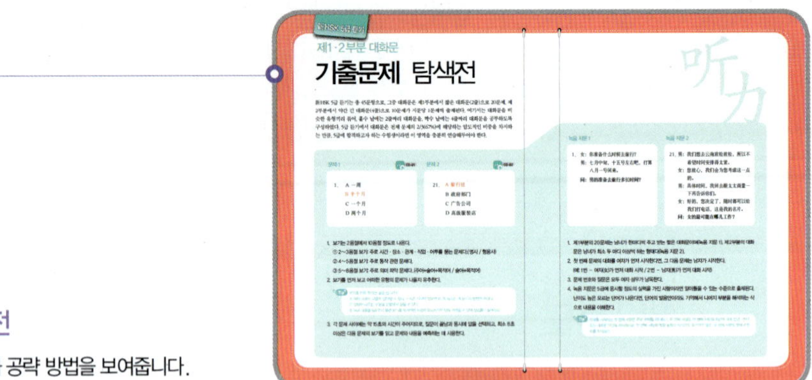

기출문제 탐색전

각 부분별 문제 유형과 공략 방법을 보여줍니다.

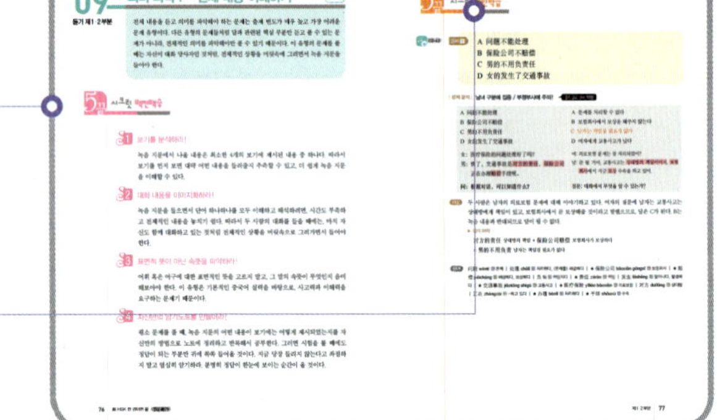

시크릿 백전백승

문제 유형별 핵심 비법을 공개합니다.

시크릿 확인학습

각 장에서 배운 비법을 예제에 적용해 풀어봅니다.

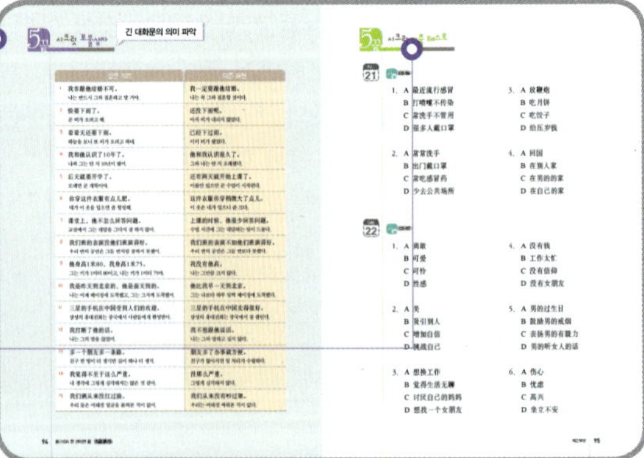

시크릿 보물상자

문제 해결에 가장 중요한 학습 내용을 모아 정리해줍니다.

시크릿 기출 테스트

기출문제를 100% 복원하여 만든 문제들을 풀어봅니다.

감동일기

그날 공부한 내용을 정리하고 틀린 문제를 메모하여 자신의 단점을 극복하고 보완해나갑니다.

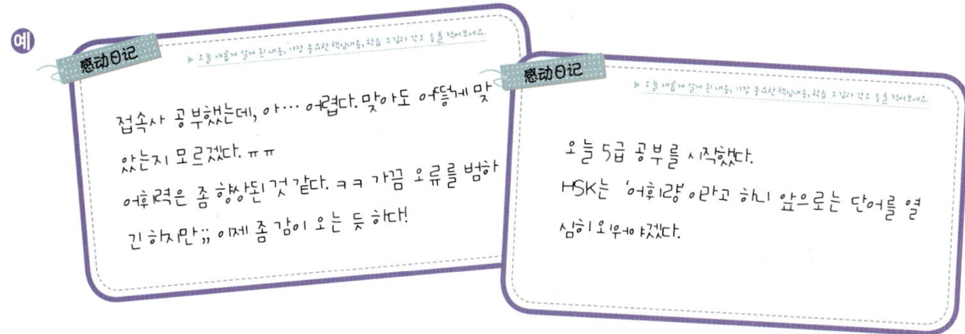

실전 모의고사

듣기 부분별 학습이 끝나면 실전 모의고사를 풀어보면서 그동안 갈고 닦은 실력을 체크할 수 있습니다.

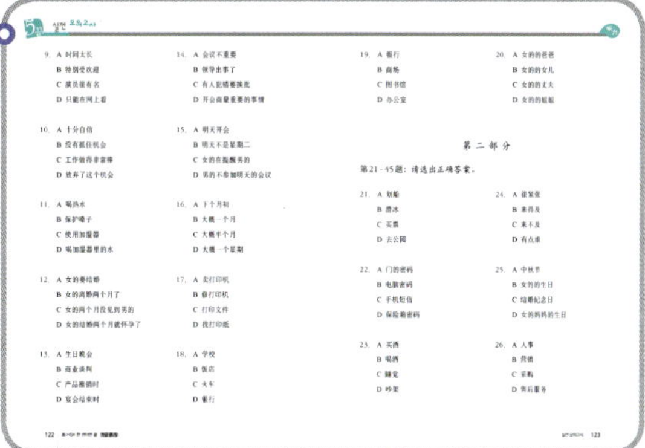

문제 해설

시크릿 기출 테스트와 실전 모의고사 문제에 대한 우리말 해석과 단어 해석, 문제 풀이 설명이 수록되어 있습니다.

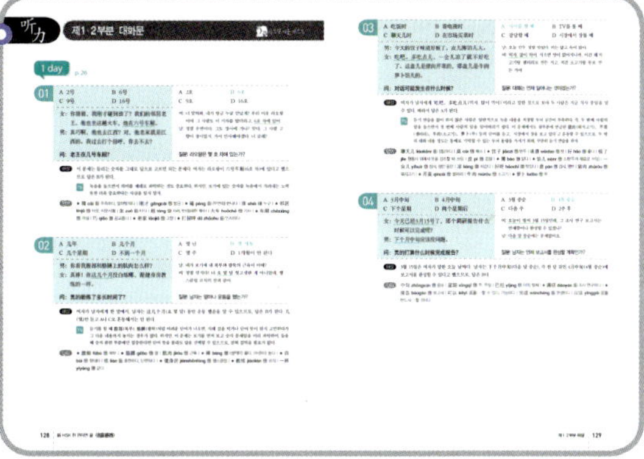

新HSK 5급 기출 VOCA

新HSK 5급 필수단어 1300개와 듣기 영역 시크릿 기출 테스트의 단어가 정리되어 있습니다. 시크릿 기출 테스트를 풀기 전에 단어장에 정리된 단어를 먼저 공부하고, 한자 훈음을 이용한 쉽고 재미있는 암기법으로 필수 단어 1300개를 거뜬히 정복할 수 있습니다.

맞춤형 학습 플랜

이 책은 총 15개 장으로 구성되어 있고, 장마다 2일 분량의 기출 테스트가 편성되어 있으므로, 학습자의 상황에 따라 15일, 30일 학습 전략을 세울 수 있습니다.

15일 플랜 (대학 강의용)

대학교 수업 일수에 적절한 학습 플랜으로, 한 학기 15회에 걸쳐 완성할 수 있습니다.

하루에 듣기 1장씩 공부합니다. 홀수 day에 해당하는 문제는 수업 시간에 풀고, 짝수 day에 해당하는 문제는 과제로 풀 수 있습니다.

학습일		학습 내용	
1day	제1·2부분	01. 계산하는 숫자 문제	비법 학습 + 테스트 1day (과제: 테스트 2day)
2day	제1·2부분	02. 암기하는 장소 문제	비법 학습 + 테스트 3day (과제: 테스트 4day)
3day	제2부분	01. 긴 대화문	비법 학습 + 테스트 21day (과제: 테스트 22day)
4day	제1·2부분	03. 암기하는 직업 & 관계 문제	비법 학습 + 테스트 5day (과제: 테스트 6day)
5day	제1·2부분	04. 느낌으로 푸는 어투 & 태도 문제	비법 학습 + 테스트 7day (과제: 테스트 8day)
6day	제2부분	02. 재미있는 이야기	비법 학습 + 테스트 23day (과제: 테스트 24day)
7day	제1·2부분	05. 반대로 말하는 반어문	비법 학습 + 테스트 9day (과제: 테스트 10day)
8day	제1·2부분	06. 행동을 묻는 동작 문제	비법 학습 + 테스트 11day (과제: 테스트 12day)
9day	제2부분	03. 교훈적인 이야기	비법 학습 + 테스트 25day (과제: 테스트 26day)
10day	제1·2부분	07. 쏙~! 뽑아 듣는 핵심어	비법 학습 + 테스트 13day (과제: 테스트 14day)
11day	제1·2부분	08. 짝꿍 암기하는 핵심어 – 어휘 바꿔치기	비법 학습 + 테스트 15day (과제: 테스트 16day)
12day	제2부분	04. 설명문	비법 학습 + 테스트 27day (과제: 테스트 28day)
13day	제1·2부분	09. 의미 파악 Ⅰ – 전체 내용 이해하기	비법 학습 + 테스트 17day (과제: 테스트 18day)
14day	제1·2부분	10. 의미 파악 Ⅱ – 어법 지식 활용하기	비법 학습 + 테스트 19day (과제: 테스트 20day)
15day	제2부분	05. 견해문	비법 학습 + 테스트 29day (과제: 테스트 30day)

혼자서 학습하기에 부담스럽지도 않고 적지도 않은 학습량입니다.
꾸준히 공부한다면 누구나 '30일의 기적'을 이룰 수 있습니다.
첫째 날: 1장씩 공부한 다음, 홀수 day에 해당하는 문제를 풉니다.
다음 날: 전날 공부한 내용을 복습한 다음, 짝수 day에 해당하는 문제를 풉니다.

학습일	학습 내용	
1day	제1·2부분 01. 계산하는 숫자 문제	비법 학습 + 테스트 1day
2day		복습 + 테스트 2day
3day	제1·2부분 02. 암기하는 장소 문제	비법 학습 + 테스트 3day
4day		복습 + 테스트 4day
5day	제2부분 01. 긴 대화문	비법 학습 + 테스트 21day
6day		복습 + 테스트 22day
7day	제1·2부분 03. 암기하는 직업 & 관계 문제	비법 학습 + 테스트 5day
8day		복습 + 테스트 6day
9day	제1·2부분 04. 느낌으로 푸는 어투 & 태도 문제	비법 학습 + 테스트 7day
10day		복습 + 테스트 8day
11day	제2부분 02. 재미있는 이야기	비법 학습 + 테스트 23day
12day		복습 + 테스트 24day
13day	제1·2부분 05. 반대로 말하는 반어문	비법 학습 + 테스트 9day
14day		복습 + 테스트 10day
15day	제1·2부분 06. 행동을 묻는 동작 문제	비법 학습 + 테스트 11day
16day		복습 + 테스트 12day
17day	제2부분 03. 교훈적인 이야기	비법 학습 + 테스트 25day
18day		복습 + 테스트 26day
19day	제1·2부분 07. 쏙~! 뽑아 듣는 핵심어	비법 학습 + 테스트 13day
20day		복습 + 테스트 14day
21day	제1·2부분 08. 짝꿍 암기하는 핵심어 – 어휘 바꿔치기	비법 학습 + 테스트 15day
22day		복습 + 테스트 16day
23day	제2부분 04. 설명문	비법 학습 + 테스트 27day
24day		복습 + 테스트 28day
25day	제1·2부분 09. 의미 파악 Ⅰ – 전체 내용 이해하기	비법 학습 + 테스트 17day
26day		복습 + 테스트 18day
27day	제1·2부분 10. 의미 파악 Ⅱ – 어법 지식 활용하기	비법 학습 + 테스트 19day
28day		복습 + 테스트 20day
29day	제2부분 05. 견해문	비법 학습 + 테스트 29day
30day		복습 + 테스트 30day

여러분에게 딱 맞는 학습 플랜을 짜보세요.

학습일	학습 내용
1day	
2day	
3day	
4day	
5day	
6day	
7day	
8day	
9day	
10day	
11day	
12day	
13day	
14day	
15day	
16day	
17day	
18day	
19day	
20day	
21day	
22day	
23day	
24day	
25day	
26day	
27day	
28day	
29day	
30day	

나에게 꼭 맞는 수험서 선택 비법

▶ 출제 경향을 얼마나 반영했는가?

가장 신뢰할만한 HSK 문제는 기출문제입니다. 이 책은 근간에 실시된 모든 기출문제를 철저히 분석하여 출제 경향을 최대한 완벽하게 반영했습니다.

▶ 설명은 얼마나 친절하고 명쾌한가?

이 책은 급수의 당락을 판가름하는 난이도 최상의 문제부터 너무 쉬워서 답이 뻔히 보이는 문제까지, 하나도 소홀히 하지 않고 학습자의 눈높이에서 알기 쉽게 설명했습니다.

▶ 단어는 충분히 정리되어 있는가?

시험은 한 달밖에 남지 않았는데 책을 보자니 모르는 단어가 너무 많고, 단어부터 외우자니 막막하다면? 이 책은 5급에 처음 입문하는 초보자들도 쉽게 공부할 수 있도록 실제 문제에서 다뤄진 모든 단어를 총망라하여 사전이 필요 없을 정도로 친절하게 정리했습니다. 또한, 난이도가 비교적 높은 단어에는 ★표로 표시하여 한눈에 찾아볼 수 있도록 했습니다.

▶ 학습량은 적절한가?

학습자가 소화할 수 없을 정도로 많은 양의 정보를 주입식으로 쏟아붓는 것은 정보를 주지 않느니만 못합니다. 이 책은 부분별로 가장 적절한 학습량을 구성하여 5급에서 꼭 필요한 수준으로 엑기스를 뽑아 정리했습니다.

▶ 비법은 얼마나 들어 있는가?

수험서를 사서 공부하는 이유는 시험에서 가장 좋은 성적을 얻기 위해서입니다. 빠른 시간 안에, 좀 더 쉽고 재미있게 공부하기 위해서는 저자의 비법이 소개되어야 합니다. 이 책에서는 십수 년 베테랑 HSK 강사의 노하우와 비법을 숨김없이 공개했습니다.

▶ 좋은 책, 좋은 저자, 좋은 출판사인가?

보기 좋은 책이 공부하기도 좋습니다. 이 책은 학습 의욕을 높여주고 효과를 극대화할 수 있도록 일목요연하게 디자인 및 구성되었을 뿐만 아니라, 오랜 강의 경력을 갖춘 열정적이고 실력 있는 저자와 좋은 책에 아낌없이 투자하는 역사와 전통을 갖춘 어학 전문 출판사의 경험을 통해 학습자에게 최적화될 수 있도록 만들어졌습니다.

▶ 본인에게 맞는 책인가?

인터넷의 판매 순위나 정보에만 의존하여 책을 고르기보다는 서점에서 직접 펼쳐 보고 확인해보는 것이 중요합니다. 다른 사람의 평가보다는 자신의 기준으로, 자신의 수준에 잘 맞는 책인지, 공부하고 싶어지는 책인지, 그 첫 설렘을 느껴보세요.

목차 C o n t e n t s

공략편

듣기 부분 mp3와 녹음 스크립트는 CD 안에 수록되어 있습니다.

제1·2부분 대화문

新HSK 5급 이것이 궁금하다!

Q 5급의 구성과 시험시간은 어떻게 되나요?

A 新HSK 5급은 총 100문제로 듣기·독해·쓰기 3부분으로 나뉘며, 100문항을 약 120분 동안 풀게 됩니다. 듣기 시험을 마치고 나면 답안 작성 시간이 5분 주어집니다.

시험구성		문항 수	배점	시험시간
개인정보 작성 시간				5분
듣기	제1부분	20		약 30분
	제2부분	25	45문항 / 100점	
듣기 답안지 작성 시간				5분
독해	제1부분	15		45분
	제2부분	10	45문항 / 100점	
	제3부분	20		
쓰기	제1부분	8		40분
	제2부분	2	10문항 / 100점	
총계		100문항	300점	약 125분

Q 몇 점이면 합격인가요?

A 총점 180점 이상이면 합격입니다. 영역별 과락 없이 총점만 180점을 넘으면 되지만, 성적표에 영역별 성적이 모두 표기되기 때문에 점수가 현저히 낮은 영역이 있는 것은 좋지 않습니다.

Q 新HSK 5급은 구HSK의 몇 급에 해당하나요?

A 新HSK 5급은 구HSK의 6~8급을 의미합니다. 따라서 5급을 180점으로 합격했다고 바로 新HSK 6급을 준비하는 것보다는, 210점 이상의 점수를 받은 후에 도전하는 것이 바람직합니다.

新HSK 5급	180점 이상	구HSK 6급에 해당
	195점 이상	구HSK 7급에 해당
	210점 이상	구HSK 8급에 해당

Q 영역별 배점은 어떻게 되나요?

A 영역별 배점은 아래와 같습니다. 특히 쓰기 제2부분은 주어진 어휘나 그림을 보고 80자 내외의 작문을 하는 문제로, 5급의 당락을 좌우하는, 배점이 아주 큰 영역이므로, 각별히 신경 써서 준비해야 합니다.

영역		문항 수	배점	총점	
듣기		45문항	2.2점	100점	
독해		45문항	2.2점	100점	
쓰기	제1부분	8문항	5점	40점	100점
	제2부분	2문항	30점	60점	

Q 듣기는 얼마나 공부하면 5급을 받을 수 있나요?

A 사람마다 실력이나 투자할 수 있는 시간이 다르기 때문에 정해진 답은 없습니다. 하지만 이 책을 보고 '아! 공부하면 할 수 있겠다!'라는 생각이 드는 수준이라면 이 책으로 15~30일간 집중 학습하여 듣기 영역을 마스터하면 듣기는 충분히 5급을 받을 수 있습니다.

Q 기출문제가 중요한가요?

A 기출문제가 시험에 다시 나오든 나오지 않든, 기출문제는 실제 시험문제의 유형과 난이도를 직접 느낄 수 있는 최적의 문제입니다. 이 책은 기출문제를 토대로 실제 시험문제와 가장 유사하게 만든 문제들로 구성하여 실전 감각을 익힐 수 있습니다.

Q 기출문제는 반복 출제되나요?

A 기출문제의 반복 출제는 지금까지 학계에서 논란이 되어 왔습니다. 중국 汉办에서는 기출문제를 꾸준히 교재로 출간하고, 향후 기출문제의 재사용을 자제할 예정이라고 합니다. 그렇기 때문에 기출문제의 답만 무조건 외우는 것이 아니라, 문제를 충분히 이해하고 소화하여 자신의 실력을 높이는 수단으로 사용하는 것이 효과적입니다.

Q 시험 난이도는 계속해서 높아질까요?

A 新HSK의 개정은 중국어의 세계적인 보급을 목적으로 하기 때문에 학생들의 성적이 좋다고 해서 난이도를 끝없이 상향 조정할 수는 없습니다. 하지만, 매회 난이도는 조금씩 차이가 있을 수 있습니다.

Q 정기시험 일자는 어떻게 되나요?

A 新HSK 시험은 연간 8회 정도(3월, 4월, 5월, 6월, 7월, 9월, 10월, 12월) 실시되며, 실시 지역과 시행 급수가 매회 다르므로, HSK 한국사무국 홈페이지(www.hsk.or.kr)에서 확인하는 것이 좋습니다.

Q 시험성적은 언제 나오며 언제까지 유효한가요?

A 시험 1개월 후부터 HSK 한국사무국 홈페이지를 통해 성적조회가 가능하며, 시험일로부터 40일경에 성적표를 등기우편으로 받아볼 수 있습니다. 시험성적은 시험일로부터 2년간 유효합니다.

新 HSK 5급 시험 보는 날!

1. 준비물 챙기기

수험표 ☐   신분증 ☐   2B연필 ☐   지우개 ☐   손목시계 (분침이 있는 아날로그 시계) ☐

(※ 시험 당일 유효 신분증이나 수험표가 없으면 시험에 응시할 수 없으니 반드시 미리 준비해둡니다.)

2. 고시장 확인하기

자신이 시험 보는 고시장 약도를 HSK 한국사무국 홈페이지에서 출력한 후, 교통편과 소요시간을 넉넉히 예상해둡니다.

3. 컨디션 조절하기

신체적으로나 감정적으로 평온한 상태가 유지될 수 있도록 합니다.

3禁
- ① 자극적인 음식이나 과식은 금물!
- ② 과도한 외부 활동이나 힘든 일은 금물!
- ③ 친구나 가족과 싸우는 일은 금물!

★ 집에서 할 일

1. **기상** : 지각하지 않도록 일찍 일어나 준비합니다.
2. **식사** : 두뇌활동이 활발해지도록 반드시 식사를 하되, 국물 종류를 너무 많이 마시면 자주 화장실에 가게 되므로 자제합니다.
3. **의상** : 활동이 편한 복장으로 너무 덥거나 춥지 않게 입습니다. 얇은 옷을 여러 개 입는 것도 체온 조절에 도움이 됩니다.
4. **준비물** : 전날 미리 챙겨둔 준비물을 다시 한 번 확인합니다.
5. **복습자료** : 이동 중에 복습할 교재와 MP3도 가방에 챙겨둡니다.

★ 이동 중에 할 일

1. **듣기** : 첫 시험 영역이 듣기이므로, 워밍업하듯이 그동안 공부했던 내용을 MP3로 들으면서, 머릿속으로 답을 떠올려봅니다.
2. **쓰기** : 자주 잊어버렸던 단어나 획수가 많은 단어를 다시 써봅니다.

※ 단, 복습에 너무 열중하다가 내릴 정거장을 지나치지 않도록 유의합니다.

★ 시험장에서 할 일

1. **좌석 찾기** : 자신이 시험 볼 고시장(교실)과 책상을 확인합니다.
2. **시험용품 정리** : 수험표, 신분증, 연필, 지우개, 손목시계를 책상 위에 정리해둡니다.
3. **가방 정리** : 시험 30분 전에 감독관이 들어오면, 학습자료와 기타 소지품을 가방에 정리하여 고시장 맨 앞이나 뒤에 가져다 놓습니다.
4. **화장실 다녀오기** : 시험 중에 고시장을 나갈 수 없으므로, 적어도 시험 시작 15분 전까지는 화장실에 한 번 다녀오는 것이 좋습니다.
5. **심신 안정하기** : 간단한 스트레칭으로 몸을 풀어주고, 명상하는 마음으로 마음의 평정을 유지합니다.

新HSK 한 권이면 끝

5급

듣기

공략편

제1·2부분 대화문

기출문제 탐색전

新HSK 5급 듣기는 총 45문항으로, 그중 대화문은 제1부분에서 짧은 대화문(2줄)으로 20문제, 제2부분에서 약간 긴 대화문(4줄)으로 10문제가 지문당 1문제씩 출제된다. 여기서는 대화문을 비슷한 유형끼리 묶어, 홀수 날에는 2줄짜리 대화문을, 짝수 날에는 4줄짜리 대화문을 공부하도록 구성하였다. 5급 듣기에서 대화문은 전체 문제의 2/3(67%)에 해당하는 압도적인 비중을 차지하는 만큼, 5급에 합격하고자 하는 수험생이라면 이 영역을 충분히 연습해두어야 한다.

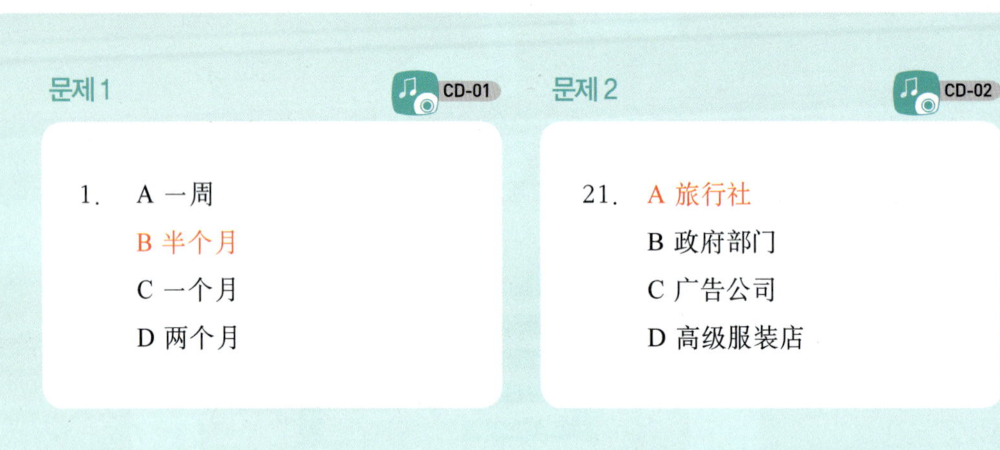

문제 1   🎵 CD-01

1.　A 一周
　　B 半个月
　　C 一个月
　　D 两个月

문제 2   🎵 CD-02

21.　A 旅行社
　　 B 政府部门
　　 C 广告公司
　　 D 高级服装店

1. 보기는 2음절에서 10음절 정도로 나온다.

　① 2~3음절 보기: 주로 시간·장소·관계·직업·어투를 묻는 문제다.(명사 / 형용사)

　② 4~5음절 보기: 주로 동작 관련 문제다.

　③ 5~8음절 보기: 주로 의미 파악 문제다.(주어+술어+목적어 / 술어+목적어)

2. 보기를 먼저 보고 어떠한 유형의 문제가 나올지 유추한다.

 **보기를 미리 읽으면 좋은 점 3가지**
　① 어떤 내용이 나올지 짐작할 수 있다. — 사전 지식이 있으면 더 잘 들리는 게 듣기의 평범한 진리다.
　② 정답이 나오는 부분을 선별해서 들을 수 있다.
　③ 녹음 내용을 들으면서 틀린 보기를 제거하면, 녹음이 끝나자마자 답을 선택할 수 있어 정답률이 높아진다.

3. 각 문제 사이에는 약 15초의 시간이 주어지므로, 질문이 끝남과 동시에 답을 선택하고, 최소 8초 이상은 다음 문제의 보기를 읽고 문제와 내용을 예측하는 데 사용한다.

녹음 지문 1

1. 女: 你准备什么时候去旅行?
   男: 七月中旬, 十五号左右吧, 打算
      八月一号回来。
   问: 男的准备去旅行多长时间?

녹음 지문 2

21. 男: 我们想去云南放松放松, 所以不
       希望时间安排得太紧。
    女: 您放心, 我们会为您考虑这一点
       的。
    男: 具体时间, 我回去跟太太商量一
       下再告诉你们。
    女: 好的, 您决定了, 随时都可以给
       我们打电话, 这是我的名片。
    问: 女的最可能在哪儿工作?

1. 제1부분의 20문제는 남녀가 한마디씩 주고 받는 짧은 대화문이며(녹음 지문 1), 제2부분의 대화
   문은 남녀가 최소 두 마디 이상씩 하는 형태다(녹음 지문 2).

2. 첫 번째 문제의 대화를 여자가 먼저 시작한다면, 그 다음 문제는 남자가 시작한다.
   (예: 1번 – 여자(女)가 먼저 대화 시작 / 2번 – 남자(男)가 먼저 대화 시작)

3. 문제 번호와 질문은 모두 여자 성우가 낭독한다.

4. 녹음 지문은 5급에 응시할 정도의 실력을 가진 사람이라면 알아들을 수 있는 수준으로 출제된다.
   난이도 높은 모르는 단어가 나온다면, 단어의 발음만이라도 기억해서 나머지 부분을 해석하는 식
   으로 내용을 이해한다.

대화를 시작하는 첫 번째 사람은 주로 화제를 제시하고, 두 번째 사람은 첫 번째 사람의 의견에 대해 찬성·반대,
또는 새로운 의견을 제시하므로, 첫 번째 사람의 말을 놓쳤다 하더라도 포기하지 말고, 두 번째 사람의 말에서 힌
트를 찾아본다.

01 ─ 계산하는 숫자 문제

듣기에서 숫자 문제는 1~2문제 정도로, 비중이 그리 크지 않다. 하지만 기본적으로 점수를 따야 하는 이런 문제에서 실수를 한다면, 고수들끼리의 실력 싸움에서 절대 이길 수 없다. 최근 숫자 문제는 힌트가 대화 속에 그대로 들어 있는 형태가 많아지는 추세다. 핵심어를 포착할 수 있는 능력에 계산 센스까지 겸비한다면, 숫자 문제 만점은 여러분의 손 안에 있다!

 시크릿 백전백승

1 첫눈에 알아채라!

보기에 시간 · 기간 · 날짜 · 나이 · 가격 · 수량 등을 나타내는 어휘가 제시되어 있다면 숫자 문제임을 간파하고, 녹음 지문을 들을 때 이러한 부분에 집중해서 들어야 한다.

예 两点半 두 시 반 / 明天早上 내일 아침 / 睡觉时 잘 때 / 一个星期 일주일

6月5号 6월 5일 / 20多岁 20여 세 / 35块钱 35위안 / 三四个 서너 개

2 메모하는 습관을 기르자!

듣기 문제를 풀 때는 녹음을 들으면서 관련 사항을 메모해놓지 않으면, 착각이나 실수로 틀리는 문제가 많아진다. 특히, 숫자 문제는 메모가 매우 중요하므로, 알아들었다고 자만하지 말고, 평소 연습 때부터 메모하는 습관을 기르자.

3 가감승제(+, −, ×, ÷)를 잘하라!

시간 계산 문제는 덧셈이나 뺄셈을 해야 할 경우가 많고, 가격 계산 문제는 곱셈을 해야 할 경우가 많다.

예 [녹음] 三天的时间太紧张了，再延长一天吧!

3일의 시간은 너무 촉박해, 하루 더 연장하자!

→ [답] 3天 + 1天 = 4天

[녹음] 现在差10分12点，离开车还有半个小时呢!

현재 12시 10분 전이야, 차가 출발하기까지는 아직 30분이 남았어!

→ [답] 11点50分 + 30分 = 12点20分

[녹음] A: 这种桔子一块七一斤。 이 귤은 한 근에 1위안 7마오예요.

B: 那我来两斤。 그럼 두 근 주세요.

→ [답] 1块7 × 2斤 ＝ 3块4

4 함정 숫자를 조심하라!

계산 문제에서는 계산에 필요한 숫자 외에 오답을 유도하는 함정 숫자가 나오기도 하므로, 불필요한 숫자를 구분할 수 있어야 한다. 따라서 들려주는 숫자가 필요한 것인지 불필요한 것인지를 알려주는 핵심 어휘와 내용도 잘 들어야 한다.

예 [녹음] 晚上去听7点半的音乐会，迟到了，他们规定晚半个小时不许进，
기준 수　　　　　　　　　　　　　　　　　　　　함정 수

我才晚了10分钟。
힌트(덧셈)

저녁 7시 30분에 열리는 음악회를 들으러 가는데 늦었다, 그들은 30분 늦으면 출입금지를 규정으로 하는데, 나는 간신히 10분 늦었다.

→ [답] 7点30分 ＋ 10分 ＝ 7点40分에 도착

5 시간 표현법을 암기하라!

시간 표현법에서 특히 差(모자라다 / ~ 전)를 이용한 표현법에 익숙해지도록 하자. 숫자만 들으면 순간적으로 착각을 일으키기 쉽다.

예 差5分8点 → 8시 5분(×) / 7시 55분(○)

差一刻11点 → 11시 15분(×) / 10시 45분(○)

 CD-03

문제 1

A 2天
B 5天
C 15天
D 30天

| 문제 분석 | 날짜를 듣고 계산하는 데 집중! S1, S2, S3 적용

| A 2天 | B 5天 | A 2일 | B 5일 |
| C 15天 | D 30天 | C 15일 | D 30일 |

女: 这次寒假你有什么计划吗?

男: 听说苏州园林非常有名, 我打算去苏州看看, 12月中旬出发, 月底回来。

问: 男的打算去苏州呆多久?

여: 이번 겨울방학에 너 무슨 계획 있니?

남: 듣자하니 쑤저우의 정원이 매우 유명하다고 해서, 쑤저우에 가볼 계획이야. 12월 중순에 출발해서, 월말에 돌아올 거야.

질문: 남자는 쑤저우에 얼마나 머무를 예정인가?

해설 남자는 12월 중순에 출발해서 월말에 돌아온다고 했다. 중순은 매월 11일~20일이므로, 남자는 최단 10일에서 최장 20일간 쑤저우에 머무를 것이다. 따라서 답이 될 수 있는 것은 C의 15일(= 半个月)밖에 없다.

출발: 12월 중순 ———————→ 도착 예정: 12월 말

대략 15天(半个月)

Tip+ 이 문제는 계산이 필요하다. 보기에 기간·가격 등이 제시되어 있다면 메모를 하면서 듣는다.

단어 ★ 寒假 hánjià 명 겨울방학 | ★ 计划 jìhuà 명 계획 | 听说 tīngshuō 동 듣자니 ~라고 하다 | 苏州 Sūzhōu 명 쑤저우 | 园林 yuánlín 명 원림, 정원 | 非常 fēicháng 부 매우, 대단히 | 有名 yǒumíng 형 유명하다 | 打算 dǎsuan 동 ~할 생각이다 | ★ 中旬 zhōngxún 명 중순 | 出发 chūfā 동 출발하다 | ★ 月底 yuèdǐ 명 월말 | 回来 huílái 동 돌아오다

 CD-04

문제 **2**

A 一周后
B 两周后
C 下周一二
D 一两个月后

| 문제 분석 | 들린 요일 그대로에 집중!　　S1, S2, S4 적용

A 一周后　　　　　　B 两周后
C 下周一二　　　　　D 一两个月后

男: 您好，医生，我妻子的恢复情况怎么样?
女: 放心吧，手术非常成功，恢复得不错。过两天，下周一二就可以出院了。
男: 太好了，真感谢您。
女: 不客气。

问: 男的的妻子什么时候可以出院?

A 1주 후　　　　　　B 2주 후
C 다음 주 월요일이나 화요일　　D 한두 달 후

남: 안녕하세요, 의사 선생님, 제 아내의 회복 상황은 좀 어떤가요?
여: 안심하세요, 수술은 매우 성공적이고, 회복도 괜찮아요. 며칠만 더 계시다가 다음 주 월요일이나 화요일쯤에는 퇴원하셔도 될 겁니다.
남: 아주 잘됐네요, 정말 감사합니다.
여: 별말씀을요.

질문: 남자의 아내는 언제 퇴원할 수 있는가?

해설　아내의 상태를 묻는 말에, 의사는 며칠 지나고 다음 주 월요일이나 화요일쯤 퇴원해도 될 거라고 했으므로 답은 C가 된다. 녹음에서 两(둘)이라는 단어를 듣고 B나 D가 답일 것이라고 착각해서는 안 된다.

Tip⁺　两天은 '이틀'이라는 뜻도 있지만, '2~3일' 혹은 '며칠'이라는 뜻도 있다.

단어　周 zhōu 몡 주, 주일 | 下周 xiàzhōu 몡 다음 주 | 医生 yīshēng 몡 의사 | 妻子 qīzi 몡 아내 | ★恢复 huīfù 동 회복되다 | 情况 qíngkuàng 몡 상황 | 放心 fàngxīn 동 안심하다 | ★手术 shǒushù 몡 수술 | 非常 fēicháng 분 매우, 대단히 | ★成功 chénggōng 혱 성공적이다 | 不错 búcuò 혱 좋다, 괜찮다 | 过 guò 동 지나다, 경과하다 | 可以 kěyǐ 조동 ~해도 된다 | ★出院 chūyuàn 동 퇴원하다 | 真 zhēn 분 참으로, 진정으로 | 感谢 gǎnxiè 동 감사하다 | ★不客气 bú kèqi 별말씀을요

感动日记

▶ 오늘 새롭게 알게 된 내용, 가장 중요한 핵심내용, 학습 소감과 각오 등을 적어보세요.

5끝 시크릿 보물상자 자주 출제되는 표현

1 숫자 문제 질문 형식

자주 나오는 질문 유형을 미리 알아두면, 보기를 보고 질문을 유추하는 데 도움이 되고, 녹음 지문을 들을 때 실수하지 않고, 문제를 정확하게 파악할 수 있다. 어떤 질문 유형이 시험에 잘 나오는지 공부해두자.

▶ 시간을 묻는 문제

女的是几号到达的? 여자는 며칠에 도착했는가?

男的什么时候才能写完论文? 남자는 언제 논문을 완성할 수 있는가?

对话最可能发生在什么时候? 대화는 언제 일어난 것이겠는가?

※ 구체적인 시간이나 때가 언급되므로 들린 내용이 그대로 답이 된다.

▶ 시간 · 나이 계산 문제

电影几点开演? 영화는 몇 시에 시작하는가?

火车什么时候出发? 기차는 언제 출발하는가?

奶奶明年多大年纪? 할머니는 내년에 연세가 어떻게 되시는가?

※ 덧셈(+)이나 뺄셈(−) 계산이 필요한 경우가 많다.

▶ 가격 계산 문제

一共多少钱? 총 얼마인가?

女的得花多少钱? 여자는 얼마를 써야 하는가?

※ 계산을 해야 하므로 반드시 메모한다. 덧셈(+)과 곱셈(×)이 사용될 가능성이 높다.

2 핵심 패턴 연습

다음 녹음 지문 표현을 듣고, 숫자를 계산해보자.

> **Tip⁺** 아래 표의 내용을 풀면 숫자 관련 문제 20개를 푼 것과 같은 효과를 볼 수 있다. 색깔로 표시된 어휘가 핵심 어휘이므로 꼭 외워둔다.

녹음 지문 표현	정답
1 您8块钱就拿两斤。 8위안으로 두 근을 가져갈 수 있어요.	8块钱 / 2斤 = 4块 / 1斤
2 上午九点一刻。 오전 9시 15분.	9点一刻 = 9点15分
3 最后一次来还是你二十岁生日聚会的时候，这都过去四十年了。 마지막에 온 게 너의 20살 생일파티 때였는데, 벌써 40년이 지났구나.	20岁 + 40年 = 60岁

4 现在差一刻七点。지금 7시 15분 전이야.	差一刻七点 = 6点45分 = 6点三刻
5 您一共消费250元。满200元可以打八折。 총 250위안입니다. 200위안이 넘으면 20% 할인해드려요.	250元 × 0.8 = 200元
6 女: 你不是说周日才回去吗？너 일요일에야 돌아간다고 하지 않았어? 男: 我要比原来早两天走。원래 예정보다 이틀 일찍 가게 되었어.	周日 - 两天 = 星期五
7 现在差一刻十二点。지금 12시 15분 전이야.	差一刻十二点 = 11点45分 = 11点三刻
8 男: 现在都七点半了。지금 벌써 7시 반이야. 女: 估计还有半小时才能开始。30분 더 있어야 시작할 것 같아.	7点半 + 半小时 = 8点
9 男: 这件皮大衣要1500块？이 가죽 재킷이 1500위안이에요? 女: 服装全都打七折。옷은 전부 30% 할인됩니다.	1500块 × 0.7 = 1050块
10 男: 今天都星期三了，这个报告什么时候能做完？ 오늘이 벌써 수요일인데, 이 보고서는 언제 끝낼 수 있겠니? 女: 我明天一定交给你。내일은 꼭 제출할게요.	星期三 + 明天 = 星期四
11 他让我十点半到的，现在还差一刻钟呢。 그는 나에게 10시 반에 오라고 했는데, 아직 15분 남았어.	10点半 - 一刻 = 10点15分
12 原价240元，打三折就买下了。 원가는 240위안인데, 70% 할인 받아서 샀어.	240元 × 0.3 = 72元
13 再过两年，我爷爷就一百岁。 2년이 더 지나면, 우리 할아버지는 100세가 되셔.	100岁 - 2年 = 98岁
14 你通知大家后天下午的会餐改到今天晚上8点。 모두에게 모레 오후에 하려던 회식이 오늘 저녁 8시로 바뀌었다고 전해주세요.	后天下午(×) 今天晚上(○)
15 男: 都两点半了，比赛已经开始了吧！ 벌써 2시 반이야, 경기 이미 시작했겠다! 女: 就晚了10分钟。겨우 10분 늦었어.	2点半 - 10分钟 = 2点20分
16 我妈妈的生日正好是5月1号，你的生日比我妈妈晚一天。 우리 엄마 생신이 마침 5월 1일인데, 네 생일은 우리 엄마보다 하루 늦구나.	5月1号 + 一天 = 5月2号
17 烤鸭原价100元，今天搞活动，半价！ 오리구이가 원래 100위안인데, 오늘 행사 중이라 반값이야!	100元 × 0.5 = 50元
18 男: 现在10点35了。지금 10시 35분이야. 女: 那个钟还快五分钟呢！그 시계는 5분 빨라!	10点35分 - 5分钟 = 10点30分
19 十三岁开始当游泳运动员，一干就十二年。 13살부터 수영선수를 시작해서, 12년 동안 했어.	13岁 + 12年 = 25岁
20 他是15号到北京的，李山比他早来一天。 그는 15일에 베이징에 도착하였고, 리산은 그보다 하루 일찍 왔어.	15号 - 1天 = 14号

1. A 2号

   B 6号

   C 9号

   D 16号

2. A 几年

   B 几个月

   C 几个星期

   D 不到一个月

3. A 吃饭时

   B 看电视时

   C 聊天儿时

   D 在市场买菜时

4. A 3月中旬

   B 4月中旬

   C 下个星期

   D 两个星期后

1. A 4000字

   B 5000字

   C 6000字

   D 7000字

2. A 明天晚上

   B 今天晚上

   C 明天中午

   D 今天中午

3. A 有足球比赛

   B 世界杯开幕

   C 世界杯闭幕

   D 有世界杯决赛

4. A 上午9点

   B 下午3点

   C 上午11点

   D 上午10点

02 — 암기하는 장소 문제

듣기 제1·2부분

장소 문제는 보통 1~2문제 정도 출제되며, 주로 대화가 이루어지는 장소, 화자가 가려고 하는 곳, 또는 이미 다녀온 장소를 묻는다. 녹음 지문에서 장소가 어디인지 직접적으로 언급하기보다는, 장소와 관련된 명사나 동사를 듣고 추측하게 하는 경우가 많으므로, 해당 장소와 관련된 명사나 동사를 집중해서 들으면 쉽게 정답을 찾을 수 있다.

5끝 시크릿 백전백승

1 첫눈에 알아채라!

녹음 지문을 듣기 전에 보기를 먼저 보고 어떤 질문이 나올지 추측하는 것은 듣기의 기본 자세다. 보기를 통해서 문제의 대략적인 내용과 질문을 예상하고, 무엇을 중점적으로 들어야 하는지 알 수 있으므로, 보기를 일일이 해석하지 않고도 어떤 유형의 문제인지 첫눈에 알아채는 훈련을 해야 한다.

예 장소 문제: [보기] 学校 학교 / 图书馆 도서관 / 饭馆 식당 / 商店 상점

　　직업·신분 문제: [보기] 大夫 의사 / 记者 기자 / 司机 운전사 / 警察 경찰

2 장소 관련 동사와 명사에 집중하라!

장소 문제는 장소가 직접적으로 언급되지 않는 경우가 대부분이다. 녹음 지문을 들을 때, 대화 내용을 해석하는 것에만 급급해하지 말고, 장소를 유추할 수 있는 명사나 동사를 듣고 대화의 장소가 어디인지 추측하는 것에 중점을 두어야 한다.

예 寄 보내다, 부치다 → [답] 邮局 우체국

　　存钱 저축하다 → [답] 银行 은행

　　能不能开快一点? 좀 더 빨리 운전할 수 없나요? → [답] 出租车 택시

3 함정에 현혹되지 마라!

장소 문제는 대부분 장소 관련 핵심 어휘만 알아들을 수 있다면 바로 맞힐 수 있다. 간혹, 난이도 높은 문제에서는 혼동 어휘가 나올 수 있으니, 현혹되거나 실수하지 않도록 주의한다.

예 我以为你去食堂吃饭呢，原来在宿舍里。

　　나는 네가 식당에 밥 먹으러 간 줄 알았는데, 기숙사에 있었구나.

　　→ [답] 宿舍 기숙사

 CD-08

문제 1

A 银行
B 医院
C 邮局
D 百货商店

| 문제 분석 | 장소와 관련된 명사와 동사에 집중! ◀ S1, S2 적용

| A 银行 | B 医院 | A 은행 | B 병원 |
| C 邮局 | D 百货商店 | C 우체국 | D 백화점 |

女: 邮包里面装的是什么?

男: 几本书和几件衣服。可以寄吧?

问: 他们可能在什么地方?

여: 소포 안에 들어 있는 물건이 무엇이죠?

남: 책 몇 권이랑 옷 몇 벌이에요. 부쳐도 되죠?

질문: 그들은 어디에 있겠는가?

해설　녹음 지문에서 邮包(소포), 寄(보내다, 부치다)라는 단어를 들었다면, 남자가 소포를 부치려고 우체국에 와 있음을 알 수 있다. 따라서 답은 C가 된다.

단어　银行 yínháng 몡 은행 | 医院 yīyuàn 몡 병원 | 邮局 yóujú 몡 우체국 | 百货商店 bǎihuò shāngdiàn 몡 백화점 | ★ 邮包 yóubāo 몡 소포 | ★ 装 zhuāng 동 포장하다, 담다 | 衣服 yīfu 몡 옷 | 可以 kěyǐ 조동 ~할 수 있다, 가능하다 | 寄 jì 동 보내다, 부치다

感动日记

▶ 오늘 새롭게 알게 된 내용, 가장 중요한 핵심내용, 학습 소감과 각오 등을 적어보세요.

문제 2

A 船上
B 火车上
C 飞机上
D 公共汽车上

| 문제 분석 | **장소와 관련된 명사에 집중!**  S1, S2 적용

A 船上　　　　　　　B 火车上	A 배 위　　　　　　　**B 기차 안**
C 飞机上　　　　　　D 公共汽车上	C 비행기 안　　　　　D 버스 안

男: 打扰一下，可不可以和我换一下座儿呢?
　　我想和我朋友坐一起。
女: 没问题，你的座位在哪儿?
男: 这个车厢的29号，是一个靠窗的座位，太
　　感谢您了。
女: 别客气，我很喜欢靠窗的座位。

问: 他们最可能在哪儿?

남: 실례합니다만, 저랑 자리를 좀 바꿀 수 없을까요?
　　제 친구랑 같이 앉고 싶어서요.
여: 그러세요, 자리가 어디시죠?
남: 이 객차의 29번, 창가 자리예요. 매우 감사합니다.
여: 천만에요, 저는 창가 자리를 무척 좋아해요.

질문: 그들은 어디에 있겠는가?

해설 4개의 보기 모두 교통수단이므로, 좌석의 자리를 바꾸는 것이 가능하다. 녹음 지문에서 车厢(객차)이라는 단어를 들었다면, 대화 장소가 기차 안(火车上)이라는 것을 알 수 있다. 따라서 답은 B가 된다.

Tip⁺ 최근 10년간의 HSK 출제 경향으로 볼 때, 교통수단을 묻는 문제에서 船(배)이 답이 될 확률이 가장 적다. 다음은 자주 출제되는 교통수단이므로, 짝꿍 핵심어를 반드시 암기해두자.

자주 출제되는 교통수단	녹음 지문 핵심어
公共汽车 버스	该下车了 내려야 한다
火车 기차	检票 검표하다 / 准备行李 짐을 챙기다
飞机 비행기	系好安全带 안전벨트를 잘 매다 / 起飞了 이륙합니다
出租汽车 택시	红绿灯 신호등 / 师傅，快一点儿。기사님, 좀 빨리 가주세요.

단어 船 chuán 몡 배 | 火车 huǒchē 몡 기차 | 飞机 fēijī 몡 비행기 | 公共汽车 gōnggòng qìchē 몡 버스 | ★打扰 dǎrǎo 동 방해하다, 지장을 주다 | 换 huàn 동 바꾸다 | 座儿 zuòr 몡 좌석, 자리 | 想 xiǎng 조동 ~하고 싶다 | 朋友 péngyou 몡 친구 | 坐 zuò 동 앉다 | 一起 yìqǐ 뷔 같이 | ★座位 zuòwèi 몡 좌석 | ★车厢 chēxiāng 몡 객실, 객차 | 靠 kào 동 기대다, 접근하다 | ★窗 chuāng 몡 창문 | ★感谢 gǎnxiè 동 감사하다 | 喜欢 xǐhuan 동 좋아하다

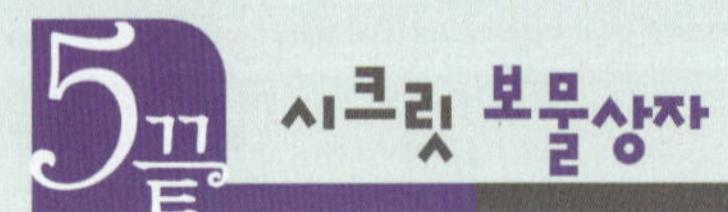

자주 출제되는 표현

1 장소 문제 질문 형식

▶ **대화가 일어나는 장소를 묻는 문제**

他们最可能在哪儿说话? 그들은 어디에서 이야기하고 있겠는가?

这段对话可能发生在哪儿? 이 대화는 어디에서 일어난 것이겠는가?

对话最可能发生在什么地方? 대화는 어느 곳에서 일어난 것이겠는가?

※ 화자가 있는 곳이 어디인지 파악해야 한다.

▶ **화자가 갔거나 가려는 곳을 묻는 문제**

男的昨天去哪儿了? 남자는 어제 어디에 갔는가?

他们周末打算去哪儿? 그들은 주말에 어디에 가려고 하는가?

※ 화자가 지금 있는 곳은 답이 아니므로, 화자가 이미 갔다 왔거나 가려고 하는 장소가 어디인지 파악해야 한다.

▶ **물건이 있는 장소를 묻는 문제**

男的要把照片放在哪儿? 남자는 사진을 어디에 두려고 하는가?

男的是在哪儿找到手表的? 남자는 어디에서 손목시계를 찾았는가?

※ 물건을 놔둔 곳이 어디인지, 어떤 물건이 있는 곳을 말하는지 파악해야 한다.

CD-10

2 핵심 패턴 연습

다음 녹음 지문 표현을 듣고, 관련 장소를 유추해보자.

Tip+ 아래 표의 내용을 공부하면 장소 관련 문제 26개를 푼 것과 같은 효과를 볼 수 있다. 색깔로 표시된 어휘가 핵심 어휘이므로 꼭 외워둔다.

녹음 지문 표현	정답
1 3号桌已经有人定了，您坐这边可以吗? 3번 테이블은 이미 예약한 분이 있습니다, 이쪽 자리에 앉아도 괜찮으세요?	饭馆 / 餐厅 음식점
2 你怎么才来，火车都要开了。너 왜 이제야 와, 기차도 곧 출발하려 해.	火车站 기차역
3 您要取多少钱? 얼마를 찾고 싶으세요?	银行 은행
4 都住院了，还批改作业呀! 입원을 하고도, 숙제를 수정해주는 거야!	医院 병원
5 我要坐11点的飞机。나는 11시 비행기를 탈 거야.	机场 공항
6 我们这里不能用信用卡，只能付现金。 저희는 신용카드는 쓰실 수 없고, 현금 지불만 가능합니다.	商场 / 商店 상점

7	我想找一本**逻辑方面的**书。논리학 방면의 책을 한 권 찾고 싶어요.	书店 서점
8	我要一个**标准间**。일반실 하나 주세요.	宾馆 / 饭店 호텔
9	你好，我想要两张28号去上海的**火车票**。 안녕하세요, 28일에 상하이로 가는 기차표 2장을 사고 싶어요.	火车站 기차역 售票处 매표소
10	您好，您想**来点儿**什么？ 안녕하세요, 무엇을 좀 드시겠습니까?	饭馆 / 餐厅 음식점
11	**看**一次**病**真难呀！치료 한 번 받기 정말 힘드네!	医院 병원
12	地上没有**停车位**了，地下车库可能还有。 지상에 주차할 곳이 없어요, 지하 주차장에는 아마 있을 거예요.	停车场 주차장
13	本店现在全部8折**优惠**，祝你们**购物**愉快。 저희 상점은 현재 전 품목 20% 할인입니다, 즐거운 쇼핑 되시길 바랍니다.	商场 / 商店 상점
14	你的**护照**是真的，可以**登机**了。 당신의 여권은 진짜군요, 탑승하실 수 있습니다.	机场 공항
15	您好，我要**存一些钱**，这是我的**存款单**。 안녕하세요, 돈을 좀 입금하려고요, 여기 입금 전표입니다.	银行 은행
16	下一站是自然博物馆，**要下车的乘客请准备下车**。 다음 역은 자연박물관입니다, 내리실 분은 준비하세요.	公共汽车 버스
17	你的**包裹超重**了，要再**贴**一张才能**寄**。 당신의 소포는 중량 초과네요, (우표) 한 장 더 붙여야 부칠 수 있습니다.	邮局 우체국
18	系好**安全带**了吗？快**起飞**了。안전띠 잘 매셨나요? 곧 이륙합니다.	飞机 비행기
19	**买这么多书**就咱们两个人能拿得了吗？ 이렇게 많은 책을 사서 우리 두 사람이 들고 갈 수 있을까?	书店 서점
20	我给你**开点儿药**，回家好好儿休息，**按时吃药**。 약을 좀 처방해 드릴 테니, 집에 가서 푹 쉬시고, 제때 약을 드세요.	医院 병원
21	不用**洗头**，只要**剪短**一点儿。 머리를 감을 필요는 없고, 조금 짧게만 잘라주세요.	理发馆 이발소
22	对不起，你的**密码**不对。죄송하지만, 비밀번호가 맞지 않습니다.	银行 은행
23	如果想**锻炼**腿部，我推荐你使用**跑步机**。 다리 부위를 단련하고 싶다면, 러닝머신을 사용할 것을 추천합니다.	健身房 헬스클럽
24	**师傅**，今天为什么这么堵车，能不能再**开快点儿**，行吗？ 기사 아저씨, 오늘 왜 이렇게 차가 막히죠? 좀 더 빨리 운전해주실 수 있나요?	出租汽车 택시
25	周末骑摩托车去**郊外**玩玩儿，一定很有意思！ 주말에 오토바이를 타고 교외로 나가서 놀자, 정말 재미있을 거야!	가려는 곳: 郊外 / 郊区 교외
26	别把这个纸箱子扔了，你先**放阳台上**吧。 이 종이 상자를 버리지 말고, 우선 베란다에 두어라.	물건을 둘 곳: 阳台 베란다

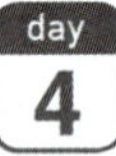  CD-11

day 3

1. A 餐厅
   B 商场
   C 酒吧
   D 咖啡厅

2. A 卧室
   B 客厅
   C 办公室
   D 照相馆

3. A 医院
   B 校园里
   C 电影院
   D 咖啡厅

4. A 药店
   B 医院
   C 学校
   D 电影院

CD-12

day 4

1. A 机场
   B 宾馆
   C 火车站
   D 警察局

2. A 街上
   B 公司
   C 火车站
   D 飞机场

3. A 路上
   B 银行
   C 公安局
   D 火车站

4. A 抽屉里
   B 书包里
   C 桌子下面
   D 舅舅的房间里

03 암기하는 직업&관계 문제

직업&관계 문제는 전체적인 흐름을 이해하거나 논리적 추론을 해야 하는 경우가 드물고, 대화 속에서 언급된 직업·관계 관련 주요 어휘만 잘 포착한다면 바로 정답을 찾을 수 있는 '암기형' 문제다. 이러한 유형을 마스터하는 방법은 딱 한 가지! '관련 어휘 암기'다. 관계 문제에서는 녹음 지문 첫 부분에 상대방을 부르는 호칭이 나오는 경우가 많으므로, 처음부터 집중해서 들어야 한다.

5끝 시크릿 백전백승

S1 첫눈에 알아채라!

직업·신분·관계·호칭 등에 관한 단어가 보기에 나오면 직업&관계 문제임을 간파하고, 관련 어휘에 최대한 집중해서 들어야 한다. 지문을 듣기 전에 보기를 보고 직업&관계 문제임을 파악했다면, 이미 정답에 한 발짝 다가선 것이다.

예 [보기] 大夫 의사 / 老师 선생님 / 秘书 비서 → **직업을 묻는 문제**

夫妻 부부 / 同事 동료 / 母子 모자 → **관계를 묻는 문제**

S2 호칭, 직업·관계 관련 명사와 동사에 집중하라!

녹음 지문에서 직업이나 관계가 직접적으로 언급되지 않는다면, 호칭이나 직업·관계를 유추할 수 있는 명사와 동사를 근거로 답을 골라야 한다.

예 [호칭 힌트] 张老师 장 선생님 → 师生 사제 관계

爸爸 아빠 → 父女 부녀 관계

观众朋友 관중 여러분 → 主持人 사회자

[명사 힌트] 两口子 부부 → 夫妻 부부

驾驶执照 면허증 → 警察 경찰 / 司机 운전사

论文 논문 → 学生 학생 / 教授 교수

[동사 힌트] 采访 취재하다 → 记者 기자

赠送 증정하다 → 售货员 판매원 / 顾客 고객

开药 약을 처방하다 → 大夫 의사

3 핵심 어휘를 암기하라!

정답과 관련된 명사나 동사를 들었더라도, 단어의 뜻을 정확히 알지 못하거나 어 떤 직업 및 관계에 관련되어 있는지 암기하지 못했다면 정확한 답을 고를 수 없다. 한 번 들었던 지문에 나오는 핵심 어휘는 놓치지 말고 반드시 암기해둔다.

4 전체 내용을 이해하라!

직업 & 관계 문제에서는 답과 관련된 단어를 녹음 지문에서 들려주는 경우가 80% 이상이므로 핵심 어휘를 우선적으로 암기해야 하지만, 전체적인 내용을 듣고 답을 유추해야 하는 문제도 나올 수 있다. 고득점을 위해서는 무조건 핵심 어휘만 찾기 보다는, 전체적인 내용을 들으려는 노력도 필요하다.

내가 생각하는 HSK란? – HSK는 〔　　　　〕다.

- HSK는 씨앗이다. 내가 정성을 들인 만큼 예쁜 싹을 틔우고 꽃을 피우니까. – 심지혜
- HSK는 늪이다. 아무리 빠져나오려고 발버둥쳐도 그럴 수 없으니까. – 김지은
- HSK는 주민등록증이다. 주민등록증을 보고 주소를 알 수 있듯이, 급수를 보고 내 중국어 실력의 현 위치를 알 수 있다. – 조유진
- HSK는 미스터리다. 알면 알수록 재미있으니까. – 김주현

CD-13

문제 1

A 歌手
B 演员
C 踢足球的
D 乐队鼓手

| 문제 분석 | 들리는 그대로에 집중! ◀ S1, S2 적용

| A 歌手 | B 演员 | A 가수 | B 연기자 |
| C 踢足球的 | D 乐队鼓手 | C 축구를 하는 사람 | D 밴드 드럼 연주자 |

男: 新搬来的邻居在家干什么呀? 为什么每天 "咚咚咚"的?

女: 听说是个乐队打鼓的, 不管几点, 没事儿 就打鼓。

问: 隔壁邻居是做什么的?

남: 새로 이사 온 사람은 집에서 뭘 하는 거야? 왜 매일 '쿵쾅'거리지?

여: 듣자하니 밴드에서 드럼을 치는 사람이래, 시간이 몇 시든 상관없이, 일이 없으면 드럼을 치더라고.

질문: 옆집의 이웃은 무엇을 하는 사람인가?

해설 이 문제는 들은 그대로 답을 고르면 되는 문제다. 남자의 질문에 여자가 드럼 치는 사람(乐队 打鼓的)이라고 말했으므로 답은 D가 된다. 대화에서 打鼓的(드럼 치는 사람)라고 한 말을 보기에서는 鼓手(드럼 연주자)로 바꾸어 표현하였다.

Tip⁺ '동작 + 的'라고 표현하면 그 일을 직업적으로 하는 사람을 나타낼 수 있다.
예 擦鞋的 구두닦이 / 画画儿的 그림 그리는 사람 / 教书的 가르치는 사람 / 送报的 신문 배달하는 사람 / 打工的 아르바이트하는 사람

단어 歌手 gēshǒu 몡 가수 | 演员 yǎnyuán 몡 연기자 | 踢足球 tī zúqiú 축구를 하다 | 乐队 yuèduì 몡 밴드 | 鼓 手 gǔshǒu 몡 고수, 북(드럼) 연주자 | 新 xīn 뷔 새로이 | 搬 bān 동 이사하다 | 邻居 línjū 몡 이웃 사람 | 为什么 wèishénme 때 왜, 어째서 | 每天 měitiān 뷔 매일 | 听说 tīngshuō 동 듣자하니 ~라고 하다 | 打鼓 dǎgǔ 동 드럼을 치다 | 不管 bùguǎn 젭 ~에 관계없이 | 事儿 shìr 몡 일 | 隔壁 gébì 몡 이웃, 옆집

문제 2

A 女的
B 爸爸
C 妈妈
D 姐姐

| 문제 분석 | 누가 금을 미리 사두었는지에 집중! ▶ S1, S4 적용

| A 女的　　　　　　B 爸爸 | A 여자　　　　　　B 아빠 |
| C 妈妈　　　　　　D 姐姐 | C 엄마　　　　　　D 언니 |

男: 今年黄金的价格涨得很厉害。

女: 对啊，金店里的首饰贵得不得了，真后悔以前没买金首饰。

男: 要是以前多买一些放着就好了。

女: 你要是有那种眼光就好了。还是咱妈聪明。

问: 家里谁存有黄金首饰?

남: 올해 금값이 엄청 올랐어.

여: 맞아요, 금은방의 장신구도 엄청 비싸요, 예전에 금으로 된 장신구를 안 사놓은 게 정말 후회된다니까요.

남: 예전에 많이 사 놓았으면 좋았을 텐데.

여: 당신이 그런 안목이 있으면 좀 좋아요. 그래도 우리 어머니께서 똑똑하신 거죠.

질문: 집안의 누가 금 장신구를 가지고 있는가?

해설 　두 사람이 금값에 대해서 이야기하고 있다. 마지막에 여자가 어머니께서 똑똑하시다고 말한 것으로 보아, 여자의 엄마가 금을 미리 사두었다는 것을 알 수 있다. 따라서 답은 C가 된다.

단어 　爸爸 bàba 圐 아빠 | 妈妈 māma 圐 엄마 | 姐姐 jiějie 圐 언니, 누나 | 今年 jīnnián 圐 올해 | ★ 黄金 huángjīn 圐 금 | 价格 jiàgé 圐 가격 | ★ 涨 zhǎng 圐 (물가 등이) 오르다 | ★ 厉害 lìhai 闐 심각하다, 굉장하다 | 金店 jīndiàn 圐 금은방 | ★ 首饰 shǒushi 圐 장신구 | 贵 guì 闐 비싸다 | ★ 不得了 bùdéliǎo 闐 (정도가) 심하다 | 真 zhēn 閐 진정으로, 참으로 | ★ 后悔 hòuhuǐ 圐 후회하다 | 以前 yǐqián 圐 이전 | 买 mǎi 圐 사다 | 要是 yàoshi 쪱 만약 | 一些 yìxiē 閐 약간, 조금 | 放 fàng 圐 놓아두다 | ★ 眼光 yǎnguāng 圐 선견지명, 안목 | ★ 还是 háishi 閐 역시, 아무래도 | 咱 zán 떼 우리 | 聪明 cōngming 闐 똑똑하다 | 存有 cúnyǒu 圐 가지고 있다

感动日记

▶ 오늘 새롭게 알게 된 내용, 가장 중요한 핵심내용, 학습 소감과 각오 등을 적어보세요.

1 직업·관계 문제 질문 형식

▶ 직업 문제

男的是什么人? 남자는 어떤 사람인가?

男的最可能是干什么的? 남자는 무슨 일을 하겠는가?

女的最可能在哪儿工作? 여자는 어디에서 일을 하겠는가?

女的可能是什么身份? 여자는 어떤 신분이겠는가?

※ 화자가 무엇을 하는 사람인지, 어떤 직장에서 일을 하는지를 묻는다.

▶ 관계 문제

这两个人最可能是什么关系? 이 두 사람은 무슨 관계겠는가?

※ 대화하는 두 사람의 관계를 묻는다.

▶ 신분·대상을 묻는 문제

他们在谈论谁? 그들은 누구에 대해 이야기하고 있는가?

女的是对谁说的? 여자는 누구에게 이야기하는가?

※ 화자가 누구를 언급했는지, 누구에게 말하는지 묻는다.

2 핵심 패턴 연습

다음 녹음 지문 표현을 듣고, 직업·관계·신분·대상을 유추해보자.

Tip⁺ 아래 표의 내용은 19개의 관련 문제를 푼 효과를 준다. 색깔로 표시된 어휘가 핵심 어휘이므로 꼭 외워둔다.

녹음 지문 표현	정답
1 我们家那位出差了，我一个人懒得吃饭。 우리 집 그 사람이 출장을 가서, 나 혼자 밥 먹기 귀찮아.	丈夫 남편
2 没想到小李和小马他们是两口子。 샤오리와 샤오마 그들이 부부일 것이라고는 생각지도 못했어.	夫妻 부부
3 女: 今年流行短发，我给你把头发剪短。 올해는 짧은 머리가 유행이에요, 제가 머리카락을 짧게 잘라드릴게요. 男: 你上次给我做的发型我感觉挺好。 지난번에 해주신 헤어 스타일이 아주 마음에 들었어요.	理发师 이발사 美发师 미용사

4 王经理，这几份文件需要您签字。 왕 팀장님, 이 서류들에 사인해주셔야 합니다.	秘书 비서 下级 부하 직원
5 我给你开点儿药。제가 약을 좀 처방해드릴게요.	医生 의사
6 你的书包看起来太重了。네 책가방은 정말 무거워 보여.	学生 학생
7 上大学时，小明跟我住一个宿舍。 대학에 다닐 때, 샤오밍과 나는 같은 기숙사에 살았어.	同学 동창
8 小李已经三天没上班了，听说他生病了。 샤오리가 벌써 3일째 출근을 안 했어, 듣자하니 병에 걸렸대.	同事 동료
9 加紧训练争取下回能取得好成绩。 더 열심히 훈련해서 다음번에는 좋은 성적을 거둘 수 있도록 하자.	教练 코치, 감독 运动员 운동선수
10 我不知道这里不能停车，要罚多少钱？ 이곳에 주차하면 안 되는지 몰랐어요, 벌금을 얼마나 내야 되죠?	(交通)警察 (교통)경찰
11 我是画画儿的。저는 그림을 그리는 사람입니다.	画家 화가
12 各位观众，谢谢收看！ 시청자 여러분, 시청해주셔서 감사합니다!	主持人 사회자
13 你刚才闯红灯了，请把你的驾照给我看一下。 당신은 방금 적색 신호를 위반하셨습니다, 면허증을 좀 보여주세요.	(交通)警察 (교통)경찰
14 咱隔壁要搬家了。我们请他们来家里吃一顿饭吧。 우리 옆집이 곧 이사 간대. 우리 그들을 집으로 초대해서 밥 한 번 먹자.	邻居 이웃
15 不管你走多远，你都在我心里。 당신이 아무리 멀리 가더라도, 당신은 제 마음속에 있어요.	恋人 연인
16 我要的资料准备好了吗？今天的日程安排没什么变动吧！ 내가 요구한 자료는 준비가 다 되었소? 오늘 스케줄은 변동 없겠죠!	经理 사장
17 我还记得你以前上课经常打瞌睡。 너 예전에 수업시간에 자주 졸았던 거 난 아직도 기억나.	同学 동창
18 老爸，我今年春节回不去了。 아빠, 저 올해 설날에는 못 갈 것 같아요.	신분: 女儿 딸 관계: 父女 부녀
19 当妈妈的我真拿他没办法。 엄마인 저도 정말 그 애를 어떻게 할 방법이 없어요.	신분: 母亲 엄마 관계: 母子 모자

day 5 CD-16

1. A 房东
   B 邻居
   C 秘书
   D 要买房子的人

2. A 学生
   B 演员
   C 卖玩具的
   D 拍电影的

3. A 小偷
   B 老师
   C 交通警察
   D 公安局秘书

4. A 秘书
   B 刘经理
   C 王经理
   D 营销部的同事

day 6 CD-17

1. A 朋友
   B 母子
   C 同事
   D 上下级

2. A 师生
   B 同事
   C 朋友
   D 夫妻

3. A 银行
   B 旅行社
   C 飞机场
   D 航空公司

4. A 电脑维修
   B 电脑销售
   C 电脑设计
   D 在上海的公司

04 느낌으로 푸는 어투&태도 문제

듣기 제1·2부분

어투&태도 문제에서는 대화 내용을 잘 이해하지 못하더라도, 성우의 말투를 듣고 긍정적인 어투인지, 부정적인 어투인지 감지할 수 있다. 대화 속에서 화자의 감정이 드러나기 때문이다. 풍부한 감성으로 화자의 기쁨, 화남, 슬픔, 즐거움을 느껴보자. 성우가 자신의 친구라고 생각하면서, 그의 말투, 사용하는 어기조사, 감정 색채까지 꼼꼼히 느껴보면 정답이 쏘~옥 보이게 될 것이다.

5끝 시크릿 백전백승

1 첫눈에 알아채라!

보기에 감정과 관련된 2음절의 형용사나 동사가 나오면 어투&태도 문제임을 간파하고, 관련 어휘를 최대한 집중해서 듣는다. 녹음 지문을 듣기 전에 보기를 보고 어투&태도 문제임을 파악했다면, 이미 정답에 한 발짝 다가선 것이다.

예 [보기] 批评 나무라다 / 表扬 칭찬하다 / 不满 불만이다 / 惊讶 놀라다

鼓励 격려하다 / 怀疑 의심하다 / 生气 화내다 / 高兴 기뻐하다

2 두 번째 사람의 말에 집중하라!

어투&태도 문제는 첫 번째 사람의 말에 대한, 두 번째 사람의 반응을 묻는 경우가 많다. 따라서 힌트는 두 번째 사람의 말 속에 있을 확률이 높다.

3 긍정인지 부정인지 판단하라!

대화 내용을 잘 이해하지 못했더라도 두 번째 사람의 반응이 긍정적인지 부정적인지만 정확히 판단하면, 정답률을 50% 이상 올릴 수 있다. 보기에서 긍정적인 단어에는 플러스(+) 표시, 부정적인 단어에는 마이너스(−) 표시를 해두어도 좋다.

예 [보기] A 讽刺 풍자하다 (−) → 부정적인 단어

B 鼓励 격려하다 (+) → 긍정적인 단어

C 怀疑 의심하다 (−) → 부정적인 단어

D 肯定 확신하다 (+) → 긍정적인 단어

→ 녹음에서 성우의 말투가 부정적이라면 '+' 표시한 긍정적인 단어 B와 D를 제외하고 나머지 두 개의 보기에서 답을 고르면 된다!

🎀 4 남·녀를 구분하라!

대화를 하는 두 사람의 태도가 같지 않아서, 남자는 기분이 나쁘지만 여자는 기분이 좋은 경우가 많다. 따라서 질문에서 남자의 태도를 묻는 것인지, 여자의 태도를 묻는 것인지 정확히 알고 답을 골라야 한다.

예 男: 你怎么不早点儿告诉我呢? 너는 어째서 일찍 내게 알려주지 않았니?

女: 不好意思，我忘了。 미안해, 잊어버렸어.

[남자의 태도] 批评 비난한다 / 责怪 원망한다 / 责备 책망한다

[여자의 태도] 道歉 사과한다 / 赔礼 사죄한다

🎀 5 성우가 나에게 말한다고 생각하라!

녹음 지문은 두 사람의 대화 형식이다. 우리가 일상생활에서 말하는 것처럼, 화가 나는 상황이라면 성우의 말투가 퉁명스럽게 들리고, 기쁜 상황이라면 밝게 들릴 것이다. 따라서 어투&태도 문제를 들을 때에는 해석이 안 된다고 미리 포기하지 말고 성우의 말투가 어떠한지를 느껴보자!

 CD-18

문제 1

A 无所谓
B 很重视
C 觉得麻烦
D 表示满意

| 문제 분석 | 긍정적인지 부정적인지에 집중 / 변화된 어휘에 주의!   S1, S2, S3, S4 적용

| A 无所谓 | B 很重视 | | A 상관없어한다 | B 매우 중시한다 (+) |
| C 觉得麻烦 | D 表示满意 | | C 귀찮게 여긴다 (-) | D 만족을 표한다 (+) |

女：哎呀，你真把四大名著都拿来了，我以为你忘了呢。

男：怎么可能呢。你的事我一向看得很重。

问：男的对女的是什么态度?

여: 아이고, 너 정말 4대 명저를 다 가져왔구나, 나는 네가 잊은 줄 알았는데.

남: 어떻게 그럴 리가? 너의 일이라면 나는 항상 중요하게 생각해.

질문: 남자는 여자에 대해 어떠한 태도인가?

해설 여자는 남자에게 4대 명저를 빌려달라고 부탁했지만, 그가 정말로 기억해서 가져오리라고는 생각도 못하고 있었다. 남자는 여자의 일이라면 항상 중요하게 생각한다고 말했으므로, 很关心(매우 신경 써주다), 重视(중시한다) 등이 답이 될 수 있다. 지문에서 看得很重(중요하게 생각한다)이라는 말이 보기에는 很重视(매우 중시한다)로 바뀌어 나왔지만, 같은 뜻이라는 것을 알아야 한다. 따라서 답은 B가 된다. 남자가 여자를 대하는 태도는 긍정적이므로, 부정적 어휘 C는 먼저 답에서 제외한다. 또, 이래도 저래도 상관없다는 중립적 태도인 A도 답으로 적절치 않다.

단어 无所谓 wúsuǒwèi 관계없다, 개의치 않다 | 重视 zhòngshì 동 중시하다 | 觉得 juéde 동 ~라고 느끼다 | 麻烦 máfan 형 귀찮다, 성가시다 | 表示 biǎoshì 동 나타내다 | 满意 mǎnyì 형 만족하다 | 哎呀 āiyā 감 아이고(놀람을 나타냄) | 四大名著 sìdà míngzhù 명 4대 명저(《삼국지연의》, 《수호전》, 《서유기》, 《홍루몽》) | ★ 以为 yǐwéi 동 ~라고 (잘못) 여기다 | 忘 wàng 동 잊다, 까먹다 | ★ 一向 yíxiàng 부 줄곧 | 重 zhòng 형 중요하다 | 态度 tàidu 명 태도

 **CD-19**　｜문제 ❷｜

A 表扬
B 快乐
C 责备
D 不耐烦

｜문제 분석｜ 성우의 어투가 긍정적인지 부정적인지에 주의! ◀ **S1, S2, S3, S5 적용**

A 表扬　　　　　B 快乐	A 칭찬한다 (+)　　　B 즐겁다 (+)
C 责备　　　　　D 不耐烦	C 책망한다 (−)　　　D 귀찮다 (−)

女: 手机没电了，你的充电器在哪儿? 借我用用。
男: 你的呢? 又找不到了，怎么总是乱放东西? 你这个坏习惯，快改改吧!
女: 知道了，以后一定注意，我现在要打个重要的电话。
男: 唉，你总是说了不做。

问: 男的是什么语气?

여: 휴대전화 배터리가 다 됐어. 네 충전기는 어디 있어? 나 좀 빌려줘.
남: 네 것은? 또 못 찾는 거야? 넌 왜 항상 물건을 아무 데나 두는 거니? 그런 나쁜 습관은 빨리 좀 고쳐라!
여: 알았어, 다음부터는 꼭 주의할게. 나 지금 중요한 전화를 해야 한단 말이야.
남: 어휴, 너는 항상 말만 하고 안 지키잖아.

질문: 남자는 어떤 어투인가?

[해설] 두 번째 화자인 남자의 말투를 느껴보자. '你这个坏习惯', '唉' 등을 들었다면 부정적인 어투임을 알 수 있으므로, 먼저 긍정적인 어휘 A, B를 삭제한다. 남아 있는 부정적 어휘 C, D 중에서 责备(책망하다)가 전체 내용과 맞으므로 답은 C가 된다.

Tip⁺ 어투 문제를 풀 때는 전체 내용을 이해하는 것도 중요하지만, 성우가 자신에게 이야기한다는 생각으로 성우의 어투를 느껴보는 것도 답을 고르는 데에 중요한 힌트가 된다.

[단어] 表扬 biǎoyáng 통 칭찬하다 | 快乐 kuàilè 형 즐겁다 | 责备 zébèi 통 책망하다, 탓하다 | 不耐烦 búnàifán 형 귀찮다, 성가시다 | 手机 shǒujī 명 휴대전화 | ★充电器 chōngdiànqì 명 충전기 | 借 jiè 통 빌리다 | 用 yòng 통 사용하다 | 又 yòu 부 또 | 怎么 zěnme 대 어떻게 | ★总是 zǒngshì 부 늘, 언제나 | ★乱 luàn 부 마구, 제멋대로 | 放 fàng 통 놓아두다 | 东西 dōngxi 명 물건 | 坏 huài 형 나쁘다 | ★习惯 xíguàn 명 습관 | 快 kuài 형 빠르다 | 改 gǎi 통 고치다 | 知道 zhīdào 통 알다 | 以后 yǐhòu 명 이후 | 一定 yídìng 부 반드시, 꼭 | ★注意 zhùyì 통 주의하다, 조심하다 | 现在 xiànzài 명 지금 | 要 yào 조동 ~해야 한다 | 重要 zhòngyào 형 중요하다

感动日记

▶ 오늘 새롭게 알게 된 내용, 가장 중요한 핵심내용, 학습 소감과 각오 등을 적어보세요.

자주 출제되는 표현

1 어투·태도 문제 질문 형식

대화를 들을 때 남·녀를 확실히 구분해야 한다.

▶ **어투 문제**

女的**表达什么**? 여자는 무엇을 표현하는가?

男的是**什么语气**? / 男的是**什么口气**? 남자의 어투는 어떠한가?

女的的**心情怎么样**? 여자의 심정은 어떠한가?

男的**感觉怎么样**? 남자는 어떻다고 생각하는가?

※ 화자의 어투나 감정을 묻는다.

▶ **태도 문제**

男的对这件事**怎么看**? 남자는 이 일을 어떻게 보는가?

男的对女的有**什么看法**? 남자는 여자에 대해 어떤 의견을 가지고 있는가?

女的对男的是**什么态度**? 여자는 남자에 대해 어떤 태도인가?

女的知道情况以后，有**什么反应**? 여자는 상황을 알고 난 후, 어떤 반응을 보이는가?

※ 화자가 상대방에게 보이는 태도를 묻는다.

2 핵심 패턴 연습

다음 녹음 지문 표현을 듣고, 화자의 어투·태도를 유추해보자.

Tip⁺ 아래 표의 내용은 20개의 관련 문제를 푼 효과를 준다. 색갈로 표시된 어휘가 핵심 어휘이므로 꼭 외워둔다.

녹음 지문 표현	정답
1 小王**太了不起**了! 샤오왕은 정말 대단해!	羡慕 부러워한다 称赞 칭찬한다
2 你这个懒虫，今天起得这么早，真是**太阳从西边出来了**。 너 같은 잠꾸러기가 오늘 이렇게 일찍 일어나다니, 정말 태양이 서쪽에서 뜨겠네.	吃惊 놀랐다 惊叹 경탄한다
3 百货商店正在搞打折活动，**早知道**上个星期就不买了。 백화점은 지금 세일하더라, 미리 알았더라면 지난주에 사지 않았을 텐데.	后悔 후회한다
4 你这个**马大哈**! 总是**丢三落四的**，快回去找找。 이 덜렁아! 매번 이것저것 빠뜨리고 다녀, 어서 가서 찾아봐.	责怪 탓한다 责备 책망한다
5 **幸亏**你帮我预订了飞机票。 다행히 네가 비행기표를 예약해주었어.	感谢 감사한다

6	早知道这儿的风景这么优美，我就带相机来了。 이곳의 풍경이 이렇게 아름다운 줄 미리 알았더라면, 사진기를 가지고 왔을 텐데.	后悔 후회한다
7	汉堡，汉堡，回回都是汉堡，还有别的没有啊？ 햄버거, 햄버거, 매번 햄버거야. 다른 건 없어?	不耐烦 참지 못한다
8	这台电脑怎么坏了？ 이 컴퓨터가 왜 고장 났지?	奇怪 이상해한다
9	要不是你，我还真不知道什么时候能找到这里呢。 당신이 아니었더라면, 제가 언제 여기를 찾아낼 수 있었을지 모르겠네요.	感谢 감사한다
10	他动不动就迟到。 그는 걸핏하면 지각해.	责怪 탓한다 批评 비평한다
11	当初我应该告诉你的。 그때 내가 너에게 알려줬어야 했는데.	后悔 후회한다
12	做梦也没想到。 꿈에서조차 생각하지 못했어.	吃惊 놀랐다 意外 뜻밖이다
13	我心里特别过意不去。 나는 정말 미안하게 생각해.	惭愧 면목없다
14	大夫说没事，会很快好起来的。 의사 선생님께서 괜찮다고, 곧 좋아질 것이라고 말씀하셨어.	安慰 위로한다
15	小李见到我连招呼都不打。 샤오리는 나를 보고 인사도 하지 않아.	不满 불만이다 生气 화낸다
16	他爱学不爱学，随他的便。 그가 공부하는 것을 좋아하든 안 좋아하든, 마음대로 하게 놔둬라.	无所谓 상관없다
17	男：你的英语水平越来越进步了。 너의 영어 실력이 점점 좋아지는구나. 女：哪里哪里。 별말씀을요.	남：称赞 / 表扬 칭찬한다 여：谦虚 겸손하다
18	男：有句话不知当讲不当讲。 할 말 있는데, 해야 할지 말아야 할지 모르겠어. 女：没关系，随便讲。 괜찮아, 편하게 얘기해.	남：犹豫 망설인다 担心 걱정한다 여：无所谓 괜찮다
19	男：我听说你做了医院的院长了，年纪这么轻，真了不得。 듣자하니 당신이 병원장이라면서요. 나이도 이렇게 젊은데, 정말 대단하세요. 女：那也算不了什么。 별거 아니에요.	남：称赞 / 表扬 칭찬한다 여：谦虚 겸손하다
20	男：我这把年纪了，还能学会开车吗？ 내가 이 나이에 운전을 배울 수 있을까? 女：老李比你大吧，人家都学会了，你担心什么呀？ 라오리가 당신보다 나이가 많잖아요, 그 사람도 해냈는데 당신이 무슨 걱정이에요?	남：担心 걱정한다 여：劝说 권유한다 鼓励 격려한다

day **7**  CD-21

1. A 批评
   B 询问
   C 安慰
   D 表扬

2. A 感到高兴
   B 感到意外
   C 表示怀疑
   D 十分生气

3. A 无奈
   B 嫉妒
   C 孤独
   D 羡慕

4. A 讽刺
   B 鼓励
   C 怀疑
   D 肯定

day **8**  CD-22

1. A 高兴
   B 难过
   C 讨厌
   D 嫉妒

2. A 羡慕
   B 感谢
   C 意外
   D 讨厌

3. A 吃惊
   B 惊喜
   C 嫉妒
   D 遗憾

4. A 很冷静
   B 很着急
   C 很配合
   D 很羡慕对方

05 반대로 말하는 반어문

반어문은 의문문의 모양새를 하고 본뜻을 돌려 말하여 의미를 더욱 강조하는 문장을 말한다. 우리말에도 반어문이 있다. 외국인이 들으면 당연히 헷갈리고 어려울 반어문을 우리가 쉽게 알아듣는 것은 이미 오랜 시간 동안 셀 수 없이 여러 번 반복해서 들어왔기 때문이다. 시험장에서는 반어문을 곱씹으며 생각할 겨를이 없다! 미리미리 반복 학습하여, 생각하지 않고도 그 의미를 단번에 느낄 수 있도록 연습해두자.

반어문의 유형을 파악하라!

반어문은 구문에 대한 기본 지식이 없으면 그 뜻을 파악하기가 어렵다. 자주 나오는 반어문 형식을 익혀서 제대로 해석할 수 있는 실력을 갖추자. 반어문은 크게 다음 세 가지 유형으로 나눌 수 있다.

① 不是…吗를 이용한 반어문

　예 不是说过吗? 말한 적 있지 않아? → [뜻] 说过 말한 적 있다

② 의문대사 谁, 什么, 怎么, 哪儿, 什么时候를 이용한 반어문

　예 谁知道呢? 누가 알겠니? → [뜻] 都不知道 모두 다 모른다

③ 难道, 何况을 이용한 반어문

　예 难道你不知道吗? 너 설마 모르는 거야? → [뜻] 你应该知道 너는 당연히 알아야 한다

의문문과 반어문을 구분하라!

반어문에는 의문 어기조사 吗, 呢가 있더라도, 정말 몰라서 질문하는 것이 아니라, 반대되는 의미를 더 강조하기 위해서 반문하는 것이다. 대화문을 많이 듣다 보면, 화자가 정말 궁금해서 질문할 때와 반문할 때의 말투가 확실히 다르다는 것을 느낄 수 있다. 자신이 대화의 참여자가 되어 화자의 말투를 느껴보자!

3 처음 들었을 때의 느낌을 잡아라!

우리는 외국어를 들으면 무조건 해석하려 든다. 사실 반어문은 들리는 느낌 그대로 판단하는 것이 옳다. 우리나라 말도 되뇔수록 헷갈리는데, 하물며 중국어는 어떻겠는가! 듣고, 해석하고, 다시 그 속뜻을 유추하려면 시간이 너무 지체된다. 들었는가? 그렇다면 느낀 대로 바로 판단하라!

4 긍정은 부정으로, 부정은 긍정으로 전환하라!

반어문을 쉽게 알아듣는 비법은 긍정은 부정으로, 부정은 긍정으로 해석하는 것이다.

[부정형] 부정부사가 들어간 반어문은 긍정적 의미를 갖는다.

예 谁说不是呢? 누가 아니래? → [뜻] 是 그렇다

不是挺便宜吗? 매우 싸지 않은가? → [뜻] 很便宜 매우 싸다

怎么能不去呢? 어떻게 안 갈 수 있는가? → [뜻] 一定要去 반드시 가야 한다

[긍정형] 의문대사가 들어간 긍정형 반어문은 부정적 의미를 갖는다.

예 我哪儿有钱? 내가 어디 돈이 있니? → [뜻] 没有钱 돈이 없다

我什么时候告诉过你? 내가 언제 너에게 알려줬니? → [뜻] 没有说 말해주지 않았다

怎么可能? 어떻게 가능해? → [뜻] 不可能 불가능하다

 **CD-23**

문제 1

A 男的摔倒了
B 女的没有座位
C 他们正在打架
D 女的脚被踩了

| 문제 분석 | 대화가 일어나는 장소와 상황에 집중! ◀ S1, S2 적용

A 男的摔倒了
B 女的没有座位
C 他们正在打架
D 女的脚被踩了

女：你这个人太不讲理了，踩了我也不说"对不起"，态度还这么不好。
男：谁不讲理了？ 我又不是故意的，车上这么多人，又不是我的错。

问：车上发生了什么事？

A 남자가 넘어졌다
B 여자는 자리가 없다
C 그들은 싸우고 있다
D 여자는 발을 밟혔다

여: 당신 정말 도리에 어긋나는군요, 내 발을 밟아놓고 '미안하다'는 말도 안하고, 태도도 이렇게 불량스럽다니요.
남: 누가 도리에 어긋났다는 거예요? 제가 고의로 그런 것도 아니잖아요, 차 안에 사람이 이렇게 많으니, 꼭 제 잘못이라고 할 수도 없죠.

질문: 차 안에서 무슨 일이 일어났는가?

해설 두 사람이 탄 버스에 사람이 너무 많아서 남자가 실수로 여자의 발을 밟은 상황이다. 남자의 말에서 의문대사 谁를 이용한 반어문 '谁不讲理了?(누가 도리에 어긋났느냐?)'는 자신은 도리에 어긋난 행동을 하지 않았다는 의미다. 두 사람의 언쟁을 듣고 C가 답이라고 착각할 수 있지만, 吵架는 말다툼을 의미하고, 打架는 치고받는 몸싸움을 의미하므로 사실과 맞지 않다. 남자가 여자의 발을 밟았다는 것만이 가장 정확하게 일치하므로 답은 D가 된다.

★ 핵심 반어문	내포된 뜻
谁不讲理了? 누가 도리에 어긋났다는 거예요?	我不是，反倒觉得你不讲理。 나는 아니에요, 오히려 당신이 도리에 어긋나는 것 같군요.

단어 ★摔倒 shuāidǎo 동 넘어지다 | ★座位 zuòwèi 명 좌석 | 正在 zhèngzài 부 ~하고 있다 | ★打架 dǎjià 동 싸우다 | 脚 jiǎo 명 발 | ★踩 cǎi 동 밟다 | ★讲理 jiǎnglǐ 동 도리를 알다 | 对不起 duìbuqǐ 동 미안합니다 | 态度 tàidu 명 태도 | 谁 shéi 대 누구 | ★故意 gùyì 부 고의로, 일부러 | 错 cuò 명 잘못

문제 ②

A 喜欢唠叨
B 是两面派
C 跟老婆吵架了
D 昨天晚上喝醉了

| 문제 분석 | **변환된 어휘에 주의!** ◀─ S1, S2 적용

A 喜欢唠叨	A 잔소리하는 것을 좋아한다
B 是两面派	B 이중인격자다
C 跟老婆吵架了	**C 아내와 말다툼했다**
D 昨天晚上喝醉了	D 어제 저녁에 술에 취했다
女: 看起来你今天的脸色不太好，哪儿不舒服吗？	여: 오늘 안색이 별로 안 좋아 보이는데, 어디 아프니?
男: 别提了，昨天晚上跟老婆大吵了一架。	남: 말도 마, 어제 저녁에 아내랑 대판 싸웠어.
女: 好好儿的，吵什么，你爱人多温柔啊，一定是你做了什么错事。	여: 잘 지내다가 왜 싸우고 그래, 네 아내 엄청 상냥하잖아, 분명히 네가 무슨 잘못을 한 거겠지.
男: 她呀，人前一套，背后一套，现在她是一只母老虎，发起火来非常疯狂！	남: 그녀는 사람 앞에서 행동하는 거랑 뒤에서 행동하는 게 달라, 지금 그녀는 어미 호랑이처럼, 화내기 시작하면 정말 무섭다니까.
女: 哪个女的没点儿小脾气啊？再说，打是亲，骂是爱嘛。	여: 그 정도 성격 없는 여자가 어디 있어? 그리고 그렇게 싸우고 욕하는 것도 다 가깝고 사랑하니까 그러는 거잖아.
问: 关于男的，下面哪个说法正确？	질문: 남자에 관해서, 다음 중 옳은것은 무엇인가?

해설 남자에 관해 물었으니 남자에 해당되는 보기를 찾아야 한다. 여자가 남자에게 안색이 안 좋은 이유를 묻자, 어제 저녁에 아내와 말다툼을 했다고 대답을 했으므로, 답은 C가 된다. 녹음 지문에서 말다툼했다는 표현은 吵了一架(한 바탕 싸웠다)라고 했는데, 보기에는 吵架了(말다툼했다)로 바뀌어 나왔다. 사람들 앞에서와 뒤에서의 모습이 다른 이중적인 사람은 아내이므로, B는 제외된다. A와 D는 녹음 지문에 나오지 않았다. 의문대사 哪个를 이용한 반어문 '哪个女的没点儿小脾气啊?(그 정도 성격 없는 여자가 어디 있어?)'는 어떤 여자든 다 성격이 있다는 의미다.

★ 핵심 반어문	내포된 뜻
哪个女的没点儿小脾气啊？ 그 정도 성격 없는 여자가 어디 있어?	每个女人都有小脾气。 여자는 누구나 약간의 성격이 있다.

단어 喜欢 xǐhuan 동 좋아하다 | ★唠叨 láodao 동 잔소리하다 | ★两面派 liǎngmiànpài 명 이중인격자 | ★老婆 lǎopo 명 아내, 마누라 | 吵架 chǎojià 동 말다툼하다 | 昨天 zuótiān 명 어제 | 晚上 wǎnshang 명 저녁 | 喝醉 hēzuì 동 (술에) 취하다 | 看起来 kànqǐlái 동 보아하니 ~하다 | 今天 jīntiān 명 오늘 | ★脸色 liǎnsè 명 안색, 얼굴색 | 舒服 shūfu 형 편안하다 | 别提了 bié tí le 말도 마라 | 爱人 àiren 명 아내, 남편 | ★温柔 wēnróu 형 부드럽고 상냥하다 | 一定 yídìng 부 반드시, 꼭 | 错 cuò 형 잘못되다 | ★背后 bèihòu 명 뒤, 뒤쪽 | 现在 xiànzài 명 현재, 지금 | ★母老虎 mǔlǎohǔ 명 암호랑이, (비유) 성질이 사나운 여자 | 发火 fāhuǒ 동 화를 내다 | ★疯狂 fēngkuáng 형 미치다, 실성하다 | ★脾气 píqi 명 성깔, 성질 | 亲 qīn 동 가깝다, 친하다 | 骂 mà 동 욕하다 | 爱 ài 동 사랑하다

1 반어문 문제 질문 형식

▶ 속뜻을 묻는 문제

女的是**什么意思**? 여자는 무슨 뜻인가?

根据对话**可以知道什么**? 대화에서 무엇을 알 수 있는가?

他们的对话**告诉我们什么**? 그들의 대화는 우리에게 무엇을 알려주는가?

关于男的，下面**哪个说法正确**? 남자에 관해, 다음 중 옳은 것은 무엇인가?

※ 대화를 통해서 알 수 있는 것, 또는 화자가 한 말의 의미를 주로 묻는다.

▶ 어투·태도를 묻는 문제

女的是**什么态度**? 여자는 어떤 태도인가?

男的是**什么语气**? / 男的是**什么口气**? 남자는 어떤 어투인가?

※ 어투·태도를 묻는 문제도 자주 등장한다.

2 핵심 패턴 연습

다음 녹음 지문 표현을 듣고, 속뜻을 유추해보자.

Tip⁺ 아래 표의 내용은 20개의 관련 문제를 푼 효과를 준다. 색깔로 표시된 어휘가 핵심 어휘이므로 꼭 외워둔다.

녹음 지문 표현	정답
1 我**怎么**好意思推辞**呢**? 내가 어떻게 사양할 수 있겠어?	**答应了** 승낙했다
2 这里**不是**挺安静的**吗**? 여기 매우 조용하지 않아?	**安静** 조용하다
3 他这样做我**能**不喜欢**吗**? 그가 이렇게 하는데 내가 안 좋아할 수 있겠니?	**喜欢** 좋아한다
4 **怎么能**不去上课**呢**? 어떻게 수업에 안 갈 수 있겠니?	**应该去上课** 수업에 가야 한다
5 **有什么**了不起**呢**? 뭐가 대단하니?	**不了不起** 대단하지 않다
6 他们的事我**哪儿**知道**啊**? 그 사람들의 일을 내가 어떻게 아니?	**不知道** 모른다
7 **谁会**相信**呢**? 누가 믿을 수 있겠니?	**不相信** 안 믿는다

8	这个问题连老师都不知道，何况学生呢? 이 문제는 선생님도 모르는데, 하물며 학생은?	学生也不知道 학생도 모른다
9	难道你还不知道吗? 설마 너 아직도 모르는 거야?	应该知道 당연히 알아야 한다
10	那还用说? 말할 필요가 있어?	当然 당연하다
11	在这件小事上费脑筋，你何苦呢? 이런 사소한 일에 골머리를 썩히다니, 그럴 필요가 있어?	不值得费心思 마음 쓸 필요 없다
12	要是能告诉你的话，我会不告诉你吗? 만약 너에게 알려줄 수 있다면, 내가 안 알려주겠니?	不能告诉你 너에게 알려줄 수 없다
13	你怎么能不当回事儿呢? 너는 어떻게 대수롭지 않게 생각할 수 있니?	应该重视 중시해야 한다
14	别人能做成的事，为什么我就不能? 남들이 해낼 수 있는 일을, 왜 나라고 못하겠어?	能够成功 성공할 수 있다
15	跟同学约好了，能失约吗? 친구랑 약속한 건데, 어길 수 있니?	说到做到 한 말은 지킨다
16	已经答应过的事怎么能不去呢? 이미 약속한 일인데 어떻게 안 가겠니?	一定得去 꼭 가야 한다
17	哪儿有那么多钱买房子啊? 어디 그렇게 큰 돈이 있어서 집을 사겠니?	没有那么多钱 그렇게 큰 돈이 없다
18	以后还有的是机会嘛! 다음에도 기회는 얼마든지 있잖아!	以后还有机会 다음에 또 기회가 있다
19	女: 原来她这么粗心大意。알고 보니 그 여자 엄청 덤벙대더라. 男: 可不吗? 누가 아니래?	她是个马虎的人 그녀는 덤벙대는 사람이다 어투: 肯定 확신한다
20	谁说不是呢! 누가 아니래!	어투: 同意 동의한다

day 9 — CD-26

1.　A 出差了

　　B 身体不舒服

　　C 一会儿就来

　　D 不参加会议了

2.　A 银行已经关门了

　　B 百货商店可以刷卡

　　C 公寓附近也可以取钱

　　D 百货商店门口可以取钱

3.　A 晚点儿退休更好

　　B 每天都要有事做

　　C 人应该坚持学习

　　D 退休后也要工作

4.　A 学理工科好

　　B 文科太没有意思

　　C 领导必须懂技术

　　D 企业家都喜欢理科

day 10 — CD-27

1.　A 女的太累了

　　B 女的要考试了

　　C 突然想做家务

　　D 女的不喜欢做家务

2.　A 张经理爱唠叨

　　B 男的要买材料

　　C 流动资金用光了

　　D 材料费只能报销80%

3.　A 丢了手机

　　B 电脑坏了

　　C 太忙顾不上

　　D 没时间去买礼物

4.　A 手机

　　B 酒杯

　　C MP3

　　D 茅台酒

06 행동을 묻는 동작 문제

day 11~12

동작 문제는 보통 2~3문제 정도 출제되며, 화자가 어떤 행동을 했는지, 하고 있는지, 아니면 앞으로 할 것인지를 묻는다. 어려운 단어는 녹음 지문에서 들려준 그대로 나오기도 하지만, 쉬운 동작은 목적어 없이 1음절이나 2음절 동사로만 제시될 수 있으니, 귀를 쫑긋 세우고 잘 들으면서 보기를 본다. 주로 일상생활과 관련된 내용이 나오기 때문에 보기를 해석하는 데는 어렵지 않다.

5끝 시크릿 백전백승

1 첫눈에 알아채라!

동작 문제에는 행위를 나타내는 4개의 보기가 나오는데, 일반적으로 동목구조(동사 + 목적어)의 어휘들이 제시되므로, 동작 문제임을 쉽게 알아차릴 수 있다.

예 看 + 电视 TV를 보다　　换 + 车 차를 갈아타다　　试 + 衣服 옷을 입어보다

　　点 + 菜 음식을 주문하다　　吸 + 烟 담배를 피우다　　见 + 朋友 친구를 만나다

2 질문의 시제에 주의하라!

대화에서 언급된 동작이 이미 발생한 것인지(과거), 지금 하고 있는 것인지(현재), 앞으로 하려는 것인지(미래)를 파악하고, 질문에서 어떤 동작을 묻는지에 따라 알맞은 답을 골라야 한다.

예 他做了什么? 그는 무엇을 했는가? → 이미 발생한 행동 (과거)

　　正在做什么? 무엇을 하고 있는가? → 현재하고 있는 행동 (현재)

　　打算做什么? 무엇을 할 것인가? → 앞으로 계획하는 행동 (미래)

3 직접형과 간접형에 대비하라!

동작 문제에는 행동을 나타내는 어휘를 녹음 지문에서 직접적으로 들려주는 '직접형' 문제와, 녹음 지문에 나오는 어휘를 이용해 관련된 동작을 유추해야 하는 '간접형' 문제가 있다.

[직접형] 예 王平约朋友一起去滑冰。 왕핑은 친구와 함께 스케이트 타러 가기로 약속했어.

　　→ [답] 去滑冰 스케이트 타러 간다 (지문에 나오는 단어만 알아들으면 된다.)

[간접형] 예 你今天用不用车? 너는 오늘 차 쓰니 안 쓰니?

　　→ [답] 向男的借车 남자에게 차를 빌린다 (화자의 말을 듣고 유추해야 한다.)

4 함정 동사의 유혹을 물리쳐라!

동작 문제에는 여러 가지 동작을 나타내는 함정 동사가 나오므로, 출제자가 원하는 답이 무엇인지 옥석을 가리는 지혜가 필요하다. 질문에서 남자의 동작을 묻는지 여자의 동작을 묻는지도 정확히 듣고 답을 골라야 한다.

예 女: 我懒得做饭，我们出去吃饭吧! 밥 하기 귀찮아, 우리 나가서 먹자!

　　 → [답] 不想做饭 밥 하고 싶지 않다

　　　　 = 想出去吃饭 나가서 먹고 싶다

　男: 我一会儿要看一个节目，在家凑合着吃吧!

　　나는 조금 있다가 한 프로그램을 볼 거야. 집에서 대충 먹자!

　　 → [답] 不想出去吃 나가서 먹고 싶지 않다

　　　　 = 想在家吃 집에서 먹고 싶다

내가 생각하는 HSK란? – HSK는 [　　　　]다.

- HSK는 도전이다. 도전했을 때 비로소 그 가능성을 알 수 있으니까. – 강수진
- HSK는 다이어트다. 많은 인내와 끈기가 필요하지만, 성공한 뒤엔 행복하고 짜릿하다. – 김민경
- HSK는 도박이다. 끊으려야 끊을 수가 없다. – 우혁제
- HSK는 미인이다. 처음에는 매우 도도해 보이지만, 끈기를 가지고 10번 찍으면 언젠가는 쟁취할 수 있다. – 강솔지

 CD-28

문제 1

A 洗碗
B 摆饭桌
C 吃西餐
D 买刀子和叉子

| 문제 분석 | 동작을 나타내는 단어에 집중! ◀ S1, S3 적용

| A 洗碗 | B 摆饭桌 | A 설거지를 한다 | B 식탁을 차린다 |
| C 吃西餐 | D 买刀子和叉子 | C 양식을 먹는다 | D 나이프와 포크를 산다 |

女：你看看你，吃西餐得用刀子叉子，怎么还使筷子呢？

男：从小到大我都用筷子，可用不惯那洋玩意儿，还是用筷子舒服！

问：他们在做什么？

여: 얘 좀 봐, 양식을 먹을 때는 나이프와 포크를 써야지, 어떻게 젓가락을 쓰니?

남: 어렸을 때부터 계속 젓가락을 써서, 서양 물건 쓰는 것이 습관이 되질 않아, 역시 젓가락을 쓰는 것이 편해!

질문: 그들은 무엇을 하고 있는가?

해설 두 사람은 남자가 젓가락을 사용해서 양식을 먹는 것에 대해 이야기하는 중이다. 녹음 지문에서 들렸던 吃西餐(양식을 먹다)이 그대로 보기에 제시되었으므로, 답은 C가 된다. 나이프와 포크에 대해 이야기하는 것을 듣고 D가 답이라고 착각해서는 안 된다.

Tip+ 시험지에 제시되는 4개의 보기는 우리를 함정에 빠트리는 3개의 오답과 1개의 정답으로 이루어져 있다. 오답이더라도 대부분 녹음 지문에 나온 어휘를 사용하고, 앞뒤만 다르게 바꾸어 제시하는 경우가 많기 때문에, 항상 보기를 꼼꼼히 분석해야 한다.

예 D 买刀子和叉子(×)
→ 应该用刀子和叉子(○) 나이프와 포크를 사용해야 한다

단어 洗 xǐ 동 씻다 | 碗 wǎn 명 그릇 | ★摆 bǎi 동 놓다, 벌여놓다 | 饭桌 fànzhuō 명 식탁 | ★西餐 xīcān 명 양식 | 刀子 dāozi 명 작은 칼, 나이프 | ★叉子 chāzi 명 포크 | 得 děi 조동 ~해야 한다 | 用 yòng 동 사용하다 | 怎么 zěnme 대 어째서 | 使 shǐ 동 사용하다 | 筷子 kuàizi 명 젓가락 | ★用不惯 yòngbuguàn 쓰기에 익숙하지 못하다 | 洋 yáng 형 서양의 | ★玩意儿 wányìr 명 물건 | 还是 háishi 부 역시, 그래도 | 舒服 shūfu 형 편안하다

Tip+ 보기 분석하는 법
1. 동목구조(동사 + 목적어): 学(弹)钢琴 → 배우는(치는) 대상이 피아노가 맞는지 확인!!
2. 대상 강조(전치사 + 대상 + 동사): 给妈妈写信 → 편지 쓰는 대상이 엄마에게인지 확인!
3. 사역동사(사역동사 + 대상 + 동사): 想让女的负责 → 시키는 대상이 여자인지 확인!
4. 부정부사(부정부사 + 동사 / 형용사): 不是很多 → 많은지 여부 확인!

문제 2

A 上班
B 下班
C 去超市
D 去买菜

|문제 분석| **함정 어휘와 시제에 주의!** S1, S2, S4 적용

| A 上班 | B 下班 | A 출근한다 | B 퇴근한다 |
| C 去超市 | D 去买菜 | C 슈퍼에 간다 | D 장 보러 간다 |

女: 冰箱里没有菜了, 你下班的时候去一趟超市吧。

男: 买什么呢? 蔬菜还是肉?

女: 都没了, 你看着买吧。

男: 没问题, 我下班的时候正好路过超市, 如果还有要买的就给我发短信。我走了, 再晚了该迟到了。

问: 男的现在要去做什么?

여: 냉장고에 반찬거리가 없어요, 당신이 퇴근할 때 슈퍼에 좀 들렀다 와요.

남: 뭘 사면 되는데? 야채 아니면 고기?

여: 둘 다 없어요, 당신이 보고 알아서 사요.

남: 알겠어, 내가 퇴근할 때 마침 슈퍼를 지나니까, 만약에 더 사야할 게 있으면 나한테 문자를 보내. 나 간다. 더 늦으면 지각해.

질문: 남자는 지금 무엇을 하러 가는가?

해설 남자가 퇴근할 때 슈퍼에 들렀다 오는 것에 대해 이야기하고 있어서 B나 C가 답이라고 착각할 수 있지만, 남자가 '지금' 무엇을 하러 가는지 물었으므로 답이 될 수 없다. 남자의 마지막 말 '我走了, 再晚了该迟到了'에서 그가 출근하려 한다는 것을 알 수 있으므로, 답은 A가 된다. 4줄짜리 대화는 언급되는 내용이 많으므로 도입부만 듣고 섣불리 답을 선택해서는 안 된다.

- 지금 할 일: 上班(출근한다)
- 나중에 할 일: 下班(퇴근하고) → 去超市(슈퍼에 가서) → 买菜(장을 본다)

Tip+ 여러 가지 동작이 동시에 나오면, 머릿속이 혼란스럽기 때문에 실수하기 쉽다. 녹음에서 들은 동작들을 보기 옆에 체크하면서 내용을 기억하면, 대화의 흐름과 동작의 시제를 놓치지 않고 들을 수 있다.

단어 上班 shàngbān 동 출근하다 | 下班 xiàbān 동 퇴근하다 | ★超市 chāoshì 명 슈퍼마켓 | 菜 cài 명 야채, 요리 | ★冰箱 bīngxiāng 명 냉장고 | 趟 tàng 양 차례, 번 (왕래한 횟수를 세는 데 쓰임) | 什么 shénme 대 무슨 | ★蔬菜 shūcài 명 야채 | 还是 háishi 접 또는, 아니면 | 肉 ròu 명 고기 | 没问题 méiwèntí 문제없다 | ★正好 zhènghǎo 부 마침 | ★路过 lùguò 동 지나다, 통과하다 | 如果 rúguǒ 접 만약 | 还 hái 부 또, 더 | 发 fā 동 보내다 | ★短信 duǎnxìn 명 문자메시지 | 迟到 chídào 동 지각하다

1 동작 문제 질문 형식

▶ **시제에 따른 동작 문제**

男的昨天做了什么? 남자는 어제 무엇을 했는가? (과거)

他们最可能在做什么? 그들은 무엇을 하고 있겠는가? (현재)

女的今天晚上可能做什么? 여자는 오늘 저녁에 무엇을 할 것인가? (미래)

※ 질문을 들을 때 시제에 주의해야 한다.

▶ **대상에 따른 동작 문제**

男的想要女的做什么? 남자는 여자가 무엇을 하도록 하고 싶은가?

女的希望对方怎么做? 여자는 상대방이 어떻게 하길 바라는가?

男的要求女的做什么? 남자는 여자가 무엇을 하기를 요구하는가?

女的建议男的做什么? 여자는 남자에게 무엇을 하라고 제안하는가?

※ 두 사람이 하는 행동이나 상대방에게 시킨 행동 등을 질문하므로, 남·녀를 구분해서 들어야 한다.

 **Tip** 要 뒤에 인칭대사가 나오면 사역동사(让)의 의미로 쓰인다. 사역동사에는 叫, 让, 使, 令 이외에, 상대방에 대한 바람을 나타내는 请求(부탁하다), 要求(요구하다), 命令(명령하다), 允许(허락하다), 通知(알리다), 劝说(권고하다), 建议(제안하다) 등이 있다.

 **CD-30**

2 핵심 패턴 연습

다음 녹음 지문 표현을 듣고, 관련된 동작을 유추해보자.

Tip 아래 표의 내용은 22개의 관련 문제를 푼 효과를 준다. 색깔로 표시된 어휘가 핵심 어휘이므로 꼭 외워둔다.

녹음 지문 표현	정답
1 没费多大力气就爬上去了。 많이 힘들이지 않고 올라갔어.	登山 등산한다
2 别灰心了, 找工作就像找爱人一样。 낙심하지 마, 일자리를 구하는 것은 배우자를 구하는 것과 같아.	找工作 직장을 구한다
3 今天天气这么冷, 你就别去公园晨练了。 오늘 날씨가 이렇게 추운데, 공원에 아침 운동하러 가지 마.	锻炼 운동한다
4 你的电脑用不用? 我想帮阿李上网查点儿资料。 네 컴퓨터 쓰니? 나는 아리를 도와서 인터넷에서 자료를 찾으려고 해.	向男的借电脑用 남자에게 컴퓨터를 빌려 쓴다

5	你想抽就抽吧！我也正要抽呢。 피우고 싶으면 피워! 나도 지금 피우려는 참이야.	抽烟 담배를 피운다
6	我就陪他去长城玩儿了一天。 나는 그를 데리고 만리장성에 가서 하루 놀았어.	跟朋友玩儿 친구와 논다
7	听说小刘住院了，送点儿花吧。 샤오류가 입원을 했다던데, 꽃을 좀 선물하자.	看望病人 (= 探病) 병문안한다
8	看见我们来了，老师赶紧放下手里的碗筷。 우리가 온 걸 보시고, 선생님은 얼른 수중의 그릇과 수저를 내려놓으셨어.	吃饭 밥을 먹는다
9	本来想去看电影的，只好陪朋友去看京剧了。 원래는 영화를 보러 가려고 했는데, 어쩔 수 없이 친구를 데리고 경극을 보러 갔어.	원래 계획했던 행동: 看电影 영화를 본다 실제로 한 행동: 看京剧 경극을 본다
10	那我挂了，以后再联系。 그럼 나 끊을게, 나중에 다시 연락하자.	打电话 전화한다
11	先跟我出去放松放松。 우선 나랑 나가서 긴장 좀 풀자.	散步 산책한다
12	你们俩别光顾说话，来，趁热吃。 너희 둘은 얘기만 하지 말고, 어서, 식기 전에 먹어.	吃饭 밥을 먹는다
13	爸爸让我去机场等人。 아빠가 나한테 공항에 가서 사람을 기다리라고 하셨어.	去机场接人 공항에 사람을 마중 간다
14	有大一号儿的吗？这双太小，我穿不进去。 한 치수 큰 거 있나요? 이 신발은 너무 작아서, 안 들어가요.	买鞋 신발을 산다 试鞋 신발을 신어본다
15	我最喜欢的连续剧开始了。 내가 제일 좋아하는 드라마가 시작했어.	看电视 TV를 본다
16	回家的路上顺便帮我取点钱吧。 집에 오는 길에 나 대신 출금 좀 해줘.	去银行 은행에 간다
17	我只好留在家里照顾孩子。 나는 어쩔 수 없이 집에 남아서 아이를 돌봤어.	看孩子 아이를 돌본다
18	他昨天在图书馆泡了一整天。 그는 어제 도서관에서 하루를 보냈어.	看书 책을 본다
19	书上写的要先放盐，再放糖。 책에 쓰여 있기로는 먼저 소금을 넣고, 나중에 설탕을 넣으래.	做菜 요리를 한다
20	咱们等了半天了，每辆都是这么挤，再等今天非迟到不可。 우리는 한참을 기다렸는데, 오는 차마다 이렇게 붐비니, 더 기다렸다가는 오늘 지각하고 말겠다.	等车 차를 기다린다 上班 출근한다
21	小李，你象棋下得不错啊！我赢不了你。 샤오리, 너는 장기를 정말 잘 두는구나! 나는 너를 이길 수가 없어.	下象棋 장기를 둔다
22	报名时，您只要带身份证复印件就可以。 신청할 때, 신분증 사본만 가져오시면 됩니다.	带身份证复印件 신분증 사본을 가지고 온다

day 11   CD-31

1. A 下围棋

   B 练习跳舞

   C 学习开车

   D 学骑自行车

2. A 回故乡杭州

   B 去杭州旅游

   C 查地图做记号

   D 买一张杭州的地图

3. A 开发票

   B 报销发票

   C 去北京买书

   D 要饭店的发票

4. A 收拾文件

   B 给朋友写信

   C 发电子邮件

   D 跟朋友玩游戏

day 12   CD-32

1. A 登机

   B 开车

   C 买飞机票

   D 换登机牌

2. A 先喝杯水

   B 吃清淡些的菜

   C 再点一个不辣的汤

   D 让服务员换一道菜

3. A 存钱

   B 办一张银行卡

   C 开通手机银行

   D 用借记卡汇款

4. A 去请假

   B 找老板认错

   C 去问候老板

   D 去参加升职考试

07 쏙~! 뽑아 듣는 핵심어

듣기 제1·2부분

핵심어 문제는 녹음 지문에서 들려준 단어가 보기에 그대로 나오는 문제가 많이 출제된다. 따라서 이러한 문제를 얼마나 잘 맞히느냐에 따라 점수가 크게 달라질 수 있다. 문제를 풀기 전에 보기를 미리 읽어보는 방법만이 최선책이라는 것을 잊지 말자! 특히 이번 장에서 배울 문제 유형은 답이 그대로 들리긴 하지만, 컴퓨터·프린터 관련 용어라든지, 운전면허증과 같이 어려운 단어가 나올 수 있으므로, 평소에 어휘력을 늘려 시험장에서 당황하지 말자.

5끝 시크릿 백전백승

1 첫눈에 알아채라!

핵심어 문제와 의미 파악 문제의 보기는 구조가 비슷하다. 앞서 배운 장소·직업·어투 문제처럼 보기가 2음절로 제시되는 것이 아니라, '주어 + 술어', '술어 + 목적어' 등과 같이 약간 복잡한 구조로 제시된다.

예 [부사 + 술어]　正在发愁 고민하고 있다

　　[주어 + 형용사 술어]　交通很方便 교통이 매우 편리하다

　　[주어 + 동사 + 목적어]　这孩子有前途 이 아이는 장래가 밝다

2 보기를 미리 읽어라!

핵심어 문제는 대개 녹음 지문에서 들려준 어휘가 보기에 그대로 제시된다. 따라서 보기의 내용을 미리 검토하는 것은 앞으로 듣게 될 내용을 선행 학습하는 효과가 있다.

▶ **잘못된 방법**　① 대화를 듣는다.

　　　　　　　　② 보기를 분석하며 답을 고른다.　　　(×)

▶ **최선의 방법**　① 보기를 분석하고 나올 내용을 예측한다.

　　　　　　　　② 대화를 듣는다.　　　　　　　　　(○)

3 보기의 키워드에 밑줄을 그어라!

보기를 미리 읽는다고 해서, 그 내용을 100% 정확하게 기억할 수는 없다. 보기를 읽을 때 어떤 부분을 중점적으로 들어야 할지 밑줄을 그어놓고, 녹음 지문을 들으면서 밑줄 그은 내용이 맞는지 확인한다.

예 [보기] **明天主持会议** 내일 회의를 진행한다

→ 회의하는 것이 '내일'인지 아닌지에 집중!

男的学习很好 남자는 공부를 매우 잘한다

→ 공부를 잘하는 사람이 '남자'인지 여자인지에 집중!

不能按时办完 제시간에 일을 완성할 수 없다

→ 제시간에 일을 완성할 수 '있는지' 여부에 집중!

4 낯선 단어를 두려워하지 마라!

녹음 지문에 나오는 단어가 보기에 그대로 제시된다 하더라도, 어려운 단어가 나오면 쉽게 좌절하기 마련이다. 4개의 보기 중 해석이 힘든 단어가 있다면 우선 대략의 발음을 유추해보고, 대화가 나오기 시작하면 반드시 보기를 보면서 듣는다. 보기에서 유추했던 발음이 들린다면, 반드시 옆에 체크를 해두자! 체크해둔 것이 바로 정답이 됨을 확인할 수 있을 것이다.

내가 생각하는 HSK란? – HSK는 [   ]다.

- HSK는 마일리지다. 하면 할수록 점점 쌓여가니까. – 손보영
- HSK는 바다다. 깊이 들어갈수록 볼 게 많다. – 정다혜
- HSK는 미적분 문제다. 처음에는 어렵지만, 계속 반복해서 공부하면 언젠가 척척 풀리니까. – 김진영
- HSK는 화산이다. 공부를 하다 보면 머리가 폭발할 것 같다. – 이소연
- HSK는 게임이다. 하면 할수록 익숙해지고, 점점 더 재미있어지니까. – 김희수

 CD-33

문제 1

A 彩票中奖了
B 拿到了驾照
C 坐地铁很方便
D 和朋友去郊区玩

| **문제 분석** | **발생한 일이 무엇인지에 집중!** ◀ S2, S3 적용

A 彩票中奖了
B 拿到了驾照
C 坐地铁很方便
D 和朋友去郊区玩

女: 看把你乐得, 难道你买的彩票中奖了吗?
男: 哈! 我的驾照拿到了, 从今往后再也不用挤地铁了, 这个周末就和朋友去兜风。

问: 男的为什么高兴?

A 복권에 당첨되어서
B 면허증을 따서
C 지하철 타는 것이 편리해서
D 친구와 교외로 놀러 가서

여: 저 좋아하는 것 좀 봐, 설마 너 복권이라도 당첨된 거야?
남: 아하! 운전면허증을 땄어, 오늘부터 더 이상 지하철을 비집고 타지 않아도 돼, 이번 주말에 친구랑 드라이브 가야지.

질문: 남자는 왜 기뻐하는가?

해설 복권에 당첨되었느냐는 말은 여자의 추측이지 사실이 아니기에 A는 제외된다. 남자가 기뻐하는 이유는 운전면허증(驾照)을 땄기 때문(B)이다. C와 D는 녹음에서 정확하게 언급하지는 않은 내용이다. 답은 추측도, 일어나지 않은 미래의 계획도 아닌, 발생한 사실이 되어야 한다. 지문에 나온 看把你乐得는 瞧你高兴的로 바꿔 쓸 수 있다.

- 여: 彩票中奖了吗? 복권 당첨됐니? [추측성 발언]
- 남: 驾照拿到了 면허증 땄어 [사실]
- 남: 和朋友去兜风 친구랑 드라이브 가야지 [미래의 계획]

Tip+ 핵심어 문제는 보기에 있는 어휘가 녹음에서 들리면, 그 어휘가 정답이 될 확률이 높다. 보기에 제시된 어휘들을 잘 기억했다가, 녹음 지문을 들을 때 그 단어를 꼭 포착하자.

단어 ★彩票 cǎipiào 명 복권 | ★中奖 zhòngjiǎng 동 당첨되다 | 拿 ná 동 얻다, 획득하다 | ★驾照 jiàzhào 명 운전면허증 | 坐 zuò 동 타다 | 地铁 dìtiě 명 지하철 | 方便 fāngbiàn 형 편리하다 | 朋友 péngyou 명 친구 | ★郊区 jiāoqū 명 교외 | 玩 wán 동 놀다 | 乐 lè 형 즐겁다, 기쁘다 | ★难道 nándào 부 설마 ~인가 | 买 mǎi 동 사다 | 从 cóng 전 ~부터 | 今 jīn 명 지금 | ★往后 wǎnghòu 부 앞으로, 후에 | 再 zài 부 다시 | 不用 búyòng 부 ~할 필요가 없다 | ★挤 jǐ 동 비집다 | 周末 zhōumò 명 주말 | ★兜风 dōufēng 동 드라이브하다

문제 ❷

A 在聊天
B 正在杀毒
C 在下载软件
D 正在下载电影

| 문제 분석 | **술어와 목적어에 집중!**　　S1, S2, S3, S4 적용

A 在聊天	A 채팅 중이다
B 正在杀毒	B 컴퓨터 바이러스를 죽이고 있다
C 在下载软件	C 프로그램을 내려받고 있다
D 正在下载电影	D 영화를 내려받고 있다
男: 电脑已经开了一整天了, 现在不用就关了吧。	남: 컴퓨터를 온종일 켜놓고 있네, 이제 사용 안 할 거면 꺼놔.
女: 等一下, 我正在下载一个软件, 几分钟就下完了。	여: 기다려봐, 내가 프로그램 하나를 내려받고 있는데, 몇 분이면 끝나.
男: 什么软件?	남: 무슨 프로그램인데?
女: 杀毒软件, 装上这个软件以后, 就可以放心地用电脑了。	여: 백신 프로그램이야, 이 프로그램을 설치하면, 안심하고 컴퓨터를 쓸 수 있어.
问: 女的为什么不关电脑?	질문: 여자는 왜 컴퓨터를 끄지 않는가?

해설　여자는 지금 컴퓨터 바이러스를 치료할 수 있는 백신 프로그램(杀毒软件)을 내려받느라고 컴퓨터를 켜놓은 것이다. 따라서 답은 C가 된다.

Tip⁺　보기를 제대로 분석하는 요령이 필요하다. 녹음 지문에서 들린 단어를 보기에서 발견하자마자 성급하게 판단해서는 안 된다. 보기를 '부사 + 술어' 혹은 '술어 + 목적어'로 구분해서 꼼꼼히 분석해야 한다.

　예　B 正在(○) + 杀毒(×)
　　→ 부사는 맞지만, 동사가 옳지 않다.
　　D 正在下载(○) + 电影(×)
　　→ 동사는 맞지만, 목적어가 녹음과 일치하지 않는다.

단어　聊天 liáotiān 동 잡담하다 | ★杀毒 shādú 동 컴퓨터 바이러스를 죽이다 | ★下载 xiàzài 동 내려받다, 다운로드하다 | ★软件 ruǎnjiàn 명 소프트웨어 프로그램 | 正在 zhèngzài 부 ~하고 있다 | 电影 diànyǐng 명 영화 | 电脑 diànnǎo 명 컴퓨터 | 已经 yǐjing 부 이미, 벌써 | 开 kāi 동 켜다 | ★整天 zhěngtiān 부 종일, 한참 동안 | 现在 xiànzài 명 지금, 이제 | 用 yòng 동 사용하다 | 关 guān 동 끄다 | 等 děng 동 기다리다 | ★分钟 fēnzhōng 명 분 | 完 wán 동 끝나다 | 什么 shénme 대 무슨 | ★装 zhuāng 동 설치하다 | 以后 yǐhòu 명 이후 | 可以 kěyǐ 조동 ~할 수 있다 | ★放心 fàngxīn 동 안심하다

자주 출제되는 표현

1 핵심어 문제 질문 형식 (Ⅰ)

▶ 의미 파악 문제

男的是什么意思? 남자는 무슨 뜻인가?

女的觉得这里的环境怎么样? 여자는 이곳의 환경이 어떻다고 여기는가?

※ 핵심어 관련 질문은 주로 의미를 파악하거나 평가하는 문제들이 대부분이다.

▶ 대화에서 알 수 있는 것을 묻는 문제

他们在谈什么? 그들은 무엇에 대해 말하고 있는가?

关于男的我们可以知道什么? 남자에 대해 무엇을 알 수 있는가?

※ 대화를 통해 알 수 있는 것이 무엇인지 등의 다양한 질문이 나올 수 있으니, 질문에 해당되는 녹음 내용을 절대 놓쳐서는 안 된다.

2 핵심 패턴 연습

다음 녹음 지문 표현을 듣고, 핵심 의미를 유추해보자.

 아래 표의 내용은 33개의 관련 문제를 푼 효과를 준다. 색깔로 표시된 어휘가 핵심 어휘이므로 꼭 외워둔다.

녹음 지문 표현	정답
1 不错是不错，就是油腻得要命！ 괜찮긴 괜찮은데, 다만 너무 느끼해!	特别油腻 유난히 느끼하다
2 叫卖声和欢笑声混杂在一起，好不热闹。 물건을 파는 소리와 웃음소리가 섞여서, 매우 떠들썩해.	非常热闹 대단히 떠들썩하다
3 飞机晚点了，降落时就已经七点半了。 비행기가 연착되어서, 착륙할 때 이미 7시 반이었어.	飞机晚点了 비행기가 연착되었다
4 因为大雾，航班取消了，我只好坐火车过来了。 짙은 안개 때문에, 항공편이 취소되어, 어쩔 수 없이 기차를 타고 왔어.	航班取消了 항공편이 취소되었다
5 我最近睡不好，今天打算去买些药吃吃。 나는 요즘 잠을 잘 못 자서, 오늘은 가서 약을 좀 사다 먹으려고.	睡不好 잠을 잘 못 잔다 失眠 불면증이다
6 他来公司都快六年了，我非常了解他。 그가 회사에 들어온 지 6년이 다 되어가, 나는 그를 매우 잘 알아.	很了解他 그를 매우 잘 안다
7 听秘书说，李经理辞职了，我还以为他出差了呢。 비서한테 들었는데, 리 팀장님이 회사를 그만두셨대, 나는 출장가신 줄 알았어.	经理辞职了 팀장님이 회사를 그만두셨다

#		
8	早上我看电视了，是北京队赢了。 아침에 내가 TV를 봤는데, 베이징 팀이 이겼어.	北京队赢了 베이징 팀이 이겼다
9	真后悔没带相机，只能用手机拍。 사진기 안 가져온 게 정말 후회된다, 휴대전화로 찍을 수 밖에 없어.	没带相机 사진기를 가져오지 않았다
10	周末骑自行车，不小心摔倒了。 주말에 자전거를 타다가, 조심하지 않아서 넘어졌어.	骑自行车摔倒了 자전거를 타다가 넘어졌다
11	我白告诉你半天了，你整个没听懂! 내가 한참 동안 괜한 이야기한 거네, 너는 하나도 못 알아들었잖아 !	告诉你也没有用 알려줘도 소용이 없다 = 没有效果 효과가 없다
12	你的病不要紧，吃点儿药就没事儿了。 당신의 병은 심각하지 않아요, 약만 좀 먹으면 괜찮아요.	不要紧 심각하지 않다 = 没关系 괜찮다
13	我跟她只是朋友，你吃什么醋呀? 나와 그녀는 그냥 친구야, 너 뭘 질투해?	不要吃醋 질투하지 마라
14	这次麻烦你，真不好意思。 이번에 당신을 귀찮게 해드렸습니다, 정말 죄송합니다	不好意思 죄송하다
15	这次找工作又没戏了。 이번에 직장을 구하는 것은 또 가망이 없어.	没戏 가망이 없다 = 没希望 희망이 없다
16	他因为太难过了，一句话也没有说。 그는 너무 괴로워서, 한마디도 하지 않았어.	他很难过 그는 매우 괴롭다
17	这些衣服看上去太过时了。 보아하니 이 옷들은 너무 유행이 지난 것 같아.	样式过时 유행이 지난 스타일이다 = 不流行 유행하지 않는다
18	毕竟这次比赛对我来说非常重要。 어쨌든 이번 경기는 나에게 매우 중요해.	她很重视这场比赛 그녀는 이번 경기를 매우 중요시한다
19	我吃海鲜有些过敏，请问，应该看哪个科? 저는 해산물을 먹으면 알레르기가 약간 일어나요, 말씀 좀 여쭙겠습니다, 어느 과에서 진료받아야 되죠?	他过敏 그는 알레르기가 있다 要看病 진료를 받으려 한다
20	要把包裹寄到上海，用快递比较快。 소포를 상하이로 부치려면, 특급우편이 좀 빨라.	用快递公司 특급우편 회사를 이용한다
21	平时要多锻炼身体，别只顾着工作。 평소에 몸을 많이 단련해야지, 오로지 일만 생각하지 말고.	平时多运动 평소에 많이 운동한다
22	您就别为我操心了，我又不是第一次坐长途汽车。 저를 걱정하지 마세요, 장거리 버스를 처음 타는 것도 아닌걸요.	她要坐长途汽车 그녀는 장거리 버스를 타려고 한다

23	我不喝汤，不是不合口味，而是有点烫。 내가 국을 마시지 않은 건 입맛에 맞지 않아서가 아니라, 좀 뜨거워서 그래.	有点烫 좀 뜨겁다
24	我的嗓子还没好，还疼，我得去看医生了。 내 목은 아직도 좋지 않고 아파, 의사 선생님한테 가봐야겠어.	嗓子疼 목이 아프다
25	这个餐厅重新装修了一遍，环境比以前好多了。 이 식당은 다시 한 번 수리를 했더니, 환경이 전보다 많이 좋아졌어.	重新装修了 다시 수리했다
26	说实话，你的盐放得太多了，咸死了。 사실대로 말하자면, 너는 소금을 너무 많이 넣었어, 너무 짜.	盐放多了，有点儿难吃 소금을 많이 넣어서, 좀 먹기 힘들다
27	会计师考试我没有报辅导班，打算买几本参考书看看。 회계사 시험에 나는 보충반을 신청하지 않았어, 참고서나 몇 권 사서 보려고.	打算买几本参考书看看 참고서 몇 권을 사서 보려고 한다
28	孩子不愿意去幼儿园，那你要跟幼儿园的老师沟通一下。 아이가 유치원에 가지 않으려고 하면, 당신이 유치원 선생님과 얘기를 좀 해봐야 되요.	和老师沟通 선생님과 얘기한다
29	我才写了个提纲，领导让我再调整一下结构。 나는 겨우 개요를 썼는데, 상사가 나보고 다시 구성을 좀 조정하라고 했어.	需要调整结构 구성을 조정해야 한다
30	你这件衣服是什么时候买的? 很不错，感觉挺时尚的。 너 이 옷은 언제 산 거니? 매우 좋다, 유행과 잘 맞는 것 같아.	很时尚 유행에 매우 맞는다
31	我觉得这次投入的资金可以减少一些，不然风险太大了。 나는 이번 투자 자금은 조금 줄여도 된다고 생각해, 그렇지 않으면 위험성 이 너무 커.	风险非常大 위험성이 대단히 크다
32	目前看总体都还好，资金问题已经解决。月底前完成应该 没问题。 현재 전체적으로 보면 모두 좋아, 자금 문제도 이미 해결됐고. 월말 전에 완 성하는 건 문제없을 거야.	总体情况良好 전체적인 상황은 양호하다
33	昨天已经打电话问过了，他们的大宴会厅已经被别人预订了。 어제 이미 전화해서 물어봤는데, 그들의 대연회장은 이미 다른 사람들한테 예약되었대.	大宴会厅已被预订了 대연회장은 이미 예약되었다

day 13 · CD-36

1. A 换个题目
   B 缩短内容
   C 改变文章结构
   D 直接删掉一个段落

2. A 换一种风格
   B 换新的家具
   C 扩大客厅面积
   D 打通阳台和卧室

3. A 做下半年销售计划
   B 做今天的销售计划
   C 做明年的销售计划
   D 修改下半年的销售计划

4. A 打印机又坏了
   B 打印机是新的
   C 打印机还没修好
   D 打印机突然能用了

day 14 · CD-37

1. A 感冒了
   B 秋天到了
   C 花粉过敏
   D 鼻子过敏

2. A 写信
   B 打电话
   C 发短信
   D 发电子邮件

3. A 想喝茶
   B 感冒了
   C 雨伞丢了
   D 全身湿透了

4. A 老金反应不快
   B 老金的主持经验丰富
   C 这次活动规模不太大
   D 女的对老金不太满意

08 짝꿍 암기하는 핵심어 – 어휘 바꿔치기

앞에서는 녹음 지문에서 들은 어휘가 그대로 답이 되는 문제 유형을 배워보았다. 이번에 배울 핵심어 유형은 녹음 지문에 관용어나 속담, 성어, 또는 결정적인 힌트가 되는 어휘들이 나오지만, 보기에는 동의어 표현으로 바뀌어 제시되는 형태다. 이번 장에서는 동의어 만드는 방법을 알아보고, 가장 많이 쓰이는 동의어들을 짝을 지어 외워두도록 하자.

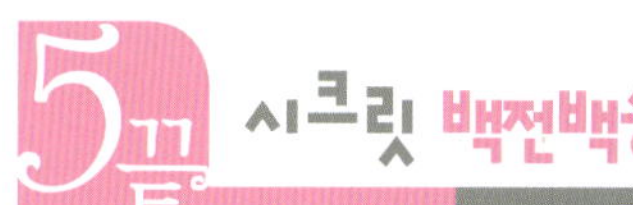

1 첫눈에 알아채라!

핵심어 문제는 녹음 지문에서 들려준 어휘가 보기에 그대로 제시되는 경우가 많기 때문에, 보기의 내용은 앞으로 듣게 될 내용과 관계된다. 따라서 녹음 지문을 듣기 전에 반드시 보기를 읽어야 한다. 문제를 듣고 보기를 보는 것과, 보기를 보고 나서 문제를 듣는 것은 천지 차이라는 것을 명심하자!

2 짝꿍끼리 연결해서 기억하라!

대화에서 쓰인 어휘가 그대로 보기에 제시되지 않고, 동의어나 유의어로 표현되는 경우가 있다. 평소 듣기 문제를 풀 때 답만 맞히고 넘어가지 말고, 문제의 핵심어와 정답을 짝지어 암기해놓으면 피가 되고, 살이 된다.

예 [핵심어] 到月底，手头儿很紧。 월말이 되면, 주머니 사정이 여의치 않다.

　　[답] 经济情况不好 경제적인 상황이 좋지 않다

　　　　 = 钱不够 돈이 부족하다 / 没有钱 돈이 없다

3 관용어를 많이 암기하라!

관용어는 두 개 이상의 단어로 이루어져 있으며, 그 단어들의 표면적인 의미만으로는 속뜻을 알 수 없는, 특수한 의미를 나타내는 어구(語句)를 말한다.

예 [관용어] 발이 넓다 = [뜻] 사교적이어서 아는 사람이 많다

듣기에 약한 이유는 아는 단어가 없기 때문이다. 단어 암기만이 살길이다!

[핵심어 동의어] 出差了 출장 갔다 = 在外地 외지에 있다

　　　　　　　　 不怕考试 시험을 겁내지 않는다 = 学习很好 공부를 매우 잘한다

　　　　　　　　 不简单 간단치 않다 = 了不起 대단하다

[관용어 동의어]　碰钉子 장애물에 부딪치다 = 被拒绝 거절당하다

说闲话 잡담하다 = 议论别人 뒷말하다

数一数二 손꼽히다 = 非常突出 뛰어나다

4 동의어 만드는 법을 숙지하라!

녹음 지문에 나온 표현과 보기에 제시된 정답 표현이 100% 일치하지는 않을 수 있지만, 그 의미는 일맥상통한다. 동의어를 만드는 가장 쉬운 방법은 반의어 앞에 부정부사 不를 붙여주는 것이므로, 부정부사를 눈여겨 본다.

동의어 공식: 不 + 반의어

예　讨厌 = 不喜欢 좋아하지 않는다(싫어한다)

便宜 = 不贵 비싸지 않다(싸다)

很难 = 不容易 쉽지 않다(어렵다)

好懂 = 不难 어렵지 않다(이해하기 쉽다)

很多 / 许多 = 不少 적지 않다(매우 많다)

很好 = 不错 나쁘지 않다(매우 좋다)

 CD-38

문제 ①

> A 男的眼睛疼
> B 女的是大夫
> C 小王推荐了药
> D 药的效果很好

| 문제 분석 | 핵심어에 집중 / 변환된 어휘에 주의! ◀ S1, S2, S4 적용

A 男的眼睛疼	A 남자는 눈이 아프다
B 女的是大夫	B 여자는 의사다
C 小王推荐了药	C 샤오왕이 약을 추천해주었다
D 药的效果很好	D 약의 효과가 매우 좋다

男: 小王，你的眼睛怎么样了，好一点儿了吗?

女: 比昨天好多了，多亏用了您推荐的药，效果不错。

问: 根据对话，可以知道什么?

남: 샤오왕, 너 눈은 어때? 좀 괜찮아졌어?

여: 어제보다는 많이 좋아졌어요, 당신이 추천해준 약을 쓴 덕분에요, 효과가 좋더라고요.

질문: 대화에서 무엇을 알 수 있는가?

해설 샤오왕은 남자가 추천해준 약을 먹고 눈 상태가 호전되었다는 것을 알 수 있다. 不错는 '괜찮다, 좋다'라는 의미로, D의 很好와 같은 뜻이다.

▶ 핵심어 짝꿍 암기

効果不错 효과가 좋다 = 效果很好 효과가 좋다

 대화문을 들을 때의 기본 철칙은 남·녀를 확실하게 구분하는 것이다. 해석에만 급급하다 보면, 해석이 되더라도 남녀를 혼동하여 낭패를 보는 경우가 종종 있다. 머릿속에 남녀를 구분하는 표를 그려놓고, 녹음 지문을 듣는 훈련을 하는 것이 좋다.

	남	여
말	你的眼睛怎么样了? 너 눈은 어때?	多亏用了您推荐的药，效果不错。 당신이 추천해준 약을 쓴 덕분에요, 효과가 좋더라고요.
속뜻	여자는 눈이 아프다.	남자가 약을 추천해주었고, 약의 효과가 좋다.

단어 ★眼睛 yǎnjing 명 눈 | 疼 téng 형 아프다 | 大夫 dàifu 명 의사 | ★推荐 tuījiàn 동 추천하다 | 药 yào 명 약 | ★效果 xiàoguǒ 명 효과 | 怎么样 zěnmeyàng 대 어떠하다 | 好 hǎo 형 좋다 | 一点儿 yìdiǎnr 양 조금, 약간 | 比 bǐ 전 ~보다 | 昨天 zuótiān 명 어제 | ★多亏 duōkuī 동 덕택이다 | 用 yòng 동 사용하다 | ★不错 búcuò 형 좋다, 괜찮다

 CD-39

문제 ② 　A 只招一个人
　　　　B 女的找到工作了
　　　　C 这个工作没希望了
　　　　D 已经准备好面试了

| 문제 분석 | 발생한 사건과 시제에 집중!　S1, S2 적용

A 只招一个人	A 한 사람만 모집한다
B 女的找到工作了	B 여자는 일자리를 찾았다
C 这个工作没希望了	C 이 직장은 희망이 없다
D 已经准备好面试了	D 이미 면접준비를 마쳤다
男：上个星期你应聘的那家公司有结果了吗？	남: 지난주에 응시한 그 회사는 결과가 나왔니?
女：上周只是参加了笔试，这周还有面试。	여: 지난주에는 필기시험만 본 거야, 이번 주에 또 면접이 있어.
男：看来有戏啊，那个公司打算招几个人啊？	남: 보아하니 가능성이 있네, 그 회사 몇 명이나 뽑는대?
女：就一个，我得好好儿准备才可以。	여: 딱 한 명, 정말 열심히 준비해야지만 돼.
问：根据对话，可以知道什么？	질문: 대화에서 무엇을 알 수 있는가?

해설　두 사람은 여자가 응시한 회사에 대해서 이야기하고 있다. 몇 명을 뽑느냐는 남자의 질문에 여자는 단 한 명(就一个)을 뽑는다고 했으므로 답은 A가 된다. 녹음에 언급된 就는 '단지, 다만'이라는 의미로 A의 只와 같은 뜻이다.

▶ 핵심어 짝꿍 암기

就(招)一个 단 한 명 (뽑는다) = 只招一个人 한 사람만 뽑는다

▶ 오답 수정

B 女的找到工作了（×）　→ 女的正在找工作（○）
C 这个工作没希望了（×）→ 有戏(= 有希望)（○）
D 已经准备好面试了（×）→ 得好好儿准备(= 还没准备好)（○）

단어　只 zhǐ 튄 단지, 오직 | ★招 zhāo 튕 모집하다 | 找 zhǎo 튕 찾다 | 工作 gōngzuò 뗑 직업, 일자리 | ★希望 xīwàng 뗑 희망 | 已经 yǐjing 튄 이미, 벌써 | ★准备 zhǔnbèi 튕 준비하다 | 面试 miànshì 튕 면접시험 보다 | 星期 xīngqī 뗑 주, 주일 | ★应聘 yìngpìn 튕 지원하다 | 公司 gōngsī 뗑 회사 | 结果 jiéguǒ 뗑 결과 | ★上周 shàngzhōu 뗑 지난주 | 只是 zhǐshì 튄 단지, 오로지 | 参加 cānjiā 튕 참가하다 | ★笔试 bǐshì 뗑 필기시험 | 还 hái 튄 또, 게다가 | 看来 kànlái 튕 보아하니 ~하다 | ★有戏 yǒuxì 튕 희망이 있다 | 打算 dǎsuan 튕 ~하려고 하다, 계획하다 | 就 jiù 튄 단지, 오직 | 可以 kěyǐ 조통 ~할 수 있다, 가능하다

Tip⁺　보기 분석을 꼼꼼히 해야 한다.
① 시제에 주의한다: 과거(过) – 발생(了) – 현재(正在) – 미래(想 / 要 / 打算)
② 발생 유무를 확인한다: 이미 발생한 일(已经) – 앞으로 해야 할 일(得)
③ 긍정·부정을 확실히 구분한다: 有 ↔ 没有 / 是 ↔ 不是

자주 출제되는 표현

1 핵심어 문제 질문 형식 (II)

▶ **속뜻을 묻는 문제**

男的觉得怎么样? 남자는 어떻다고 생각하는가?

女的主要是什么意思? 여자의 주요 요지는 무슨 뜻인가?

※ 화자의 말 뜻(속뜻)이 무엇인지 묻는다.

▶ **대화 내용과의 일치 여부를 묻는 문제**

根据对话，下面哪项正确? 대화에 따르면, 다음 중 옳은 것은 무엇인가?

根据对话，下面哪项不正确? 대화에 따르면, 다음 중 틀린 것은 무엇인가?

根据对话，我们可以知道什么? 대화에서 알 수 있는 것은 무엇인가?

关于男的，我们可以知道什么? 남자에 대해, 알 수 있는 것은 무엇인가?

※ 대화를 듣고 알 수 있는 내용이나 옳은 내용, 틀린 내용을 선택하라는 질문이 나올 수 있다.

2 핵심 패턴 연습

다음 녹음 지문 표현을 듣고, 핵심 의미와 동의어를 생각해보자.

Tip⁺ 아래 표의 내용은 21개의 관련 문제를 푼 효과를 준다. 색깔로 표시된 어휘가 핵심 어휘이므로 꼭 외워둔다.

	녹음 지문 표현	정답
1	现在小明是我最得力的助手。 현재 샤오밍은 나의 가장 유능한 조수야.	能干 유능하다
2	这MP3买了没多长时间老是出毛病。 이 MP3는 산 지 얼마 되지도 않았는데 자꾸 고장이 나.	MP3经常坏 MP3가 자주 고장이 난다
3	教室里一点儿动静都没有。 교실에는 인기척이 조금도 없다.	很安静 매우 조용하다
4	他们公司破产了。 그의 회사가 파산했어.	倒闭了 도산했다
5	别提了，这次考砸了。 말도 마, 이번에 시험을 망쳤어.	考得很糟糕 시험을 엉망으로 봤다
6	你这是给我帮倒忙。 이것은 나를 도우려다 오히려 방해하는 거야.	添麻烦 번거롭게 하다
7	不至于连去健身房的时间也没有。 헬스클럽에 갈 시간조차 없을 정도는 아니야.	去健身房的时间还是有的 헬스클럽에 갈 시간은 있다

8	我们班不止20个人参加了。우리 반은 20명이 넘는 사람이 참가해.	20个人以上 20명 이상
9	那个人办事太马虎。그 사람은 일 처리가 너무 소홀해.	他办事很糟糕 그는 일 처리가 엉망이다
10	你真的发福了。정말 몸이 좋아지셨네요. (= 살이 붙었다)	发胖了 살이 쪘다
11	纸杯我那儿有的是。종이컵은 나한테 많아.	有很多纸杯 종이컵이 많이 있다
12	我没坚持下来，早就不去了。 나는 계속하지 못하고, 진작에 안 갔어.	已经放弃了 이미 포기했다
13	我的电脑速度越来越慢了。내 컴퓨터는 속도가 점점 느려져.	反应很慢 반응이 매우 느리다
14	听别人提起过，说最近特别火。 다른 사람들이 하는 얘기를 들었어, 요즘 특히 인기가 있다더라.	受欢迎 환영받는다 (= 인기 있다)
15	是因为他学历太低了。그의 학력이 너무 낮기 때문이야.	他没有上太多学 그는 공부를 많이 하지 못했다
16	有什么可怕的? 두려울 게 뭐 있어?	有信心 자신이 있다 不怕 두렵지 않다
17	前面好像在修路。앞에서 도로를 정비하고 있는 것 같아.	正在施工 공사 중이다
18	这个人特别幽默。이 사람은 정말 유머러스해.	是有趣的人 재미있는 사람이다
19	这次我们做了不少宣传、做了大量的广告。 이번에 우리는 적지 않은 선전과 대량의 광고를 하였다.	做了很多宣传 많은 선전을 하였다
20	真不好意思，初次见面，我就迟到了，让你久等了。 정말 죄송해요, 처음 만남에 제가 늦게 와서, 오래 기다리게 했네요.	他们是第一次见面 그들은 처음 만나는 것이다 她来晚了 그녀는 늦게 왔다
21	你兵乓球打得那么厉害，参加比赛的话肯定能拿冠军。 너는 탁구를 그렇게 잘 치니, 시합에 참가한다면 분명히 우승할 거야.	打得很出色 매우 잘 친다

day 15 CD-41

1. A 女的要去出差
   B 男的不能去听讲座
   C 男的不想去听讲座
   D 女的的MP3不能录音

2. A 生气了
   B 下次再找机会
   C 男的等女的下班
   D 不想再和女的吃饭

3. A 说明书很好懂
   B 电脑已经修好了
   C 安装电脑程序很难
   D 最好再买一台电脑

4. A 很一般
   B 很精彩
   C 不如小说
   D 非常有意思

day 16 CD-42

1. A 女的要洗衣服
   B 旧的西服被捐了
   C 女的卖了深蓝色的西服
   D 女的不喜欢深蓝色的西服

2. A 腿受伤了
   B 不能坚持锻炼
   C 不喜欢打球了
   D 每天晚上加班

3. A 刚出差回来
   B 是个推销员
   C 老家在海南
   D 出口特产的

4. A 男的跳槽了
   B 男的毕业了
   C 女的找到了工作
   D 男的找到理想的工作了

09 의미 파악 Ⅰ – 전체 내용 이해하기

day 17~18

전체 내용을 듣고 의미를 파악해야 하는 문제는 출제 빈도가 매우 높고 가장 어려운 문제 유형이다. 다른 유형의 문제들처럼 답과 관련된 핵심 부분만 듣고 풀 수 있는 문제가 아니라, 전체적인 의미를 파악해야만 풀 수 있기 때문이다. 이 유형의 문제를 풀 때는 자신이 대화 당사자인 것처럼, 전체적인 상황을 머릿속에 그리면서 녹음 지문을 들어야 한다.

5끝 시크릿 백전백승

1 보기를 분석하라!

녹음 지문에서 나올 내용은 최소한 4개의 보기에 제시된 내용 중 하나다. 따라서 보기를 먼저 보면 대략 어떤 내용을 들려줄지 추측할 수 있고, 더 쉽게 녹음 지문을 이해할 수 있다.

2 대화 내용을 이미지화하라!

녹음 지문을 들으면서 단어 하나하나를 모두 이해하고 해석하려면, 시간도 부족하고 전체적인 내용을 놓치기 쉽다. 따라서 두 사람의 대화를 들을 때에는, 마치 자신도 함께 대화하고 있는 것처럼 전체적인 상황을 머릿속으로 그려가면서 들어야 한다.

3 표면적 뜻이 아닌 속뜻을 파악하라!

어휘 혹은 어구에 대한 표면적인 뜻을 고르지 말고, 그 말의 속뜻이 무엇인지 음미해보아야 한다. 이 유형은 기본적인 중국어 실력을 바탕으로, 사고력과 이해력을 요구하는 문제기 때문이다.

4 자신만의 암기노트를 만들어라!

평소 문제를 풀 때, 녹음 지문의 어떤 내용이 보기에는 어떻게 제시되었는지를 자신만의 방법으로 노트에 정리하고 반복해서 공부한다. 그러면 시험을 볼 때에도 정답이 되는 부분만 귀에 쏙쏙 들어올 것이다. 지금 당장 들리지 않는다고 좌절하지 말고 열심히 암기하라. 분명히 정답이 한눈에 보이는 순간이 올 것이다.

 CD-43

문제 1

A 问题不能处理
B 保险公司不赔偿
C 男的不用负责任
D 女的发生了交通事故

| 문제 분석 | 남녀 구분에 집중 / 부정부사에 주의! S1, S2, S3 적용

A 问题不能处理	A 문제를 처리할 수 없다
B 保险公司不赔偿	B 보험회사에서 보상을 해주지 않는다
C 男的不用负责任	C 남자는 책임질 필요가 없다
D 女的发生了交通事故	D 여자에게 교통사고가 났다

女：医疗保险的问题处理好了吗?

男：快了，交通事故是对方的责任，保险公司
正在办理赔偿手续呢。

问：根据对话，可以知道什么?

여: 의료보험 문제는 잘 처리되었어?

남: 곧 될 거야, 교통사고는 상대방의 책임이어서, 보험
회사에서 지금 보상 수속을 하고 있어.

질문: 대화에서 무엇을 알 수 있는가?

해설 두 사람은 남자의 의료보험 문제에 대해 이야기하고 있다. 여자의 질문에 남자는 교통사고는
상대방에게 책임이 있고, 보험회사에서 곧 보상해줄 것이라고 말했으므로, 답은 C가 된다. B는
녹음 내용과 반대되므로 답이 될 수 없다.

▶ 의미 파악

对方的责任 상대방의 책임 + 保险公司赔偿 보험회사가 보상하다
= 男的不用负责 남자는 책임질 필요가 없다

단어 问题 wèntí 몡 문제 | 处理 chǔlǐ 됭 처리하다, (문제를) 해결하다 | ★ 保险公司 bǎoxiǎn gōngsī 몡 보험회사 | ★ 赔
偿 péicháng 됭 배상하다, 보상하다 | 负 fù 됭 책임지다 | ★ 责任 zérèn 몡 책임 | 发生 fāshēng 됭 일어나다, 발생하
다 | ★ 交通事故 jiāotōng shìgù 몡 교통사고 | ★ 医疗保险 yīliáo bǎoxiǎn 몡 의료보험 | 对方 duìfāng 몡 상대방
| 正在 zhèngzài 뷔 ~하고 있다 | ★ 办理 bànlǐ 됭 처리하다 | ★ 手续 shǒuxù 몡 수속

문제 **2**

A 怎样办月卡
B 怎样办借书证
C 怎样办交通卡
D 怎样办理健身卡

| **문제 분석** | 대화의 첫머리에 집중!　S1, S2 적용

A 怎样办月卡	A 어떻게 월정액 카드를 만드는지
B 怎样办借书证	B 어떻게 도서대출증을 만드는지
C 怎样办交通卡	C 어떻게 교통카드를 만드는지
D 怎样办理健身卡	D 어떻게 헬스클럽 카드를 만드는지
男: 您好，在这儿可以办交通卡吗？	남: 안녕하세요, 여기에서 교통카드를 만들 수 있나요?
女: 可以。我们有一般的卡和月卡，月卡一个月60元，一般的卡充值以后才可以用。	여: 만들 수 있어요. 일반 카드랑 월정액 카드가 있는데, 월정액 카드는 한 달에 60위안이고, 일반 카드는 충전하신 다음에 사용할 수 있어요.
男: 一般的卡有没有有效期呢？	남: 일반 카드는 유효기간이 있나요?
女: 没有。	여: 없습니다.
问: 男的在咨询什么？	질문: 남자는 무엇을 상담하고 있는가?

해설　남자는 여자에게 교통카드를 만드는 것에 대해 물었으므로, 답은 C가 된다. 여자가 일반 카드와 월정액 카드의 차이점을 설명하자, 남자는 일반 카드(一般的卡)에 더 관심을 보이고 있다.

▶ 의미 파악

在这儿可以办交通卡吗? 여기에서 교통카드를 만들 수 있나요?
= 怎样办交通卡 어떻게 교통카드를 만드는가

단어　借书 jièshū 통 책을 빌리다 | ★交通卡 jiāotōngkǎ 명 교통카드 | 办理 bànlǐ 통 처리하다 | ★健身 jiànshēn 통 몸을 튼튼하게 하다 | 可以 kěyǐ 조동 ~할 수 있다, 가능하다 | 一般 yìbān 형 보통이다, 평범하다 | ★充值 chōngzhí 통 (금액을) 충전시키다 | 以后 yǐhòu 명 이후 | 才 cái 부 비로소, 오직 ~해야만 | ★有效期 yǒuxiàoqī 명 유효기간 | 咨询 zīxún 통 자문하다, 상의하다

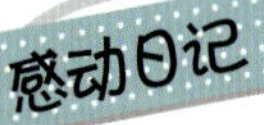 感动日记

▶ 오늘 새롭게 알게 된 내용, 가장 중요한 핵심내용, 학습 소감과 각오 등을 적어보세요.

1 의미 파악 문제 질문 형식 (Ⅰ)

▶ **속뜻을 묻는 문제**

男的是什么意思? 남자는 무슨 뜻인가?

※ 의미 파악 문제에 나오는 질문은 포괄적이고 모호한 표현이 많다.

▶ **대화에서 알 수 있는 것을 묻는 문제**

这段对话告诉我们什么? 이 대화는 우리에게 무엇을 말해주는가?

根据对话，可以知道什么? 대화를 통해서 무엇을 알 수 있는가?

※ 전체적인 내용을 파악했는지, 화자가 처한 상황이나 대화에서 알 수 있는 것이 무엇인지 묻는다.

▶ **대화 내용과의 일치 여부를 묻는 문제**

下面哪项不是地铁的特点? 다음 중 지하철의 특징이 아닌 것은?

关于女的，下列哪项正确? 여자에 대하여, 다음 중 옳은 것은?

※ 핵심어, 화자, 전체 내용 등에 대해 옳고 그름을 판단하는 질문이 나오기도 한다.

2 핵심 패턴 연습

다음 녹음 지문 표현을 듣고, 내용을 파악해보자.

Tip+ 아래 표의 내용은 21개의 관련 문제를 푼 효과를 준다. 색깔로 표시된 어휘가 핵심 어휘이므로 꼭 외워둔다.

녹음 지문 표현	정답
1 这双样子还不错，有我穿的号儿吗? 이 신발의 디자인이 괜찮네요, 제가 신는 사이즈가 있나요?	买鞋 신발을 산다
2 待遇也不错，可是我不大喜欢经常出差。 대우도 좋긴 한데, 나는 자주 출장 다니는 것을 그다지 좋아하지 않아.	谈工作 직장에 대해 말한다
3 为这件事，我别提多生气了! 이 일 때문에, 내가 얼마나 화가 나는지 말도 마!	非常生气 매우 화가 난다
4 这些年来，我换了无数个公司。 요 몇 년 동안, 나는 셀 수 없이 많이 직장을 바꿨어.	换了很多个公司 직장을 여러 군데 바꿨다
5 母亲想让我回去，可我还是想留在这儿。 엄마께서는 내가 돌아가기를 바라시지만, 나는 여전히 이곳에 남고 싶어.	说话人和母亲想法不同 화자는 모친과 생각이 다르다
6 什么时候吃你们的喜糖啊? 언제쯤 너희 결혼 축하 사탕을 먹을 수 있니?	对方可能要结婚 상대방이 결혼할 수도 있다

7 我最喜欢果汁儿，不过可乐、咖啡也可以。 나는 과일주스를 가장 좋아하지만, 콜라나 커피도 괜찮아.	什么都可以 무엇이든지 다 괜찮다
8 这么一来，马路上能不乱吗? 이러니까, 도로가 엉망이 안 될 수 있니?	搞乱了交通 교통을 어지럽혔다
9 我们的计划全被你打乱了。 우리의 계획은 전부 너 때문에 망쳤어.	埋怨对方 상대방을 원망한다
10 有些人提起一个月前的事儿，还记得清清楚楚，可是还有一些人忘得一干二净。 어떤 사람들은 한 달 전 일을 얘기하면 정확히 기억하는데, 또 어떤 사람들은 아주 까맣게 잊어.	每个人的记忆力不同 사람마다 기억력이 다르다
11 你不是说今天比昨天热吗? 怎么又加了件衣服? 네가 오늘이 어제보다 덥다고 하지 않았어? 왜 또 옷을 더 입었어?	穿得比较多 옷을 좀 많이 입었다
12 刘经理就要离开公司了，再好不过了。 류 팀장은 곧 회사를 떠나, 아주 잘됐어.	她不喜欢刘经理 그녀는 류 팀장을 싫어한다
13 有的人能在相同的时间里，比别人多做一倍、两倍的事情，可有的人时间用得不少，就是什么也做不出来。 어떤 사람은 같은 시간 안에, 다른 사람보다 두 배, 세 배의 일을 할 수 있고, 어떤 사람은 시간은 많이 쓰는데, 아무것도 해내지 못해.	谈时间和效率 시간과 효율에 대해 이야기한다
14 她最近喜欢上英语了。 그녀는 요즘 영어에 빠졌어.	正在学外语 외국어를 배우고 있다
15 何明，你把你的正常水平发挥出来就行了。 허밍, 너는 네가 가지고 있는 평소 실력만 발휘하면 돼.	鼓励对方 상대방을 격려한다
16 对不起，我得先走了，我儿子在学校等着我呢。 미안해, 나 먼저 갈게, 우리 아들이 학교에서 날 기다리고 있거든.	去接孩子 아이를 데리러 간다
17 对面骑着自行车的那个人，我怎么看怎么眼熟。 맞은편에 자전거 타고 가는 저 사람, 아무리 봐도 어딘가 낯익어.	可能认识那个人 어쩌면 그 사람을 안다
18 我爱人每天一回到家，就开始摆弄他的电脑，连饭也顾不上吃。 우리 남편은 매일 집에만 오면, 곧 컴퓨터를 만지작거리기 시작해, 밥 먹을 생각도 않는다니까.	她爱人喜欢电脑 그녀의 남편은 컴퓨터를 좋아한다
19 昨天晚上多喝了几杯咖啡，结果怎么也睡不着觉，只好看电视打发时间，到三点才睡。 어제 저녁에 커피를 몇 잔 많이 마셨더니, 어찌해도 잠이 안 오는 거야, 어쩔 수 없이 TV 보면서 시간을 보내다가, 3시가 되어서야 잤어.	失眠了 불면증에 시달렸다
20 今天去百货商店买了几个东西，光一条裙子就花了好几百块。 오늘 백화점에 가서 물건을 몇 개 샀는데, 치마 하나에 몇백 위안이나 하더라고.	花了很多钱 돈을 많이 썼다 百货商店的东西很贵 백화점의 물건이 비싸다
21 这工作本来应该由我去做，却让你辛苦了，真抱歉。 이 일은 원래 내가 하려고 했는데, 당신을 고생시켰네요, 정말 미안해요.	让别人做了工作 다른 사람으로 하여금 대신 일하게 했다

day 17 · CD-46

1. A 不合理

   B 比较合适

   C 有点儿高

   D 跟别的公司差不多

2. A 困难很多

   B 生意不好做

   C 女的很有信心

   D 成立了很久了

3. A 女的是秘书

   B 穿什么都可以

   C 明天有重要的活动

   D 女的让男的穿休闲服

4. A 得具体分析

   B 炒股票太危险

   C 买基金比较安全

   D 女的不适合做投资

day 18 · CD-47

1. A 男的误会了

   B 那个孕妇很高兴

   C 那个孕妇不喜欢坐着

   D 公共汽车里有很多座位

2. A 还能坚持

   B 快要不行了

   C 想放弃最后一圈

   D 休息一会儿再跑最后一圈

3. A 名次不重要

   B 有较大的优势

   C 在美国留过学很重要

   D 取得名次的机会不大

4. A 保修两年

   B 有优惠活动

   C 正在打折销售

   D 微波炉比空调便宜

10 의미 파악 II – 어법 지식 활용하기 

어법 지식을 활용한 의미 파악 문제는 2~3문제 정도 출제되며, 특정한 접속사나 어법을 알아야만 전체적인 의미를 파악할 수 있다. 평소 이 유형의 문제를 공부하면서 자주 나오는 접속사나 어법 사항을 정리하고 암기해서, 자신감 있게 문제에 도전하자!

5끝 시크릿 백전백승

1 보기를 미리 읽어라!

녹음 지문에 나올 내용은 최소한 4개의 보기에 제시된 내용 중 하나다. 따라서 반드시 보기를 먼저 보고 대략 어떤 내용이 나올지 추측한다.

2 힌트가 되는 접속사나 어법 내용을 찾아라!

녹음 지문에는 대화의 주제나 주요 내용이 언급되는 부분이 있는데, 그 부분의 핵심이 되는 접속사나 어법 사항을 이해하고 있어야만 정답을 찾을 수 있는 문제들이 있다. 정확하게 해석하여 정답을 찾아내보자!

3 전체적인 내용을 이해하라!

녹음 지문을 들을 때 공부하지 않았던 접속사나 어법 사항이 나올까 봐 걱정하거나 좌절할 필요는 없다. 전체적인 내용을 잘 그려보면 접속사나 어법 사항이 어떤 의미인지 유추해낼 수도 있다. 전체적인 내용을 이해하는 것이 가장 중요한 과제다.

4 접속사 등의 어법 지식을 암기하라!

공부한 접속사나 기타 어법 지식이 많지 않아서 문제를 풀 수 없을 거라고 낙담하지 말자. 이 장의 '시크릿 보물상자'에 정리된 내용은 시험에 자주 출제되는 접속사와 어법 사항들이다. 이것만 암기해도 충분히 문제를 풀 수 있으니, 문제에 도전하기 전에 정리된 내용을 먼저 암기하고 자신감을 갖고 도전해보자!

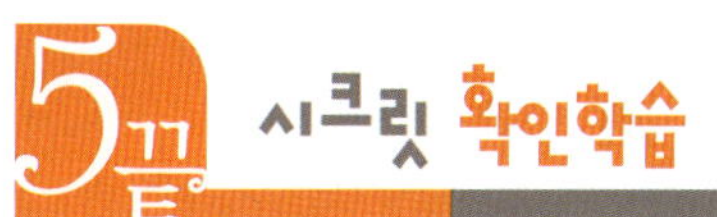 시크릿 확인학습

문제 **1**

A 上班迟到了
B 公共汽车坏了
C 堵车堵得厉害
D 飞机没按时起飞

| 문제 분석 | 접속사 因为에 집중! ◀ S1, S2 적용

A 上班迟到了	A 출근시간에 지각했다
B 公共汽车坏了	B 버스가 고장 났다
C 堵车堵得厉害	C 차가 심하게 막혔다
D 飞机没按时起飞	D 비행기가 제시간에 이륙하지 않았다

男: 快两个小时了，要等到什么时候呢?
女: 因为有大雾，所有航班目前都不能起飞。
　　真对不起，耽误了您宝贵的时间。

남: 곧 2시간이 다 되어가는데, 언제까지 기다려야 하죠?
여: 안개가 너무 심해서, 현재 모든 비행기가 이륙할 수가 없습니다. 정말 죄송합니다, 손님의 귀중한 시간을 지체하게 되었네요.

问: 女的为什么表示抱歉?

질문: 여자는 왜 죄송하다고 하는가?

해설 因为는 '~ 때문에'라는 뜻으로, 인과 관계를 나타내는 접속사다. 지금 여자는 승객들에게 현재 비행기가 이륙하지 못하는 이유에 대해 설명하며 사과하고 있으므로, 답은 D가 된다.

단어 上班 shàngbān 동 출근하다 | 迟到 chídào 동 지각하다 | 公共汽车 gōnggòng qìchē 명 버스 | 坏 huài 동 고장 나다 | ★堵车 dǔchē 동 교통이 막히다 | ★厉害 lìhai 형 극심하다 | 飞机 fēijī 명 비행기 | ★按时 ànshí 부 제때에 | ★起飞 qǐfēi 동 이륙하다 | 快 kuài 부 곧, 머지않아 | 等 děng 동 기다리다 | 因为 yīnwèi 접 왜냐하면 | ★大雾 dàwù 명 범위가 넓고 짙은 안개 | 所有 suǒyǒu 형 모든, 전부의 | ★航班 hángbān 명 항공편 | ★目前 mùqián 명 지금, 현재 | 对不起 duìbuqǐ 동 미안합니다 | ★耽误 dānwu 동 지체하다, 일을 그르치다 | ★宝贵 bǎoguì 형 소중하다, 귀중하다 | 时间 shíjiān 명 시간 | 抱歉 bàoqiàn 동 미안해하다

문제 **2**

A 不是硕士
B 要参加面试
C 正在读研究生
D 准备读研究生

| **문제 분석** | 긍정과 부정, 시제에 집중! | S1, S2, S3 적용 |

A 不是硕士	A 석사가 아니다
B 要参加面试	B 면접에 참가하려고 한다
C 正在读研究生	C 대학원을 다니고 있다
D 准备读研究生	D 대학원 준비를 하고 있다
女: 明天海尔公司有面试，你去吗?	여: 내일 하이얼 회사에서 면접이 있는데, 너 가니?
男: 我不去。	남: 난 안 가.
女: 海尔公司的待遇特别好，这么好的机会很难得呀!	여: 하이얼 회사는 대우가 정말 좋아, 이렇게 좋은 기회는 쉽게 오지 않아!
男: 他们要研究生和博士。我只有本科学历。	남: 그들이 원하는 건 대학원생과 박사인데, 나는 학부 학력밖에 없어.
问: 关于男的，可以知道什么?	질문: 남자에 관해서 무엇을 알 수 있는가?

해설 只有는 '단지 ~밖에 없다'라는 의미로, 남자의 마지막 말에 나왔다. 남자는 학부 학력만 있을 뿐, 대학원생도 박사도 아니라는 뜻이다. 따라서 남자는 하이얼 회사의 학력 조건에 맞지 않기 때문에, 면접에 참가하지 않는다는 것을 알 수 있다. 남자가 대학원 준비를 하는지 여부는 언급되지 않았으므로, 답은 A가 된다.

단어 ★硕士 shuòshì 몡 석사 | 参加 cānjiā 통 참가하다 | ★面试 miànshì 몡 면접시험 | 正在 zhèngzài 뷔 ~하고 있다 | 读 dú 통 공부하다, 학교를 다니다 | ★研究生 yánjiūshēng 몡 대학원생 | 准备 zhǔnbèi 통 준비하다 | 明天 míngtiān 몡 내일 | 公司 gōngsī 몡 회사 | ★待遇 dàiyù 몡 대우 | 机会 jīhuì 몡 기회 | ★难得 nándé 톙 얻기 힘들다, 드물다 | 只 zhǐ 뷔 단지, 오직 | ★本科 běnkē 몡 학부 | ★学历 xuélì 몡 학력

感动日记

▶ 오늘 새롭게 알게 된 내용, 가장 중요한 핵심내용, 학습 소감과 각오 등을 적어보세요.

1 의미 파악 문제 질문 형식 (II)

▶ 평가·추측을 묻는 문제

男的怎么样? 남자는 어떠한가?

老金是个什么样的人? 라오진은 어떤 사람인가?

男的对这个地方的印象怎么样? 남자는 이곳에 대한 인상이 어떠한가?

女的可能会怎么做? 여자는 어떻게 하겠는가?

※ 평가나 추측을 묻는다.

▶ 전체적인 의미를 묻는 문제

这段对话是什么意思? 이 대화는 무슨 의미인가?

这段对话告诉我们什么? 이 대화는 우리에게 무엇을 알려주는가?

根据对话, 可以知道什么? 대화를 통해, 무엇을 알 수 있는가?

关于女的, 我们可以知道什么? 여자에 대해, 우리는 무엇을 알 수 있는가?

※ 전체적인 의미 파악을 묻는다.

▶ 옳고 그름을 묻는 문제

下面哪句话是对的? 다음 중 옳은 것은?

根据对话, 下列哪项正确? 대화에 의하면 다음 중 옳은 것은?

※ 옳고 그름의 판단을 요구한다.

▶ 원인·이유를 묻는 문제

女的为什么表示抱歉? 여자는 왜 미안함을 표했는가?

男的为什么说女的粗心? 남자는 왜 여자가 꼼꼼하지 못하다고 말했는가?

※ 이유를 묻는다.

2 핵심 패턴 연습

다음 녹음 지문 표현을 듣고, 의미를 파악해보자.

Tip⁺ 아래 표의 내용은 19개의 관련 문제를 푼 효과를 준다. 색깔로 표시된 어휘가 핵심 어휘이므로 꼭 외워둔다.

녹음 지문 표현	정답
Ⅰ 万一出点儿事儿可不是闹着玩儿的。 만약 무슨 일이 생기면 정말 장난이 아니야.	没有出事 사고가 나지 않았다

2	三月了，可是天气反而比冬天还要冷。 3월인데, 날씨는 오히려 겨울보다 더 추워.	天气反常 날씨가 비정상적이다
3	要不是我们提前几分钟来，肯定就坐不上这趟车了。 우리가 몇 분 일찍 오지 않았다면, 분명히 이번 차를 놓쳤을 거야.	今天车提前来了 오늘은 차가 일찍 왔다
4	没有谁比他再合适的了！ 누구도 그보다 더 적합할 수는 없어!	他最合适 그가 제일 적합하다
5	他看起来比我聪明，实际上我也不如他。 그는 나보다 똑똑해 보여, 실제로도 나는 그 사람만 못해.	我没有他聪明 나는 그보다 똑똑하지 않다
6	结果一个学生也没来。 결과적으로 한 명의 학생도 오지 않았어.	学生们都没来 학생들은 모두 오지 않았다
7	除了上网，我没有什么别的爱好。 인터넷을 하는 것 외에는, 나는 다른 취미가 없어.	喜欢上网 인터넷을 하는 것을 좋아한다
8	要不然今天早上我肯定又要来晚了。 그렇지 않았으면 오늘 아침에 나는 분명히 또 늦게 왔을 거야.	没迟到 지각하지 않았다
9	不如关闭门窗，再开空调降温。 창문을 닫고 에어컨을 틀어서 온도를 내리는 게 낫겠다.	开空调 에어컨을 켜라
10	很好吃，就是这个汤味道太淡了。 맛있는데, 다만 이 국은 너무 싱거워.	汤要加盐 국에 소금을 넣어야 한다
11	无论怎么说，他都听不进去。 어떻게 말하든지, 그는 모두 듣지 않아.	他也不会听我们的 그는 우리의 말도 듣지 않을 것이다
12	除了小李还能是谁呢？ 샤오리가 아니면 누구겠니?	只有小李 샤오리밖에 없다
13	无论如何，他都有责任。 어찌 됐든 간에, 그에게는 책임이 있어.	他有责任 그에게 책임이 있다
14	除非经理亲自去请，否则他绝对不会来。 사장이 직접 가서 요청해야지, 그렇지 않으면 그는 절대 오지 않을 거야.	只有经理能请到他 사장만이 그를 모셔올 수 있다
15	不是他的成绩好，而是他的脾气好。 그의 성적이 좋은 게 아니라, 그의 성격이 좋아.	他性格好 그는 성격이 좋다
16	可是平时起得可早着呢！ 그러나 평상시에는 아주 일찍 일어나!	他平时很早起床 그는 평상시에 매우 일찍 일어난다
17	错过了这个机会，即使以后你再怎么努力也不行。 이번 기회를 놓치면, 설사 나중에 네가 아무리 노력해도 안 돼.	应该抓住机会 기회를 잡아야 한다
18	如果她在学习上也这么用心，我就不用担心了。 만약 그녀(아이)가 공부를 이렇게 열심히 하면, 내가 걱정을 할 필요가 없지.	担心女儿学习不努力 딸이 공부를 열심히 하지 않는 것을 걱정한다
19	要是我们提前5分钟，就赶上那趟末班车了。 만약 우리가 5분만 일찍 왔더라면, 막차를 탈 수 있었을 텐데.	他们错过了末班车 그들은 막차를 놓쳤다

day 19   CD-51

1. A 书柜的大小
   B 客厅的桌子
   C 书柜的位置
   D 卧室的大小

2. A 他们在看电视
   B 房间被小偷偷了
   C 男的的房间门坏了
   D 男的经常不收拾房间

3. A 病人还不能出院
   B 病人现在很危险
   C 女的同意病人出院
   D 病人的手术有点儿问题

4. A 很严肃
   B 很幽默
   C 很认真
   D 很不受欢迎

day 20 CD-52

1. A 没看开幕式
   B 是真正的球迷
   C 觉得开幕式非常精彩
   D 和男的一起看了比赛

2. A 想上网看电影
   B 想上网预订房间
   C 想在网上买东西
   D 想在网上订火车票

3. A 钱包丢了
   B 登机牌丢了
   C 忘了买饮料
   D 护照找不到了

4. A 两个人要去学英语
   B 男的暑假没什么计划
   C 女的打算去外国留学
   D 两人都想去外国留学

제2부분 서술형 단문(긴 대화문)

기출문제 탐색전

제2부분의 서술형 단문은 31~45번까지 총 15문제가 출제되며, 가끔 한두 지문은 6~8줄의 긴 대화문 형태로 출제되기도 한다. 앞에서 배운 대화문과는 달리, 한 지문당 하나의 문제만 출제되는 것이 아니라, 지문당 2~4문제가 연속해서 출제된다. 서술형 지문은 한 사람이 이야기를 들려주는 방식이어서 약간 부담스러울 수 있지만, 대화문에서는 혼동을 일으키는 함정 어휘가 많이 등장하는 반면, 단문은 함정 어휘보다는 정보 전달을 목적으로 하기 때문에 내용만 잘 파악해도 정답을 맞힐 확률이 높다.

문제 1  CD-53

31. A 夫妻
    B 同事
    C 经理和职工
    D 老师和学生

32. A 看病
    B 送文件
    C 去郊区玩
    D 去国外出差

문제 2  CD-54

35. A 把水煮开
    B 称鱼的重量
    C 量鱼的大小
    D 去市场卖掉

36. A 锅太小
    B 怕被罚款
    C 小鱼味道鲜美
    D 这里禁止钓大鱼

1. 총 5개의 지문이 출제되고, 지문당 2~4문제씩 총 15문제가 출제된다.

2. 보기는 간단한 명사 형태와 '술어+목적어' 형태로 많이 나온다.

 한 지문당 평균 3문제 정도가 출제되므로, 지문을 듣기 전에 총 12개의 보기를 미리 숙지해야 한다. 일일이 해석하지 못하더라도 어떤 내용을 물을 것인지는 파악해야 한다.

3. 문제는 녹음 지문의 순서와 일치하게 나올 확률이 높다. 그러므로 보기를 보면서 녹음을 듣다가 관련 내용이 들리면 녹음과의 일치 여부를 여백에 살짝 표시해두었다가, 녹음 내용이 끝나면 질문을 정확히 확인하고 답을 고른다.

4. 문제 범위를 알리는 멘트와 질문은 모두 여자 성우가 낭독한다.

    여자 성우: 第31到32题是根据下面一对话。

    여자 성우: 31. 他们是什么关系?

第31-32题是根据下面一段对话：

女：小王，怎么最近在车站看不到你了？

男：我买汽车了。现在每天开车上班，所以不用挤公共汽车了。

女：你买车了，太好了！开车上班的感觉不错吧？

男：刚开始的时候挺紧张的，开得很慢，车一多就害怕。现在好多了。

女：慢慢儿就习惯了。那下周末咱们公司去郊区玩儿，你就可以自己开车去了。

男：我还没有开车去过郊区呢！那条路也不熟，我还是想坐公司的车去。

女：是，还是坐车轻松。你忙吧。赵经理还在等着看这份文件呢。我现在给他送过去。

男：那好，咱们有时间再聊。

31. 问：他们是什么关系？

32. 问：下周末男的要做什么？

第35-36题是根据下面一段话：

老刘钓鱼有一个很怪的习惯，就是每钓上一条就会拿尺子量一量。小一点的就放在篓子里，只要比尺子大的鱼，他都会丢回河里。有人问他，"别人都是喜欢大鱼，不喜欢小鱼，你怎么正好相反，将大鱼都丢回河里呢？"老刘回答："我家的锅只有这么大，太大的鱼装不下。"有的人觉得老刘很可笑，但也有的人说，"享受你的生活，不要与别人比较。"

35. 问：钓到鱼后，老刘先做什么？

36. 问：老刘为什么把大鱼都丢回河里？

1. 제2부분의 녹음 지문 길이는 대략 220〜400 자 정도다.

2. 보통 3인칭 시점으로 서술하는 지문이 많으며, 다양한 소재의 이야기가 등장한다.

3. 녹음 지문은 남녀 성우가 번갈아 낭독한다. 첫 번째 지문을 여자가 낭독했다면 두 번째 지문은 남자가 낭독한다.

4. 듣기 시험이 끝나면 듣기 답안지를 작성하는 시간이 5분 정도 주어진다.

01 긴 대화문

듣기 제2부분

듣기 제2부분은 2가지 유형으로 나뉜다. 첫째는 앞에서 배운 4~5줄짜리 대화문으로, 지문당 1문항씩 총 10개 지문이 출제된다. 둘째는 대화문이 아닌 서술형 단문으로, 지문당 2~4문항씩 약 5개 정도가 출제된다. 간혹 서술형 단문 대신 6~8줄짜리 긴 대화문이 한두 지문 출제되기도 하는데, 이러한 대화문은 길이가 길어서 필요한 부분을 발췌하여 메모하며 듣는 훈련이 필요하다. 제1부분의 연장선이라는 생각으로 긴장을 풀고 침착하게 듣다 보면 답이 보일 것이다.

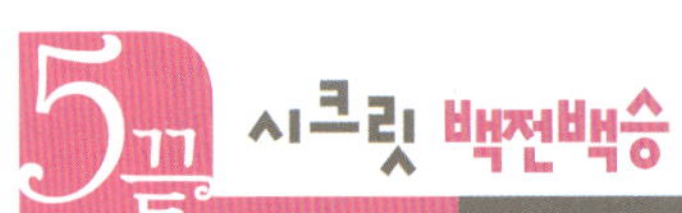

1 보기를 분석하라!

녹음 지문이 길고 들어야 할 내용이 많을수록 심리적 부담감이 커질 수 있다. 사전 정보 없이 녹음 지문을 듣는 것보다는 보기를 먼저 읽어보고, 어떤 문제가 나올지, 어떤 부분을 집중적으로 들어야할지 미리 예측해보는 것이 좋다.

2 몇 번까지 풀어야 하는지 표시하라!

하나의 지문에 여러 개의 문제가 나올 경우에는 듣게 될 내용이 몇 번부터 몇 번 문제에 해당하는지 미리 파악하고 들어야 한다. 문제의 범위를 알려주는 지시문을 놓치지 말고 문제의 해당 범위를 시험지에 표시해두자.

예 [녹음] 第31到33题是根据下面一段对话。

→ 33번 문제에 사선(/)이나 꺾쇠(⌐) 등 자기만의 기호로 표시해둔다.

3 들리는 순서대로 답이 나온다!

긴 대화문은 앞에서 공부했던 짧은 대화문보다 내용이 많아서, 들은 정보를 다 기억하지 못해 좌절하거나, 쉽게 포기하는 학생들이 많다. 하지만 당황할 것 없다! 대개의 경우 녹음 지문에서 들려주는 순서대로 문제가 출제되므로, 귀로 들으면서, 눈으로는 문제의 보기를 들리는 순서대로 하나씩 짚어가면서 풀면 된다.

4 제1부분의 연장선이다!

긴 대화문이든 짧은 대화문이든 그 내용은 우리가 일상생활에서 쉽게 접하는 이야기가 주를 이루니, 절대 겁먹을 필요가 없다! 대화문의 길이만 길어졌을 뿐, 짧은 대화문에서 이미 훈련했던 숫자 · 행동 · 장소 · 관계 · 어투 · 의미 파악 등에 관련된 질문이 나온다.

5 남 · 녀 구분을 확실히 하라!

긴 녹음 지문을 듣다 보면 누가 무슨 말을 했는지 헷갈릴 수 있다. 대화의 내용도 중요하지만, 그 말을 한 사람이 남자인지 여자인지를 확실히 구분해야만, 질문에 알맞은 답을 고를 수 있다. 들은 내용을 메모할 때는 전체적인 내용을 쭉 적어나가기보다는, 해당 문제의 보기들을 보면서 관련되는 부분만 간단히 메모하는 것이 효과적이다.

내가 생각하는 HSK란? – HSK는 ［   ］다.

- HSK는 블랙홀이다. 공부할수록 빠져들기 때문이다. – 황재환
- HSK는 아메리카노다. 처음 맛보면 쓰지만 나중에는 그 매력에 빠진다. – 김은별
- HSK는 등산이다. 처음에는 어렵지만, 올라갈수록 요령이 생기고 뿌듯해진다. – 장소라
- HSK는 장작이다. 어서 활활 타올라 나의 추운 인생에 따뜻한 불이 되어줬으면 좋겠다. – 김용주

CD-55

문제

1. A 电话丢了
   B 房租太贵了
   C 没有租到房子
   D 房子离公司太远

2. A 是个三居室
   B 是男的的房子
   C 离公司有点儿远
   D 房租一个月1000多

| 문제 분석 | 대화의 첫머리에 집중 / 관련 내용 대조하기! ► S1, S2, S3 적용

男: 你最近在找房子吧，我的同事正好有一套三居室想出租，想不想看看?

女: 太好了，我这几天正为这事儿头疼呢。房子的地段儿怎么样啊?

男: 你去过我家吧，他家离我家不远，很近。

女: 位置很好，离我的公司也很近，上下班也不用挤车了。一个月多少钱?

男: 听同事说大概2000多，具体多少还要问问，也许能便宜一点儿。

女: 你再帮帮问问，找个时间我去看看房子。

男: 行，我现在就打电话问问，有什么消息我马上告诉你。

남: 너 요즘 집 보고 있지, 내 동료가 마침 방 3개짜리 집을 세놓고 싶어하는데, 한 번 볼래?

여: 아주 잘됐다, 요 며칠 동안 이 일 때문에 머리가 아팠는데. 집 위치는 어때?

남: 너 우리 집 가봤지, 그 사람 집은 우리 집에서 멀지 않아, 매우 가까워.

여: 위치가 좋다, 우리 회사에서도 가깝고, 출퇴근할 때도 차를 비집고 탈 필요 없겠네. 한 달에 얼마야?

남: 동료한테 듣기로는 대략 2000이 좀 넘는대, 자세히 얼마인지는 더 물어봐야 해, 어쩌면 좀 싸게 해줄 수도 있어.

여: 다시 한 번 물어봐줘, 시간 날 때 집을 보러 갈게.

남: 알겠어, 내가 지금 전화해서 물어보고, 무슨 소식이 있으면 바로 너에게 알려줄게.

| 지문 요약 | 두 사람은 남자의 동료가 세놓은 집에 대해 이야기하고 있다.
  - 집을 세놓은 사람: 남자의 동료
  - 집에 관한 정보: 방은 3개이고, 남자의 집과 가깝고 여자의 회사에서도 가깝다.
  - 월세 가격: 대략 2000이 넘지만 싸게 해줄 수도 있다.

단어   最近 zuìjìn 명 요즘 | 找 zhǎo 동 찾다 | 房子 fángzi 명 집 | ★同事 tóngshì 명 동료 | 正好 zhènghǎo 부 마침 | ★居室 jūshì 명 방 | 这几天 zhè jǐ tiān 요 며칠, 요즘 | 头疼 tóuténg 형 골치 아프다 | ★地段儿 dìduànr 명 위치, 구역 | 怎么样 zěnmeyàng 대 어떠하다 | ★离 lí 전 ~로부터 | 远 yuǎn 형 멀다 | 近 jìn 형 가깝다 | ★位置 wèizhi 명 위치 | 公司 gōngsī 명 회사 | 上下班 shàngxiàbān 출퇴근하다 | ★挤 jǐ 동 비집다 | 听说 tīngshuō 동 듣자하니 ~라고 하다 | ★大概 dàgài 부 대개, 아마 | ★具体 jùtǐ 형 구체적이다 | 问 wèn 동 묻다 | ★也许 yěxǔ 부 어쩌면, 아마도 | 便宜 piányi 형 (값이) 싸다 | 帮 bāng 동 돕다 | 时间 shíjiān 명 시간 | 现在 xiànzài 명 현재 | 打电话 dǎ diànhuà 전화하다 | ★消息 xiāoxi 명 소식 | 马上 mǎshàng 부 바로, 즉시 | 告诉 gàosu 동 알리다

1. A 电话丢了　　　　　　　　　　A 전화기를 잃어버렸다
    B 房租太贵了　　　　　　　　　B 집세가 너무 비싸다
    C 没有租到房子　　　　　　　　C 집을 구하지 못했다
    D 房子离公司太远　　　　　　　D 집이 회사에서 너무 멀다

    问: 女的最近为什么事情头疼?　　질문: 여자는 최근 무슨 일 때문에 머리가 아픈가?

해설 녹음 지문을 들을 때, 보기를 보면서 들은 내용을 보기 옆에 체크해두면 더 쉽게 문제를 풀 수 있다. 남자는 여자가 최근 집을 구하고 있다는 사실을 재차 확인하면서, 동료가 세를 내놓은 집을 소개해주고 있다. 여자는 최근 그러한 일(집 문제) 때문에 머리가 아팠다고 했으므로, 집을 구하지 못해서 고민하고 있었음을 알 수 있다. 따라서 답은 C다.

단어 电话 diànhuà 몡 전화(기) | 丢 diū 됭 잃어버리다 | 贵 guì 톙 비싸다 | ★租 zū 됭 세내다

2. A 是个三居室　　　　　　　　　A 방이 3개다
    B 是男的的房子　　　　　　　　B 남자의 집이다
    C 离公司有点儿远　　　　　　　C 회사에서 좀 멀다
    D 房租一个月1000多　　　　　　D 집세는 월 1000위안 남짓이다

    问: 关于那套房子，可以知道什么?　　질문: 그 집에 관해서 알 수 있는 것은 무엇인가?

해설 대화를 들을 때 보기에 해당하는 내용이 나오면 대화 내용과 일치하는지를 파악해야 한다. 남자가 집의 위치를 말해주자 여자는 회사에서 가깝다고 했으므로, C는 답이 아니다. 남자는 집세가 한 달에 2000이 넘을 것이라고 했으므로, D도 답과 거리가 멀다. 남자는 방이 3개고 동료가 세를 내놓은 집이라고 했으므로 A가 답이 된다.

感动日记

▶ 오늘 새롭게 알게 된 내용, 가장 중요한 핵심내용, 학습 소감과 각오 등을 적어보세요.

긴 대화문의 의미 파악

같은 의미	다른 표현
1 我非跟他结婚不可。 나는 반드시 그와 결혼하고 말 거야.	我一定要跟他结婚。 나는 꼭 그와 결혼할 것이다.
2 快要下雨了。 곧 비가 오려고 해.	还没下雨呢。 아직 비가 내리지 않았다.
3 看看天还要下雨。 하늘을 보니 또 비가 오려고 하네.	已经下过雨。 이미 비가 왔었다.
4 我和他认识了10年了。 나와 그는 안 지 10년이 됐어.	他和我认识很久了。 그와 나는 안 지 오래됐다.
5 后天就要开学了。 모레면 곧 개학이야.	还有两天就开始上课了。 이틀만 있으면 곧 수업이 시작된다.
6 你穿这件衣服有点儿肥。 네가 이 옷을 입으면 좀 헐렁해.	这件衣服你穿稍微大了点儿。 이 옷은 네가 입으니 좀 크다.
7 课堂上，他不怎么回答问题。 교실에서 그는 대답을 그다지 잘 하지 않아.	上课的时候，他很少回答问题。 수업 시간에 그는 대답하는 일이 드물다.
8 我们班的表演没他们班演得好。 우리 반의 공연은 그들 반처럼 잘하지 못했어.	我们班的表演不如他们班演得好。 우리 반의 공연은 그들 반보다 못했다.
9 他身高1米80，我身高1米75。 그는 키가 1미터 80이고, 나는 키가 1미터 75야.	我没有他高。 나는 그만큼 크지 않다.
10 我是昨天到北京的，他是前天到的。 나는 어제 베이징에 도착했고, 그는 그저께 도착했어.	他比我早一天到北京。 그는 나보다 하루 일찍 베이징에 도착했다.
11 三星的手机在中国受到人们的欢迎。 삼성의 휴대전화는 중국에서 사람들에게 환영받아.	三星的手机在中国卖得很好。 삼성의 휴대전화는 중국에서 잘 팔린다.
12 我打断了他的话。 나는 그의 말을 끊었어.	我不想跟他说话。 나는 그와 말하고 싶지 않다.
13 多一个朋友多一条路。 친구 한 명이 더 생기면 길이 하나 더 생겨.	朋友多了办事就方便。 친구가 많아지면 일 처리가 수월하다.
14 我觉得不至于这么严重。 내 생각에 그렇게 심각하지는 않은 것 같아.	没那么严重。 그렇게 심각하지 않다.
15 我们俩从来没红过脸。 우리 둘은 여태껏 얼굴을 붉혀본 적이 없어.	我们从来没有吵过架。 우리는 여태껏 싸워본 적이 없다.

day 21 CD-56

1. A 最近流行感冒
   B 打喷嚏不传染
   C 常洗手不管用
   D 很多人戴口罩

2. A 常常洗手
   B 出门戴口罩
   C 常吃感冒药
   D 少去公共场所

3. A 放鞭炮
   B 吃月饼
   C 吃饺子
   D 给压岁钱

4. A 回国
   B 在别人家
   C 在男的的家
   D 在自己的家

day 22 CD-57

1. A 勇敢
   B 可爱
   C 可怜
   D 性感

2. A 美
   B 吸引别人
   C 增加自信
   D 挑战自己

3. A 想换工作
   B 觉得生活无聊
   C 讨厌自己的妈妈
   D 想找一个女朋友

4. A 没有钱
   B 工作太忙
   C 没有信仰
   D 没有女朋友

5. A 男的过生日
   B 鼓励男的戒烟
   C 表扬男的有毅力
   D 男的听女人的话

6. A 伤心
   B 忧虑
   C 高兴
   D 坐立不安

02 재미있는 이야기

듣기 제2부분

서술형 단문 중에서 이야기 형식의 지문은 약 50%로 2~3개 정도 출제된다. 글자 수는 약 150~350자로 과거보다는 확실히 짧아졌다. 일상생활에서 들어봤음직한 이야기들이 지문으로 나오니, 편안한 마음으로 들어보자.

 시크릿 백전백승

1 다양한 소재의 이야기가 나온다!

이 유형의 지문은 소재가 아주 다양하다. 평상시 중국의 유머·동화·기사 등 다양한 형식의 글을 많이 접하는 것이 도움이 된다. 듣기 실력을 향상시키기 위해서는 글을 눈으로만 보지 말고, 큰 소리로 읽는 연습을 하는 것이 좋다.

[지문 유형]

笑话 우스운 이야기 / 寓言 우화 / 故事成语 고사성어

身边杂记 신변잡기(자신의 주변에서 일어나는 여러 가지 일을 적은 수필체의 글)

2 1인칭 & 3인칭 작가 시점이 있다!

이야기를 서술하는 방식에는 다음의 두 가지가 있다.

① 1인칭 작가 시점: 화자가 직접 겪은 에피소드, 가족 이야기 등이 나온다.

② 3인칭 작가 시점: 제삼자의 이야기, 유머 등이 주로 나온다.

3 배경과 등장인물의 관계를 파악하라!

이야기의 배경과 이야기 속 등장인물 간의 관계를 잘 파악하면, 대략적인 이야기 흐름을 파악하는 데 큰 도움이 된다.

4 상식으로 접근하라!

지문을 완벽하게 이해하지 못했다고 상심할 필요는 없다. 이 유형은 자신이 알고 있는 상식적인 선에서 답안을 고르더라도 오답일 확률이 낮다.

 CD-58

문제

1. A 两瓶啤酒
   B 一个垃圾桶
   C 两个垃圾桶
   D 爸爸坐在垃圾桶上

2. A 爸爸很好奇
   B 爸爸喝醉了
   C 女儿想尝尝酒
   D 有四个垃圾桶

| 문제 분석 | 전체적인 내용 이해에 집중! S1, S2, S3 적용

女儿今年五岁了，好奇心非常重，常常问爸爸问题。有一天晚上，父亲和女儿一起吃完饭回家，回家的路上女儿问父亲："爸爸，喝醉的'醉'是什么意思？"父亲想了想，回答道："你看见前面的两个垃圾桶了吗？如果我把它们看成了四个，那么我就醉了。""不过，爸爸，"女儿说："那儿只有一个垃圾桶啊！"	딸은 올해 5살이 되었고, 호기심이 매우 많아서, 항상 아빠에게 이것저것 물어보았다. 어느 날 저녁, 아빠와 딸은 함께 식사하고 집에 돌아오는데, 집으로 오는 길에 딸은 아빠에게 물었다. "아빠, '술에 취했다'에서 '취했다'는 무슨 뜻이에요?" 아빠는 생각을 좀 하다가 대답했다. "앞에 있는 쓰레기통 두 개가 보이니? 만약 내가 그것들을 4개로 봤다면, 나는 취한 거야.""하지만, 아빠," 딸이 말했다. "저기에는 쓰레기통이 하나밖에 없는걸요!"

| 지문 요약 | 소재: 笑话(유머러스한 이야기)

시점: 3인칭 작가 시점

중심 내용: 爸爸喝醉了。(아빠는 술에 취했다.)

단어 今年 jīnnián 명 올해 | 好奇心 hàoqíxīn 명 호기심 | 非常 fēicháng 부 대단히 | 重 zhòng 형 (정도가) 심하다 | 常常 chángcháng 부 자주 | 喝醉 hēzuì 동 (술에) 취하다 | 垃圾桶 lājītǒng 명 쓰레기통 | 如果 rúguǒ 접 만약 | 不过 búguò 접 하지만

1. A 两瓶啤酒	A 맥주 두 병
B 一个垃圾桶	B 쓰레기통 하나
C 两个垃圾桶	C 쓰레기통 두 개
D 爸爸坐在垃圾桶上	D 아빠가 쓰레기통 위에 앉아 있는 것
问: 女儿看到了什么?	질문: 딸은 무엇을 보았는가?

해설 녹음 지문에는 직접적으로 언급되지 않았지만, 딸의 질문을 통해 아빠가 술에 취해 있음을 알 수 있다. 쓰레기통이 1개밖에 없는데, 아빠는 술에 취해 초점이 흐려져서 그것을 2개로 본 것이다. 딸의 눈에 보인 것은 한 개의 쓰레기통이므로, 답은 B가 된다.

Tip+ 이 지문은 笑话로, 아빠와 딸의 에피소드를 3인칭 작가 시점으로 이야기하고 있다. 이러한 유형의 지문은 내용이 어렵지는 않으나, 유머를 얼마나 잘 이해하느냐가 관건이다. 이야기를 듣고 '피식'하고 웃지 않았다면, 이야기를 100% 이해하지 못했다는 증명일 수 있으니 좀 더 노력하자!

단어 瓶 píng 양 병 | 啤酒 píjiǔ 명 맥주

<table>
<tr><td>2. A 爸爸很好奇</td><td>A 아빠는 호기심이 많다</td></tr>
<tr><td>B 爸爸喝醉了</td><td>B 아빠는 취했다</td></tr>
<tr><td>C 女儿想尝尝酒</td><td>C 딸은 술을 맛보고 싶어한다</td></tr>
<tr><td>D 有四个垃圾桶</td><td>D 쓰레기통이 4개 있다</td></tr>
<tr><td>问: 根据这段话, 可以知道什么?</td><td>질문: 이 이야기에서 알 수 있는 것은 무엇인가?</td></tr>
</table>

해설 호기심이 많아 이런저런 질문을 한 것은 딸이므로, A는 답이 아니다. 딸이 '취했다'라는 말의 뜻을 묻자, 아빠는 앞에 있는 쓰레기통을 가리키며 2개의 쓰레기통이 4개로 보일 때 '취했다'고 말한다고 했지만, 거기에는 원래부터 하나의 쓰레기통밖에 없었다. 아빠는 하나뿐인 쓰레기통을 2개로 잘못 보았으므로, 이미 취해 있었음을 알 수 있다. 따라서 답은 B가 된다.

단어 好奇 hàoqí 형 호기심을 갖다 | 酒 jiǔ 명 술 | 根据 gēnjù 전 ~에 의하여

感动日记

▶ 오늘 새롭게 알게 된 내용, 가장 중요한 핵심내용, 학습 소감과 각오 등을 적어보세요.

고대 그리스에 살았던 노예 출신 이야기꾼 이솝이 지은 '이솝 우화'는 의인화된 동물들이 등장하는 짧고 재미있는 이야기 속에 일상의 지혜를 담아 新HSK 듣기 지문으로 자주 활용된다.

1 狐狸和葡萄　　　　Húli hé pútáo　　　　여우와 포도

어느 날, 굶주린 여우가 잘 익은 포도송이가 주렁주렁 매달려 있는 포도밭으로 몰래 숨어들었다. 그런데 포도는 너무 높이 매달려 있어서 여우가 아무리 힘껏 뛰어도 닿지 않았다. 여우는 어쩔 수 없이 뒤돌아서 "저 포도는 셔서 분명히 맛이 없을 거야."라고 말하며 가버렸다.

[숨은 뜻] 어떤 이는 자신의 능력이 부족하여 이루지 못한 일에 대해, 변명으로 자신의 행위를 정당화하고 합리화한다.

2 北风和太阳　　　　Běifēng hé tàiyáng　　　　북풍과 태양

북풍과 태양이 서로 힘이 세다고 자랑하다가, 나그네의 외투를 벗긴 쪽이 이기는 내기를 했다. 북풍이 먼저 시작했는데, 북풍이 강하게 불면 불수록 나그네는 오히려 옷깃을 더욱 단단히 여미었다. 다음으로 태양이 천천히 열을 가하자, 나그네는 스스로 외투를 벗었다.

[숨은 뜻] 무리하게 강요하는 것보다 부드럽게 설득하는 편이 훨씬 효과적이다.

3 狐狸和丹顶鹤　　　　Húli hé dāndǐnghè　　　　여우와 두루미

여우는 두루미를 집으로 초대해 납작한 접시에 수프를 대접하였다. 두루미는 부리가 뾰족하고 길어서 접시에 있는 음식을 먹을 수가 없었고, 여우가 맛있게 먹는 모습만 지켜보다가 집으로 돌아왔다. 다음날 두루미는 여우를 집으로 초대해 입이 짧고 뭉툭한 여우가 음식을 먹을 수 없도록 호리병에 음식을 담아 식사를 대접하였다.

[숨은 뜻] 상대편의 처지나 입장에서 생각하고 이해해야 한다. (= 역지사지)

4 背盐的驴子　　　　Bèi yán de lǘzi　　　　소금을 짊어진 당나귀
驴子和盐商　　　　Lǘzi hé yánshāng　　　　당나귀와 소금장수

등에 무거운 소금을 짊어진 당나귀는 시냇가에서 일부러 물에 빠져 소금을 물에 녹인 후 짐을 가볍게 만들었다. 하루는 소금장수 주인이 당나귀의 속셈을 알아차리고 당나귀 등에 솜을 실었다. 가벼운 솜을 지고서도 일부러 시냇물에 빠진 당나귀는 물을 머금은 솜이 너무 무거워서 빠져나올 수가 없었다.

[숨은 뜻] 상대방에게 손해를 끼치는 방법으로 자신의 편의를 구하면 결국 자신에게 불리한 결과로 돌아온다.

5 狮子与报恩的老鼠　　　　Shīzi yǔ bào'ēn de lǎoshǔ　　　　사자와 은혜 갚은 생쥐

생쥐가 잘못하여 곤하게 자는 사자를 건드렸다. 사자는 생쥐를 잡아먹으려 했지만, 생쥐가 반드시 은혜를 갚겠다며 살려달라고 애원하자 생쥐를 풀어주었다. 사자는 자신이 조그만 생쥐의 도움을 받을 일이 없을 것으로 생각하고 생쥐의 말을 비웃었지만, 며칠 뒤 그물에 걸린 사자를 생쥐가 이빨로 그물을 찢어 구해주었다.

[숨은 뜻] 한때의 운은 변하기 마련이다. 강자도 약자의 도움이 필요할 때가 있다.

6 谈恋爱的狮子与农夫　　Tán liàn'ài de shīzi yǔ nóngfū　　사랑에 빠진 사자와 농부
　　狮子和农夫的女儿　　Shīzi hé nóngfū de nǚ'ér　　사자와 농부의 딸

한 농부에게 예쁜 딸이 있었는데, 어느 날 사자가 찾아와 딸과 결혼하겠다고 청혼했다. 농부는 사나운 사자의 청을 거절하기는 두렵고, 그렇다고 딸을 사자에게 시집 보낼 수도 없어서 고민하던 중 묘안이 떠올랐다. 그는 사자에게 딸을 사랑한다면 날카로운 이빨과 발톱을 모두 뽑으라고 말했다. 사자가 농부의 말대로 하자, 농부는 힘이 없어진 사자를 몽둥이로 때리고 밧줄로 묶어버렸다.

[숨은 뜻] 너무 쉽게 다른 사람의 말을 믿고 자신의 장점을 버린다면, 결국 자신을 두려워하던 사람들에게 당하게 된다.

7 口渴的乌鸦　　Kǒukě de wūyā　　목마른 까마귀

목이 마른 까마귀가 물을 찾아 헤매다가 물이 든 병을 발견했는데, 병 안에는 물이 조금밖에 없어서 입이 닿지 않았다. 까마귀는 꾀를 내어 옆에 있는 작은 돌을 부리로 주워 병에 집어넣었고, 돌이 차오르자 물이 점점 위로 올라와 물을 마실 수 있었다.

[숨은 뜻] 지혜는 힘보다 더 중요하다.

8 猫脖子上系铃铛　　Māo bózi shang jì língdāng　　고양이 목에 방울 달기

고양이한테 여러 차례 공격을 받아 큰 피해를 본 쥐들이 고양이를 어떻게 해야 좋을지 의논하였다. 여러 가지 의견이 나온 끝에 고양이 목에 방울을 달아 고양이가 오는 것을 미리 알 수 있게 하자고 결정했지만, 막상 고양이 목에 방울을 달러 가겠다는 쥐는 한 마리도 없었다.

[숨은 뜻] 제안하는 것과 실행하는 것은 별개의 일이다. / 행동보다 말이 쉽다.

9 农夫和蛇　　Nóngfū hé shé　　농부와 뱀

어느 겨울, 한 농부가 추위로 꽁꽁 언 뱀 한 마리를 발견하고는 측은한 마음에 뱀을 품 안에 넣어 품어주었다. 농부의 온기로 금방 생기를 되찾은 뱀은 타고난 본성으로 목숨을 구해준 농부를 물었다. 뱀의 독이 순식간에 농부의 몸에 퍼졌고, 농부는 숨을 거두기 전에 마지막으로 탄식했다. "비열한 것에게 동정을 베푸니 이 지경이 되고 마는구나."

[숨은 뜻] 자비로움도 은혜를 모르는 자들에게는 무용지물이다.

10 狐狸和狮子　　Húli hé shīzi　　여우와 사자

아직 한 번도 사자를 본 적이 없는 여우가 숲 속에서 사자를 만났다. 처음에는 사자를 보고 무서워서 도망쳤으나, 두 번째 보았을 때는 나무 뒤에서 몰래 훔쳐 보았고, 세 번째 사자를 만나자 태연하고 대담하게 사자에게 다가가 아는 척을 하였다.

[숨은 뜻] 자주 보면 무서운 것도 익숙해진다.

11 乌龟与兔　　Wūguī yǔ tù　　거북이와 토끼

토끼가 거북이한테 다리도 짧고 걸음도 느리다고 놀리자, 거북이는 경기해서 겨뤄보자고 제안하였다. 거북이는 느린 걸음이지만 잠시도 쉬지 않고 꾸준히 전진해서 결승점에 도달했고, 토끼는 걸음이 빠르다고 자만하여 길가에 누워 낮잠을 자다가 경기에서 지고 말았다.

[숨은 뜻] 느리더라도 꾸준히 노력하는 사람이 승리한다.

day 23　CD-59

1. A 没有
   B 半瓶
   C 一点儿
   D 半瓶多

2. A 把瓶子推倒了
   B 找了朋友帮忙
   C 飞到河边喝水了
   D 往瓶子里放小石头

3. A 很累
   B 不渴
   C 很笨
   D 很聪明

4. A 他回答错了
   B 老师批评他
   C 他不懂装懂
   D 他上课睡着了

5. A 别举手回答问题
   B 别在乎同学的嘲笑
   C 会时举左手，不会时举右手
   D 会时举右手，不会时举左手

6. A 越来越傻
   B 变得更自信了
   C 同学关系变好了
   D 成绩没有什么变化

day 24　CD-60

1. A 饿死的
   B 撞死的
   C 摔死的
   D 被农夫打死的

2. A 农活已经做完了
   B 他要抓乱跑的兔子
   C 以为还可以捡到兔子
   D 天气太热了，不想劳动

3. A 不要乱跑
   B 农夫喜欢吃兔子
   C 不种地就没有饭吃
   D 世界上没有免费的午餐

4. A 想住楼房
   B 坐在院子里晒太阳
   C 喜欢胡同里的小吃
   D 想去胡同里的酒吧

5. A 怀念过去
   B 气氛很好
   C 朋友开的酒吧
   D 价格比较便宜

6. A 小时候住平房
   B 一直住在楼房
   C 一直住在平房
   D 现在想住楼房

03 교훈적인 이야기

듣기 제2부분

교훈적인 이야기 형식의 지문은 주로 희망적이고 건전한 내용으로, 사람들의 보편적 가치관에 접근하는 경우가 많다. 중국 사회나 문화에 대한 기본 지식이 있다면 좀 더 쉽게 풀 수 있다.

5끝 시크릿 백전백승

1 성공과 인생을 논한다!

인생에서 보편적으로 중요시하는 사랑·성공·희망·지혜 등에 관한 이야기를 다루고, 살아가면서 무엇을 중시해야 하는지, 어떤 방향으로 나아가야 하는지 등의 교훈을 알려준다.

[주요 화제]

爱情 애정 / 成功 성공 / 人生 인생 / 目标 목표 / 希望 희망 / 智慧 지혜

2 '경우의 수'가 등장한다!

하나의 방법(주제)에 대해서만 이야기하는 지문도 있지만, 교훈을 전달하기 위해 2~3가지 방법이나 상황을 비교하여 설명하는 지문도 종종 출제된다. 이런 경우에는 대개 마지막 방법이 가장 좋은 사례일 때가 많다. 이러한 유형은 혼동을 일으키기 쉬우므로, 녹음을 들을 때 최대한 집중력을 발휘하고, 반드시 메모를 해야 한다.

3 중심 생각은 100% 출제된다!

교훈적인 이야기를 들려주면 반드시 화자의 중심 생각을 묻게 되어 있다. 녹음을 들으면서 전체 내용을 총괄하는 중심 생각을 파악하는 데 주력한다.

예 [질문] 主要讲的是什么? 주로 이야기하는 것은 무엇인가?

想告诉我们什么? 우리에게 무엇을 말해주고자 하는가?

告诉我们什么道理? 우리에게 어떤 도리를 말해주는가?

4 이야기의 흐름을 잡아라!

교훈을 파악하려면 지문의 내용을 제대로 이해해야 한다. 이야기의 흐름을 잡았다면, 그 느낌으로 끝까지 듣는 것이 중요하다. 이야기의 흐름을 파악하는 문제는 보기가 길기 때문에, 녹음을 들으면서 보기에 ○, ×를 표시해둔다.

CD-61

문제

1. A 爱
   B 财富
   C 成功
   D 丈夫

2. A 爱最值得珍惜
   B 要有自己的想法
   C 有时孩子的话是对的
   D 财富和成功很难得到

| 문제 분석 | 등장인물의 선택 사항에 집중 / 중심 생각 파악하기!　　S1, S2, S3, S4 적용

一位妇人走到屋外，看见门前坐着三位老人。她热情地请三位老人进屋，三位老人说："我们分别是成功、爱和财富，不能同时进去，你回去和你的家人商量一下，要我们哪一个到你们家。"妇人进屋告诉了丈夫，丈夫高兴地说："我们请财富进来吧"。[1]妇人并不同意，说："我们何不请成功进来呢？"他们的女儿听到以后，建议说："我们邀请爱进来不是更好吗？"最后，他们决定听女儿的意见。妇人到屋外请爱进屋，没想到另外两位老人也一起进来了。妇人惊讶地问财富和成功："我只邀请爱，怎么连你们也一起进来了呢？"老人们齐声回答："如果你邀请的是财富或成功，另外两个人都不会跟进来，而你邀请爱的话，[2]无论爱走到哪儿，我们都会跟随。"

한 부인이 집 밖으로 나서자, 문 앞에 앉아 있는 세 명의 노인을 보았다. 그녀가 친절하게 세 명의 노인을 집 안으로 모시려 하자, 세 명의 노인이 말했다. "우리는 성공, 사랑과 재물입니다. (세 명이) 동시에 (집에) 들어갈 수 없어요. 당신은 돌아가서 우리 중 누가 당신의 집에 들어가야 할지 가족들과 상의해보세요." 부인이 집에 들어가서 남편에게 말했더니, 남편은 기뻐하며 말했다. "우리 재물을 들어오게 합시다."[1] 부인은 동의하지 않고 말했다. "우리 성공을 들어오게 하면 안 될까요?" 그들의 딸이 듣고, 제안했다. "우리 사랑을 초대하는 것이 더 좋지 않을까요?" 결국, 그들은 딸의 의견을 따르기로 했다. 부인이 밖으로 나가서 사랑을 방에 들어오게 하자, 뜻밖에도 나머지 두 노인도 같이 들어오는 것이었다. 부인은 놀라서 재물과 성공에게 물었다. "저는 사랑만 초대했는데 왜 같이 들어오시나요?" 노인들이 일제히 대답했다. "만약 당신이 재물이나 성공을 초대했다면, 다른 두 사람은 따라 들어오지 않았을 것입니다. 하지만 당신이 사랑을 초대하면, [2]사랑이 어디에 가든지, 우리는 따라가게 마련이지요."

| 지문 요약 | 특징: 3가지의 선택(三位老人)이 나온다.

　　　　중심 내용: 哪儿有爱，哪儿就有成功和财富。(사랑이 있는 곳에 성공과 재물이 있다.)

단어　妇人 fùrén 몡 부인 | 屋 wū 몡 방, 집 | 热情 rèqíng 혱 열정적이다 | ★分别 fēnbié 면 각기, 각각 | 成功 chénggōng 동 성공하다 | ★财富 cáifù 몡 재물 | 商量 shāngliang 동 상의하다 | 告诉 gàosu 동 알리다 | 丈夫 zhàngfu 몡 남편 | 并 bìng 면 결코 | ★建议 jiànyì 동 제안하다 | 决定 juédìng 동 결정하다 | 意见 yìjiàn 몡 의견 | ★惊讶 jīngyà 혱 의아스럽다 | ★齐声 qíshēng 면 이구동성으로 | 回答 huídá 동 대답하다 | 跟 gēn 동 따라가다 | 进来 jìnlái 동 들어오다 | 无论 wúlùn 졥 ~을(를) 막론하고 | ★跟随 gēnsuí 동 따르다, 동행하다

1. A 爱 　　　　B 财富	A 사랑 　　　　B 재물
C 成功 　　　　D 丈夫	C 성공 　　　　D 남편
问: 刚开始，妻子想请谁进来?	질문: 처음에 아내는 누구를 들어오게 하고 싶었는가?

해설 처음에 남편이 '재물'을 데려오자고 했지만, 아내는 '성공'을 선택하자고 하였으므로, 답은 C가 된다. 식구들의 선택이 각각 다르므로 혼동하지 않도록 주의해야 한다.

－丈夫(남편): 财富(재물)를 선택

－妻子(아내): 成功(성공)을 선택

－女儿(딸): 爱(사랑)를 선택

Tip⁺ 교훈적인 이야기에는 3명의 등장인물, 혹은 3가지 경우의 수가 자주 등장한다. 녹음을 이해하는 데 문제가 없었다 하더라도, 3가지 내용을 정확히 기억하지 못하면 실수로 틀릴 수 있으니 반드시 메모한다.

단어 妻子 qīzi 몡 아내

2. A 爱最值得珍惜	A 사랑이 가장 소중히 여길만하다
B 要有自己的想法	B 자기 생각이 있어야 한다
C 有时孩子的话是对的	C 가끔은 아이들의 말이 맞다
D 财富和成功很难得到	D 재물과 성공은 얻기 어렵다
问: 这段话想告诉我们什么道理?	질문: 이 이야기에서 말하고자 하는 도리는 무엇인가?

해설 식구들은 무엇을 집 안으로 들일지 상의하였지만, 각자의 의견이 모두 달랐다. 결국 딸이 제안한 '사랑'을 선택하였는데, '성공'과 '재물'이 모두 따라 들어왔다. 이 이야기는 '사랑'이 있다면 나머지도 다 따라올 수 있다는 교훈을 주고 있으므로, 답은 A가 된다.

단어 ★值得 zhíde 동 ~할만한 가치가 있다 ｜ ★珍惜 zhēnxī 동 소중히 여기다 ｜ 想法 xiǎngfa 몡 생각 ｜ 有时 yǒushí 분 이따금 ｜ ★道理 dàolǐ 몡 도리

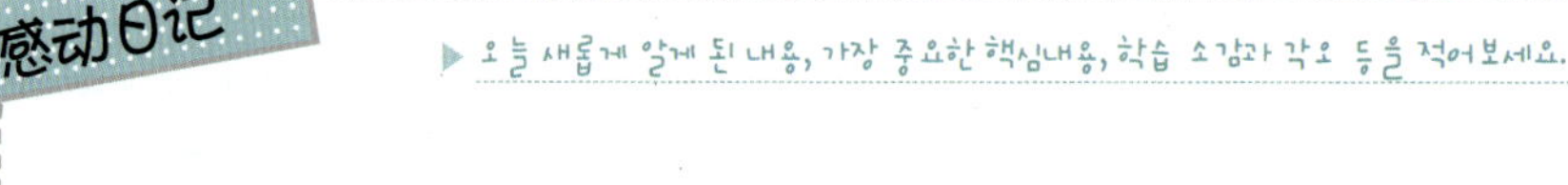

알아두면 도움이 되는 성어

1 守株待兔 shǒuzhū dàitù [지킬 **수** | 그루 **주** | 기다릴 **대** | 토끼 **토**]

열심히 농사짓던 농부가 우연히 나무 그루터기에 받혀 죽은 토끼를 보고, 농사일을 내팽개치고 토끼만을 기다린 다는 이야기

① 변통을 모르거나 노력 없이 요행만 바라는 것을 비유함.
② 낡은 관습만 고집하여 지키고, 새로운 시대에 순응하지 못하는 것을 가리킴.

2 刻舟求劍 kèzhōu qiújiàn [새길 **각** | 배 **주** | 구할 **구** | 칼 **검**]

배를 타고 강을 건너다가 물속에 칼을 빠뜨렸다고 해서, 칼을 빠뜨린 뱃전에 표시해두어 봤자, 배가 육지에 닿아 표시해둔 뱃전 물속으로 뛰어들어가도 칼을 찾을 수는 없다는 이야기

눈앞에 보이는 하나만을 고집하는 처사를 비유함.

3 画蛇添足 huàshé tiānzú [그릴 **화** | 뱀 **사** | 더할 **첨** | 발 **족**]

사람들이 한 병밖에 없는 술을 두고 가장 빨리 뱀을 그리는 사람에게 술을 주기로 하는 시합을 했는데, 그림을 가장 빨리 그린 한 사람이 다른 사람들이 아직도 뱀을 그리고 있는 것을 보고, 뱀에게 있지도 않은 다리를 그려 넣다가 술을 다른 사람에게 뺏겼다는 이야기

하지 않아도 되는 쓸데없는 짓을 하여, 오히려 일을 망치게 됨을 뜻함.

4 井底之蛙 jǐngdǐ zhī wā [우물 **정** | 밑 **저** | 어조사 **지** | 개구리 **와**]

우물 바닥에서만 사는 개구리에게, 어느 날 바다거북이 찾아와서 바다가 얼마나 넓은지 말로 설명해주었지만, 개 구리를 그런 세상을 이해할 수 없었다는 이야기

자신의 제한된 지식에 갇혀 넓은 세상을 볼 줄 모르고, 다른 이의 말에 귀를 기울이지 않는 사람을 가리킴.

5 自相矛盾 zìxiāng máodùn [스스로 **자** | 서로 **상** | 창 **모** | 방패 **순**]

방패와 창을 파는 장사꾼이 자신이 파는 방패는 아무리 날카로운 창으로 찔러도 끄떡없고, 자신이 파는 창은 제 아무리 튼튼한 방패도 뚫을 수 있다고 말했다는 이야기

말이나 행동의 앞뒤가 서로 맞지 않는 것을 뜻함.

6 愚公移山 yúgōng yíshān [어리석을 **우** | 존칭 **공** | 옮길 **이** | 뫼 **산**]

옛날 우공(愚公)이라는 노인이 집 앞에 산이 가로막혀 있는 것을 불편하게 여겨 산을 파내 옮기기 시작했고, 이 사실을 전해들은 옥황상제가 그의 정성에 감동하여 산을 옮겨주었다는 이야기

어리석어 보이는 일이라도 한 가지 일에 매진하여 끝까지 포기하지 않고 노력하면 언젠가는 이룰 수 있음을 뜻함.

7 亡羊补牢 wángyáng bǔláo [없어질 **망** | 양 **양** | 기울 **보** | 우리 **뇌**]

망가진 양 우리를 고치지 않아서 늑대가 와서 양을 잡아가자, 뒤늦게 후회한 양치기가 그제야 우리를 고쳐, 더 이 상의 피해가 생기지 않도록 하였다는 이야기

① 일을 그르친 뒤에는 뉘우쳐도 소용이 없음을 뜻함.
② 실패하거나 실수를 하면, 늦더라도 뉘우치고 수습해야 함을 뜻함.

8 **班门弄斧**　　　bānmén nòngfǔ　　　[나눌 **반** | 문 **문** | 희롱할 **농** | 도끼 **부**]

노반(鲁班)이라는 사람은 목공 기술이 누구도 따라잡을 수 없을 정도로 뛰어나서, 이름난 노반 앞에서 목공 기술을 자랑하는 것은 위대한 시인 이백 앞에서 시를 짓는 재주를 자랑하는 것과 같다는 이야기

재주가 뛰어난 사람 앞에서 함부로 재간을 부리는 것을 가리킴.

9 **拔苗助长**　　　bámiáo zhùzhǎng　　　[뺄 **발** | 싹 **묘** | 도울 **조** | 길 **장**]

어리석은 농부가 벼를 빨리 자라게 하려고 모내기 한 벼를 잡아당겨 뽑는 바람에 벼가 자라기는커녕 이튿날 말라 죽어버렸다는 이야기

급하게 서두르다가 오히려 일을 망친다는 것을 뜻함.

10 **盲人摸象**　　　mángrén mōxiàng　　　[장님 **맹** | 사람 **인** | 만질 **모** | 코끼리 **상**]

어떤 왕이 장님 여섯 명을 불러 코끼리를 만져보게 하고 자신이 알고 있는 코끼리에 대해 말하라고 하자, 상아를 만진 이는 코끼리가 무와 같다고 말하고, 귀를 만진 이는 곡식을 까부는 키 같다고 말하고, 다리를 만진 이는 절굿공이 같다고 말하였다는 이야기

① 전체를 보지 못하고 자신이 알고 있는 만큼만 이해하고, 자기가 아는 것만 고집함을 뜻함.
② 진리를 알기 위해서는 바른 눈과 깊은 지혜가 필요함을 비유함.

day 25 CD-62

1. A 慢慢地走
   B 看着对面的人
   C 参照别人的做法
   D 一直看着自己的脚

2. A 所有人
   B 第一个人
   C 第二个人
   D 第三个人

3. A 比赛要尽全力
   B 怎样确定人生目标
   C 怎样达到自己的目标
   D 做事情以前要认真考虑

4. A 想取笑皇帝
   B 想委屈皇帝
   C 有意为难皇帝
   D 不想给皇帝小金人

5. A 不会回答
   B 问题太容易
   C 问题太奇怪
   D 在等老臣回答

6. A 皇帝弱智
   B 别为难别人
   C 聪明人多听不多说
   D 皇帝应该有聪明的大臣

day 26 CD-63

1. A 生病了
   B 迷路了
   C 水被偷了
   D 遇到强盗了

2. A 想送给朋友
   B 想洗一洗再吃
   C 已经找到了水
   D 想到最需要的时候再吃

3. A 沙漠下雨了
   B 他被别的人救了
   C 他把苹果吃完了
   D 最后他走出了沙漠

4. A 先跑看看
   B 放松一下
   C 将赛程分段
   D 想看看周围有什么

5. A 缩小目标
   B 每天努力练习
   C 有一个好教练
   D 很早确立了人生目标

6. A 他是长跑运动员
   B 他是一名体育老师
   C 他是一个长跑教练
   D 他是一名运动记者

04 설명문

남녀가 번갈아가면서 말하는 대화문과 달리, 설명문은 한 명의 성우가 쉬지 않고 녹음 지문을 들려주기 때문에, 들은 내용이 머릿속에서 뒤엉켜 정리가 안 될 수도 있다. 그러나 대화문은 남·녀가 말하는 정보를 구분해서 들어야 하는 번거로움이 있지만, 서술형 단문은 내용의 흐름만 제대로 읽어낸다면, 오히려 정답을 찾기가 더 쉬워진다. 보기를 미리 살펴보고 핵심을 놓치지 않고 듣는 연습이 중요하다.

5끝 시크릿 백전백승

S1 다양하고 광범위한 화제를 다룬다!

설명문에서 다루는 화제는 매우 다양하다. 일반적인 주제(책, 인물, 사물) 및 사회적으로 이슈가 되는 주제(웰빙, 컴퓨터, 휴대전화 등)를 다루기도 하고, 중국의 풍습이나 명절을 소개하기도 한다.

[주요 화제]

文化 문화 / 教育 교육 / 社会现象 사회 현상 / 环境 환경 / 健康 건강
案件事故 사건사고 / 风俗与节日 풍습 및 명절 / 统计资料 통계자료

S2 필요한 정보는 놓치지 마라!

설명문의 특징은 화자의 견해가 들어가지 않고, 일반적인 사실만을 말한다는 것이다. 전문 용어와 같이 어려운 어휘가 사용되어 전부 이해하려면 어렵다고 느낄 수 있지만, 설명문은 정보 전달을 목적으로 하기 때문에, 녹음을 들으면서 필요한 정보만 쏙쏙 뽑아 들으면 된다. 이때, 육하원칙에 해당하는 내용을 놓치지 않도록 노력하자.

[육하원칙]

① 인물: 누가(who)
② 시간: 언제(when)
③ 장소: 어디서(where)
④ 무엇이 발생하였는가: 무엇을(what)
⑤ 사건 발생의 원인: 왜(why)
⑥ 사건의 해결 방법: 어떻게(how)

3 낯선 단어 대처법

설명문을 들을 때, 설명하는 대상(주제 단어)을 모르면 당황하게 되고, 전체적인 내용을 파악하기도 어려워진다. 낯선 단어를 해결하는 방법에는 세 가지가 있다.

① 데이터베이스를 만들어라!

　자주 나오는 단어를 주제별로 학습해두어 사전 지식을 높인다.

② 보기에서 힌트를 찾아라!

　주제 단어는 보기에 제시되어 있는 경우가 많다. 대략적인 발음을 유추해서 기억하고 있다가, 녹음에서 유사한 발음이 나오는지 귀를 기울인다.

③ '~'로 생각하라!

　단어를 모른다고 듣기를 포기할 것이 아니라, 모르는 단어가 나오면 '~는 ~이다'하는 형식으로 이야기의 흐름만이라도 해석해야 한다.

4 감성과 지성을 동원하라!

자신이 잘 알고 있는 대상에 대한 설명문이 나오면, 평소 자신의 지적 능력을 최대한 발휘하면 된다. 모르는 내용이 나온다 할지라도 자신의 감성과 지성을 모두 동원하여 열심히 들어보자.

 CD-64

문제	
1. A 不是第一届 B 有工作要求 C 还没开始报名 D 下周二开始报名	2. A 第一名 B 前两名 C 前三名 D 第三名

| 문제 분석 | 구체적인 정보(숫자)에 집중! · S1, S2, S3 적용

想成为明日之星吗? 首届网络音乐大赛能帮你实现这个愿望。只要你有电脑和麦克风, 而且能上网, 你就有可能成为魅力明星。¹本届大赛将在下周一开始报名, 获得比赛资格的人可以将录音放到网上, 通过网上投票的方式, ²选出前三名为明日之星, 成为签约歌手。还在犹豫什么? 赶快行动吧。

내일의 스타가 되고 싶나요? 제1회 사이버 음악대회가 당신의 꿈을 실현시켜드립니다. 당신에게 컴퓨터와 마이크가 있고, 인터넷을 할 수 있다면, 당신은 매력적인 스타가 될 수 있습니다. ¹이번 대회는 다음 주 월요일부터 접수를 시작합니다. 참가 자격을 얻은 사람은 녹음을 인터넷에 올릴 수 있고, 인터넷 투표 방식을 통해 ²앞에서 3명을 내일의 스타로 뽑아, 가수 계약을 맺게 됩니다. 아직도 무엇을 망설이나요? 빨리 신청하세요.

| 지문 요약 | 중심 내용: 关于网络音乐大赛的广告(사이버 음악대회에 관한 광고)

단어 成为 chéngwéi ⑧ ~이(가) 되다 ┃ 星 xīng ⑲ 별, 스타 ┃ 首届 shǒujiè ⑲ 제1회 ┃ 网络 wǎngluò ⑲ 네트워크, 웹, 사이버 ┃ 大赛 dàsài ⑲ 큰 경기 ┃ 实现 shíxiàn ⑧ 실현하다 ┃ 愿望 yuànwàng ⑲ 소망 ┃ 麦克风 màikèfēng ⑲ 마이크 ┃ 上网 shàngwǎng ⑧ 인터넷을 하다 ┃ 魅力 mèilì ⑲ 매력 ┃ 明星 míngxīng ⑲ 스타, 연예인 ┃ 本 běn ⑭ 이번의 ┃ 报名 bàomíng ⑧ 신청하다, 접수하다 ┃ 获得 huòdé ⑧ 얻다 ┃ 比赛 bǐsài ⑲ 시합 ┃ 资格 zīgé ⑲ 자격 ┃ 录音 lùyīn ⑲ 녹음 ┃ 通过 tōngguò ⑳ ~에 의해 ┃ 投票 tóupiào ⑧ 투표하다 ┃ 签约 qiānyuē ⑧ (조약·계약서 등에) 서명하다 ┃ 歌手 gēshǒu ⑲ 가수 ┃ 犹豫 yóuyù ⑲ 머뭇거리다 ┃ 行动 xíngdòng ⑧ 움직이다

1. A 不是第一届	A 처음이 아니다
B 有工作要求	B 작업에 대한 요구사항이 있다
C 还没开始报名	C 아직 접수가 시작되지 않았다
D 下周二开始报名	D 다음 주 화요일부터 접수를 시작한다
问: 关于这次大赛, 下列哪项正确?	질문: 이번 대회에 관하여, 다음 중 옳은 것은?

해설 녹음 첫 부분에 이미 제1회(首届)라고 말했으므로 A는 답이 될 수 없다. 컴퓨터와 마이크만 있으면 되고, 인터넷만 할 수 있으면 된다고 했으니, B도 답에서 제외시킨다. 접수는 다음 주 월요일부터 받는다고 했으므로 답은 C가 된다.

단어 届 jiè ⑳ 회 ┃ 工作 gōngzuò ⑲ 작업 ┃ 要求 yāoqiú ⑲ 요구 ┃ 周二 zhōu'èr ⑲ 화요일 ┃ 关于 guānyú ⑳ ~에 관해서

2.	A 第一名	B 前两名	A 1등	B 앞에서 2명
	C 前三名	D 第三名	C 앞에서 3명	D 3등
问：谁能成为签约歌手?		**질문: 누가 계약 가수가 될 수 있는가?**	

해설 마지막에 前三名(앞에서 3명)이라는 말이 나온다. 전체 참가자 중에서 가장 우수한 3인이 가수 계약을 맺어 활동할 수 있게 되는 것이므로, 답은 C가 된다.

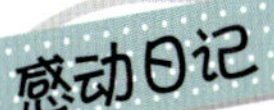

Tip⁺ 第三名과 前三名
- 第三名 : 1, 2등이 아닌 3등
- 前三名 : 1, 2등을 포함하여 3등까지의 3명

感动日记

▶ 오늘 새롭게 알게 된 내용, 가장 중요한 핵심내용, 학습 소감과 각오 등을 적어보세요.

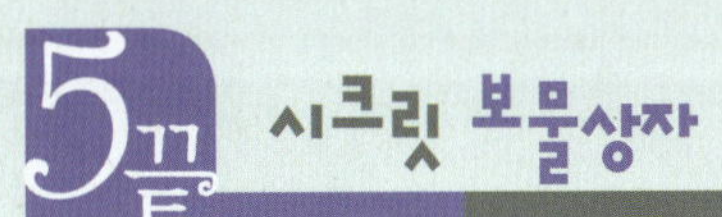

1 教育 jiāoyù 교육

1 **重点大学** zhòngdiǎn dàxué 중점 대학

2 **学生组织** xuéshēng zǔzhī 학생 단체

3 **课外活动** kèwài huódòng 수업 외 활동

4 **新生欢迎会** xīnshēng huānyínghuì 신입생 환영회

5 **毕业典礼** bìyè diǎnlǐ 졸업식

6 **汉语热** Hànyǔrè 중국어 붐

2 环境 huánjìng 환경

1 **环境污染** huánjìng wūrǎn 환경오염

2 **气象异常** qìxiàng yìcháng 기상 이변

3 **地球温暖化** dìqiú wēnnuǎnhuà 지구 온난화

4 **温室效应** wēnshì xiàoyìng 온실 효과

5 **沙漠化** shāmòhuà 사막화

6 **沙尘暴** shāchénbào 황사 바람

7 **紫外线** zǐwàixiàn 자외선

8 **白色垃圾** básè lājī 플라스틱 폐기물

3 工作 gōngzuò 업무·일

1 **企业** qǐyè 기업

2 **总公司** zǒnggōngsī 본사

3 **分公司** fēngōngsī 지사

4 **五天工作制** wǔtiān gōngzuòzhì 주 5일 근무제

5 **奖金** jiǎngjīn 상여금

6 **签合同** qiān hétong 계약하다

7 **开夜车** kāiyèchē 밤을 새다

8 **双休日** shuāngxiūrì 이틀(주말) 연휴

9 **招聘** zhāopìn 초빙하다, 채용하다

10 **钟点工** zhōngdiǎngōng 시간제 근무

11 **月光族** yuèguāngzú 월광족(그 달 번 돈을 다 쓰는 사람)

12 **铁饭碗** tiěfànwǎn 안정된 직장

13 **退休** tuìxiū 퇴직하다

14 **产假** chǎnjià 출산 휴가

4 健康 jiànkāng 건강

1	压力 yālì 스트레스
2	失眠 shīmián 불면증
3	流行性感冒 liúxíngxìng gǎnmào 유행성 감기
5	传染病 chuánrǎnbìng 전염병
6	慢性化 mànxìnghuà 만성화
7	副作用 fùzuòyòng 부작용

5 业余活动 yèyú huódòng 여가활동

1	爱好 àihào 취미
2	登山 dēngshān 등산(하다)
3	钓鱼 diàoyú 낚시하다
4	拍照 pāizhào 사진을 찍다
5	集邮 jíyóu 우표를 수집하다
6	旅游 lǚyóu 여행하다
7	看电影 kàn diànyǐng 영화를 보다
8	玩游戏 wán yóuxì 게임하다

6 动植物 dòngzhíwù 동·식물

1	动物 dòngwù 동물
2	植物 zhíwù 식물
3	狗 gǒu 개
4	猫 māo 고양이
5	兔子 tùzi 토끼
6	驴子 lǘzi 당나귀
7	老虎 lǎohǔ 호랑이
8	长颈鹿 chángjǐnglù 기린
9	熊猫 xióngmāo 판다
10	大象 dàxiàng 코끼리
11	狐狸 húli 여우
12	猴子 hóuzi 원숭이
13	乌龟 wūguī 거북이
14	鲨鱼 shāyú 상어
15	变色龙 biànsèlóng 카멜레온
16	宠物 chǒngwù 애완동물

day **27** 🎵 CD-65

1.　A　2个
　　B　80个
　　C　100个
　　D　120个

2.　A　工作很累
　　B　工资很高
　　C　志愿者每个星期来一次
　　D　志愿者们热爱博物馆文化

3.　A　短篇小说
　　B　中篇小说
　　C　长篇小说
　　D　中长篇小说

4.　A　作品中人物的对话
　　B　作品中人物的名字
　　C　作品中人物的性格
　　D　作品中人物房子的特点

5.　A　监狱
　　B　爱情
　　C　婚姻
　　D　学校

day **28** 🎵 CD-66

1.　A　六月初六
　　B　七月初一
　　C　七月初七
　　D　七月十七

2.　A　晚上
　　B　凌晨
　　C　早晨
　　D　傍晚

3.　A　牛郎和织女
　　B　中国的情人节
　　C　夕是什么意思
　　D　情人节要干什么

4.　A　处于长江下游
　　B　经济不太发达
　　C　北方人不喜欢江南
　　D　苏州、杭州是代表城市

5.　A　贫穷
　　B　繁荣
　　C　不发达
　　D　需要发展

6.　A　地方好，人才多
　　B　地方大，人才少
　　C　地方小，人才少
　　D　地方小，人才多

05 견해문

듣기 제2부분

견해문에서는 어떠한 사물이나 현상에 대해 화자의 관점을 말하거나 논리를 설명한다. 따라서 녹음 지문에 화자가 말하고자 하는 견해가 들어 있다. 이러한 유형의 문제를 풀 때는 화자의 관점과 태도가 시험의 핵심이 되므로, 녹음을 들을 때 자신의 상식이나 생각을 배제하고, 화자의 말에 귀를 기울여야 한다.

1 몇 번 문제까지 풀어야 하는지 표시하라!

서술형 단문은 한 지문당 약 2~4문제가 나온다. 녹음 지문을 들려주기 전, 문제의 해당 범위를 알려주는 지시문이 나오면 놓치지 말고, 몇 번 문제까지 풀어야 하는지 표시해둔다.

예 [녹음] 第35到37題是根据下面一段话。

→ 37번 문제에 사선(/)등 표시를 해두고, 35~37번까지 3문제의 보기를 미리 봐둔다.

2 소거법과 대비법을 사용하라!

보기를 분석할 때 소거법과 대비법을 사용하면 도움이 된다.

[소거법] 둘 중의 하나를 고르는 것이 넷 중의 하나를 고르는 것보다 확률적으로 유리하다. 우선 명백히 틀린 보기를 제외하면 판단 범위가 축소된다. 범위를 줄이면 시간이 절약될 뿐 아니라, 정답을 맞힐 가능성도 커진다.

[대비법] 비교적 긴 보기가 나왔을 때는 일일이 해석하면서 시간을 낭비하지 말고, 보기를 수직으로 비교하여 공통된 부분을 생략하고, 차이 나는 부분만 대조하여 판단해본다.

3 녹음 지문 끝 부분에 집중하라!

견해문에서 화자는 자신의 관점을 논술하기 위해, 중간 부분에서 여러 가지 실례(實例) 및 조사 결과 등을 논거로 설명하고, 주장하는 바는 서두나 결말에서 말한다. 특히 핵심은 결말 부분에 나올 가능성이 높으니, 녹음 내용이 다소 길어지더라도 집중력을 유지하여 끝 부분의 내용을 놓치지 않도록 한다.

 CD-67

문제

1. A 不要生气
   B 何时该说话
   C 怎么做决定
   D 解决问题的方法

2. A 数数
   B 做数学题
   C 找朋友聊天儿
   D 想想高兴的事情

| 문제 분석 | 화를 다스리는 방법이 무엇인지에 집중 / 중심 생각 파악하기! ◀ S1, S3 적용

生气常常是用别人的过错来惩罚自己，不仅解决不了问题，而且严重地损害了自己的健康。¹当你生气的时候，千万别做任何决定。¹先让自己冷静下来，²从10数到1，直到你冷静下来。如果你²非常生气的话，就从1数到100，然后再讲话。	화를 내는 것은 다른 사람의 잘못으로 자신을 벌하는 것으로, 문제를 해결하지 못할 뿐만 아니라, 자신의 건강을 심각하게 해친다. ¹화가 날 때는 절대로 어떠한 결정도 해서는 안 된다. ¹먼저 냉정을 찾도록, ²숫자 10부터 1까지 세는 것을 당신이 냉정해질 때까지 계속한다. 만약 당신이 ²대단히 화가 났다면, 1부터 100까지 세고, 그런 후에 말을 한다.

| 지문 요약 | 중심 내용: 生气时要先冷静下来。(화가 날 땐 먼저 냉정해져야 한다.)

단어 生气 shēngqì 통 성내다 | ★过错 guòcuò 명 잘못 | ★惩罚 chéngfá 통 징벌하다 | ★不仅 bùjǐn 접 ~뿐만 아니라 | 解决 jiějué 통 해결하다 | 而且 érqiě 접 게다가 | ★严重 yánzhòng 형 엄중하다 | ★损害 sǔnhài 통 손상시키다 | 决定 juédìng 통 결정하다 | ★冷静 lěngjìng 형 냉정하다 | 直到 zhídào 통 줄곧 ~에 이르다 | 然后 ránhòu 접 그다음에 | 讲话 jiǎnghuà 통 말하다

---

1. A 不要生气	A 화내지 마라
B 何时该说话	B 언제 말을 해야 하는가
C 怎么做决定	C 어떻게 결정을 내리는가
D 解决问题的方法	D 문제를 해결하는 방법
问: 这段话主要说什么?	질문: 이 이야기는 주로 무엇을 말하는가?

해설 화자는 화를 내는 것이 자신의 건강을 해칠 수 있다고 주장하며, 화가 날 때의 여러 가지 대처 방안을 말해주고 있다. 화를 내는 것은 좋지 않으니, 화를 내지 말라는 의미로 받아들여도 무방하므로, 답은 A가 된다.

단어 ★何时 héshí 명 언제 | 该 gāi 조동 (마땅히) ~해야 한다 | 说话 shuōhuà 통 말하다 | 问题 wèntí 명 문제 | 方法 fāngfǎ 명 방법

2. A 数数　　　　　　　　　　　A 숫자를 센다

　　B 做数学题　　　　　　　　　B 수학문제를 푼다

　　C 找朋友聊天儿　　　　　　　C 친구를 찾아서 수다를 떤다

　　D 想想高兴的事情　　　　　　D 기분 좋은 일을 생각한다

　　问: 生气时该怎么做?　　　　　질문: 화가 날 때는 어떻게 해야 하는가?

해설 10부터 1까지 세고, 1부터 100까지 세는 행동은 모두 숫자를 세는(数数) 행동이다. 따라서 답은 A가 된다. 나머지 보기는 화가 났을 때 화를 푸는 방법 중 하나가 될 수는 있겠지만, 화자가 제시한 방법은 아니므로 답이 될 수 없다.

Tip⁺ 数数 (shǔshù): 단어의 성조가 바뀌면 품사나 의미가 달라질 수 있다.

　–数를 3성으로(shǔ) 발음하면 동사로, '~를 세다'라는 뜻이다.

　–数를 4성으로(shù) 발음하면 명사로, '숫자'라는 뜻이다.

단어 ★数数 shǔshù 图 수를 세다 | 找 zhǎo 图 찾다 | ★聊天儿 liáotiānr 图 잡담하다 | 高兴 gāoxìng 图 기쁘다

感动日记

> 오늘 새롭게 알게 된 내용, 가장 중요한 핵심내용, 학습 소감과 각오 등을 적어 보세요.

캄캄하던 듣기가 들린다! 물론 100%는 아니지만 단어를 조합하여 뜻을 유추하는 것만도 어디겠어! 더 나아질 것이다. 요령 피우지 말고 열심히 외워야겠다. 어휘가 탄탄해야 실력이 부쩍부쩍 늘 테니까! 독해 단어를 예습하고 싶은데 복습과 기본 단어 외우기도 아직은 벅차다! 시간을 조금만 더 효율적으로 사용해야겠다. 자투리 시간을 잘 활용하자! + _

1　의견을 말할 때 자주 사용하는 표현

1	我认为 wǒ rènwéi 我觉得 wǒ juéde	내가 생각하기에	我觉得她满有信心地去做好这件事情。 내가 생각하기에 그녀는 이 일을 자신 있게 잘 해낼 것이다.
2	未必 wèibì	반드시 ~는 아니다	物价下降，购物量未必就上升。 물가가 하락한다고 반드시 구매량이 상승하는 것은 아니다.
3	意味着 yìwèizhe	의미한다	生产率的提高意味着劳动力的节省。 생산율이 향상되는 것은 노동력이 절감됨을 의미한다.
4	说实话 shuō shíhuà	사실대로 말하면	说实话，他的中文没那么好。 사실대로 말하면, 그는 중국어를 그렇게 잘하지 않는다.
5	一般来说 yìbān lái shuō	일반적으로 말해서	一般来说，收入提高了，消费水平也随着提高。 일반적으로 말해서, 수입이 향상되면 소비 수준도 따라서 향상된다.

2　강조할 때 자주 사용하는 표현

1	要知道 yào zhīdào	알아야 한다	要知道，每个人都应对自己的行为负责。 사람마다 자신의 행동에 책임져야 한다는 것을 알아야 한다.
2	关键在于… guānjiàn zàiyú…	관건은 ~에 달려 있다	企业的发展关键在于领导者的水平和能力。 기업 발전의 관건은 지도자의 수준과 능력에 달려 있다.
3	尤其是 yóuqí shì 特别是 tèbié shì	특히, 더욱이	我特别喜欢韩国菜，尤其是韩国烤肉。 나는 한국 음식을 매우 좋아하는데, 특히 한국의 불고기를 좋아한다.
4	遗憾的是 yíhàn de shì 不幸的是 búxìng de shì	아쉬운 점은 불행한 것은	遗憾的是，捕杀野生动物的现象并没有停止。 아쉬운 점은 야생동물을 포획하는 현상이 전혀 줄지 않았다는 것이다.
5	连…也(都)，更… lián…yě(dōu), gèng…	심지어 ~조차도, 더욱이 ~	连孩子都明白这个道理，更不用说大人了。 아이조차도 이 도리를 아는데, 더욱이 어른은 말할 것도 없다.
6	不是…，而是… búshì…, érshì…	~가 아니라 ~다	不是我愿意这么做，而是我得听老板的。 내가 이렇게 하고 싶어서가 아니라, 나는 사장님의 말씀을 들어야만 해서야.

1	比如(说) bǐrú (shuō) 比方说 bǐfang shuō	예를 들어 말하면	比如说准备好闹钟，要孩子学会自己按时起床。 예를 들어 말하면, 알람 시계를 준비해두는 것은 아이가 스스로 제시간에 일어나는 것을 배우도록 하려는 것이다.
2	例如 lìrú	예를 들면	开学后我们总要交许多钱，例如学费、书费、杂费等等。 개학 후에 우리는 늘 많은 돈을 내야 한다. 예를 들면, 학비, 책값, 잡비 등이다.
3	拿…来说 ná…lái shuō	~로 말하자면	拿我来说吧，不管谁有困难，也不管我忙不忙，二话不说，就是去帮人。 나로 말하자면, 누구에게 어려움이 있든지, 또 내가 바쁘든 안 바쁘든, 두말없이 가서 도와준다.

1	总的来说 zǒng de lái shuō 总而言之 zǒng ér yán zhī 总之 zǒngzhī	총괄적으로 말해서	总的来说中国的经济发展不错，但有几个小遗憾。 총괄적으로 말해서 중국은 경제 발전을 잘 했지만, 단 몇 가지 작은 아쉬움이 있다.
2	无疑 wúyí 显然 xiǎnrán	틀림없이 분명히	这无疑是在当时情况下唯一的选择。 이것은 분명히 당시의 상황 하에서 유일한 선택이었을 것이다.
3	由此可见 yóucǐ kějiàn	이것으로 알 수 있다	他考试没及格，由此可见他没有系统地复习。 그가 시험에 불합격한 것으로 보아, 그는 체계적으로 복습하지 않았음을 알 수 있다.
4	应该说 yīnggāi shuō 可以说 kěyǐ shuō	(마땅히) ~라고 말할 수 있다	应该说，我们已经取得了一定的成果。 우리는 이미 어느 정도의 성과를 얻었다고 말할 수 있다.
5	事实证明 shìshí zhèngmíng 调查表明 diàochá biǎomíng	사실이 증명한다 조사가 보여준다	事实证明，他的想法是错误的。 사실이 증명하듯이, 그의 생각은 잘못된 것이다.

day 29   CD-68

1. A 主人没有朋友
   B 宠物不会告诉别人
   C 宠物喜欢听主人说话
   D 主人想让宠物了解自己

2. A 宠物会增加烦恼
   B 养宠物要花很多钱
   C 宠物可以帮主人减轻压力
   D 和宠物在一起，可以变年轻

3. A 如何养宠物
   B 养宠物的坏处
   C 养宠物的好处
   D 养宠物的好处与坏处

4. A 智力超常
   B 原本善良
   C 原本不平凡
   D 不爱写作文

5. A 修改
   B 肯定
   C 收藏
   D 爱护

day 30   CD-69

1. A 女儿更像爸爸
   B 儿子长得像妈妈
   C 只有"夫妻相"的人才能幸福
   D "夫妻相"需要共同的生活经历

2. A 现在还存在争论
   B 没有必然的联系
   C 没有"夫妻相"不幸福
   D 有"夫妻相"的夫妻不会离婚

3. A 幸福是什么
   B 什么是"夫妻相"
   C 结婚的前提条件
   D 夫妻应该有一样的生活习惯

4. A 狼野性大
   B 狼力气大
   C 狼脑容量大
   D 狼的体型比狗大

5. A 狼适应力强
   B 狼非常聪明
   C 愚蠢当然失败
   D 条件优越容易不思进取

第 一 部 分

第1-20题：请选出正确答案。

1. A 认真工作
   B 锻炼身体
   C 去公司工作
   D 抽时间休息

2. A 迟到了
   B 当了老板
   C 换工作了
   D 买新电脑了

3. A 小王
   B 刘经理
   C 李厂长
   D 技术人员

4. A 死机了
   B 太旧了
   C 中病毒了
   D 反应很慢

5. A 顾客多
   B 在四川
   C 菜太辣了
   D 菜的味道一般

6. A 同事
   B 邻居
   C 朋友
   D 同学

7. A 买房
   B 存钱
   C 还清贷款
   D 去银行贷款

8. A 赶不上飞机
   B 没赶上汽车
   C 航班取消了
   D 没买到汽车票

9.　A 时间太长

　　B 特别受欢迎

　　C 演员很有名

　　D 只能在网上看

10.　A 十分自信

　　B 没有抓住机会

　　C 工作做得非常棒

　　D 放弃了这个机会

11.　A 喝热水

　　B 保护嗓子

　　C 使用加湿器

　　D 喝加湿器里的水

12.　A 女的要结婚

　　B 女的离婚两个月了

　　C 女的两个月没见到男的

　　D 女的结婚两个月就怀孕了

13.　A 生日晚会

　　B 商业谈判

　　C 产品推销时

　　D 宴会结束时

14.　A 会议不重要

　　B 领导出事了

　　C 有人犯错要挨批

　　D 开会商量重要的事情

15.　A 明天开会

　　B 明天不是星期二

　　C 女的在提醒男的

　　D 男的不参加明天的会议

16.　A 下个月初

　　B 大概一个月

　　C 大概半个月

　　D 大概一个星期

17.　A 卖打印机

　　B 修打印机

　　C 打印文件

　　D 找打印纸

18.　A 学校

　　B 饭店

　　C 火车

　　D 银行

19.　A 银行

　　B 商场

　　C 图书馆

　　D 办公室

20.　A 女的的爸爸

　　B 女的的女儿

　　C 女的的丈夫

　　D 女的的姐姐

第 二 部 分

第21-45题：请选出正确答案。

21.　A 划船

　　B 滑冰

　　C 买票

　　D 去公园

24.　A 很紧张

　　B 来得及

　　C 来不及

　　D 有点难

22.　A 门的密码

　　B 电脑密码

　　C 手机短信

　　D 保险箱密码

25.　A 中秋节

　　B 女的的生日

　　C 结婚纪念日

　　D 女的妈妈的生日

23.　A 买酒

　　B 喝酒

　　C 睡觉

　　D 吵架

26.　A 人事

　　B 营销

　　C 采购

　　D 售后服务

27. A 会做菜

    B 没带现金

    C 喜欢冬天

    D 是个工程师

28. A 女的剪短了头发

    B 男的打算改变想法

    C 男的很不喜欢女的的发型

    D 男的不喜欢女的头发的颜色

29. A 很熟悉这儿

    B 是这儿的职员

    C 是健身房的教练

    D 每天都来做运动

30. A 银行

    B 医院

    C 饭店

    D 商店

31. A 学习

    B 开会

    C 旅游

    D 看望老师

32. A 不冷

    B 会下雪

    C 没有风

    D 多云转晴

33. A 夫妻

    B 同事

    C 同学

    D 老师和学生

34. A 看病

    B 去郊区玩

    C 开车去出差

    D 去郊区练习开车

35. A 车里

    B 餐厅

    C 火车站

    D 办公室

36. A 一直称赞他

    B 一直跟他聊天

    C 不停地批评他

    D 一直不和他说话

37. A 很难过

　　B 很讨厌商人

　　C 平时不喜欢说话

　　D 不在乎商人说什么

38. A 安装电梯太贵

　　B 不想耽误生意

　　C 没有钱安装电梯

　　D 工程师说不能安装电梯

39. A 歇业半年

　　B 放弃安装电梯

　　C 在屋外安装电梯

　　D 给这个服务员涨工资

40. A 儿子们不学习

　　B 儿子们喜欢花钱

　　C 儿子们都不喜欢他

　　D 儿子们的关系不好

41. A 打他们

　　B 让他们劳动

　　C 让他们卖筷子

　　D 用筷子来教育他们

42. A 个人的力量

　　B 集体的力量大

　　C 筷子的重要性

　　D 三根筷子的力量

43. A 儿子身体不好

　　B 儿子太淘气了

　　C 儿子太喜欢爬山了

　　D 儿子的学习成绩差

44. A 坐下休息

　　B 鼓励其他的人

　　C 应该不断向上爬

　　D 平时多锻炼身体

45. A 爬山的秘诀

　　B 不能停下脚步

　　C 不要光重视成绩

　　D 父母和孩子之间要多沟通

新 HSK끝 한 권이면 끝 5급 듣기 **정답**

제1·2부분 대화문

	1	2	3	4
1day	1 B	2 B	3 A	4 B
2day	1 A	2 C	3 B	4 D
3day	1 B	2 B	3 B	4 B
4day	1 A	2 A	3 B	4 A
5day	1 A	2 D	3 D	4 C
6day	1 C	2 A	3 B	4 B
7day	1 C	2 B	3 D	4 B
8day	1 C	2 B	3 A	4 C
9day	1 D	2 C	3 C	4 C
10day	1 B	2 D	3 C	4 B
11day	1 D	2 C	3 B	4 C
12day	1 B	2 B	3 C	4 B
13day	1 D	2 D	3 A	4 A
14day	1 D	2 B	3 D	4 B
15day	1 B	2 B	3 A	4 C
16day	1 B	2 B	3 A	4 D
17day	1 B	2 C	3 C	4 A
18day	1 A	2 A	3 B	4 B
19day	1 C	2 D	3 A	4 B
20day	1 A	2 C	3 B	4 A

제2부분 서술형 단문(긴 대화문)

	1	2	3	4	5	6
21day	1 D	2 C	3 B	4 D		
22day	1 C	2 A	3 B	4 C	5 B	6 D
23day	1 B	2 D	3 D	4 C	5 D	6 B
24day	1 B	2 C	3 D	4 A	5 A	6 A
25day	1 C	2 D	3 C	4 C	5 A	6 C
26day	1 B	2 D	3 D	4 C	5 A	6 A
27day	1 C	2 D	3 C	4 A	5 C	
28day	1 C	2 A	3 B	4 D	5 B	6 A
29day	1 B	2 C	3 C	4 B	5 B	
30day	1 D	2 B	3 B	4 C	5 D	

실전 모의고사

제1부분

1 B	2 C	3 B	4 D	5 A	6 B
7 C	8 C	9 B	10 A	11 C	12 A
13 D	14 C	15 A	16 B	17 C	18 B
19 B	20 C				

제2부분

21 C	22 A	23 B	24 B	25 C	26 B
27 A	28 C	29 A	30 A	31 B	32 B
33 B	34 B	35 D	36 C	37 D	38 B
39 C	40 D	41 D	42 B	43 D	44 C
45 B					

新 HSK 한 권이면 끝

5급

듣기

해설편

1 day　p.26

01

| A 2号 | B 6号 |
| C 9号 | D 16号 |

| A 2호 | B 6호 |
| C 9호 | D 16호 |

女：你猜猜，我刚才碰到谁了？我们的邻居老王。他也坐这趟火车，他在六号车厢。
男：真巧啊，他也去江西？对，他老家就是江西的。我过去打个招呼，你去不去？

问：老王在几号车厢？

여: 너 맞혀봐, 내가 방금 누굴 만났게? 우리 이웃 라오왕이야. 그 사람도 이 기차를 탔더라고, 6호 차에 있어.
남: 정말 우연이다. 그도 장시에 가나? 맞다, 그 사람 고향이 장시였지. 가서 인사해야겠다. 너 갈래?

질문: 라오왕은 몇 호 차에 있는가?

해설　이 문제는 들리는 숫자를 그대로 답으로 고르면 되는 문제다. 여자는 라오왕이 六号车厢(6호 차)에 있다고 했으므로 답은 B가 된다.

Tip　녹음을 들으면서 의미를 제대로 파악하는 것도 중요하다. 하지만, 보기에 있는 숫자를 녹음에서 가려내는 노력 또한 더욱 중요하다는 사실을 잊지 말자.

단어　★ 猜 cāi 동 추측하다, 알아맞히다 ┃ 刚才 gāngcái 명 방금 ┃ ★ 碰 pèng 동 (우연히) 만나다 ┃ 谁 shéi 대 누구 ┃ ★ 邻居 línjū 명 이웃, 이웃사람 ┃ 坐 zuò 동 타다 ┃ 趟 tàng 양 차례, 번(왕래한 횟수) ┃ 火车 huǒchē 명 기차 ┃ ★ 车厢 chēxiāng 명 객실 ┃ 巧 qiǎo 형 공교롭다 ┃ ★ 老家 lǎojiā 명 고향 ┃ ★ 打招呼 dǎ zhāohu 동 인사하다

02

| A 几年 | B 几个月 |
| C 几个星期 | D 不到一个月 |

| A 몇 년 | B 몇 개월 |
| C 몇 주 | D 1개월이 안 된다 |

男：你看我腹部和胳膊上的肌肉怎么样？
女：真棒！你这几个月没白练哪，跟健身房教练的一样。

问：男的锻炼了多长时间了？

남: 네가 보기에 내 복부와 팔뚝의 근육이 어때?
여: 정말 멋지다! 너 요 몇 달 헛고생한 게 아니었네, 헬스클럽 코치의 것과 같아.

질문: 남자는 얼마나 운동을 했는가?

해설　여자가 남자에게 한 말에서, 남자는 这几个月(요 몇 달) 동안 운동 했음을 알 수 있으므로, 답은 B가 된다. 几(몇)만 듣고 A나 C로 혼동해서는 안 된다.

Tip　듣기를 할 때 腹部(복부), 胳膊(팔뚝)처럼 어려운 단어가 나오면, 지레 겁을 먹거나 단어 뜻이 뭔지 고민하다가 그 다음 내용까지 놓치는 경우가 많다. 하지만, 이 문제는 보기를 먼저 보고 숫자 문제임을 미리 파악하여, 들을 때 숫자 관련 부분에만 집중한다면 단어 뜻을 몰라도 답을 선택할 수 있으므로, 전혀 겁먹을 필요가 없다.

단어　★ 腹部 fùbù 명 복부 ┃ ★ 胳膊 gēbo 명 팔 ┃ 肌肉 jīròu 명 근육 ┃ ★ 棒 bàng 형 (성적이) 좋다, (수준이) 높다 ┃ ★ 白 bái 헛되이 ┃ 练 liàn 동 훈련하다, 단련하다 ┃ ★ 健身房 jiànshēnfáng 명 헬스클럽 ┃ ★ 教练 jiàoliàn 명 코치 ┃ 一样 yíyàng 형 같다

03

A 吃饭时 B 看电视时
C 聊天儿时 D 在市场买菜时

男：今天的饺子味道好极了，皮儿薄馅儿大。
女：吃吧。多吃点儿，一会儿凉了就不好吃
　　了。这盘儿是猪肉芹菜的，那盘儿是牛肉
　　萝卜馅儿的。

问：对话可能发生在什么时候？

A 식사를 할 때 B TV를 볼 때
C 잡담할 때 D 시장에서 장볼 때

남: 오늘 만두 정말 맛있다. 피는 얇고 속이 많아.
여: 먹자. 많이 먹어, 식으면 맛이 없어지니까. 이건 돼지
　　고기랑 셀러리로 만든 거고, 저건 소고기랑 무로 만
　　든 거야.

질문: 대화는 언제 일어나는 것이겠는가?

해설 여자가 남자에게 '吃吧。多吃点儿(먹자. 많이 먹어)'이라고 말한 것으로 보아 두 사람은 지금 식사 중임을 알
수 있다. 따라서 답은 A가 된다.

> **Tip** 듣기 연습을 많이 하지 않은 사람은 일반적으로 녹음 내용을 저장할 두뇌 공간이 부족하다. 즉, 두 번째 사람의
> 말을 들으면서 첫 번째 사람의 말을 잊어버리기 쉽다. 이 문제에서도 뒷부분에 언급된 猪肉(돼지고기), 芹菜
> (셀러리), 牛肉(소고기), 萝卜(무) 등의 단어를 듣고, '시장에서 장을 보고 있다'고 혼동할 수 있으므로, 두 명
> 의 대화 내용 정도는 통째로 기억할 수 있는 두뇌 용량을 가지기 위해, 꾸준히 듣기 연습을 하자.

단어 聊天儿 liáotiānr 图 잡담하다 | 菜 cài 図 채소 | ★饺子 jiǎozi 図 만두 | 味道 wèidao 図 맛 | 好 hǎo 園 좋다 | 极了
jíle 형용사 뒤에서 뜻을 강조할 때 쓰임 | 皮 pí 図 껍질 | ★薄 báo 園 얇다 | ★馅儿 xiànr 図 소(만두의 재료로 쓰임) | 一
会儿 yíhuìr 図 잠시, 잠깐 동안 | 凉 liáng 圈 차갑다 | 好吃 hǎochī 圈 맛있다 | 盘 pán 図 접시, 쟁반 | 猪肉 zhūròu 図
돼지고기 | ★芹菜 qíncài 図 셀러리 | 牛肉 niúròu 図 소고기 | ★萝卜 luóbo 図 무

04

A 3月中旬 B 4月中旬
C 下个星期 D 两个星期后

女：今天已经3月15号了，那个调研报告什么
　　时候可以完成呢？
男：下个月中旬应该没问题。

问：男的打算什么时候完成报告？

A 3월 중순 B 4월 중순
C 다음 주 D 2주 후

여: 오늘이 벌써 3월 15일인데, 그 조사 연구 보고서는
　　언제쯤이나 완성할 수 있겠나?
남: 다음 달 중순에는 문제없어요.

질문: 남자는 언제 보고서를 완성할 계획인가?

해설 3월 15일은 여자가 말한 오늘 날짜다. 남자는 下个月中旬(다음 달 중순), 즉 한 달 뒤인 4月中旬(4월 중순)에
보고서를 완성할 수 있다고 했으므로, 답은 B다.

단어 中旬 zhōngxún 図 중순 | 星期 xīngqī 図 주, 주일 | 已经 yǐjing 閏 이미, 벌써 | ★调研 diàoyán 图 조사 연구하다 | ★
报告 bàogào 図 보고서 | 可以 kěyǐ 区图 ~할 수 있다, 가능하다 | 完成 wánchéng 图 완성하다 | 应该 yīnggāi 区图
반드시 ~할 것이다

01

| A 4000字 | B 5000字 |
| C 6000字 | D 7000字 |

| A 4000자 | B 5000자 |
| C 6000자 | D 7000자 |

女：你的那篇论文写得怎么样了？编辑看了以后说了什么？
男：他建议我把文章缩短到4000字，而且题目也要换一下。
女：看来，问题不是很大，很快就可以发表了吧？具体时间定下来了吗？
男：初步定在下个月的第六期上。

问：编辑建议将论文改为多少字？

여: 너 논문 쓰는 거 어떻게 됐어? 편집자는 보고 나서 뭐래?
남: 그는 글을 4000자로 줄이자고 제안하더라고. 게다가 제목도 좀 바꿔야 한대.
여: 보아하니, 그리 큰 문제도 아니고, 조만간 발표할 수 있겠네? 구체적인 날짜는 정해진 거야?
남: 일단은 다음 달 6호에 싣는 걸로 되어 있어.

질문: 편집자는 논문을 몇 자로 고치자고 제안했는가?

해설 녹음에 들리는 숫자를 그대로 답으로 고르면 되는 문제다. 녹음을 들을 때 숫자에 집중해서 4000이라는 숫자를 확인했다면 답을 쉽게 선택할 수 있는 문제로, 답은 A가 된다.

단어 篇 piān 양 편, 장 | 论文 lùnwén 명 논문 | ★ 编辑 biānjí 명 편집자 | 以后 yǐhòu 명 이후 | ★ 建议 jiànyì 통 제안하다 | 文章 wénzhāng 명 문장, 글 | ★ 缩短 suōduǎn 통 줄이다 | 而且 érqiě 접 게다가, 또한 | ★ 题目 tímù 명 제목 | 换 huàn 통 바꾸다 | 看来 kànlái 보아하니 ~라고 하다 | 可以 kěyǐ 조동 ~할 수 있다, 가능하다 | 发表 fābiǎo 통 발표하다 | ★ 具体 jùtǐ 형 구체적이다 | 定 dìng 통 결정하다, 확정하다 | ★ 初步 chūbù 형 처음 단계의, 초보적인

02

| A 明天晚上 | B 今天晚上 |
| C 明天中午 | D 今天中午 |

| A 내일 저녁 | B 오늘 저녁 |
| C 내일 점심 | D 오늘 점심 |

女：有多少人出席明天的会议，已经确定了吗？
男：确定了，26位专家加上工作人员一共87个人。
女：好的，明天中午的宴会定在哪儿了？
男：就在16楼的自助餐厅。

问：宴会被安排在什么时候？

여: 내일 회의에 몇 명이나 참석하는지, 이미 확정되었니?
남: 확정되었어, 전문가 26분과 직원들까지 전부 87명이야.
여: 그렇구나, 내일 점심 연회는 어디로 정했니?
남: 16층 뷔페식당이야.

질문: 연회는 언제 하기로 되어 있는가?

해설 이 문제에는 26명의 전문가와 총 87명의 참석자, 16층 등 여러 개의 숫자가 나오지만 문제의 질문은 연회를 하는 시간이므로 녹음에서 제시된 明天中午(내일 점심)인 C가 답이 된다. 숫자 & 시간 문제에서는 이처럼 답 외에 여러 개의 숫자와 시간이 언급될 수 있으므로, 보기를 먼저 보고 녹음에서 들리는 내용을 옆에 메모하면서 듣는 습관을 들여야 한다.

단어 ★ 出席 chūxí 통 회의에 참석하다 | 会议 huìyì 명 회의 | 已经 yǐjing 부 이미, 벌써 | ★ 确定 quèdìng 통 확정하다 | ★ 专家 zhuānjiā 명 전문가 | 加上 jiāshàng 통 더하다 | 工作人员 gōngzuò rényuán 명 직원, 업무자 | ★ 宴会 yànhuì 명 연회 | 定 dìng 통 정하다 | ★ 自助餐厅 zìzhù cāntīng 명 뷔페식당 | 安排 ānpái 통 안배하다

03

| A 有足球比赛 | B 世界杯开幕 |
| C 世界杯闭幕 | D 有世界杯决赛 |

| A 축구경기가 있었다 | B 월드컵이 개막했다 |
| C 월드컵이 폐막했다 | D 월드컵 결승전이 있었다 |

男: 困死我了。麻烦你给我一杯黑咖啡，好吗?
女: 昨天晚上是不是又失眠了?
男: 那倒不是，昨天是世界杯的开幕式啊。
女: 怪不得，原来你是个足球迷。

问: 昨天是什么日子?

남: 졸려 죽겠어. 미안한데 블랙커피 한 잔만 부탁해도 될까?
여: 어제저녁에 또 불면증에 시달린 거야?
남: 그건 아니야, 어제가 월드컵 개막식이었잖아.
여: 어쩐지, 알고 보니 너 축구광이구나.

질문: 어제는 무슨 날이었는가?

해설 녹음에서 들리는 그대로 답을 고르면 되는 아주 간단한 문제다. 하지만, 보기에 世界杯(월드컵)가 3번이나 나오므로, 이것이 답을 고르는 결정적 단서가 될 수는 없고, 开幕(개막하다), 闭幕(폐막하다), 决赛(결승전) 중 어떤 어휘를 언급했는지 확인해야 한다. 녹음에서는 开幕式(개막식)가 제시되었으므로 답은 B가 된다.

단어 足球 zúqiú 명 축구 | 比赛 bǐsài 명 경기 | 世界杯 Shìjièbēi 명 월드컵 | 开幕 kāimù 동 개막하다 | 闭幕 bìmù 동 폐막하다 | 决赛 juésài 명 결승, 결승전 | 困 kùn 형 졸리다 | ★麻烦 máfan 동 귀찮게 하다, 폐를 끼치다 | 黑咖啡 hēikāfēi 명 블랙커피 | ★失眠 shīmián 동 불면증에 걸리다 | ★怪不得 guàibude 부 어쩐지 | 原来 yuánlái 부 알고 보니 | ★足球迷 zúqiúmí 축구광

04

| A 上午9点 | B 下午3点 |
| C 上午11点 | D 上午10点 |

| A 오전 9시 | B 오후 3시 |
| C 오전 11시 | D 오전 10시 |

男: 你好，我是来应聘的。
女: 您好，应聘哪个部门?
男: 营销部。他们通知我今天上午十点来面试。
女: 营销部在15楼，左边有电梯，您上去吧。

问: 男的几点有面试?

남: 안녕하세요. 저는 응시하러 왔는데요.
여: 안녕하세요. 어떤 부서에 지원하셨죠?
남: 영업부요. 그들이 오늘 오전 10시에 면접을 보러 오라고 통지했어요.
여: 영업부는 15층이에요. 왼쪽에 엘리베이터가 있으니, 올라가보세요.

질문: 남자는 몇 시에 면접이 있는가?

해설 녹음을 듣기 전에 보기를 먼저 확인했다면 비교적 쉽게 풀 수 있는 문제다. 보기에 시간이 제시되어 있으므로, 녹음을 들을 때 숫자에 집중하여 몇 시인지만 정확히 기억하면 된다. 남자는 면접을 보러 왔으며, 면접 시간은 오늘 오전 10시로 통보받았다고 했다. 그러므로 답은 D가 된다. 여자의 마지막 말에서 15층을 15시로 혼동하여, 오후 3시(B)를 선택하는 실수를 해서는 안 된다.

Tip **应聘과 招聘**
- 应聘: 应(응하다) + 聘(초빙)의 결합으로 '지원하다'의 뜻이다.
- 招聘: 招(모집하다) + 聘(초빙)의 결합으로 '모집하다, 채용하다'의 뜻이다.

단어 ★应聘 yìngpìn 동 지원하다 | 部门 bùmén 명 부서 | ★营销 yíngxiāo 동 판촉하다, 마케팅하다 | 通知 tōngzhī 동 통지하다, 알리다 | ★面试 miànshì 동 면접시험 보다 | ★电梯 diàntī 명 엘리베이터 | 上去 shàngqù 동 올라가다

01

| A 餐厅 | B 商场 | A 식당 | B 상가 |
| C 酒吧 | D 咖啡厅 | C 술집 | D 커피숍 |

男: 这两瓶香水我都要了。
女: 好的，给您小票。收款台在前边儿，请您跟我去那儿付款。

问: 他们最可能在哪儿?

남: 이 향수 두 병 모두 구매할래요.
여: 네, 영수증 드릴게요. 계산대는 앞쪽에 있으니, 저와 함께 저쪽으로 가셔서 계산하시면 됩니다.

질문: 그들은 어디에 있겠는가?

해설 가격 계산과 관련된 小票(영수증), 收款台(계산대), 付款(계산하다) 등의 단어는 보기에 제시된 4곳의 장소에서 모두 언급될 수 있다. 하지만 녹음에서 남자는 两瓶香水(향수 두 병)의 구매 의사를 밝히고 있으므로, 이곳이 商场(상가)임을 유추할 수 있다. 따라서 답은 B가 된다.

단어 餐厅 cāntīng 몡 식당 | 商场 shāngchǎng 몡 상가, 시장 | 酒吧 jiǔbā 몡 술집 | 咖啡厅 kāfēitīng 몡 커피숍 | 瓶 píng 떙 병 | 香水 xiāngshuǐ 몡 향수 | ★ 小票 xiǎopiào 몡 구매 영수증 | ★ 收款台 shōukuǎntái 몡 계산대 | 前边 qiánbian 몡 앞쪽 | ★ 付款 fùkuǎn 동 돈을 지불하다, 계산하다

02

| A 卧室 | B 客厅 | A 침실 | B 거실 |
| C 办公室 | D 照相馆 | C 사무실 | D 사진관 |

男: 我觉得这张婚纱照很漂亮。你打扮得漂亮，我的表情也不错。
女: 好的，那就放大这张，放在客厅里吧。

问: 他们要把照片放在哪儿?

남: 내 생각에는 이 웨딩 사진이 잘 나온 거 같아. 너도 예쁘고, 내 표정도 괜찮고.
여: 좋아, 그럼 이 사진을 확대해서 거실에 놓자.

질문: 그들은 사진을 어디에 놓으려 하는가?

해설 이들은 지금 웨딩 사진을 보면서, 확대할만한 사진을 고르고 있다. 照片(사진), 放大(확대하다) 등을 듣고 대화의 발생 장소가 照相馆(사진관)이 아닌가 혼동할 수도 있다. 하지만, 질문에서는 사진을 놓으려는 장소를 묻고 있고, 녹음 마지막 부분에서 여자가 사진을 客厅(거실)에 두자고 했으므로, 답은 B가 된다.

Tip 질문을 듣기 전에 답을 미리 속단하지 말고, 끝까지 잘 들어야 한다.

단어 卧室 wòshì 몡 침실 | 客厅 kètīng 몡 거실, 응접실 | 办公室 bàngōngshì 몡 사무실 | 照相馆 zhàoxiàngguǎn 몡 사진관 | 觉得 juéde 동 ~라고 생각하다 | ★ 婚纱 hūnshā 몡 웨딩드레스 | 照 zhào 몡 사진 | ★ 打扮 dǎban 동 화장하다, 꾸미다 | 表情 biǎoqíng 몡 표정 | 不错 búcuò 혱 좋다, 괜찮다 | ★ 放大 fàngdà 동 확대하다

03

| A 医院 | B 校园里 | A 병원 | B 교정 |
| C 电影院 | D 咖啡厅 | C 영화관 | D 커피숍 |

男: 你看看，现在的大学生太开放了，大白天在校园里就敢搂搂抱抱，我都看不下去了。
女: 还不都是电影电视闹的，我已经见怪不怪了。

问: 对话可能发生在什么地方?

남: 저것 좀 봐봐. 요즘 대학생들은 너무 개방적이라니까, 벌건 대낮에 교정에서 감히 서로 부둥켜안거나 하고, 난 더 이상은 못 봐주겠다.
여: 저게 다 영화나 텔레비전의 영향을 받아서 저래, 나는 이제 저런 걸 보고는 놀라지도 않아.

질문: 대화는 어디에서 일어나는 것이겠는가?

 두 사람은 학교 교정에서 떳떳이 애정행각을 벌이는 모습을 보고 한탄하고 있다. 결정적인 단서인 校园里(교정)가 들리는 대목에 비교적 어려운 단어가 따라나와서 당황할 수 있다. 하지만 보기를 미리 보았다면, 대화에서 언급된 장소는 校园里(교정)밖에 없으므로, 답은 B가 된다. 电影(영화)을 듣고 답이 C라고 혼동해서는 안 된다.

 医院 yīyuàn 명 병원 | 校园 xiàoyuán 명 교정 | 电影院 diànyǐngyuàn 명 영화관 | 咖啡厅 kāfēitīng 명 커피숍 | ★ 开放 kāifàng 형 개방적이다 | 大白天 dàbáitiān 명 백주, 대낮 | ★ 敢 gǎn 조동 감히 ~하다 | ★ 搂抱 lǒubào 통 (두 팔로) 껴안다 | 看不下去 kàn bu xiàqù 더 이상 못 보겠다, 눈 뜨고 볼 수 없다 | 电影 diànyǐng 명 영화 | 电视 diànshì 명 텔레비전 | 闹 nào 통 일어나다, 발생하다 | 已经 yǐjing 부 이미, 벌써 | ★ 见怪不怪 jiànguài búguài 성어 이상한 일을 겪어도 전혀 놀라지 않다

04

A 药店	B 医院
C 学校	D 电影院

A 약국	B 병원
C 학교	D 영화관

女: 听老王说, 你昨天去看中医了? 怎么样?

男: 大夫让我在家静养两个星期, 而且给我开了一点儿药, 没什么大问题。

问: 男的昨天去哪儿了?

여: 라오왕이 그러는데, 너 어제 한의원 갔었다며? 어때?

남: 의사 선생님이 나한테 한 2주일 집에서 푹 쉬래, 게다가 약도 조금 처방해주셨어, 큰 문제는 없대.

질문: 남자는 어제 어디에 갔는가?

 녹음에서 中医(한의), 大夫(의사)라는 단어를 들었다면 쉽게 B의 医院(병원)을 답으로 선택할 수 있다. 开了一점儿药(약을 조금 처방해주었다)를 듣고 A가 답이라고 혼동해서는 안 된다.

 병원 관련 문제에서는 医院(병원), 大夫 / 医生(의사)이 답이 될 확률이 높다. 药店(약국), 药剂师(약사), 护士(간호사)는 답이 된 적이 거의 없다.

 药店 yàodiàn 명 약국 | 医院 yīyuàn 명 병원 | 学校 xuéxiào 명 학교 | 电影院 diànyǐngyuàn 명 영화관 | 看 kàn 통 진료하다 | ★ 中医 zhōngyī 명 한의, 한의사 | 大夫 dàifu 명 의사 | ★ 静养 jìngyǎng 통 조용히 요양하다 | 星期 xīngqī 명 주, 주일 | 而且 érqiě 접 게다가, 또한 | ★ 开药 kāiyào 통 약을 처방하다 | 没什么 méi shénme 괜찮다, 별것 아니다 | 问题 wèntí 명 문제

---

4 day p. 32

01

A 机场	B 宾馆
C 火车站	D 警察局

A 공항	B 호텔
C 기차역	D 경찰서

男: 去几号登机口? 快点儿看看你的登机牌, 护照放好了吗?

女: 放心吧, 我已经长大了, 能照顾好自己。

男: 知道了, 到了以后马上给我打电话, 一路顺风。

女: 没问题, 你先回去吧。我要进去安检了, 再见!

问: 对话是在哪儿进行的?

남: 몇 번 탑승구로 가야 되지? 빨리 네 탑승권 봐봐, 여권은 잘 챙겼지?

여: 걱정 마세요, 저도 이제 다 컸다고요. 제가 알아서 잘 할 수 있어요.

남: 알았어. 도착하면 바로 전화하고, 무사히 도착하길 바란다.

여: 문제없어요, 먼저 돌아가세요. 저는 이제 안전검사 하러 들어가야 해요. 안녕히 가세요!

질문: 대화는 어디에서 일어난 것인가?

 녹음에서 登机口(탑승구), 登机牌(탑승권), 护照(여권), 安检(안전검사)이라는 단어들이 나오므로, 두 사람이 지금 机场(공항)에 있다는 것을 알 수 있다. 따라서 답은 A가 된다.

 机场 jīchǎng 몡 공항 | 宾馆 bīnguǎn 몡 호텔 | 火车站 huǒchēzhàn 몡 기차역 | 警察局 jǐngchájú 몡 경찰서 | 快点儿 kuàidiǎnr 빨리 | ★登机牌 dēngjīpái 탑승권 | ★护照 hùzhào 몡 여권 | 放 fàng 동 놓다, 두다 | 放心 fàngxīn 동 안심하다 | 已经 yǐjing 빈 이미, 벌써 | 长大 zhǎngdà 동 성장하다, 자라다 | ★照顾 zhàogù 동 보살피다, 돌보다 | 自己 zìjǐ 떼 자신, 스스로 | 以后 yǐhòu 이후 | 马上 mǎshàng 빈 즉시, 바로 | 打电话 dǎ diànhuà 전화하다 | ★一路顺风 yílù shùnfēng 성어 가시는 길이 순조롭기를 바랍니다 | 没问题 méiwèntí 동 문제없다, 확신하다 | ★安检 ānjiǎn 몡 안전검사

02

A 街上	B 公司
C 火车站	D 飞机场

A 거리	B 회사
C 기차역	D 공항

女：你看马路对面的那个人，好像在跟你打招呼吧?

男：今天没戴眼镜，看不清楚。

女：看她的打扮，好像是你的同事小王。

男：怎么可能呢，上个星期她就去外地出差了。

问：他们最可能在哪儿?

여: 길 건너편에 있는 저 사람 좀 봐봐, 너한테 인사하는 거 같은데?

남: 오늘 안경을 안 써서, 잘 안 보여.

여: 차림새를 보아하니, 너의 회사 동료 샤오왕 같아.

남: 그럴 리가. 지난주에 그녀는 지방으로 출장 갔는걸.

질문: 그들은 어디에 있겠는가?

 녹음 처음 부분인 여자의 말에서 马路对面(길 건너편)이라는 단어를 듣고, 두 사람은 현재 길에서 누군가를 보고 있다는 것을 알 수 있으므로, 답은 A가 된다. 同事(회사 동료)라는 단어를 듣고 답이 公司(회사)라고 혼동할 수도 있지만, 함정에 빠지지 말고 핵심 어휘를 잘 잡아내야 한다.

 街上 jiēshang 몡 거리 | 公司 gōngsī 몡 회사 | 火车站 huǒchēzhàn 몡 기차역 | 飞机场 fēijīchǎng 몡 공항 | ★马路 mǎlù 몡 대로, 큰길 | ★对面 duìmiàn 몡 맞은편, 건너편 | 好像 hǎoxiàng 빈 마치 ~과 같다 | ★打招呼 dǎ zhāohu 동 인사하다 | 戴 dài 동 착용하다, 쓰다 | ★眼镜 yǎnjìng 몡 안경 | 清楚 qīngchu 휑 분명하다, 뚜렷하다 | ★打扮 dǎban 몡 단장, 차림새 | 同事 tóngshì 몡 동료 | 星期 xīngqī 몡 주, 주일 | ★外地 wàidì 몡 외지, 지방 | 出差 chūchāi 동 출장 가다

03

A 路上	B 银行
C 公安局	D 火车站

A 길가	B 은행
C 경찰국	D 기차역

男：糟糕，我没把身份证带来，怎么办呢?

女：没身份证怎么取钱呢? 你最近老是丢三落四的，是不是老糊涂了?

男：说这些有什么用! 别排队了，赶紧跟我回家，把身份证拿来。

女：就知道你的记性不好，我帮你带来了。否则，什么事都得给耽误了。

问：这段对话可能发生在什么地方?

남: 큰일이네, 신분증을 안 가져왔어, 어떡하지?

여: 신분증이 없는데 어떻게 출금을 해? 너 요즘 자주 잊어버리던데, 노망든 거 아니야?

남: 그런 말을 한들 무슨 소용이야! 줄 그만 서고, 어서 나랑 집에 가서 신분증이나 가져오자.

여: 너 기억력 안 좋은 거 알고 내가 대신 가져왔어. 안 그랬으면, 무슨 일이든지 틀림없이 시간만 지체했을 거야.

질문: 이 대화는 어디에서 일어난 것이겠는가?

 이들은 지금 取钱(출금)하기 위해, 排队(줄을 서다)를 하고 있는 중이니, 대화가 일어나는 장소는 银行(은행)으로 B가 답이 된다. 신분증을 안 가져와서 다시 돌아가려는 상황을 보고, 路上(길가)이라고 혼동해서는 안 된다.

Tip 대화 내용이 길고 어려운 단어도 몇 개 제시되었지만, 녹음을 들을 때 일일이 다 해석하려고 급급해할 필요는 없다. 보기를 보고 장소 관련 문제인 것을 파악했다면, 녹음을 들으며 장소 관련 어휘들을 확인하면서 어느 장소인지만 확인하면 된다. 즉 목적을 가지고 들어야 답을 쉽게 찾을 수 있다.

단어 路上 lùshang 명 길가, 도중 | 银行 yínháng 명 은행 | 公安局 gōng'ānjú 명 경찰국 | 火车站 huǒchēzhàn 명 기차역 | ★ 糟糕 zāogāo 형 아단나다, 망치다 | ★ 身份证 shēnfènzhèng 명 신분증 | 带来 dàilái 동 가져오다 | 怎么办 zěnmebàn 어찌하다 | ★ 取钱 qǔqián 동 돈을 찾다 | 最近 zuìjìn 명 최근, 요즘 | 老是 lǎoshì 부 항상, 늘 | ★ 丢三落四 diūsān làsì 성어 건망증이 심하여 잘 잊어버리다, 이것저것 빠뜨리다 | ★ 老糊涂 lǎohútu 형 노망들다 | ★ 排队 páiduì 동 줄을 서다 | 赶紧 gǎnjǐn 부 서둘러, 어서 | 拿来 nálái 동 가져오다 | 记性 jìxing 명 기억력 | 帮 bāng 동 돕다, 거들다 | ★ 否则 fǒuzé 접 만약 그렇지 않으면 | 得 děi 조동 틀림없이 ~할 것이다 | ★ 耽误 dānwu 동 일을 그르치다, 지체하다

04

| A 抽屉里 | B 书包里 | A 서랍 안 | B 책가방 안 |
| C 桌子下面 | D 舅舅的房间里 | C 책상 아래 | D 외삼촌의 방 안 |

男: 今天收拾抽屉的时候，没想到有了一个意外的收获。

女: 什么收获? 快点儿给我看看。

男: 就是这支笔，这是去年舅舅送我的生日礼物，我还以为丢了呢!

女: 看来你应该常常收拾你的房间。

问: 男的是在哪儿找到笔的?

남: 오늘 서랍을 정리할 때, 생각지도 못하게 의외의 수확이 있었어.

여: 무슨 수확? 빨리 좀 보여줘.

남: 이 펜이야, 이건 작년에 외삼촌이 내 생일 선물로 주신 건데, 나는 잃어버린 줄 알고 있었거든!

여: 보아하니 너 방 정리 자주 해야겠다.

질문: 남자는 어디에서 펜을 찾았는가?

해설 녹음을 듣고, '어디에서 물건을 찾았는가?'라는 질문에 쉽게 떠오르는 답은 房间(방)이다. 하지만, 녹음에서 말하는 房间(방)은 남자의 방이지 외삼촌의 방이 아니므로, D는 답이 될 수 없다. 녹음 앞부분에 抽屉(서랍)가 언급되어 있으므로 질문에 적합한 답은 A가 된다.

Tip 녹음의 맨 앞부분에 抽屉(서랍)가 언급되어 있는데, 실수로 이 단어를 놓쳤다면 답을 고르기 힘드므로, 문제가 시작하자마자 집중해서 듣는 습관을 길러야 한다. 抽屉는 书柜(책장)라고 바뀌어 문제가 출제될 수도 있으니 함께 외워두자.

단어 抽屉 chōuti 명 서랍 | 书包 shūbāo 명 책가방 | 下面 xiàmian 명 밑, 아래 | 房间 fángjiān 명 방 | ★ 收拾 shōushi 동 정리하다 | 时候 shíhou 명 때 | 没想到 méixiǎngdào 생각하지 못하다 | ★ 意外 yìwài 형 의외다 | ★ 收获 shōuhuò 명 소득, 수확 | 快点儿 kuàidiǎnr 빨리 | 支 zhī 양 자루 | 笔 bǐ 명 펜 | ★ 舅舅 jiùjiu 명 외삼촌 | 送 sòng 동 주다, 선물하다 | ★ 礼物 lǐwù 명 선물 | ★ 以为 yǐwéi ~라고 (잘못) 여기다 | ★ 丢 diū 잃어버리다 | 看来 kànlái 동 보아하니 ~라고 하다 | 应该 yīnggāi 조동 반드시 ~해야 한다 | 常常 chángcháng 부 자주

5 day p.39

01

| A 房东 | B 邻居 | A 집주인 | B 이웃사람 |
| C 秘书 | D 要买房子的人 | C 비서 | D 집을 사려는 사람 |

男: 我觉得昨天看的那套房子条件还可以。你觉得怎么样呢?

女: 还不错，你现在就跟他联系一下，告诉他我们租下来。

问: 他们打算给谁打电话呢?

남: 내 생각에 어제 본 그 집 조건이 괜찮았던 거 같아. 당신 생각에는 어때?

여: 괜찮은 거 같아요. 당신이 지금 그 사람한테 연락해서, 우리가 세내겠다고 말해요.

질문: 그들은 누구에게 전화를 걸려고 하는가?

 두 사람은 지금 어제 보고 온 집에 대해서 얘기하고 있으므로, 이들의 관계는 부부(夫妻)일 확률이 높다. 녹음 마지막 부분에 집을 얻을 의사가 있음을 밝히고 있으므로, 그들이 연락하려는 대상은 집주인(房东)이라는 것을 알 수 있다. 따라서 A가 답이 된다.

 房东 fángdōng 몡 집주인 | 邻居 línjū 몡 이웃, 이웃사람 | 秘书 mìshū 몡 비서 | 要 yào 조동 ~하려 하다 | 觉得 juéde 동 ~라고 생각하다 | 套 tào 양 세트 (집을 세는 단위) | ★ 条件 tiáojiàn 몡 조건 | 可以 kěyǐ 형 좋다, 괜찮다 | ★ 不错 búcuò 형 괜찮다 | ★ 联系 liánxì 동 연락하다 | 告诉 gàosu 동 말하다, 알리다 | ★ 租 zū 동 세내다

02

A 学生	B 演员
C 卖玩具的	D 拍电影的

A 학생	B 연기자
C 장난감을 파는 사람	D 영화를 찍는 사람

女: 太倒霉了，导演又给我派活儿了。
男: 又让你去借道具还是找新演员呢?

问: 女的是做什么的?

여: 정말 운도 없지, 감독님이 또 나한테 일 시키셨어.
남: 또 너한테 소품을 빌려오래, 아니면 신인 연기자를 발굴해오래?

질문: 여자는 무엇을 하는 사람인가?

 녹음에서 导演(감독), 演员(연기자)이라는 단어를 듣고, 여자는 영화와 관련된 일을 하는 사람이라는 것을 알 수 있다. 보기에 演员(연기자)이라는 단어가 제시되어 있지만, 녹음에서는 找新演员(신인 연기자를 발굴해오다)이라고 말하고 있으므로, 여자 자신이 연기자는 아니다. 따라서 B는 답이 될 수 없고, D가 답이 된다.

 演员 yǎnyuán 몡 연기자 | 玩具 wánjù 몡 장난감 | 拍 pāi 동 (영화나 사진 등을) 촬영하다, 찍다 | 电影 diànyǐng 몡 영화 | 太 tài 분 대단히, 매우 | ★ 倒霉 dǎoméi 형 재수 없다 | 又 yòu 분 또 | ★ 派 pài 동 (일을) 시키다 | 活儿 huór 몡 일거리 | 借 jiè 동 빌리다 | ★ 道具 dàojù 몡 (촬영, 공연에 쓰이는) 소품, 도구 | 还是 háishi 접 아니면 | 找 zhǎo 동 찾다, 물색하다

03

A 小偷	B 老师
C 交通警察	D 公安局秘书

A 도둑	B 선생님
C 교통경찰	D 경찰국 비서

男: 快说说，你怎么看了一眼就知道他是警察呢?
女: 我一看就知道，跟他们打了那么多年交道，还能不知道他是便衣警察!

问: 女的以前可能做过什么工作?

남: 빨리 말해봐. 너는 어떻게 한눈에 그가 경찰인 걸 알아봤어?
여: 딱 보면 알지, 그 사람들과 그렇게 오랜 시간 왕래했는데, 그가 사복경찰인 걸 몰라볼 수 있겠니!

질문: 여자는 예전에 어떤 일을 했겠는가?

 여자가 오랜 시간 경찰들과 打交道(왕래하다)를 했다고 했으므로, 여자는 경찰과 관련된 일을 했음을 알 수 있다. 하지만 여자가 직접적으로 자신이 경찰이었다고 언급하지 않았고, 녹음에 교통과 관련된 단어가 언급되지 않았으므로 C는 답이 될 수 없다. 따라서 D가 답이 된다.

 小偷 xiǎotōu 몡 도둑 | 交通警察 jiāotōng jǐngchá 몡 교통경찰 | 公安局 gōng'ānjú 몡 경찰국 | 秘书 mìshū 몡 비서 | 快 kuài 분 빨리, 어서 | 怎么 zěnme 대 어떻게 | 看 kàn 동 보다 | ★ 一眼 yì yǎn 양 한 번 (보는 횟수를 나타냄) | 知道 zhīdào 동 알다 | 警察 jǐngchá 몡 경찰 | 那么 nàme 대 그렇게 | 多年 duōnián 몡 오랜 세월 | ★ 打交道 dǎ jiāodao 왕래하다, 연락하다 | ★ 便衣警察 biànyī jǐngchá 몡 사복경찰

04

| A 秘书 | B 刘经理 |
| C 王经理 | D 营销部的同事 |

| A 비서 | B 류 팀장 |
| C 왕 팀장 | D 영업부 동료 |

女: <u>王经理</u>，这是您的机票，请拿好。

男: 谢谢你了。你顺便把这份资料送给营销部的刘经理。

问: 机票是给谁买的?

여: 왕 팀장님, 이건 팀장님의 비행기표예요. 받으세요.

남: 고마워요. 내친 김에 이 자료 좀 영업부 류 팀장한테 좀 전해줘요.

질문: 비행기표는 누구에게 주려고 샀는가?

해설 호칭으로 보아 두 사람은 부하직원과 팀장의 관계일 확률이 높다. 여자가 산 비행기표는 王经理(왕 팀장)에게 주려고 산 것이므로, 답은 C가 된다. 왕 팀장이 刘经理(류 팀장)에게 전해달라고 한 것은 비행기표가 아니라 资料(자료)였으므로, 혼동하지 않도록 하자.

단어 秘书 mìshū 몡 비서 | 经理 jīnglǐ 몡 사장, 팀장 | 营销 yíngxiāo 통 판촉하다, 마케팅하다 | ★ 机票 jīpiào 몡 비행기표 | 拿 ná 통 가지다 | ★ 顺便 shùnbiàn 뷔 내친김에, ~하는 김에 | 份 fèn 양 부, 권 | ★ 资料 zīliào 몡 자료 | 送 sòng 통 전달하다, 보내다

6 day p.39

01

| A 朋友 | B 母子 |
| C 同事 | D 上下级 |

| A 친구 | B 어머니와 아들 |
| C 동료 | D 상사와 부하직원 |

男: 办公室没水了，怎么办啊?

女: 打个电话要一桶矿泉水就行。

男: 我现在有点儿忙，你打可以吗?

女: 没问题，我马上给他们打电话。

问: 他们最可能是什么关系?

남: 사무실에 물이 떨어졌는데, 어떡하지?

여: 전화해서 생수 한 통 시키면 되잖아.

남: 내가 지금 좀 바쁘거든, 네가 전화하면 안 될까?

여: 문제없어, 내가 바로 전화해볼게.

질문: 그들은 무슨 관계겠는가?

해설 녹음 처음 부분의 남자의 말에서 办公室(사무실)라는 단어를 듣고 두 사람이 같은 회사에서 일하고 있음을 알 수 있으므로, A와 B는 일단 답에서 제외된다. 또한 남자와 여자가 격식을 차려 말을 하기보다는 편하게 부탁하며, 응하고 있는 것으로 보아 그들은 편한 동료 관계지, 상사와 부하직원의 관계는 아님을 알 수 있다. 따라서 답은 C가 된다.

단어 母子 mǔzǐ 몡 모자, 어머니와 아들 | 同事 tóngshì 몡 동료 | 上下级 shàngxiàjí 몡 상급자와 하급자 | ★ 办公室 bàngōngshì 몡 사무실 | 怎么办 zěnme bàn 어떡하지 | 打电话 dǎ diànhuà 전화하다 | ★ 桶 tǒng 양 통 | ★ 矿泉水 kuàngquánshuǐ 몡 생수 | 有点儿 yǒudiǎnr 뷔 조금 | 可以 kěyǐ 조통 ~할 수 있다 | 没问题 méiwèntí 통 문제없다 | ★ 马上 mǎshàng 뷔 즉시, 바로

<table>
<tr><td>02</td><td>

A 师生   B 同事
C 朋友   D 夫妻

</td><td>

A 스승과 제자   B 동료
C 친구   D 부부

</td></tr>
</table>

男: 您好，张教授，没想到在这儿遇见您。太巧了。

女: 我来这儿开会。对了，你是不是快要毕业了?

男: 对啊，最近正忙着写毕业论文呢。

女: 好好儿准备吧，有什么问题随时来找我。

问: 这两个人是什么关系?

남: 안녕하세요, 장 교수님, 여기서 뵐 줄은 생각지도 못했어요. 정말 우연이네요.

여: 여기에 회의가 있어서 왔어. 아 참! 너 곧 졸업하지 않니?

남: 맞아요. 요즘 졸업논문 쓰느라 바빠요.

여: 준비 잘해. 무슨 문제 있으면 언제든지 찾아오거라.

질문: 두 사람은 무슨 관계인가?

해설 남자가 여자에게 张教授(장 교수님)라고 부른 호칭을 듣고, 여자가 교수라는 것을 알 수 있다. 또 여자가 남자에게 是不是快要毕业了(곧 졸업하지 않니)라고 물은 걸로 보아 남자는 학생임을 알 수 있다. 따라서 두 사람의 관계는 스승과 제자로 A가 답이 된다.

단어 师生 shīshēng 몡 스승과 제자 | 同事 tóngshì 몡 동료 | 夫妻 fūqī 몡 부부 | ★ 教授 jiàoshòu 몡 교수 | 没想到 méixiǎngdào 생각하지 못하다 | ★ 遇见 yùjiàn 통 마주치다 | ★ 巧 qiǎo 혱 공교롭다 | 开会 kāihuì 통 회의하다 | ★ 快要 kuàiyào 몜 곧 (~하다) | 毕业 bìyè 통 졸업하다 | 最近 zuìjìn 몡 최근, 요즘 | ★ 论文 lùnwén 몡 논문 | 准备 zhǔnbèi 통 준비하다 | ★ 随时 suíshí 몜 언제나, 아무 때나

<table>
<tr><td>03</td><td>

A 银行   B 旅行社
C 飞机场   D 航空公司

</td><td>

A 은행   B 여행사
C 공항   D 항공사

</td></tr>
</table>

男: 我们想去海南岛好好儿地放松一下，所以不想把时间安排得太紧。

女: 您放心，我们会为您考虑这一点的。您看看这条路线怎么样呢?

男: 还不错，但是具体时间我要回去和爱人商量一下，等我们决定了告诉你们。

女: 好的，这是我的名片。如果有什么问题，您可以随时给我打电话。

问: 女的最可能在哪儿工作?

남: 우리는 하이난다오 섬에 가서 휴식을 좀 취하고 싶어요. 그래서 시간을 너무 빡빡하게 짜고 싶지 않아요.

여: 걱정하지 마세요. 저희가 당신을 위해서 이 점을 고려할 겁니다. 이 노선은 어떠세요?

남: 괜찮네요. 하지만 구체적인 시간은 돌아가서 아내와 상의 좀 해봐야 할 거 같아요. 결정되면 알려드리죠.

여: 알겠습니다. 여기 제 명함입니다. 만약 궁금한 점이 있으시면, 언제라도 제게 전화 주세요.

질문: 여자는 어디서 일하겠는가?

해설 녹음에서 남자가 휴식을 취하러 海南岛(하이난다오 섬) 여행을 계획하고 있는 것을 듣고, 비행기 티켓을 사려고 航空公司(항공사)에 온 것으로 혼동할 수 있다. 하지만 남자는 빡빡하지 않은 여행 일정을 요구하고 있고, 여자는 남자에게 여행 노선을 추천하고 있는 것으로 보아 여자는 여행사에서 일하고 있음을 알 수 있다. 따라서 답은 B가 된다.

단어 银行 yínháng 몡 은행 | 旅行社 lǚxíngshè 몡 여행사 | 飞机场 fēijīchǎng 몡 공항 | 航空 hángkōng 몡 항공 | 公司 gōngsī 몡 회사 | 想 xiǎng 조동 ~하고 싶다 | ★ 放松 fàngsōng 통 느슨하게 하다 | 所以 suǒyǐ 젭 그래서 | ★ 安排 ānpái 통 안배하다 | ★ 紧 jǐn 혱 빡빡하다, 촉박하다 | 放心 fàngxīn 통 안심하다 | ★ 考虑 kǎolǜ 통 고려하다 | 条 tiáo 양 항목, 가지 | ★ 路线 lùxiàn 몡 노선 | 不错 búcuò 혱 좋다, 괜찮다 | 但是 dànshì 젭 그러나, 하지만 | ★ 具体 jùtǐ 혱 구체적이다 | 爱人 àiren 몡 남편, 아내 | 商量 shāngliang 통 상의하다 | 决定 juédìng 통 결정하다 | ★ 名片 míngpiàn 몡 명함 | 如果 rúguǒ 젭 만약 | 可以 kěyǐ 조동 ~해도 좋다 | ★ 随时 suíshí 몜 언제나, 아무 때나

<table>
<tr><td>

04

A 电脑维修 B 电脑销售
C 电脑设计 D 在上海的公司

女：你以前在哪儿工作?
男：在一家电脑公司工作，主要负责销售方面的业务。
女：您对原来的公司不满意吗? 为什么选择我们公司呢?
男：我在北京工作，爱人在广州工作。我不想再过两地生活。
女：我知道了。

问：男的以前从事哪个行业?

</td><td>

A 컴퓨터 수리 B 컴퓨터 판매
C 컴퓨터 설계 D 상하이에 있는 회사

여: 당신은 예전에 어디서 일하셨죠?
남: 컴퓨터 회사에서 일했고, 주로 판매 분야의 일을 맡아서 했습니다.
여: 원래 회사에 대해 만족하지 않았나요? 왜 우리 회사를 선택했죠?
남: 저는 베이징에서 일했고, 아내는 광저우에서 일합니다. 더는 두 곳 살림을 하고 싶지 않아서입니다.
여: 알겠습니다.

질문: 남자는 예전에 어느 업종에 종사했는가?

</td></tr>
</table>

해설 베이징의 컴퓨터 회사(电脑公司)에 다니던 남자가 광저우에서 일하는 부인과 살림을 합치기 위해서 새로운 직장을 구하고 있다. 남자는 예전 회사에서 판매 분야(销售方面)의 일을 했다고 했으므로, 답은 B가 된다.

단어 电脑 diànnǎo 명 컴퓨터 | 维修 wéixiū 동 수리하다 | 销售 xiāoshòu 동 판매하다 | 设计 shèjì 동 설계하다 | 上海 Shànghǎi 명 상하이 | 公司 gōngsī 명 회사 | 以前 yǐqián 명 이전 | 工作 gōngzuò 동 일하다 | 主要 zhǔyào 부 주로 | ★ 负责 fùzé 동 책임지다 | 方面 fāngmiàn 명 방면, 분야 | ★ 业务 yèwù 명 업무 | 原来 yuánlái 명 원래의, 본래의 | ★ 满意 mǎnyì 동 만족하다 | 为什么 wèishénme 대 왜, 어째서 | ★ 选择 xuǎnzé 동 선택하다 | 北京 Běijīng 명 베이징 | 广州 Guǎngzhōu 명 광저우 | 想 xiǎng 조동 ~하고 싶다 | 生活 shēnghuó 명 생활, 살림 | 知道 zhīdào 동 알다, 이해하다

7 day　p.46

<table>
<tr><td>

01

A 批评 B 询问
C 安慰 D 表扬

男：大夫，拔牙疼吗? 大概需要多长时间?
女：你别紧张，放松一点儿，几分钟就行。

问：女的是什么语气?

</td><td>

A 비판한다 (－) B 문의한다
C 위로한다 (＋) D 칭찬한다 (＋)

남: 선생님, 이 뽑는 거 아파요? 대략 시간이 얼마나 걸리나요?
여: 긴장하지 말고, 조금만 긴장을 푸세요. 몇 분이면 금방 끝나요.

질문: 여자의 어투는 어떠한가?

</td></tr>
</table>

해설 치과에서 이 뽑는 것을 두려워하는 남자에게 여자는 금방 끝나니 긴장할 필요 없다고 위로하고 있으므로, C가 답이 된다. 의사 선생님과 환자의 대화에서는 安慰(위로하다)가 답이 될 확률이 높다.

단어 批评 pīpíng 동 비판하다 | 询问 xúnwèn 동 문의하다, 물어보다 | 安慰 ānwèi 동 위로하다 | 表扬 biǎoyáng 동 칭찬하다 | ★ 拔 bá 동 뽑다 | 牙 yá 명 이 | 疼 téng 형 아프다 | ★ 大概 dàgài 부 대략 | 需要 xūyào 동 필요하다 | 别 bié 부 ~하지 마라 | ★ 紧张 jǐnzhāng 형 긴장해 있다, 불안하다 | ★ 放松 fàngsōng 동 긴장을 풀다

02

| A 感到高兴 | B 感到意外 |
| C 表示怀疑 | D 十分生气 |

| A 기뻐한다 (+) | B 의외라고 여긴다 |
| C 의심한다 (−) | D 매우 화난다 (−) |

女：你知道谁将代表我们学校参加这次的全省
演讲比赛吗? 是你的同桌。

男：这可真是不说不知道，一说吓一跳。

问：男的是什么反应?

여: 너 누가 우리 학교를 대표해서 이번 성 전체 말하기
대회에 나가는지 아니? 바로 네 짝꿍이야.

남: 정말이지 말 안 하면 전혀 알 수 없고, 말했다 하면
깜짝 놀랄 소식인데.

질문: 남자의 반응은 어떠한가?

해설 남자는 자신의 짝꿍이 말하기 대회에 나간다는 소식을 다른 친구를 통해서 알게 되고, 자신은 그 사실을 몰랐다며 매우 놀라고 있다. 따라서 답은 B가 된다. 没想到(생각하지 못하다), 很突然(매우 갑작스럽다), 吓了一跳(깜짝 놀라다) 등의 어휘가 제시되면 意外(의외)가 답으로 제시될 가능성이 높다.

단어 感到 gǎndào 통 여기다, 느끼다 | 意外 yìwài 혱 의외다, 뜻밖이다 | 表示 biǎoshì 통 (감정, 태도 등을) 나타내다 | 怀疑 huáiyí 통 의심하다 | 将 jiāng 뷔 장차 | 代表 dàibiǎo 통 대표하다 | ★ 全 quán 혱 모든, 전체의 | ★ 省 shěng 뎽 성 | 演讲 yǎnjiǎng 통 연설하다, 강연하다 | 比赛 bǐsài 뎽 시합 | ★ 同桌 tóngzhuō 뎽 (한 책상을 쓰는) 짝꿍 | 可 kě 뷔 정말 | ★ 吓一跳 xià yí tiào 깜짝 놀라다

03

| A 无奈 | B 嫉妒 |
| C 孤独 | D 羡慕 |

| A 어쩔 수 없다 | B 질투한다 (−) |
| C 고독해한다 (−) | D 부러워한다 (+) |

男：你觉得他们的婚礼怎么样?

女：太棒了，当新娘向大厅中所有的单身女宾
扔花球时，我真是太感动了。

问：女的是什么口气?

남: 네 생각에 그들의 결혼식 어땠니?

여: 너무 멋졌어. 신부가 식장의 모든 독신여성 하객들에
게 부케를 던질 때, 나는 정말 아주 감동했어.

질문: 여자의 말투는 어떠한가?

해설 녹음에서 여자가 결혼식이 太棒了(너무 멋졌다), 太感动了(아주 감동했다)라고 말하고 있는 것으로 보아, 긍정의 어휘 羡慕(부러워하다)를 선택할 수 있으므로, D가 답이 된다. 부정의 어휘 B, C는 제거되고 无奈(어쩔 수 없다)도 문맥상 맞지 않는다.

단어 无奈 wúnài 통 어쩔 수 없다, 부득이하다 | 嫉妒 jídù 통 질투하다, 샘내다 | 孤独 gūdú 혱 고독하다, 외롭다 | 羡慕 xiànmù 통 부러워하다 | ★ 婚礼 hūnlǐ 뎽 결혼식 | ★ 棒 bàng 혱 좋다 | 当 dāng 젠 바로 그때 | 新娘 xīnniáng 뎽 신부 | 向 xiàng 젠 ~을 향해서 | 大厅 dàtīng 뎽 홀, 로비(큰 건물의 넓은 공간을 말함) | ★ 单身 dānshēn 뎽 독신, 미혼 | 女宾 nǚbīn 뎽 여자 손님, 여성 하객 | 扔 rēng 통 던지다 | ★ 花球 huāqiú 뎽 부케 | 感动 gǎndòng 통 감동하다

04

| A 讽刺 | B 鼓励 |
| C 怀疑 | D 肯定 |

| A 풍자한다 (−) | B 격려한다 (+) |
| C 의심한다 (−) | D 인정한다 (+) |

男：教授，这个论文对我来说，太难了。我真
想放弃。

女：不管遇到什么问题，你都应该积极地面
对，你先尽力去做吧。

问：女的是什么态度?

남: 교수님, 이 논문은 저에게 너무 어려워요. 정말 포기
하고 싶어요.

여: 어떠한 어려움에 부딪히더라도, 너는 적극적으로 직
면해야 하는 거야. 먼저 온 힘을 다해봐.

질문: 여자의 태도는 어떠한가?

해설 논문을 포기하고 싶다는 남자의 말에, 여자는 먼저 온 힘을 다해보라고 남자를 격려하고 있으므로, 답은 B가 된다. 상대방이 실패, 낙방, 이별, 질병 등 고통스러운 상황에 있을 때, 위로하는 표현이 나오면 답은 安慰(위로하다)가 될 가능성이 크다.

 讽刺 fěngcì 통 풍자하다 | 鼓励 gǔlì 통 격려하다 | 怀疑 huáiyí 통 의심하다 | 肯定 kěndìng 통 인정하다, 확신하다 | 教授 jiàoshòu 명 교수 | ★ 论文 lùnwén 명 논문 | 对…来说 duì…lái shuō ～에게 있어서 | 想 xiǎng 조동 ～하고 싶다 | ★ 放弃 fàngqì 통 포기하다 | ★ 不管 bùguǎn 접 ～에 관계없이, ～을 막론하고 | ★ 遇到 yùdào 통 부딪히다, 마주치다 | 应该 yīnggāi 조동 ～해야 한다 | ★ 积极 jījí 형 적극적이다 | ★ 面对 miànduì 통 직면하다 | ★ 尽力 jìnlì 통 온 힘을 다하다

8 day　p.46

01

| A 高兴 | B 难过 |
| C 讨厌 | D 嫉妒 |

| A 기뻐한다 (＋) | B 괴로워한다 (－) |
| C 싫어한다 (－) | D 질투한다 (－) |

男: 不好了。别玩儿了, 快点儿收拾一下, 刘经理就要进来了。
女: 他可真会挑时间哪, 是来检查我们工作的吧?
男: 谁说不是呢。动作快点儿吧。
女: 马上就好了, 别催我。

问: 女的说的话是什么语气?

남: 큰일 났어. 그만 놀고, 빨리 정리해. 류 사장님이 곧 들어오실 거야.
여: 사장님은 시간을 정말 잘 고르셔, 우리 일하는 거 검사하러 오시는구나?
남: 누가 아니래. 동작 좀 빨리하자.
여: 곧 다 되어가. 재촉하지 마.

질문: 여자가 한 말은 어떤 어투인가?

해설　이 문제는 여자가 말하는 속뜻을 이해해야 한다. 他可真会挑时间哪(그는 시간을 정말 잘 고른다)라는 말은, 의미 그대로 정말 잘한다는 것이 아니라 류 사장을 비꼬는 의미다. 즉, 여자가 류 사장이 오는 것을 싫어한다는 것이므로, 답은 C가 된다.

단어　难过 nánguò 형 슬프다, 괴롭다 | 讨厌 tǎoyàn 통 싫어하다 | 嫉妒 jídù 통 질투하다, 샘내다 | 别 bié 부 ～하지 마라 | 快点儿 kuàidiǎnr 빨리 | ★ 收拾 shōushi 통 정리하다 | ★ 经理 jīnglǐ 명 사장, 팀장 | 就要 jiùyào 부 곧 | 会 huì 조동 잘하다 | ★ 挑 tiāo 통 고르다, 선택하다 | ★ 检查 jiǎnchá 통 검사하다 | 工作 gōngzuò 통 일하다 | ★ 谁说不是呢 shéi shuō búshì ne 누가 아니래 | 动作 dòngzuò 명 행동, 동작 | 马上 mǎshàng 부 즉시, 바로 | ★ 催 cuī 통 재촉하다

02

| A 羡慕 | B 感谢 |
| C 意外 | D 讨厌 |

| A 부러워한다 (＋) | B 감사한다 (＋) |
| C 의외다 | D 싫어한다 (－) |

女: 多亏你帮助我, 否则我今天肯定要熬夜。
男: 别那么客气, 大家都是同事, 互相帮助是应该的。
女: 这个周末有时间吗? 我请你吃顿饭吧。
男: 已经有约了, 以后再说吧。

问: 女的对男的是什么态度?

여: 네가 나를 도와준 덕분이야. 안 그랬으면 나는 오늘 틀림없이 밤을 새웠을 거야.
남: 그렇게 예의 차리지 마. 모두 동료인데, 서로 돕는 건 당연한 거지.
여: 이번 주말에 시간 있어? 내가 한턱낼게.
남: 이미 약속이 있어, 나중에 다시 이야기하자.

질문: 여자는 남자에 대해 어떤 태도인가?

해설　多亏는 '덕분이다, 덕택이다'라는 의미로 여자가 남자의 도움에 고마워하고 있음을 알 수 있다. 녹음 앞부분의 多亏라는 단어를 듣지 못했더라도, 남자가 别那么客气(그렇게 예의 차리지 마라)라고 한 말을 들었다면 답이 B임을 알 수 있다.

단어　意外 yìwài 형 의외다 | 讨厌 tǎoyàn 통 싫어하다 | ★ 多亏 duōkuī 통 덕분이다, 덕택이다 | 帮助 bāngzhù 통 돕다 | ★ 否则 fǒuzé 접 만약 그렇지 않으면 | ★ 肯定 kěndìng 부 틀림없이, 확실히 | 要 yào 조동 ～해야 한다 | ★ 熬夜 áoyè 통 밤새다 | 互相 hùxiāng 부 서로, 상호 | 应该 yīnggāi 조동 반드시 ～해야 한다 | 周末 zhōumò 명 주말 | 已经 yǐjing 부 이미, 벌써 | ★ 约 yuē 명 약속 | 以后 yǐhòu 명 이후 | 再说 zàishuō 통 다음에 다시 이야기하다

03

A 吃惊　　　　B 惊喜
C 嫉妒　　　　D 遗憾

男：这是我做的蛋糕，你尝一尝吧。
女：哇，比蛋糕店做得还好，没想到你还有这种手艺呢。
男：我的爱人特别喜欢甜食，所以我特意去学的。
女：怪不得呢。有机会的时候一定要教我。

问：女的是什么语气?

A 놀랐다　　　　B 놀라며 기뻐한다 (＋)
C 질투한다 (－)　　D 유감스러워한다 (－)

남: 이거 내가 만든 케이크야. 맛 좀 봐봐.
여: 오, 제과점에서 만든 것보다 잘 만들었다. 너에게 이런 솜씨가 있는 줄은 생각도 못했어.
남: 우리 아내가 단 음식을 특히 좋아해서 일부러 배운 거야.
여: 어쩐지. 기회가 생기면 나도 꼭 가르쳐줘.

질문: 여자의 말투는 어떠한가?

해설 여자가 没想到(생각도 못했다)라고 말한 녹음 내용을 듣고, 여자는 남자의 솜씨에 놀랐다는 것을 알 수 있다. 여자가 놀라기는 했지만 기뻐한다는 근거는 없으므로 B는 답이 될 수 없고, A의 吃惊(놀라다)이 답이 된다.

Tip 吃惊(놀라다), 惊讶(놀랍고 의아하다), 没想到(생각하지 못하다), 意外(의외다), 惊奇(의아해하다) 등이 유사 어휘로 출제된다.

단어 吃惊 chījīng 동 놀라다 | 惊喜 jīngxǐ 동 놀라며 기뻐하다 | 嫉妒 jídù 동 질투하다 | 遗憾 yíhàn 형 유감스럽다 | ★蛋糕 dàngāo 명 케이크 | 尝 cháng 동 맛보다 | 比 bǐ 전 ~보다 | 没想到 méixiǎngdào 생각하지 못하다 | ★手艺 shǒuyì 명 솜씨 | 爱人 àiren 명 남편, 아내 | 特别 tèbié 부 유달리, 특히 | ★甜食 tiánshí 명 단 식품 | 所以 suǒyǐ 접 그래서 | ★特意 tèyì 부 일부러 | ★怪不得 guàibude 부 과연, 어쩐지 | 机会 jīhuì 명 기회 | 一定 yídìng 부 반드시, 꼭

04

A 很冷静
B 很着急
C 很配合
D 很羡慕对方

女：真抱歉，让你们久等了。突然有一个重要的会议。
男：没关系，感谢您抽出宝贵的时间接受我们的采访。
女：我已经看过采访提纲了，现在开始怎么样？
男：好的，现在开始。

问：女的的态度怎么样?

A 매우 냉정하다
B 매우 조급하다 (－)
C 매우 협조적이다 (＋)
D 상대방을 매우 부러워한다 (＋)

여: 정말 죄송합니다. 너무 오래 기다리시게 했죠. 갑자기 중요한 회의가 생겨서요.
남: 괜찮아요. 귀한 시간 내서 저희의 인터뷰에 응해주시니 감사해요.
여: 이미 인터뷰 개요를 봤어요. 지금 시작하는 게 어떨까요?
남: 네, 그럼 시작하겠습니다.

질문: 여자의 태도는 어떠한가?

해설 남자는 취재하러 온 기자이고, 여자는 인터뷰 대상으로 추측된다. 여자가 바빠서 좀 늦게 도착하긴 했지만, 바쁜 와중에도 취재 요청에 응해주었고, 취재 내용도 이미 보고 온 것으로 보아, 매우 협조적인 태도임을 알 수 있다. 따라서 답은 C가 된다.

단어 冷静 lěngjìng 형 냉정하다, 침착하다 | 着急 zháojí 동 조급해하다 | 配合 pèihé 동 협동하다, 협력하다 | 羡慕 xiànmù 동 부러워하다 | ★抱歉 bàoqiàn 동 죄송스럽게 생각하다 | 久等 jiǔděng 동 오래 기다리다 | ★突然 tūrán 부 갑자기 | 重要 zhòngyào 형 중요하다 | 会议 huìyì 명 회의 | 没关系 méiguānxi 괜찮다 | 感谢 gǎnxiè 동 감사하다 | ★抽 chōu 동 (시간, 틈을) 내다 | ★宝贵 bǎoguì 동 귀중하다 | 时间 shíjiān 명 시간 | 接受 jiēshòu 동 받다, 수령하다 | ★采访 cǎifǎng 동 인터뷰하다 | 已经 yǐjing 부 이미, 벌써 | ★提纲 tígāng 명 요점, 개요 | 怎么样 zěnmeyàng 어떠하다

01

| A 出差了 | B 身体不舒服 |
| C 一会儿就来 | D 不参加会议了 |

| A 출장을 갔다 | B 몸이 안 좋다 |
| C 조금 있으면 온다 | D 회의에 참석하지 않는다 |

男: 小李呢? 今天<u>不是让他来主持这个会议的吗</u>?

女: 听说他家有急事, <u>只好由我来主持了</u>。

问: 关于小李可以知道什么?

남: 샤오리는 어땠어? 오늘 샤오리한테 이번 회의 사회를 보라고 하지 않았나?

여: 집에 급한 일이 생겨서, 어쩔 수 없이 제가 사회를 보게 되었습니다.

질문: 샤오리에 관해서 알 수 있는 것은?

해설 '不是…吗?'는 '~ 아니냐?'라는 의미로, 해석할 때는 不是와 吗를 제외하고 그 사이에 들어가는 내용만 생각하면 된다. 남자는 지금 원래 샤오리한테 사회를 맡겼는데 샤오리가 보이지 않자 어디에 있냐고 물어보았고, 여자가 그의 집에 급한 일이 생겨 只好由我来主持了(어쩔 수 없이 내가 사회를 보게 되었다)라고 대답하였으므로 샤오리는 오늘 회의에 올 수 없다는 것을 알 수 있다. 따라서 D가 답이 된다.

★ 핵심 반어문	내포된 뜻
不是让他来主持这个会议的吗? 그에게 이번 회의 사회를 보라고 한 거 아니었어?	是让他主持的 그에게 사회를 보라고 했다

단어 出差 chūchāi 동 출장 가다 | ★ 舒服 shūfu 형 편안하다 | 一会儿 yíhuìr 명 잠시, 잠깐 | 参加 cānjiā 동 참가하다 | 会议 huìyì 명 회의 | ★ 主持 zhǔchí 동 사회를 보다 | 听说 tīngshuō 동 듣자하니 ~라고 하다 | ★ 急事 jíshì 명 급한 일 | ★ 只好 zhǐhǎo 부 어쩔 수 없이

02

A 银行已经关门了
B 百货商店可以刷卡
C 公寓附近也可以取钱
D 百货商店门口可以取钱

A 은행은 이미 문을 닫았다
B 백화점에서 카드로 결제할 수 있다
C 아파트 근처에서도 돈을 찾을 수 있다
D 백화점 입구에서 돈을 찾을 수 있다

男: 你回公寓等我吧, 我先去银行取点钱, 然后我们去百货商店。

女: <u>公寓附近就有取款机, 何必去银行呢</u>?

问: 女的是什么意思?

남: 넌 아파트로 돌아가서 기다려. 내가 먼저 은행에 가서 돈 좀 찾고, 그런 후에 백화점에 가자.

여: 아파트 근처에 현금인출기가 있잖아. 굳이 은행까지 갈 필요 있어?

질문: 여자의 말은 무슨 뜻인가?

해설 '何必…呢?'는 직역하면 '하필 ~할 필요가 있는가?'지만, 반어문으로 내포된 의미는 '~할 필요가 없다'가 된다. 즉, 여자는 아파트 근처에도 현금인출기가 있으니 은행까지 갈 필요가 없다는 말을 하고 있으므로 답은 C가 된다.

★ 핵심 반어문	내포된 뜻
何必去银行呢? 굳이 은행까지 갈 필요 있어?	不用去银行 은행까지 갈 필요 없다

단어 已经 yǐjing 부 이미, 벌써 | 关门 guānmén 동 문을 닫다, 영업을 마치다 | 百货商店 bǎihuò shāngdiàn 명 백화점 | 可以 kěyǐ 조동 ~할 수 있다, 가능하다 | ★ 刷卡 shuākǎ 동 카드로 결제하다 | ★ 公寓 gōngyù 명 아파트 | 附近 fùjìn 명 부근, 근처 | ★ 取钱 qǔqián 동 돈을 찾다 | 然后 ránhòu 접 그런 후에, 그런 다음에 | ★ 取款机 qǔkuǎnjī 명 현금인출기 | ★ 何必…呢 hébì…ne 하필 ~할 필요가 있는가

03

A 晚点儿退休更好
B 每天都要有事做
C 人应该坚持学习
D 退休后也要工作

A 늦게 퇴직하면 더 좋다
B 매일 할 일이 있어야 한다
C 사람은 계속 공부를 해야 한다
D 퇴직 후에도 일을 해야 한다

男：韩老师，您现在也每天去图书馆学习吗？
女：当然，尽管退休以后不用工作了，可是人不是应该活到老学到老吗？

남: 한 선생님, 요즘도 매일 도서관 가서 공부하세요?
여: 당연하죠. 비록 퇴직하고 나면 일할 필요는 없지만, 사람은 늙어 죽을 때까지 배워야 하는 거 아니겠어요?

问：女的主要是什么意思？

질문: 여자의 말은 무슨 뜻인가?

해설 녹음에서 여자는 이미 퇴직한 전직 교사로, 퇴직 후 매일 도서관에 가서 공부한다는 사실을 알 수 있다. '不是…吗?'는 '~ 아니냐?'라는 의미로, 여자는 '사람은 늙어 죽을 때까지 배워야 하는 거 아니냐(= 늙어 죽을 때까지 공부를 해야 한다)'고 얘기하고 있다. 따라서 답은 C가 된다.

★ 핵심 반어문	내포된 뜻
人不是应该活到老学到老吗? 사람은 늙어 죽을 때까지 계속 배워야 하는 거 아닌가요?	人是应该活到老学到老。 사람은 늙어 죽을 때까지 배워야 한다.

단어 ★ 退休 tuìxiū 통 퇴직하다 | 更 gèng 부 더욱 | 应该 yīnggāi 조동 반드시 ~해야 한다 | ★ 坚持 jiānchí 통 유지하다, 견지하다 | 工作 gōngzuò 통 일하다 | 当然 dāngrán 형 당연하다 | ★ 尽管 jǐnguǎn 접 비록 ~일지라도 | 可是 kěshì 접 그러나, 하지만

04

A 学理工科好
B 文科太没有意思
C 领导必须懂技术
D 企业家都喜欢理科

A 이공계를 공부하는 것이 좋다
B 문과는 너무 재미가 없다
C 지도자는 반드시 기술을 알아야 한다
D 기업가는 모두 이과를 좋아한다

男：为什么文科出身的企业家那么少，大部分都是理工科出身呢？
女：企业主要靠的就是科技，当头儿的不懂行哪儿行呢？

남: 왜 문과 출신의 기업가가 적고, 대부분 모두 이공계 출신인 걸까?
여: 기업은 주로 과학기술에 의존하잖아. 우두머리가 되서 그 분야에 관해 모르면 되겠니?

问：女的是什么意思？

질문: 여자의 말은 무슨 뜻인가?

해설 여자가 말한 '当头儿的不懂行哪儿行呢?'는 그대로 해석하면 '우두머리가 되서 그 분야를 모르면 되겠니?'라는 뜻이다. 그 내포된 뜻은 한 회사의 대표자는 과학기술에 대해 반드시 알고 있어야 한다는 의미로, 답은 C가 된다. 대화에서 企业家(기업가)만 듣고 답을 D로 선택하는 실수를 해서는 안 된다. 企业家(기업가)와 头儿(우두머리), 领导(지도자)는 의미가 일맥상통한다.

★ 핵심 반어문	내포된 뜻
当头儿的不懂行哪儿行呢? 우두머리가 되서 그 분야를 모르면 되겠는가?	领导应该懂技术 = 领导必须懂技术 지도자라면 당연히 기술에 대해 잘 알아야 한다

단어 理工科 lǐgōngkē 명 이공계 | 文科 wénkē 명 문과 | 有意思 yǒuyìsi 형 재미있다 | ★ 领导 lǐngdǎo 명 지도자, 대표 | 必须 bìxū 부 반드시 ~해야 한다 | ★ 技术 jìshù 명 기술 | ★ 企业家 qǐyèjiā 명 기업가 | ★ 理科 lǐkē 명 이과 | 为什么 wèishénme 대 왜, 어째서 | ★ 出身 chūshēn 명 출신 | 大部分 dàbùfen 명 대부분 | 主要 zhǔyào 형 주요한 | ★ 靠 kào 통 기대다, 의지하다 | ★ 科技 kējì 명 과학기술

01

A 女的太累了	A 여자는 너무 피곤하다
B 女的要考试了	B 여자는 시험을 봐야 한다
C 突然想做家务	C 갑자기 집안일이 하고 싶어졌다
D 女的不喜欢做家务	D 여자는 집안일 하는 것을 싫어한다

男: 从今天开始我做家务吧。

女: 你不是一向讨厌进厨房吗? 难道太阳从西边出来了?

男: 你不是快要参加升级考试了吗? 做家务太耽误时间了。

女: 你越来越体贴了。那这段时间就辛苦你了。

问: 男的为什么要做家务?

남: 오늘부터 내가 집안일을 할게.

여: 당신 주방일 하는 거 줄곧 싫어하지 않았어요? 설마 해가 서쪽에서 떴나?

남: 당신 곧 승진시험에 참가해야 하지 않아? 집안일 하려면 시간이 너무 허비되잖아.

여: 당신 점점 자상해지는 거 같아요. 그럼 그 동안 당신이 고생 좀 해주세요.

질문: 남자는 왜 집안일을 하려고 하는가?

해설 원래 집안일을 싫어하던 남자가 갑자기 집안일을 해주겠다고 선언하자, 여자는 '难道太阳从西边出来了?(해가 서쪽에서 떴나?)'라며 놀라움과 의아함을 드러내고 있다. 남자가 집안일을 하려는 진짜 이유는, 여자가 곧 승진시험을 봐야 하므로 배려 차원에서 시험 볼 때까지만 도와주겠다는 의미다. 따라서 B가 답이 된다.

Tip '不是…吗?'는 '~ 아니냐?'라는 의미로, 不是와 吗를 제외한 부분만 해석하면 내포된 뜻을 금세 알아차릴 수 있다.

★ 핵심 반어문	내포된 뜻
你不是快要参加升级考试了吗? 당신 곧 승진시험에 참가해야 하지 않아?	是快要参加升级考试了 곧 승진시험에 참가해야 한다

단어 ★ 突然 tūrán 閏 갑자기 │ ★ 做家务 zuò jiāwù 동 집안일을 하다 │ ★ 一向 yíxiàng 閏 내내, 줄곧 │ ★ 讨厌 tǎoyàn 형 싫어하다 │ 厨房 chúfáng 명 주방 │ ★ 难道 nándào 閏 설마 ~인가 │ 快要 kuàiyào 閏 곧 ~하다 │ 升级 shēngjí 동 승진하다, 진급하다 │ ★ 耽误 dānwu 동 (시간을 지체하여) 그르치다, 지체하다 │ 越来越 yuèláiyuè 점점 ~해진다 │ ★ 体贴 tǐtiē 동 자상하게 돌보다 │ 辛苦 xīnkǔ 동 고생하다, 수고하다

02

A 张经理爱唠叨	A 장 사장은 잔소리하는 것을 좋아한다
B 男的要买材料	B 남자는 재료를 사려고 한다
C 流动资金用光了	C 유동자금을 다 썼다
D 材料费只能报销80%	D 재료비는 80%만 청구할 수 있다

男: 只要张经理一插手, 事情就变得复杂。

女: 他又怎么了?

男: 昨天我去报销材料费, 没想到他说不行。

女: 不是他让你买的材料吗? 为什么不给报呢?

男: 他说今年公司的流动资金有点儿紧张, 只能报80%, 剩下的以后再说。谁知道要等到什么时候呢?

问: 根据对话, 可以知道什么?

남: 장 사장님이 관여하기만 하면, 일이 복잡해진다니까.

여: 그가 또 어쨌는데요?

남: 어제 내가 재료비를 청구하러 갔는데, 뜻밖에도 그가 안 된다고 하잖아.

여: 사장님이 당신에게 재료를 사라고 한 거 아니었어요? 왜 청구를 못하게 하는 거죠?

남: 그의 말로는 올해 회사의 유동자금이 좀 부족해서, 80%만 청구할 수 있으니, 나머지는 나중에 다시 얘기하자고 하더군. 언제까지 기다려야 할지 누가 알겠어?

질문: 대화에서 알 수 있는 것은?

 장 사장이 재료를 사라고 하고는 왜 비용을 청구하지 못하게 하느냐는 여자의 질문에, 남자는 올해 회사의 유동자금 부족으로 재료비의 80%만 청구하라고 했다고 말했으므로 답은 D가 된다. 유동자금이 부족하다고 말했을 뿐 다 썼다고 하지는 않았으므로, C는 녹음의 내용과 일치하지 않는다.

★ 핵심 반어문	내포된 뜻
不是他让你买的材料吗? 그가 당신한테 재료를 사라고 한 거 아니예요?	是他让你买的材料 그가 당신한테 재료를 사라고 했다

 经理 jīnglǐ 몡 사장, 팀장 | ★ 唠叨 láodao 동 잔소리하다 | 材料 cáiliào 몡 재료 | ★ 流动资金 liúdòng zījīn 몡 유동자금 | 只能 zhǐnéng 閉 단지 ~할 수 있다 | ★ 报销 bàoxiāo 동 청구하다 | 只要 zhǐyào 젭 ~하기만 하면 | ★ 插手 chāshǒu 동 개입하다, 간섭하다 | 事情 shìqing 몡 일, 사건 | ★ 复杂 fùzá 혱 복잡하다 | 怎么 zěnme 때 어째서 | 没想到 méixiǎngdào 생각하지 못하다, 의외다 | 有点儿 yǒudiǎnr 閉 조금, 약간 | ★ 紧张 jǐnzhāng 혱 빠듯하다, 부족하다 | ★ 剩下 shèngxià 동 남다 | 以后 yǐhòu 몡 이후 | 知道 zhīdào 동 알다

03

A 丢了手机	A 휴대전화를 잃어버렸다
B 电脑坏了	B 컴퓨터가 고장 났다
C 太忙顾不上	C 너무 바빠서 생각할 틈이 없었다
D 没时间去买礼物	D 선물을 사러 갈 시간이 없었다

男: 你太过分了，出差这么多天也不给我打个电话?

女: 每天都开会，忙得要命，哪儿有空儿去买电话卡呀!

男: 都是借口，你可以给我发电子邮件啊。

女: 我能顾得上吗? 你要理解，我给你买了礼物，别生气了。

问: 女的为什么没跟男的联系?

남: 너도 참 너무한다. 이렇게 여러 날 출장을 가면서 나한테 전화 한 통도 안 하니?

여: 매일 회의하고, 정신없이 바빴는데, 전화카드 살 시간이 어디 있겠어!

남: 다 변명이지, 나한테 이메일을 보낼 수는 있잖아.

여: 내가 생각할 틈이 있었겠어? 당신이 좀 이해해, 선물 사왔어, 화내지 마.

질문: 여자는 왜 남자에게 연락하지 않았는가?

 여자는 여러 날 출장을 다녀오면서 남자에게 전화 한 통도 걸지 않았다. 매일 회의와 여러 가지 업무로 인하여, 전화카드를 사거나 이메일을 보낼 겨를도 없었다고 했으므로 답은 C가 된다. '能顾得上吗?(그런 거 신경 쓸 겨를이 있었겠어?)'는 顾不上(돌볼 겨를이 없다)의 의미다. 만약 이 단어를 몰랐다면 忙得要命(정신없이 바빴다)을 통해서 여자가 매우 바빴음을 알 수 있다. 忙得要命은 太忙(매우 바쁘다)과 의미가 일맥상통한다.

★ 핵심 반어문	내포된 뜻
哪儿有空儿去买电话卡呀! 전화카드 사러 갈 시간이 어딨어!	没有时间去买电话卡 전화카드 사러 갈 시간이 없다
我能顾得上吗? 내가 생각할 틈이 있겠어?	我顾不上 나는 생각할 틈이 없다

 丢 diū 동 잃어버리다 | 坏 huài 동 고장 나다 | ★ 顾不上 gùbushàng 동 돌볼 틈이 없다, 생각도 할 수 없다 | ★ 礼物 lǐwù 몡 선물 | ★ 过分 guòfèn 혱 지나치다 | 出差 chūchāi 동 출장 가다 | 打电话 dǎ diànhuà 전화하다 | 开会 kāihuì 동 회의하다 | ★ 要命 yàomìng 동 어떤 정도가 극에 달함을 나타냄 | 空(儿) kòng(r) 몡 틈, 짬 | 电话卡 diànhuàkǎ 몡 전화카드 | ★ 借口 jièkǒu 몡 핑계 | 发 fā 동 보내다 | ★ 电子邮件 diànzǐ yóujiàn 몡 이메일 | 理解 lǐjiě 동 이해하다 | 生气 shēngqì 동 화내다

04

A 手机	B 酒杯
C MP3	D 茅台酒

A 휴대전화	B 술잔
C MP3	D 마오타이주

女：明天小王过生日，快点儿想想送他什么礼物。

男：他最喜欢喝酒了，送他两瓶茅台吧。

女：不行，喝酒有害健康，那不等于害他嘛！不然送他一个MP3吧。

男：要不送他一套酒杯吧。上次去他家，看见他家的酒杯太土了。

女：你怎么还是支持他喝酒呢？

问：男的想送小王什么礼物？

여: 내일 샤오왕 생일이야. 무슨 선물을 하면 좋을지 빨리 생각해봐.

남: 샤오왕은 술 마시는 거 제일 좋아하잖아. 마오타이 두 병 사주자.

여: 안 돼, 술 마시는 건 건강에 해로운데, 그건 그를 해치는 거나 마찬가지잖아! 아니면 그에게 MP3를 선물하자.

남: 아니면 술잔 세트를 선물하자. 저번에 그의 집에 갔더니, 술잔이 너무 촌스러워 보이더라.

여: 너는 어째서 계속 그한테 술을 마시게 하려고 하니?

질문: 남자는 샤오왕에게 어떤 선물을 주려고 하는가?

해설 녹음에서 두 사람은 샤오왕의 생일 선물에 대해 이야기하고 있다. 마오타이주, MP3, 술잔이 모두 언급되었지만 결국 마지막에 남자가 선물을 하자고 말한 것은 술잔 세트이므로 답은 B가 된다. 마지막에 여자의 말 '怎么…呢?'는 '어째서 ~하니?'라는 반어문으로, 여자는 남자가 술잔 세트를 선물하려는 것을 마음에 들어 하지 않음을 알 수 있다.

Tip 만약 질문이 '女的想送小王什么礼物?'였다면, 답은 C의 MP3가 된다는 점에 유의하자.

★ 핵심 반어문	내포된 뜻
你怎么还是支持他喝酒呢？ 너는 어째서 계속 그한테 술을 마시게 하려고 하니?	不要支持他喝酒 그가 술 마시는 것을 돕지 마라

단어 手机 shǒujī 몡 휴대전화 | 酒杯 jiǔbēi 몡 술잔 | ★ 茅台酒 Máotáijiǔ 몡 마오타이주 | 送 sòng 됭 주다, 선물하다 | 喜欢 xǐhuan 됭 좋아하다 | 瓶 píng 양 병 | ★ 有害 yǒuhài 됭 해롭다 | 健康 jiànkāng 몡 건강 | ★ 等于 děngyú 됭 ~와 같다 | ★ 不然 bùrán 젭 그렇지 않으면, 아니면 | 上次 shàngcì 몡 지난번 | 怎么 zěnme 데 어째서 | ★ 支持 zhīchí 됭 지지하다

11 day p.60

01

A 下围棋	B 练习跳舞
C 学习开车	D 学骑自行车

A 바둑을 둔다	B 춤을 연습한다
C 운전을 배운다	D 자전거 타는 것을 배운다

男：放松一点儿，眼睛看着前方，身体保持平衡。像现在这样，继续往前骑。

女：你一定要扶着我。你千万别松手啊！

问：他们最可能在做什么？

남: 긴장을 좀 풀고, 눈은 앞을 보고 몸은 평형을 유지해. 지금처럼 이렇게 계속 앞으로 가는 거야.

여: 너 꼭 나를 잡아줘야 해. 너 절대로 손 놓지 마!

질문: 그들은 무엇을 하고 있겠는가?

해설 동작 문제에서는 다른 단어들을 잘 알지 못하더라도, 핵심 표현이 되는 1음절 동사를 들으면 쉽게 답을 고를 수 있다. 녹음에서 '자전거를 타다'라는 뜻의 骑만 잘 들었다면, 남자가 여자에게 지금 자전거를 가르쳐주고 있다는 것을 알 수 있다. 따라서 답은 D가 된다.

Tip 동작 문제에서는 동사에 주목해야 한다. 일반적으로 2음절 동사가 많지만, 1음절 동사가 제시되더라도 의미를 파악할 수 있는 순발력을 길러야 하겠다.

단어 ★ 围棋 wéiqí 몡 바둑 | 开车 kāichē 됭 운전하다 | 骑 qí 됭 (자전거 등을) 타다 | ★ 放松 fàngsōng 됭 긴장을 풀다 | 眼睛 yǎnjing 몡 눈 | 前方 qiánfāng 몡 앞, 앞쪽 | ★ 保持 bǎochí 됭 유지하다 | ★ 平衡 pínghéng 몡 평형 | ★ 继续 jìxù 됭 계속하다 | 一定 yídìng 뷔 반드시, 꼭 | ★ 扶 fú 됭 부축하다, 떠받치다 | ★ 松手 sōngshǒu 됭 손을 놓다

<table>
<tr><td>02</td><td>

A 回故乡杭州
B 去杭州旅游
C 查地图做记号
D 买一张杭州的地图

</td><td>

A 고향인 항저우로 가라
B 항저우 여행을 가라
C 지도를 찾아서 표시해라
D 항저우 지도를 한 장 사라

</td></tr>
</table>

男: 你能不能在地图上找出来杭州在哪个位置? 字太小了，看不清楚。
女: 这还不容易，我老家就在杭州。

问: 男的让女的做什么?

남: 너 지도에서 항저우가 어디 있는지 찾아낼 수 있어? 글자가 너무 작아서, 잘 안 보여.
여: 그거야 어렵지 않지, 내 고향이 항저우잖아.

질문: 남자는 여자에게 무엇을 하라고 하는가?

해설 남자가 알고 싶은 것은 지도상 杭州(항저우)의 위치다. 다행히 여자는 고향이 항저우여서 쉽게 찾을 수 있다고 말하고 있다. 녹음에 杭州(항저우)라는 단어가 계속 언급되어서 杭州(항저우)가 없는 C는 답이 아니라고 추측할 수 있지만, 남자가 말한 找出来(찾아내다)가 보기에서 查(찾아보다)로 쓰여 답은 C가 된다.

단어 ★ 故乡 gùxiāng 몡 고향 | 杭州 Hángzhōu 몡 항저우 | 旅游 lǚyóu 동 여행하다 | ★ 查 chá 동 찾아보다 | 地图 dìtú 몡 지도 | ★ 记号 jìhao 몡 기호, 표시 | ★ 位置 wèizhi 몡 위치 | 清楚 qīngchu 톙 분명하다, 뚜렷하다 | 容易 róngyì 톙 쉽다 | ★ 老家 lǎojiā 몡 고향

<table>
<tr><td>03</td><td>

A 开发票
B 报销发票
C 去北京买书
D 要饭店的发票

</td><td>

A 영수증을 발행하라고
B 영수증을 청구하라고
C 베이징에 가서 책을 사라고
D 호텔 영수증을 받아 오라고

</td></tr>
</table>

男: 小金，有时间的话帮我报销一下。这是上次去北京买书的发票。
女: 行，没问题。哟，这张饭店的发票可报不了啊。

问: 男的要女的做什么?

남: 샤오진, 시간 있으면 청구하는 것 좀 도와줘. 이건 지난번 베이징에 가서 책을 산 영수증이야.
여: 알았어, 문제없어. 에이, 이 호텔 영수증은 청구할 수 없어.

질문: 남자는 여자에게 무엇을 하라고 요구하는가?

해설 녹음에서 去北京买书(베이징에 가서 책을 사다), 发票(영수증), 饭店的发票(호텔 영수증) 등이 언급되었기 때문에, 답을 고를 때 조금 혼동될 수 있다. 동작이 많으면, 질문에서 누구의 행동에 관해 묻고 있는지를 정확하게 파악해야 한다. 이 문제에서는 남자가 여자에게 요구한 일을 묻고 있다. 남자는 지금 여자에게 베이징에 갔을 때 쓴 돈의 영수증을 가져와 帮我报销一下(청구하는 것을 도와달라)라고 직접적으로 부탁하고 있으므로, 답은 B가 된다.

Tip 报销(청구하다)라는 단어가 익숙하지 않은 단어라서 놓치기 쉽지만, 보기를 미리 보고 녹음을 들으면 쉽게 확인할 수 있다.

단어 ★ 发票 fāpiào 몡 영수증 | ★ 报销 bàoxiāo 동 청구하다 | 北京 Běijīng 몡 베이징 | 饭店 fàndiàn 몡 호텔 | 时间 shíjiān 몡 시간 | 帮 bāng 동 돕다, 거들다 | 上次 shàngcì 몡 지난번 | ★ 没问题 méiwèntí 동 문제없다, 확신하다 | 不了 bùliǎo ~할 수 없다

A 收拾文件	A 파일을 정리한다
B 给朋友写信	B 친구에게 편지를 쓴다
C 发电子邮件	C 이메일을 보낸다
D 跟朋友玩游戏	D 친구와 게임을 한다

男: 先选中你要的文件，然后复制一下，接着点"粘贴"。最后点"发送"。行，发过去了。

女: 这鼠标该换了，不怎么好用。

问: 他们在干什么呢?

남: 먼저 필요한 파일을 선택하고, 복사한 다음, '붙여 넣기'를 클릭해. 마지막에 '보내기'를 눌러. 됐어, 보내진 거야.

여: 이 마우스 바꿔야겠어, 잘 안 돼.

질문: 그들은 무엇을 하고 있는가?

해설 发送(보내다)이라는 단어만 듣고 편지를 보낸다고 혼동할 수 있는데, 여자가 鼠标(마우스)라고 말한 것을 듣고 컴퓨터로 편지를 보내고 있음을 추측할 수 있으므로, C가 답이 된다. 复制(복사하기), 粘贴(붙이기) 등과 같은 단어가 조금 어렵긴 하지만, 포기하지 않고 열심히 듣는다면, 확실하게 들리는 몇 개의 단어만으로도 답을 추측할 수 있는 문제다.

단어 ★ 收拾 shōushi 통 정리하다 | 文件 wénjiàn 명 파일 | 发 fā 통 보내다 | ★ 电子邮件 diànzǐ yóujiàn 명 이메일 | ★ 游戏 yóuxì 명 게임 | 选中 xuǎnzhòng 통 선택하다 | 然后 ránhòu 접 그런 후에, 그런 다음에 | ★ 复制 fùzhì 통 복제하다 | ★ 接着 jiēzhe 부 계속하여, 이어서 | 点 diǎn 통 (가볍게) 찍다 | ★ 粘贴 zhāntiē 통 붙여 넣다 | 最后 zuìhòu 명 맨 마지막, 최후 | ★ 发送 fāsòng 통 보내다 | ★ 鼠标 shǔbiāo 명 마우스 | 该 gāi 조동 마땅히 ~해야 한다 | 换 huàn 통 바꾸다 | 不怎么 bùzěnme 부 그다지, 별로

12 day p.60

01

A 登机	B 开车	A 비행기에 탑승한다　B 운전을 한다
C 买飞机票	D 换登机牌	C 비행기표를 산다　D 탑승권을 바꾼다

女: 我们能赶上九点的飞机吗?

男: 放心吧，按照现在这个速度，应该没问题。只要你带了护照和飞机票。

女: 高速公路上你还是开慢点儿吧，注意安全。

男: 好的，我们争取8点到飞机场。

问: 男的正在做什么?

여: 우리 9시 비행기를 탈 수 있을까?

남: 걱정 마, 지금 이 속도대로라면 분명 문제없어. 네가 여권이랑 비행기표만 가져왔으면 돼.

여: 고속도로에서는 좀 천천히 운전해. 안전에 주의하고.

남: 알았어. 8시까지 공항에 도착하도록 해보자.

질문: 남자는 무엇을 하고 있는가?

해설 두 사람의 대화에서 飞机(비행기), 护照(여권), 飞机票(비행기표), 飞机场(공항) 등의 단어가 언급되었기 때문에 이들은 지금 비행기를 타러 간다고 추측할 수 있다. 하지만, 여자가 천천히 운전하라고 말하고 있는 것으로 보아, 남자는 지금 공항에 가기 위해 운전하는 중임을 알 수 있다. 따라서 답은 B가 된다. 녹음에서 开(운전하다)라는 1음절 단어를 확인해야 하므로 고도의 집중력이 필요하다.

Tip 동작 문제에서는 '동사 + 목적어'의 구조에서 '목적어'를 생략하고 동사만 언급하는 경우가 많다. 짧은 1~2음절의 동사만 듣고도 무슨 동작인지 알아맞힐 수 있는 내공을 쌓길 바란다.

단어 ★ 登机 dēngjī 통 비행기에 탑승하다 | 开车 kāichē 통 운전하다 | 换 huàn 통 바꾸다 | ★ 登机牌 dēngjīpái 명 탑승권 | ★ 赶上 gǎnshàng 통 따라잡다 | 放心 fàngxīn 통 안심하다 | ★ 按照 ànzhào 전 ~에 따라 | ★ 速度 sùdù 명 속도 | 应该 yīnggāi 조동 마땅히 ~해야 한다 | 没问题 méiwèntí 통 문제없다 | ★ 只要 zhǐyào 접 ~하기만 하면 | 带 dài 통 지니다, 가지다 | ★ 护照 hùzhào 명 여권 | ★ 高速公路 gāosù gōnglù 명 고속도로 | 慢点儿 màndiǎnr 천천히 | 注意 zhùyì 통 주의하다, 조심하다 | 安全 ānquán 형 안전하다 | ★ 争取 zhēngqǔ 통 쟁취하다, ~하려고 힘쓰다 | 飞机场 fēijīchǎng 명 공항

02

A 先喝杯水
B 吃清淡些的菜
C 再点一个不辣的汤
D 让服务员换一道菜

A 먼저 물을 마시라고
B 좀 담백한 음식을 먹으라고
C 맵지 않은 탕을 하나 더 주문하라고
D 직원에게 음식을 바꾸게 하라고

女: 快把那杯水给我。
男: 给你，你不是很能吃辣吗？怎么眼泪都出来了。
女: 没想到这个菜这么辣，我都受不了了。
男: 的确有些辣。你吃这个菜，这个清淡一点儿。

여: 빨리 그 물 좀 줘.
남: 여기. 너 매운 음식 잘 먹는 거 아니었어? 어째서 눈물까지 흘리는 거야.
여: 이 음식이 이렇게 매울 줄 몰랐어. 정말 못 참겠어.
남: 확실히 좀 맵네. 너 이거 먹어, 이건 좀 담백해.

问: 男的建议女的做什么？

질문: 남자는 여자에게 무엇을 하라고 제안했는가？

해설 마지막에 남자의 말만 확실히 들었어도 답을 쉽게 고를 수 있는 문제다. 매운 음식을 먹고 괴로워하는 여자에게, 남자는 담백한 음식을 먹으라고 권하고 있으므로 B가 답이 된다. 清淡(담백하다)이라는 단어가 생소할 수 있지만, 보기를 미리 보고 녹음을 들었다면 쉽게 들렸을 것이다.

단어 ★ 清淡 qīngdàn 휑 담백하다 | 菜 cài 휑 요리 | 点 diǎn 통 주문하다 | ★ 辣 là 휑 맵다 | 汤 tāng 휑 탕, 국 | 换 huàn 통 바꾸다 | 快 kuài 휑 빠르다 | 怎么 zěnme 대 어째서 | ★ 眼泪 yǎnlèi 휑 눈물 | 没想到 méixiǎngdào 생각하지 못하다 | ★ 受不了 shòubuliǎo 참을 수 없다 | ★ 的确 díquè 뿐 확실히, 정말 | 有些 yǒuxiē 뿐 조금, 약간 | 建议 jiànyì 통 제안하다, 건의하다

A 存钱
B 办一张银行卡
C 开通手机银行
D 用借记卡汇款

A 돈을 입금한다
B 은행카드를 한 장 만든다
C 모바일 뱅킹을 개통한다
D 직불카드로 돈을 부친다

女: 您好，请问您要办理什么业务？
男: 我有一张借记卡，想开通手机银行。手续麻烦吗？
女: 不麻烦，几分钟就能办完。请您先填一下这张表格。
男: 谢谢，开通手机银行，需要另付费用吗？
女: 是的。一个月5块，但是这个月搞活动，如果现在开通，免费使用1年。

여: 안녕하세요. 무슨 업무를 처리하려고 하시나요?
남: 직불카드가 하나 있는데, 모바일 뱅킹을 개통하고 싶어서요. 절차가 번거롭나요?
여: 번거롭지 않습니다. 몇 분이면 완성됩니다. 먼저 이 표를 작성해주세요.
남: 감사합니다. 모바일 뱅킹을 개통하면, 따로 비용을 내야 하나요?
여: 네. 한 달에 5위안이지만, 이번 달에는 행사를 하고 있어서, 만약 지금 개통하시면 1년은 무료로 사용하실 수 있습니다.

问: 男的要办理什么业务？

질문: 남자는 무슨 업무를 처리하려고 하는가？

해설 녹음에서 두 사람은 은행 직원과 고객의 관계로 보인다. 남자는 지금 모바일 뱅킹을 개통하려고 한다. 开通手机银行(모바일 뱅킹을 개통하다)이라는 말이 생소하기는 하지만 녹음에서 언급된 말이 그대로 보기에 제시되어 있으므로, 답은 C라는 것을 알 수 있다. 보기를 미리 읽어보고 녹음을 들었다면 쉽게 답을 고를 수 있다.

Tip 반드시 보기를 미리 읽어보아야 한다. 그래야만 녹음에서 낯선 단어가 들려도 당황하지 않고, 보기에서 미리 확인했던 단어를 토대로 좀 더 쉽게 답을 유추할 수 있다.

단어 ★ 存钱 cúnqián 통 저금하다 | 办 bàn 통 처리하다 | ★ 银行卡 yínhángkǎ 휑 은행카드 | 开通 kāitōng 통 개통하다 | ★ 借记卡 jièjìkǎ 휑 직불카드 | ★ 汇款 huìkuǎn 통 돈을 부치다 | 办理 bànlǐ 통 처리하다 | 业务 yèwù 휑 업무 | ★ 手续 shǒuxù 휑 절차, 수속 | 麻烦 máfan 휑 귀찮다, 번거롭다 | ★ 填 tián 통 써넣다, 기입하다 | ★ 表格 biǎogé 휑 표, 양식 | 需要 xūyào 통 필요하다 | 另 lìng 뿐 따로, 별도로 | 付 fù 통 돈을 지급하다 | ★ 费用 fèiyòng 휑 비용 | 但是 dànshì 젭 그렇지만 | 搞 gǎo 통 하다, 처리하다 | 活动 huódòng 휑 행사 | 如果 rúguǒ 젭 만약 | ★ 免费 miǎnfèi 통 무료로 하다 | 使用 shǐyòng 통 사용하다

04

A 去请假
B 找老板认错
C 去问候老板
D 去参加升职考试

A 휴가를 내러 가라고
B 사장님을 찾아가서 잘못을 인정하라고
C 사장님에게 안부를 물으러 가라고
D 승진시험에 참가하러 가라고

男：老板为什么不让你参加升职考试呢？
女：还不是因为我常常请假。
男：你赶快找老板承认错误去，争取能让你参
　　加考试。否则还得等一年。
女：哎！我去找过了，没用。

남：사장님은 왜 너에게 승진시험에 참가하지 못하게 하
　 는 거야?
여：내가 자주 휴가를 내서 그런 거 아니겠어.
남：너 빨리 사장님을 찾아가서 잘못을 인정하고, 시험에
　 참가할 수 있게 해달라고 해봐. 그렇지 않으면 1년을
　 또 기다려야 해.
여：아! 내가 찾아갔었는데, 소용없어.

问：男的让女的做什么？

질문: 남자는 여자에게 무엇을 하라고 하는가?

해설 녹음에서 여자가 승진시험에 참가하지 못하는 것에 대해서 이야기하고 있다. 남자는 이번에 보지 못하면 1년을 기다려야 하니까 사장님을 찾아가서 잘못을 인정하라고 권하고 있으므로, 답은 B가 된다. 升职考试(승진시험)라는 단어가 녹음에 계속 언급되어서 D가 답이라고 혼동할 수 있지만, 남자는 여자에게 승진시험에 참가하기 위해서 먼저 사장을 찾아가서 자주 휴가를 쓴 것에 대한 잘못을 인정할 것을 권고하고 있으므로 D는 답이 될 수 없다.

단어 请假 qǐngjià 통 (휴가 등을) 신청하다 | 老板 lǎobǎn 명 사장 | ★ 认错 rèncuò 통 잘못을 인정하다 | ★ 问候 wènhòu 통 안부를 묻다 | 参加 cānjiā 통 참가하다 | ★ 升职 shēngzhí 명 승진 | 为什么 wèishénme 대 왜, 어째서 | 不让 búràng 통 허락하지 않다 | 因为 yīnwèi 접 왜냐하면 | 赶快 gǎnkuài 부 재빨리, 어서 | ★ 承认 chéngrèn 통 인정하다, 시인하다 | 错误 cuòwù 명 잘못 | ★ 争取 zhēngqǔ 통 쟁취하다, ~하려고 힘쓰다 | ★ 否则 fǒuzé 접 만약 그렇지 않으면 | 得 děi 조동 ~해야 한다 | ★ 没用 méiyòng 형 소용없다

---

13 day p.68

01

A 换个题目　　　B 缩短内容
C 改变文章结构　D 直接删掉一个段落

A 제목을 바꾼다　　B 내용을 줄인다
C 글의 구조를 바꾼다　D 한 단락을 삭제한다

女：这篇文章的最后一段，内容有点多，而且
　　逻辑有点儿乱。最好修改一下。
男：要是把这一段直接删除，您觉得怎么样
　　呢？

여：이 글의 맨 마지막 단락은 내용이 좀 많고, 게다가 논
　 리적으로 조금 혼란스러워. 좀 고치는 게 좋을 거 같
　 아.
남：만약 이 단락을 아예 삭제한다면, 어떨 거 같으세요?

问：男的打算怎么修改？

질문: 남자는 어떻게 수정할 생각인가?

해설 문제에서 남자의 의견이 어떠한가를 묻고 있으므로, 남자가 直接删除(바로 삭제하다)라고 언급한 말을 그대로 보기에서 찾으면 된다. 따라서 답은 D가 된다.

단어 换 huàn 통 바꾸다 | ★ 题目 tímù 명 제목 | ★ 缩短 suōduǎn 통 줄이다 | 内容 nèiróng 명 내용 | 改变 gǎibiàn 통 바꾸다 | 文章 wénzhāng 명 글 | ★ 结构 jiégòu 명 구조 | ★ 直接 zhíjiē 형 직접적인 | 删掉 shāndiào 통 삭제하다 | 段落 duànluò 명 단락 | 篇 piān 양 편, 장 | 最后 zuìhòu 명 맨 마지막, 최후 | 有点(儿) yǒudiǎn(r) 부 조금, 약간 | 而且 érqiě 접 게다가, 또한 | ★ 逻辑 luójí 명 논리 | ★ 乱 luàn 형 어지럽다, 혼란스럽다 | 最好 zuìhǎo 부 ~하는 게 제일 좋다 | ★ 修改 xiūgǎi 통 수정하다, 고치다 | 要是 yàoshi 접 만약 | ★ 删除 shānchú 통 삭제하다 | 觉得 juéde 통 ~라고 생각하다 | 怎么样 zěnmeyàng 어떠하다

02

A 换一种风格
B 换新的家具
C 扩大客厅面积
D 打通阳台和卧室

A 다른 스타일로 바꾼다
B 새로운 가구로 바꾼다
C 거실의 면적을 넓힌다
D 베란다와 침실을 통하게 한다

女：我对这个设计方案比较满意，把阳台和卧室打通，感觉空间一下子大了很多。
男：可不是嘛。不仅卧室变大了，而且采光也好了。我们就选择这个装修方案吧。

问：他们准备怎么装修?

여: 나는 이 설계안이 비교적 마음에 들어. 베란다와 침실을 통하게 해서, 공간이 갑자기 넓어진 느낌이야.
남: 그러게 말이야. 침실이 넓어졌을 뿐만 아니라, 채광도 더 좋아졌어. 우리 이 인테리어 방안으로 선택하자.

질문: 그들은 어떻게 인테리어 할 계획인가?

해설 녹음에서 대화하는 두 사람은 집을 새롭게 단장하려는 부부로 짐작된다. 그들은 베란다와 침실을 통하게 해서 공간을 넓게 만드는 인테리어 방안을 선택하려 하므로 D가 답이 된다. 그리고 남자의 말을 들어보면, 면적을 넓힌 (扩大面积) 곳은 客厅(거실)이 아니라 卧室(침실)이므로 C는 답이 될 수 없다.

단어 换 huàn 图 바꾸다 | 种 zhǒng 図 종류, 가지 | ★ 风格 fēnggé 图 스타일 | 家具 jiājù 图 가구 | ★ 扩大 kuòdà 图 넓히다 | 客厅 kètīng 图 거실 | ★ 面积 miànjī 图 면적 | ★ 打通 dǎtōng 图 통하게 하다 | ★ 阳台 yángtái 图 베란다 | 卧室 wòshì 图 침실 | ★ 设计 shèjì 图 설계, 디자인 | ★ 方案 fāng'àn 图 방안 | 比较 bǐjiào 图 비교적 | 满意 mǎnyì 图 만족스럽다 | 感觉 gǎnjué 图 느끼다 | ★ 空间 kōngjiān 图 공간 | ★ 一下子 yíxiàzi 갑자기, 단숨에 | 可不是嘛 kě búshì ma 그러게 말이야 | 不仅 bùjǐn 図 ~뿐만 아니라 | 而且 érqiě 図 게다가, 또한 | ★ 采光 cǎiguāng 图 채광 | 选择 xuǎnzé 图 고르다, 선택하다 | ★ 装修 zhuāngxiū 图 내장 설비, 인테리어

03

A 做下半年销售计划
B 做今天的销售计划
C 做明年的销售计划
D 修改下半年的销售计划

A 하반기 판매 계획을 작성한다
B 오늘의 판매 계획을 작성한다
C 내년의 판매 계획을 작성한다
D 하반기 판매 계획을 수정한다

男：金秘书，今天忙是忙了点儿，但是你也争取把下半年的销售计划做出来。
女：没问题，我会抓紧时间的。做完以后放到您的办公桌上。

问：女的今天要完成什么工作?

남: 진 비서, 오늘 좀 바쁘겠지만, 당신도 하반기 판매 계획을 작성해주면 좋겠어.
여: 문제없어요. 시간 내서 빨리 할게요. 완성하면 책상 위에 두겠습니다.

질문: 여자는 오늘 어떤 일을 완성해야 하는가?

해설 녹음 지문에 今天(오늘), 下半年(하반기)이라는 단어가 모두 제시되어서 A와 B가 답으로 혼동될 수 있다. 하지만, 여자는 하반기 판매 계획(下半年销售计划)을 오늘(今天)까지 작성해야 하므로 질문에 맞는 답은 A가 된다.

Tip 보기가 다른 문제에 비해서 비교적 길다. 하지만, 销售计划(판매 계획)는 4개의 보기에 공통으로 나와 있으므로 크게 신경 쓸 필요가 없다. 今天(오늘)인지 明年(내년)인지, 아니면 下半年(하반기)인지만 정확히 들으면 된다.

단어 ★ 下半年 xiàbànnián 图 하반기 | ★ 销售 xiāoshòu 图 판매 | 计划 jìhuà 图 계획, 방안 | ★ 修改 xiūgǎi 图 수정하다, 고치다 | ★ 秘书 mìshū 图 비서 | 但是 dànshì 図 그렇지만 | ★ 争取 zhēngqǔ 图 쟁취하다, ~하려고 힘쓰다 | 没问题 méiwèntí 图 문제없다 | 会 huì 图 ~할 것이다 | ★ 抓紧 zhuājǐn 图 놓치지 않다, 꽉 잡다 | 时间 shíjiān 图 시간 | 完 wán 图 완성하다 | 以后 yǐhòu 图 이후 | 放 fàng 图 놓다, 두다 | 办公桌 bàngōngzhuō 图 사무용 책상

<table>
<tr><td>04</td><td>

A 打印机又坏了
B 打印机是新的
C 打印机还没修好
D 打印机突然能用了

</td><td>

A 프린터가 또 망가졌다
B 프린터는 새것이다
C 프린터가 아직 수리가 안 되었다
D 프린터가 갑자기 사용할 수 있게 되었다

</td></tr>
</table>

男: 打印机好像出问题了，我按哪个键子都没有反应。

女: 上个星期刚刚修好的，居然又坏了。真耽误事儿，我看看。

问: 女的对什么感到奇怪?

남: 프린터가 고장 난 거 같아. 어떤 버튼을 눌러봐도 반응이 없어.

여: 지난주에 고친 건데, 뜻밖에 또 망가지다니. 정말 일을 그르치네, 내가 좀 볼게.

질문: 여자는 무엇에 대해서 이상하다고 여기는가?

해설 여자는 프린터가 지난주에 고쳤음에도 또 망가졌다(又坏了)고 했다. 이를 통해 프린터가 자꾸 고장 나는 것에 대해서, 이상하게 생각하고 있음을 알 수 있다. 따라서 A가 답이 된다.

Tip 고장 났다는 표현은 坏了(망가졌다), 故障(고장 나다), 出问题(문제가 생기다), 出毛病(고장이 나다) 등이 있다.

단어 ★ 打印机 dǎyìnjī 명 프린터 | 又 yòu 분 또 | 坏 huài 동 망가지다 | 还 hái 분 아직, 여전히 | ★ 修好 xiūhǎo 동 (수리하여) 복구하다 | ★ 突然 tūrán 분 갑자기 | 能 néng 조동 ~할 수 있다 | ★ 好像 hǎoxiàng 분 마치 ~과 같다 | 问题 wèntí 명 문제 | ★ 按 àn 동 누르다 | ★ 键 jiàn 명 누름단추, 버튼 | ★ 反应 fǎnyìng 명 반응 | 刚刚 gānggāng 분 방금 | ★ 居然 jūrán 분 뜻밖에, 놀랍게도 | ★ 耽误 dānwu 동 일을 그르치다, 지체하다 | 事儿 shìr 명 일

14 day   p.68

<table>
<tr><td>01</td><td>

A 感冒了　　　　B 秋天到了
C 花粉过敏　　　D 鼻子过敏

</td><td>

A 감기에 걸려서　　　B 가을이 와서
C 꽃가루 알레르기가 있어서　D 코가 예민해서

</td></tr>
</table>

女: 怎么总打喷嚏流鼻涕呢? 是不是感冒了?
男: 别提了，一到冬天我的鼻子就过敏。
女: 去看医生了吗?
男: 看过了，但是都没用，我都习惯了，出门戴口罩就行。

问: 男的为什么打喷嚏?

여: 어째서 계속 재채기하고 콧물 흘리는 거야? 감기 걸린 거 아냐?
남: 말도 마. 겨울만 되면 코가 예민해져(비염이 생겨).
여: 병원 가봤어?
남: 가봤지. 그런데 소용이 없어. 이미 습관됐어. 외출할 때 마스크 쓰면 돼.

질문: 남자는 왜 재채기를 하는가?

해설 남자는 겨울만 되면 코가 예민해져서 재채기를 한다고 했으므로 답은 D가 된다. 感冒(감기)라는 단어가 언급되었지만 여자가 추측한 내용으로 사실과는 다르다.

Tip 추측성 발언은 답이 될 수 없다. 추측을 나타내는 표현이 들리면, 무조건 답에서 제외시킨다.
예 是不是…? / 难道…了吗? / …了吧?

단어 感冒 gǎnmào 동 감기에 걸리다 | 秋天 qiūtiān 명 가을 | ★ 花粉 huāfěn 명 꽃가루 | 鼻子 bízi 명 코 | ★ 过敏 guòmǐn 동 알레르기 반응을 보이다, 예민하다 | 怎么 zěnme 대 어째서 | 总 zǒng 분 늘, 줄곧 | ★ 打喷嚏 dǎ pēntì 동 재채기를 하다 | 流 liú 동 흐르다 | ★ 鼻涕 bítì 명 콧물 | 别提了 bié tí le 말도 마라 | 冬天 dōngtiān 명 겨울 | 看 kàn 동 진료하다 | 但是 dànshì 접 그렇지만 | ★ 没用 méiyòng 형 소용없다 | 都 dōu 분 이미, 벌써 | 习惯 xíguàn 동 습관이 되다 | 出门 chūmén 동 외출하다 | ★ 戴 dài 동 착용하다, 쓰다 | ★ 口罩 kǒuzhào 명 마스크

02

| A 写信 | B 打电话 |
| C 发短信 | D 发电子邮件 |

| A 편지를 쓴다 | B 전화를 한다 |
| C 문자를 보낸다 | D 이메일을 보낸다 |

女: 这个星期五的晚上在北京饭店开年末总结会，你通知大家了吗？

男: 是的，上个星期我给所有的职员发了电子邮件。

女: 我觉得你最好给他们打电话再确认一下。

男: 没问题。我马上就去办。

问: 男的现在准备怎么通知别人？

여: 이번 주 금요일 저녁에 베이징 호텔에서 연말 총결산 회의 하는 거, 모두에게 연락했나?

남: 네, 지난주에 전 직원에게 메일 보냈습니다.

여: 내 생각에는 그들에게 전화해서 다시 확인하는 게 좋을 거 같아.

남: 그럴게요. 바로 처리하겠습니다.

질문: 남자는 지금 다른 사람들에게 어떻게 알리려고 하는가?

해설 연말 총결산 회의를 직원들에게 알리는 방법에 관한 대화를 나누고 있다. 남자는 이미 电子邮件(이메일)을 통해 직원들에게 알렸으나, 여자는 다시 전화를 걸어 확인하는 것이 좋을 거 같다는 의견을 제시하고 있다. 질문에 나온 准备(준비하다)는 打算(~할 계획이다)과 같은 의미이며, 앞으로 할 행동에 대해서 묻고 있으므로, 답은 B가 된다.

단어 打电话 dǎ diànhuà 전화하다 | 发 fā 통 보내다 | ★ 短信 duǎnxìn 명 문자 메시지 | ★ 电子邮件 diànzǐ yóujiàn 명 이메일 | 北京 Běijīng 명 베이징 | 饭店 fàndiàn 명 호텔 | 开 kāi 통 열다, 개최하다 | ★ 年末 niánmò 명 연말 | ★ 总结会 zǒngjiéhuì 명 총결산 회의 | 通知 tōngzhī 통 통지하다, 알리다 | 大家 dàjiā 대 모두 | 所有 suǒyǒu 형 모든, 전부의 | ★ 职员 zhíyuán 명 직원 | 觉得 juéde 통 ~라고 생각하다 | 最好 zuìhǎo 분 ~하는 게 제일 좋다 | 再 zài 분 다시 | ★ 确认 quèrèn 확인하다 | 没问题 méiwèntí 통 문제없다 | 马上 mǎshàng 분 즉시, 바로 | 办 bàn 통 처리하다

03

| A 想喝茶 | B 感冒了 |
| C 雨伞丢了 | D 全身湿透了 |

| A 차를 마시고 싶다 | B 감기에 걸렸다 |
| C 우산을 잃어버렸다 | D 온몸이 다 젖었다 |

男: 外面雨下得太大了，我全身都湿透了。

女: 你不是带伞了吗？怎么变成落汤鸡了。快点儿换件衣服。

男: 今天的风刮得太厉害，我干脆先洗个热水澡吧。

女: 也好，别再着凉了。我先给你倒一杯热茶。

问: 男的怎么了？

남: 밖에 비가 너무 많이 내려. 나 온몸이 다 젖었어.

여: 우산 안 가져갔어요? 어쩜 물에 빠진 생쥐 꼴이 되어버렸담. 어서 옷이나 갈아입으세요.

남: 오늘 바람도 무척 세게 불어. 아예 따뜻한 물로 샤워를 해야겠어.

여: 그것도 괜찮네요. 다시 감기에 걸리지 말고요. 제가 먼저 따뜻한 차 한 잔 따라 드릴게요.

질문: 남자는 어떻게 되었는가?

해설 녹음 처음 부분에서 남자가 비를 다 맞고 집으로 돌아와서, 여자에게 全身都湿透了(온몸이 다 젖었다)라고 한 말을 듣고, 바로 D를 답으로 고를 수 있다. 여자가 남자에게 不是带伞了吗?(우산을 가져가지 않았냐?)라고 물은 것을 듣고 C를 답으로 고르는 실수를 해서는 안 된다.

Tip 녹음을 듣고 대략의 내용을 파악했다고 자만하면 안 된다. 세부 항목도 정확히 파악할 수 있는 능력을 기르자.

예 问: 今天男的带雨伞了吗？(오늘 남자는 우산을 가져갔는가?)
答: 带了。(가져갔다.)
→ 남자는 우산을 가져갔지만, 비도 많이 오고, 바람이 많이 불어서, 우산이 별 소용이 없었던 것이다.

问: 男的感冒了吗？(남자는 감기에 걸렸는가?)
答: 还没有。(아직 걸리지 않았다.)
→ 着凉과 感冒는 의미가 상통한다. 남자가 비에 젖긴 했지만 아직 감기에 걸린 것은 아니다.

问: 男的想喝茶吗？(남자는 차를 마시고 싶어하는가?)
答: 不想。(마시고 싶어하지 않는다.)
→ 남자는 일단 샤워를 하려고 했다. 차는 여자가 따라준 것이지 남자가 원한 것은 아니다.

 感冒 gǎnmào 통 감기에 걸리다 | 雨伞 yǔsǎn 명 우산 | ★ 丢 diū 통 잃어버리다 | ★ 全身 quánshēn 명 전신, 온몸 | ★ 湿透 shītòu 통 흠뻑 젖다 | 外面 wàimian 명 바깥 | 雨 yǔ 명 비 | 太 tài 부 너무 | 带 dài 통 지니다, 가지다 | ★ 伞 sǎn 명 우산 | 怎么 zěnme 대 어떻게 | ★ 变成 biànchéng 통 ~으로 변하다 | ★ 落汤鸡 luòtāngjī 명 물에 빠진 병아리(생쥐) | 快 kuài 형 빠르다 | 换 huàn 통 바꾸다 | 刮瓜 guā 통 (바람이) 불다 | ★ 厉害 lìhai 형 심각하다, 굉장하다 | ★ 干脆 gāncuì 부 아예, 차라리 | 洗澡 xǐzǎo 통 목욕하다, 샤워하다 | 热水 rèshuǐ 명 따뜻한 물 | 别 bié 부 ~하지 마라 | 再 zài 부 다시 | 着凉 zháoliáng 통 감기에 걸리다 | 倒 dào 통 따르다, 붓다 | 杯 bēi 양 잔, 컵

04

A 老金反应不快	A 라오진은 반응이 빠르지 않다
B 老金的主持经验丰富	B 라오진은 사회를 본 경험이 풍부하다
C 这次活动规模不太大	C 이번 행사는 규모가 별로 크지 않다
D 女的对老金不太满意	D 여자는 라오진에 대해 별로 만족하지 않는다

男: 这次活动不仅规模比较大，而且是现场直播，找到合适的人了吗?
女: 让小张主持，怎么样?
男: 他不行，必须找个经验丰富的主持人!
女: 那老金呢? 他经验丰富，而且反应快，您放心吧!

问: 通过对话，可以知道什么?

남: 이번 행사는 규모가 비교적 클 뿐만 아니라, 생중계하는 거야. 적당한 사람 찾았어?
여: 샤오장한테 사회 보라고 하는 건 어때요?
남: 그는 안 돼. 반드시 경험이 풍부한 사회자를 찾아야 해!
여: 그럼 라오진은요? 그는 경험이 풍부하고, 반응도 빠르니까, 안심하세요!

질문: 대화를 통해서 알 수 있는 것은?

 녹음에서 남자가 이번 행사의 규모가 크고, 생중계라서 경험이 풍부한 사회자가 필요하다고 하자, 여자는 라오진이 经验丰富(경험이 풍부하다)하고, 反应快(반응이 빠르다)라는 장점을 나열하면서 적극 추천하고 있다. 여자가 직접적으로 언급한 라오진의 장점을 통해서, 라오진은 이런 행사의 사회를 본 경험이 많다는 것을 알 수 있다. 따라서 B가 답이 된다.

> **Tip** 부정부사를 조심하라!
> 4개의 보기를 아주 빠르게 읽고 답을 찾다 보면 실수를 하기 쉽다. 특히 부정부사 不가 들어가면 의미는 정반대가 되지만, 수험생들은 잘 발견하지 못하는 경우가 자주 있다. 반드시 부정부사의 유무를 확인하며 들어야 한다. 이 문제는 3개의 보기에 부정부사 不가 없다면, 모두 녹음 지문과 일치하는 내용이 된다.
> A 老金反应不快 (×) → 老金反应很快 (○)
> C 这次活动规模不太大 (×) → 这次活动规模很大 (○)
> D 女的对老金不太满意 (×) → 女的对老金很满意 (○)

 ★ 反应 fǎnyìng 명 반응 | 快 kuài 형 빠르다 | 主持 zhǔchí 통 사회를 보다 | 经验 jīngyàn 명 경험 | ★ 丰富 fēngfù 형 풍부하다 | 活动 huódòng 명 행사 | ★ 规模 guīmó 명 규모 | 满意 mǎnyì 통 만족하다 | ★ 不仅 bùjǐn 접 ~뿐만 아니라 | 比较 bǐjiào 부 비교적 | 而且 érqiě 접 게다가, 또한 | ★ 现场 xiànchǎng 명 현지, 현장 | ★ 直播 zhíbō 통 생중계하다 | 合适 héshì 형 적당하다, 적합하다 | 必须 bìxū 부 반드시 ~해야 한다 | ★ 主持人 zhǔchírén 명 사회자 | 放心 fàngxīn 통 안심하다

01

A 女的要去出差	A 여자는 출장을 가야 해서
B 男的不能去听讲座	B 남자는 강좌를 들으러 갈 수 없어서
C 男的不想去听讲座	C 남자는 강좌를 들으러 가고 싶지 않아서
D 女的的MP3不能录音	D 여자의 MP3는 녹음을 할 수 없어서

男: 明天我去出差，健康讲座去不了了，能不能帮我录一下音?

女: 没问题。听说这个讲座非常好，但是你不去，太可惜了。

问: 女的为什么说可惜?

남: 내일 내가 출장 가서, 건강강좌에 못 가게 됐어. 나 대신 녹음 좀 해줄 수 있겠니?

여: 문제없어. 듣자하니 이번 강좌 아주 좋다던데, 네가 안 간다니, 너무 아쉽다.

질문: 여자는 왜 아쉽다고 말하는가?

해설 여자는 남자가 강좌에 참석하지 못하게 된 것을 아쉬워하고 있다. 녹음의 去不了了(못 가게 되었다)가 보기에서 不能去(갈 수 없다)로 바뀌어 제시되었으므로, 답은 B가 된다. 출장을 가는 사람은 남자이므로 A는 녹음의 내용과 일치하지 않는다.

▶ 핵심어 짝꿍 암기

去不了了(qùbuliǎo le) 못 가게 되었어

＝B 不能去 갈 수 없다

Tip 조동사 不想과 不能
- 不想: 자신의 바람과 부합하지 않아, 하고 싶지 않을 때 사용한다.
  - 예 看起来很难吃，我不想吃。 너무 맛없어 보여, 난 먹고 싶지 않아.
- 不能: 바람과 상관없이, 상황적인 조건이 안 되어 불가능할 때 사용한다.
  - 예 爸爸反对我去中国留学，所以我不能去。
    아버지께서 내가 중국으로 유학 가는 것을 반대하셔서, 나는 갈 수가 없다.

단어 要 yào 조동 ~해야 한다 | ★ 出差 chūchāi 동 출장 가다 | 能 néng 조동 ~할 수 있다 | ★ 讲座 jiǎngzuò 명 강좌 | 想 xiǎng 조동 ~하고 싶다 | ★ 录音 lùyīn 동 녹음하다 | ★ 健康 jiànkāng 명 건강 | 帮 bāng 동 돕다, 거들다 | 没问题 méiwèntí 동 문제없다 | ★ 听说 tīngshuō 동 듣자하니 ~이라 한다 | 但是 dànshì 접 그렇지만 | 太 tài 부 너무 | ★ 可惜 kěxī 형 아쉽다, 유감스럽다

02

A 生气了	A 화가 났다
B 下次再找机会	B 다음 기회로 미룬다
C 男的等女的下班	C 남자는 여자가 퇴근하기를 기다린다
D 不想再和女的吃饭	D 다시는 여자와 밥을 먹고 싶지 않다

女: 真抱歉，没想到今天要加班，不能和你一起吃晚饭了。

男: 没关系，那我们再约时间。

问: 男的主要是什么意思?

여: 정말 죄송해요. 생각지도 못하게 오늘 야근을 하게 되어서, 저녁 식사를 같이 못할 거 같아요.

남: 괜찮아요. 그럼 다시 시간을 약속하죠.

질문: 남자의 말은 무슨 뜻인가?

해설 두 사람은 함께 밥을 먹기로 했는데, 여자가 야근을 하게 되어 같이 식사를 하지 못하게 되었다. 남자는 여자에게 再约时间(다시 시간을 약속하다)이라고 말하며, 다음에 시간 될 때 다시 만나자고 했으므로 B가 답이 된다.

▶ 핵심어 짝꿍 암기

再约时间 다시 시간을 약속하자

＝B 下次再找机会 다음 기회로 미룬다

(＝下次吧 다음에 하자 ＝改天吧 나중에 하자)

단어　生气 shēngqì 동 화내다 | ★ 下次 xiàcì 명 다음번 | 再 zài 부 다시 | 找 zhǎo 동 찾다 | ★ 机会 jīhuì 명 기회 | 下班 xiàbān 동 퇴근하다 | 想 xiǎng 조동 ~하고 싶다 | ★ 抱歉 bàoqiàn 동 죄송스럽게 생각하다 | 没想到 méixiǎngdào 생각하지 못하다 | 要 yào 조동 ~해야 한다 | ★ 加班 jiābān 동 초과 근무를 하다 | 能 néng 조동 ~할 수 있다 | 一起 yìqǐ 부 함께 | ★ 没关系 méiguānxi 괜찮다 | ★ 约 yuē 동 약속하다 | 时间 shíjiān 명 시간

03

A 说明书很好懂	A 설명서는 이해하기 쉽다
B 电脑已经修好了	B 컴퓨터는 이미 수리가 다 되었다
C 安装电脑程序很难	C 컴퓨터 프로그램 설치는 매우 어렵다
D 最好再买一台电脑	D 컴퓨터 한 대를 다시 사는 것이 제일 좋다

女: 你能看懂电脑程序的安装说明书吗? 你安装过程序吗?

男: 放心吧, 没你想象的那么难。只要按照上面的步骤就行。

问: 男的是什么意思?

여: 너 컴퓨터 프로그램 설치 설명서를 알아볼 수 있니? 프로그램 설치해본 적 있어?

남: 걱정하지 마. 네가 상상하는 것처럼 그렇게 어렵지 않아. 위에 쓰여 있는 순서대로 하기만 하면 돼.

질문: 남자의 말은 무슨 뜻인가?

해설　여자는 지금 컴퓨터 프로그램을 설치하려는데, 어려워서 남자에게 도움을 요청하고 있다. 남자는 설명서 순서대로만 하면 어렵지 않으니 걱정 말라고 안심시키고 있으므로 A가 답이 된다.

▶ 핵심어 짝꿍 암기
没你想象的那么难 네가 상상하는 것처럼 그렇게 어렵지 않아
= A 好懂 이해하기 쉽다 (= 不难 어렵지 않다)

단어　★ 说明书 shuōmíngshū 명 설명서 | 已经 yǐjing 부 이미, 벌써 | ★ 修好 xiūhǎo (수리하여) 복구하다 | ★ 安装 ānzhuāng 동 설치하다 | ★ 程序 chéngxù 명 프로그램 | 最好 zuìhǎo 부 ~하는 게 제일 좋다 | 再 zài 부 다시 | 台 tái 양 대(기계 등을 세는 단위) | 看懂 kàndǒng 동 (봐서) 이해하다 | 放心 fàngxīn 동 안심하다 | ★ 想象 xiǎngxiàng 동 상상하다 | 那么 nàme 대 그렇게 | ★ 只要 zhǐyào 접 ~하기만 하면 | ★ 按照 ànzhào 전 ~에 따라 | 上面 shàngmian 명 위, 위쪽 | ★ 步骤 bùzhòu 명 순서

04

| A 很一般 | B 很精彩 | A 매우 평범하다 | B 매우 훌륭하다 |
| C 不如小说 | D 非常有意思 | C 소설만 못하다 | D 대단히 재미있다 |

女: 听说, 最近中央一台的电视剧很受欢迎, 你看了吗?

男: 看了, 我还特意在网上看了那本小说。我觉得小说比电视剧好。

问: 男的觉得那个电视剧怎么样?

여: 요즘에 중앙 1TV에서 방영하는 드라마가 인기가 많다던데, 너 봤니?

남: 봤어. 나는 일부러 인터넷에서 그 소설을 읽었는걸. 나는 소설이 드라마보다 나은 거 같아.

질문: 남자는 그 드라마가 어떻다고 생각하는가?

해설　드라마가 很受欢迎(매우 환영받는다)한다고 하였으니, 매우 인기가 있고 재미있음을 알 수 있다. 그러나 질문은 남자의 의견을 묻고 있다. 남자는 원작 소설이 드라마보다 더 낫다고 했으니, 답은 C가 된다.

▶ 핵심어 짝꿍 암기
小说比电视剧好　소설이 드라마보다 나은 거 같아
= C (电视剧)不如小说(好)　(드라마는) 소설만(큼 좋지) 못하다

Tip　비교문의 이해
好를 이용한 비교문: '(A) 比 B (好)' A가 B보다 좋다 (A가 좋다) → 술어가 A와 호응
不如를 이용한 비교문: 'A 不如 (B) (好)' A가 B만 못하다 (B가 좋다) → 술어가 B와 호응

단어 ★ 一般 yìbān 혱 보통이다, 평범하다 | ★ 精彩 jīngcǎi 혱 뛰어나다, 훌륭하다 | ★ 不如 bùrú 통 ~만 못하다 | 小说 xiǎoshuō 명 소설 | 有意思 yǒuyìsi 혱 재미있다 | 听说 tīngshuō 통 듣자하니 ~이라 한다 | 最近 zuìjìn 명 최근, 요즘 | ★ 电视剧 diànshìjù 명 드라마 | ★ 受欢迎 shòu huānyíng 환영받다 | ★ 特意 tèyì 뷔 일부러 | 网 wǎng 명 인터넷 | 觉得 juéde 통 ~라고 생각하다

16 day p.75

01

A 女的要洗衣服
B 旧的西服被捐了
C 女的卖了深蓝色的西服
D 女的不喜欢深蓝色的西服

A 여자는 옷을 세탁하려고 한다
B 낡은 양복은 기부했다
C 여자는 짙은 남색 양복을 팔았다
D 여자는 짙은 남색 양복을 좋아하지 않는다

男: 我的那套西服呢?
女: 哪套? 深蓝色那套吗? 我昨天把它捐出去了。
男: 啊? 可是我明天要穿, 那我穿什么呀!
女: 别担心。我又给你买了一套黑色的, 就在衣柜里挂着。明天穿新的吧。

问: 根据对话, 下面哪项正确?

남: 내 그 양복 어딨어?
여: 어떤 거요? 짙은 남색 말하는 거예요? 내가 어제 기부했어요.
남: 뭐라고? 나 내일 그 옷 입어야 하는데, 그럼 나 뭐 입으라고!
여: 걱정하지 마세요. 내가 검은색으로 한 벌 사서 옷장에 걸어놨어요. 내일 새 옷으로 입으세요.

질문: 대화에 의하면, 다음 중 옳은 것은?

해설 녹음에서 대화하는 두 사람은 부부로 추측된다. 남자가 내일 입을 짙은 남색 양복을 찾고 있는데, 여자는 把它捐出去了(그것을 기부했다)라고 말했으니 B가 답이 된다. 기부는 돈을 받지 않는 것이므로, C의 卖了(팔았다)는 옳지 않다.

▶ 핵심어 짝꿍 암기
我昨天把它(那套西服)捐出去了 내가 어제 그것(그 양복)을 기부했어요
= B 旧的西服被捐了 낡은 양복은 기부했다

단어 要 yào 조통 ~하려 하다, ~해야 한다 | ★ 旧 jiù 혱 낡다, 오래되다 | ★ 西服 xīfú 명 양복 | ★ 捐 juān 통 기부하다 | ★ 深蓝色 shēnlánsè 명 짙은 남색 | ★ 套 tào 양 벌, 세트 | 可是 kěshì 접 그러나, 하지만 | 什么 shénme 대 무슨 | 别 bié 뷔 ~하지 마라 | ★ 担心 dānxīn 통 걱정하다 | 又 yòu 뷔 또 | ★ 衣柜 yīguì 명 옷장 | ★ 挂 guà 통 걸다

02

A 腿受伤了
B 不能坚持锻炼
C 不喜欢打球了
D 每天晚上加班

A 다리를 다쳤다
B 꾸준히 훈련할 수 없었다
C 테니스 치는 것을 좋아하지 않는다
D 매일 저녁 야근한다

男: 你打网球的水平明显退步了, 我记得以前你跟我不分上下呀。
女: 这段时间工作太忙了, 哪有时间打球啊, 连球拍都不会握了。
男: 每天加班吗?
女: 也不是, 主要还是我懒得活动, 没坚持锻炼。

问: 女的打球的水平为什么退步了?

남: 너 테니스 치는 실력이 확연하게 떨어졌네, 예전에는 나랑 실력이 비슷했잖아.
여: 요즘 일이 너무 바쁜데, 테니스 칠 시간이 어디 있겠어. 라켓도 못 잡겠어.
남: 매일 야근하는 거야?
여: 그런 건 아니고, 중요한 건 내가 귀찮아서, 꾸준히 훈련하지 못했어.

질문: 여자의 테니스 실력은 왜 퇴보했는가?

 여자의 테니스 실력이 예전만 못한 이유는 일이 바빠서 연습을 할 시간도 없었고, 본인도 게을러져서 꾸준히 운동하지 않았기 때문이다. 따라서 B가 답이 된다. 녹음에 언급된 부정부사 没는 보기에서 不能으로 바뀌어 제시되었다. 매일 야근을 한다는 것은 남자의 추측일 뿐이지, 사실이 아니므로 D는 답이 될 수 없다.

▶ 핵심어 짝꿍 암기

没坚持锻炼 꾸준히 훈련하지 못했어

＝B 不能坚持锻炼 꾸준히 훈련할 수 없었다

Tip 대화에서 추측으로 하는 질문만 듣고서 그것이 사실과 맞는지는 확실히 알 수 없다. 그러므로, 대답하는 사람의 반응이 긍정인지 부정인지 주의 깊게 들어야 한다. 만약 부정적인 대답이 나오면, 그 추측성 질문은 정답을 선택하는 데 전혀 도움을 주지 못하므로, 고려할 필요가 없다.

단어 ★ 腿 tuǐ 몡 다리 | ★ 受伤 shòushāng 됭 부상당하다 | 能 néng 조동 ~할 수 있다 | ★ 坚持 jiānchí 됭 유지하다, 견지하다 | ★ 锻炼 duànliàn 됭 단련하다 | 打球 dǎqiú 됭 공을 치다 | 加班 jiābān 됭 초과 근무를 하다 | 网球 wǎngqiú 몡 테니스 | 水平 shuǐpíng 몡 수준 | ★ 明显 míngxiǎn 혱 확연하다, 분명하다 | ★ 退步 tuìbù 됭 나빠지다, 퇴보하다 | 记 jì 됭 기억하다 | 以前 yǐqián 몡 이전 | 时间 shíjiān 몡 시간 | 工作 gōngzuò 됭 일하다 | 太 tài 뷔 대단히, 매우 | 连 lián 젠 ~조차도 | ★ 球拍 qiúpāi 몡 라켓 | ★ 握 wò 됭 잡다, 쥐다 | 主要 zhǔyào 혱 주요한, 중요한 | 还是 háishi 뷔 여전히, 아직도 | ★ 懒得 lǎnde 됭 귀찮아하다 | 活动 huódòng 됭 (몸을) 움직이다, 운동하다

03

<table>
<tr><td>A 刚出差回来</td><td>B 是个推销员</td></tr>
<tr><td>C 老家在海南</td><td>D 出口特产的</td></tr>
</table>

男：这些都是海南的特产，大家尝一尝。

女：谢谢你。你什么时候去海南了？

男：上周二去的，昨天刚回来。

女：听说海南有一个国际展览会，给公司推广产品做宣传。

男：是的，主要向别的公司介绍我们的新产品。

问：关于男的，可以知道什么？

<table>
<tr><td>A 방금 출장에서 돌아왔다</td><td>B 판매원이다</td></tr>
<tr><td>C 고향이 하이난이다</td><td>D 특산물을 수출한다</td></tr>
</table>

남: 이것들은 모두 하이난의 특산품이야. 모두 맛 좀 봐.

여: 고마워. 너 언제 하이난에 갔었어?

남: 지난주 화요일에 가서, 어제 막 돌아왔어.

여: 듣자하니 하이난에 국제 전람회가 있었다며, 회사의 홍보 상품에 대해 선전도 하고.

남: 맞아. 주로 다른 회사에 우리의 신상품을 소개하는 거야.

질문: 남자에 관해서 알 수 있는 것은?

 남자가 출장 갔던 海南(하이난)에서 특산품을 사와 모두에게 맛보라고 권하고 있다. 하이난에서 국제 전람회가 열린 것은 사실이지만, 남자가 판매원인지는 단정하기가 어렵다. 남자가 출장에서 돌아온 지 얼마 안 되었다는 것은 昨天刚回来(어제 막 돌아왔다)를 통해서 알 수 있으므로 A가 답이 된다.

▶ 핵심어 짝꿍 암기

昨天刚回来 어제 막 돌아왔어

＝A 刚出差回来 방금 출장에서 돌아왔다

단어 刚 gāng 뷔 방금, 막 | 出差 chūchāi 됭 출장 가다 | ★ 推销员 tuīxiāoyuán 몡 판매원 | ★ 老家 lǎojiā 몡 고향 | 出口 chūkǒu 됭 수출하다 | ★ 特产 tèchǎn 몡 특산물 | 大家 dàjiā 떼 모두, 다들 | ★ 尝 cháng 됭 맛보다 | 听说 tīngshuō 됭 듣자하니 ~이라 한다 | ★ 国际 guójì 몡 국제 | ★ 展览会 zhǎnlǎnhuì 몡 전람회 | ★ 推广 tuīguǎng 됭 확대하다, 널리 보급하다 | 产品 chǎnpǐn 몡 생산품, 제품 | ★ 宣传 xuānchuán 됭 선전하다 | ★ 主要 zhǔyào 혱 주요한

04

A 男的跳槽了
B 男的毕业了
C 女的找到了工作
D 男的找到理想的工作了

A 남자가 직업을 바꿨다
B 남자가 졸업을 했다
C 여자가 직장을 구했다
D 남자가 마음에 드는 직장을 구했다

女: 听说你的工作已经定下来了。
男: 在外交部当翻译。
女: 太好了，找到这么好的工作，今天晚上庆祝一下吧。
男: 好的，那我请你吃四川菜。我今天特别想吃辣的。

여: 너의 직장이 이미 결정됐다고 들었어.
남: 외교부에서 통역을 담당하게 되었어.
여: 너무 잘됐다. 이렇게 좋은 직장을 구하다니, 오늘 저녁에 축하라도 좀 하자.
남: 좋아. 내가 쓰촨 요리 사줄게. 오늘 유난히 매운 음식이 먹고 싶어.

问: 他们要庆祝什么?

질문: 그들은 무엇을 축하하려 하는가?

해설 녹음에서 여자는 남자가 좋은 직장에서 일하게 되었으니 축하 파티를 하자고 말하고 있다. 이 말을 듣고 남자가 마음에 드는 직장을 구했다는 것을 알 수 있으므로, D가 답이 된다. 여자가 직장을 구한 것이 아니라 남자가 직장을 구한 것이므로, C는 녹음 내용과 일치하지 않는다. 또한 A의 '남자가 직업을 바꿨다'는 대화 내용만으로 사실인지 알 수 없으므로 답이 될 수 없다.

▶ 핵심어 짝꿍 암기
找到这么好的工作 이렇게 좋은 직장을 구하다니
＝D 找到理想的工作了 마음에 드는 직장을 구했다

Tip 녹음을 들을 때 남녀 구분을 확실히 하자.

단어 ★跳槽 tiàocáo 통 직업을 바꾸다, 이직하다 | 毕业 bìyè 통 졸업하다 | 找 zhǎo 통 찾다 | 工作 gōngzuò 명 직업, 일자리 | ★理想 lǐxiǎng 형 이상적이다, 만족스럽다 | 听说 tīngshuō 통 듣자하니 ~이라 한다 | 已经 yǐjing 분 이미, 벌써 | 定 dìng 통 결정하다, 확정하다 | ★外交部 Wàijiāobù 명 외교부 | ★翻译 fānyì 명 통역(원) | 太 tài 분 대단히, 매우 | ★庆祝 qìngzhù 통 경축하다 | 特别 tèbié 분 유달리, 특히 | 想 xiǎng 조통 ~하고 싶다 | ★辣 là 형 맵다

17 day p.81

01

A 不合理
B 比较合适
C 有点儿高
D 跟别的公司差不多

A 합리적이지 않다
B 비교적 적당하다
C 조금 비싸다
D 다른 회사와 비슷하다

女: 你跟未来公司谈的那笔生意怎么样?
男: 他们的价格可以接受，今天下午就能签约了。

여: 미래 회사와 얘기한 그 사업은 어떻게 됐어요?
남: 그들이 제시한 가격을 받아들일 수 있어요. 오늘 오후에 계약하기로 했어요.

问: 男的觉得价格怎么样?

질문: 남자는 가격이 어떻다고 생각하는가?

해설 사업에 대한 여자의 질문에 남자는 价格可以接受(가격을 받아들일 수 있다)라고 대답했다. 따라서 남자는 상대방에서 제시한 가격이 合适(적당하다)하다고 생각했음을 알 수 있으므로 B가 답이 된다.

▶ 의미 파악
价格可以接受 가격을 받아들일 수 있어요
＝B (价钱)比较合适 (가격이) 비교적 적당하다

단어 ★合理 hélǐ 〔형〕합리적이다 | 比较 bǐjiào 〔부〕비교적 | ★合适 héshì 〔형〕적당하다, 적합하다 | 有点儿 yǒudiǎnr 〔부〕조금 | 公司 gōngsī 〔명〕회사 | 差不多 chàbuduō 〔형〕비슷하다 | 谈 tán 〔동〕이야기하다 | 笔 bǐ 〔양〕건, 묶(돈·자금과 관련된 것을 세는 데 쓰임) | ★生意 shēngyi 〔명〕사업, 거래 | 怎么样 zěnmeyàng 어떠하다 | 价格 jiàgé 〔명〕가격 | 可以 kěyǐ 〔조동〕 ~할 수 있다, 가능하다 | ★接受 jiēshòu 〔동〕받아들이다 | ★签约 qiānyuē 〔동〕(계약서 등에) 서명하다

02

A 困难很多	A 어려움이 매우 많다
B 生意不好做	B 사업하기가 쉽지 않다
C 女的很有信心	C 여자는 매우 자신이 있다
D 成立了很久了	D 창립한 지 오래되었다

男: 你的公司刚刚成立，是不是有很多困难啊?

女: 还好，最近谈成了几笔生意，<u>相信会越来越好的</u>。

남: 너희 회사는 이제 막 창립해서, 어려움이 많지?

여: 그런대로 괜찮아. 최근에 몇 개의 거래가 성사되서, <u>점점 잘될 거라고 믿어</u>.

问: 关于这个公司，下列哪项正确?

질문: 이 회사에 대해서 다음 중 옳은 것은?

해설 여자는 사업이 앞으로 더 잘될 것이라고 확신하고 있다. 남자가 추측한 어려움이 많지 않느냐는 질문만 듣고, 여자의 말을 제대로 듣지 못했다면 A가 답이라고 착각할 수 있다. 그러나 여자는 还好(그런대로 괜찮다)라고 대답했으므로 C가 답이 된다. 의미 파악 문제는 핵심 내용이 녹음의 뒷부분에 나올 가능성이 있으므로, 처음부터 끝까지 집중해 들으면서 전체 내용을 이해해야 한다.

▶ 의미 파악
  相信会越来越好的 점점 잘될 거라고 믿어
  ＝C 很有信心 매우 자신이 있다

단어 困难 kùnnan 〔명〕어려움 | 生意 shēngyi 〔명〕사업, 거래 | ★信心 xìnxīn 〔명〕자신 | ★成立 chénglì 〔동〕창립하다, 설립하다 | 久 jiǔ 〔형〕오래다, 시간이 길다 | 公司 gōngsī 〔명〕회사 | 刚刚 gānggāng 〔부〕방금, 막 | 最近 zuìjìn 〔명〕최근, 요즘 | 谈 tán 〔동〕이야기하다 | 笔 bǐ 〔양〕건, 묶(돈·자금과 관련된 것을 세는 데 쓰임) | ★相信 xiāngxìn 〔동〕믿다 | ★越来越 yuèláiyuè 점점 ~해지다

03

A 女的是秘书	A 여자는 비서다
B 穿什么都可以	B 아무거나 입어도 된다
C 明天有重要的活动	C 내일은 중요한 행사가 있다
D 女的让男的穿休闲服	D 여자는 남자에게 캐주얼복을 입으라고 했다

男: <u>明天晚上公司的送年会</u>对服装有什么特别的要求吗?

女: 没有，最好别穿休闲服，<u>穿得稍微正式一点儿更好</u>。

남: <u>내일 저녁 회사에서 하는 송년회</u>에서 복장에 대한 특별한 요구가 있었니?

여: 없어. 캐주얼복을 입지 않는 것이 가장 좋고, <u>조금 격식을 차리면 더 좋겠지</u>.

问: 根据对话，可以知道什么?

질문: 대화를 통해서 알 수 있는 것은?

해설 녹음에서 남자가 송년회 복장에 대해서 묻자, 캐주얼 복장을 피하고 약간 격식을 차려 입는 것이 좋겠다고 했으므로, 비교적 중요한 행사임을 알 수 있다. 따라서 답은 C가 된다. 이 문제는 전체 내용을 듣고 한 번 더 생각해야만 속뜻을 이해할 수 있다. 녹음에서 들린 단어만 보기에서 찾으려고 하면, 오답을 고를 수도 있으니 주의해야 한다.

▶ 의미 파악
  送年会 송년회 / 穿得稍微正式一点儿 격식을 좀 차려서 입는다
  ＝C 有重要的活动 중요한 행사가 있다

단어 可以 kěyǐ 형 좋다, 괜찮다 | ★ 重要 zhòngyào 형 중요하다 | 活动 huódòng 명 행사 | ★ 休闲服 xiūxiánfú 명 캐주얼복 | 公司 gōngsī 명 회사 | ★ 服装 fúzhuāng 명 복장, 의류 | 特别 tèbié 부 유달리, 특히 | ★ 要求 yāoqiú 동 요구하다 | 最好 zuìhǎo 부 ~하는 게 제일 좋다 | ★ 稍微 shāowēi 부 조금, 약간 | 正式 zhèngshì 형 정식의 | 更 gèng 부 더욱

04

A 得具体分析	A 구체적으로 분석해야 한다
B 炒股票太危险	B 주식 투자는 너무 위험하다
C 买基金比较安全	C 펀드를 사는 것은 비교적 안전하다
D 女的不适合做投资	D 여자는 투자하는 것이 부적합하다

女：最近银行的利息太低了，我想买点儿股票，中国石油的怎么样?
男：你得看每个公司的具体经营情况。

问：男的是什么看法?

여: 요즘 은행 이자가 너무 낮아서, 주식을 좀 사려고 하는데, 중국 석유회사는 어때?
남: 너는 모든 회사의 구체적인 경영 상황을 살펴봐야 해.

질문: 남자는 어떤 견해인가?

해설 주식 투자를 하려고 하는 여자에게, 남자는 모든 회사의 경영 상황을 꼼꼼히 살펴야 한다는 이야기를 하고 있다. 즉, 투자하기 전에는 상세히 분석해야 한다는 의미로 A가 답이 된다. 股票(주식)라는 단어만 듣고 B가 답이라고 혼동하는 실수를 해서는 안 된다. 한두 개의 단어에만 치중하기보다는 전체 내용을 이해하려는 노력이 필요하다.

▶ 의미 파악
你得看每个公司的具体经营情况 너는 모든 회사의 구체적인 경영 상황을 살펴봐야 해
= A 得具体分析 구체적으로 분석해야 한다

단어 具体 jùtǐ 형 구체적이다 | ★ 分析 fēnxī 동 분석하다 | ★ 炒股票 chǎo gǔpiào 주식 투자를 하다 | ★ 股票 gǔpiào 명 주식 | ★ 危险 wēixiǎn 형 위험하다 | 基金 jījīn 명 펀드 | 比较 bǐjiào 부 비교적 | 安全 ānquán 형 안전하다 | 适合 shìhé 동 적합하다 | ★ 投资 tóuzī 명 투자 | 最近 zuìjìn 명 최근, 요즘 | ★ 利息 lìxī 명 이자 | 低 dī 형 낮다 | ★ 石油 shíyóu 명 석유 | 怎么样 zěnmeyàng 어떠하다 | 公司 gōngsī 명 회사 | ★ 经营 jīngyíng 동 경영하다 | 情况 qíngkuàng 명 상황

---

18 day p.81

01

A 男的误会了	A 남자가 오해했다
B 那个孕妇很高兴	B 그 임산부는 매우 기뻐했다
C 那个孕妇不喜欢坐着	C 그 임산부는 앉는 것을 좋아하지 않는다
D 公共汽车里有很多座位	D 버스 안에 자리가 매우 많다

男：今天早晨上班的时候，我做了件糊涂事。
女：哦? 什么糊涂事?
男：在公共汽车里，看见一个孕妇上车，就给她让座了。
女：这是件好事儿啊?
男：别提了，那个女的很不高兴地告诉我她根本没怀孕。

问：根据对话，可以知道什么?

남: 오늘 아침에 출근할 때, 어리석은 일을 했어.
여: 뭐? 무슨 어리석은 일?
남: 버스 안에서, 임산부가 타는 것을 보고, 바로 그녀에게 자리를 양보했어.
여: 이건 좋은 일 아니야?
남: 말도 마. 그 여자가 매우 기분 나빠하면서 나한테 자기는 절대 임신하지 않았다고 하더라고.

질문: 대화를 통해서 알 수 있는 것은?

해설 남자는 여자에게 버스에서 한 여자를 임산부로 오해해 자리를 양보한 이야기를 하고 있으므로 A가 답이 된다. 그 여자는 앉기 싫어서가 아니라 임산부가 아니여서 남자가 자리를 양보한 것에 기분이 상했으므로 C는 답이 아니다.

▶ 의미 파악
给她(孕妇)让座了 그녀(임산부)에게 자리를 양보했다 / 她很不高兴 그녀는 매우 불쾌해했다 / 她根本没怀孕 그녀는 절대 임신을 하지 않았다
= A 男的误会了 남자가 오해했다

단어 ★ 误会 wùhuì 동 오해하다 | ★ 孕妇 yùnfù 명 임산부 | 喜欢 xǐhuan 동 좋아하다 | 坐 zuò 동 앉다 | 公共汽车 gōnggòng qìchē 명 버스 | ★ 座位 zuòwèi 명 좌석 | ★ 早晨 zǎochen 명 아침 | ★ 糊涂 hútu 형 어리석다, 멍청하다 | 看见 kànjiàn 동 보이다, 보다 | 上车 shàngchē 동 (차에) 오르다, 타다 | 让 ràng 동 양보하다 | 别提了 bié tí le 말도 마라 | 告诉 gàosu 동 말하다, 알리다 | ★ 根本 gēnběn 부 전혀, 아예 | ★ 怀孕 huáiyùn 동 임신하다

02

A 还能坚持	A 계속할 수 있다
B 快要不行了	B 곧 할 수 없다
C 想放弃最后一圈	C 마지막 한 바퀴를 포기하고 싶다
D 休息一会儿再跑最后一圈	D 잠시 쉰 후에 마지막 한 바퀴를 뛴다

女: 看你累得满头大汗, 衣服也湿了。休息一会儿吧。
男: 不行, 今天我一定要跑完5000米!
女: 你长时间不运动, 突然运动的话, 身体受不了。
男: 不要紧, 剩下最后一圈了。

问: 男的觉得怎么样?

여: 너 피곤해서 얼굴 가득 땀투성이에, 옷도 다 젖었어. 좀 쉬어.
남: 안 돼, 난 오늘 꼭 5000m를 뛰어야겠어!
여: 너 오랜 시간 동안 운동을 안 하다가 갑자기 운동하면, 몸이 견디지 못해.
남: 괜찮아, 이제 마지막 한 바퀴 남았어.

질문: 남자는 어떻다고 생각하는가?

해설 좀 쉬라는 여자의 말에 남자는 5000m를 뛰어야 한다고 했다. 또한 녹음 마지막 부분에 마지막 한 바퀴 남았다고 대답한 것으로 보아, 그가 남은 한 바퀴를 마저 뛰려는 것을 알 수 있으므로 답은 A가 된다. 不要紧은 '괜찮다, 문제없다'라는 의미로 남자의 의지를 더 강하게 보여준다.

▶ 의미 파악
今天我一定要跑完5000米 난 오늘 꼭 5000m를 뛰어야겠어
= A 还能坚持 계속할 수 있다

단어 ★ 坚持 jiānchí 동 유지하다, 견지하다 | 快要 kuàiyào 부 곧 (~하다) | ★ 放弃 fàngqì 동 포기하다 | 最后 zuìhòu 명 맨 마지막, 최후 | ★ 圈 quān 명 원, 둘레 | 休息 xiūxi 동 쉬다 | 一会儿 yíhuìr 명 잠시, 잠깐 | 跑 pǎo 동 달리다, 뛰다 | 累 lèi 형 피곤하다 | ★ 满头大汗 mǎntóu dàhàn 얼굴이 땀투성이다 | 湿 shī 동 적시다 | ★ 今天 jīntiān 명 오늘 | 一定 yídìng 부 반드시, 꼭 | 时间 shíjiān 명 시간 | 运动 yùndòng 동 운동하다 | ★ 突然 tūrán 부 갑자기 | ★ 受不了 shòubuliǎo 동 견딜 수 없다 | ★ 不要紧 búyàojǐn 형 괜찮다, 문제없다 | ★ 剩下 shèngxià 동 남다

03

A 名次不重要
B 有较大的优势
C 在美国留过学很重要
D 取得名次的机会不大

A 순위는 중요하지 않다
B 비교적 많이 우세하다
C 미국에서 유학한 것은 매우 중요하다
D 순위에 들 기회는 크지 않다

女: 这么多学生参加这次的英语竞赛，你能进入总决赛，太厉害了。
男: 有几个参加决赛的学生都在美国留过学，能不能取得名次很难说。
女: 别紧张，只要正常发挥，取得名次不是问题。
男: 谢谢你的鼓励，我会争取的。

여: 이렇게 많은 학생이 이번 영어대회에 참가했는데, 네가 결승에 들다니, 정말 대단해.
남: 결승에 참가하는 학생 중 몇 명은 미국에서 유학하고 왔다니까, 순위에 들 수 있을지는 잘 모르겠어.
여: 긴장하지 마. 원래 실력만 발휘하면, 순위에 드는 것은 문제없어.
남: 격려해줘서 고마워. 내가 꼭 해볼게.

问: 女的主要是什么看法?

질문: 여자는 주로 무슨 견해인가?

해설 여자가 남자에게 원래 실력만 발휘하면 순위에 드는 것은 문제없다고 격려하고 있으므로, 녹음의 내용과 가장 일치하는 B가 답이 된다. 의미를 파악하는 문제는 녹음에 언급된 단어가 보기에 그대로 제시되지 않기 때문에. 전체적인 내용을 이해하고 가장 일치하는 답을 골라야 한다.

▶ 의미 파악
只要正常发挥，取得名次不是问题 원래 실력만 발휘하면, 순위에 드는 것은 문제없어
= B 有较大的优势 비교적 많이 우세하다

단어 ★ 名次 míngcì 몡 순위 | 重要 zhòngyào 톙 중요하다 | 较 jiào 閉 비교적 | ★ 优势 yōushì 몡 우세 | 美国 Měiguó 몡 미국 | 留学 liúxué 동 유학하다 | ★ 取得 qǔdé 동 취득하다, 얻다 | 机会 jīhuì 몡 기회 | 参加 cānjiā 동 참가하다 | ★ 竞赛 jìngsài 동 경쟁하다, 시합하다 | 进入 jìnrù 동 들다, 진입하다 | ★ 决赛 juésài 몡 결승 | ★ 厉害 lìhai 톙 굉장하다 | 难说 nánshuō 동 말하기 어렵다 | 紧张 jǐnzhāng 톙 긴장해 있다 | 只要 zhǐyào 젭 ~하기만 하면 | 正常 zhèngcháng 톙 정상적이다 | ★ 发挥 fāhuī 동 발휘하다 | ★ 鼓励 gǔlì 동 격려하다 | ★ 争取 zhēngqǔ 동 쟁취하다, ~하려고 힘쓰다

04

A 保修两年
B 有优惠活动
C 正在打折销售
D 微波炉比空调便宜

A 보증 기간은 2년이다
B 우대 행사가 있다
C 할인 판매를 하고 있다
D 전자레인지가 에어컨보다 싸다

女: 这款红色的空调是今年的新款，很受客人的欢迎。您看看。
男: 最近有没有搞什么优惠活动呢?
女: 买一送一。买一个空调，送一个微波炉。
男: 空调的保修期呢?
女: 保修一年，而且厂家免费上门修理。

여: 이 빨간색 에어컨은 올해 신상품입니다. 고객들에게 인기가 많아요. 한번 보세요.
남: 요즘 어떤 우대 행사가 있나요?
여: 하나를 사면 하나를 더 드려요. 에어컨 하나를 사면, 전자레인지를 하나 드리죠.
남: 에어컨의 보증 기간은요?
여: 보증 기간은 1년이고, 게다가 제조업자가 무료로 방문해서 수리해드립니다.

问: 关于这款空调，下列哪项正确?

질문: 이 에어컨에 관해서 다음 중 옳은 것은?

해설 남자가 에어컨을 사기 위해 점원에게 어떤 우대 행사가 있는지 질문하는 상황이다. 여자는 남자의 질문에 하나를 사면 하나를 더 주는 우대행사를 하고 있다고 했으므로 답은 B가 된다. 에어컨의 보증 기간은 1년이라고 했으므로 A는 답이 될 수 없고, 할인이나 전자레인지의 가격에 대해서는 언급되지 않았으므로 보기 C, D도 답에서 제외된다.

▶ 의미 파악

有没有搞什么优惠活动呢? 어떤 우대 행사가 있나요? / 买一送一 하나를 사면 하나를 더 드려요
= B 有优惠活动 우대 행사가 있다

단어 ★保修 bǎoxiū 통 무상으로 보증 수리하다 | 优惠 yōuhuì 형 우대의 | 活动 huódòng 명 행사 | 正在 zhèngzài 부 ~하고 있다 | 打折 dǎzhé 통 할인하다 | ★销售 xiāoshòu 통 판매하다 | ★微波炉 wēibōlú 명 전자레인지 | ★空调 kōngtiáo 명 에어컨 | ★款 kuǎn 양 스타일, 종류 | 红色 hóngsè 명 붉은색 | 今年 jīnnián 명 올해 | 受 shòu 통 받다 | 客人 kèrén 명 고객 | ★欢迎 huānyíng 통 환영하다 | 最近 zuìjìn 명 최근, 요즘 | 搞 gǎo 통 하다, 처리하다 | 送 sòng 통 주다, 증정하다 | 而且 érqiě 접 게다가 | ★厂家 chǎngjiā 명 공장, 제조업자 | ★免费 miǎnfèi 통 무료로 하다 | ★上门 shàngmén 통 방문하다 | ★修理 xiūlǐ 통 수리하다

19 day
p.87

01

A 书柜的大小　　B 客厅的桌子
C 书柜的位置　　D 卧室的大小

A 책장의 크기　　B 거실의 탁자
C 책장의 위치　　D 침실의 크기

女: 请您看看装修方案, 有没有需要修改的?
男: 卧室、客厅的整体感觉都不错。但是书柜摆这儿, 看起来不舒服。

问: 男的觉得哪方面需要改进?

여: 인테리어 방안 좀 봐봐, 고쳐야 할 것이 있니?
남: 침실, 거실의 전체적인 느낌은 모두 좋아. 하지만 책장을 여기에 두면, 불편해 보이는데.

질문: 남자는 어떤 부분을 고쳐야 한다고 생각하는가?

해설 但是(그러나)는 역접의 의미를 나타내는 접속사로, 대부분 그 다음에 나오는 말이 핵심 내용이 된다. 남자는 책장을 놓는 위치에 대해서 이야기하고 있으므로 답은 C가 된다.

단어 ★书柜 shūguì 명 책장 | 大小 dàxiǎo 명 크기 | ★客厅 kètīng 명 거실, 응접실 | ★位置 wèizhi 명 위치 | 卧室 wòshì 명 침실 | ★装修 zhuāngxiū 명 인테리어 | 方案 fāng'àn 명 방안 | ★需要 xūyào 통 필요하다 | 修改 xiūgǎi 통 고치다, 수정하다 | ★整体 zhěngtǐ 명 전부, 전체 | 感觉 gǎnjué 명 느낌 | 不错 búcuò 형 좋다, 괜찮다 | 但是 dànshì 접 그렇지만 | ★摆 bǎi 통 놓다, 배치하다 | 看起来 kànqǐlái 보아하니 ~하다 | ★舒服 shūfu 형 편안하다

02

A 他们在看电视
B 房间被小偷偷了
C 男的的房间门坏了
D 男的经常不收拾房间

A 그들은 TV를 보고 있다
B 방에 도둑이 들었다
C 남자의 방 문이 망가졌다
D 남자는 방 정리를 자주 하지 않는다

女: 你的房间太乱了, 怪不得总是找不到东西。
男: 知道了, 明天我抽空儿好好儿地收拾一下。

问: 根据对话, 可以知道什么?

여: 네 방은 너무 지저분해. 어쩐지 항상 물건을 찾지 못하더라.
남: 알았어. 내일 시간을 내서 정리 좀 할게.

질문: 대화를 통해서 알 수 있는 것은?

해설 怪不得는 '어쩐지'라는 의미로 보통 原来(알고 보니)와 같이 나와서 '어쩐지 ~하더라니, 알고 보니 ~였구나'라는 의미로 쓰이며, 原来는 알게 된 새로운 사실을 강조한다. 이 문장에서는 原来가 쓰여야 할 부분이 앞으로 나오면서, 原来가 생략된 것으로 '알고 보니 네 방이 너무 지저분하구나, 어쩐지 항상 물건을 찾지 못하더라!'라는 의미다. 따라서 남자가 방 정리를 자주 하지 않는다는 것을 알 수 있으므로, D가 답이 된다.

단어 ★小偷 xiǎotōu 명 도둑 | ★偷 tōu 통 도둑질하다 | 坏 huài 통 망가지다 | 经常 jīngcháng 부 자주, 종종 | ★收拾 shōushi 통 정리하다 | 乱 luàn 형 어지럽다, 혼란하다 | ★怪不得 guàibude 부 어쩐지 | ★总是 zǒngshì 부 늘, 언제나 | 找 zhǎo 통 찾다, 물색하다 | 知道 zhīdào 통 알다 | ★抽 chōu 통 (시간, 틈을) 내다 | 空(儿) kòng(r) 명 시간, 틈

03

A 病人还不能出院
B 病人现在很危险
C 女的同意病人出院
D 病人的手术有点儿问题

男：医生，我的爱人明天能出院吗？
女：恐怕不行。虽然她的手术很成功，但还是住院观察观察比较好。

问：根据对话，可以知道什么？

A 환자는 아직 퇴원할 수 없다
B 환자는 지금 매우 위험하다
C 여자는 환자의 퇴원에 동의한다
D 환자의 수술에 문제가 좀 있다

남: 의사 선생님, 제 아내는 내일 퇴원할 수 있나요?
여: 아마도 안 될 것 같아요. 비록 수술은 성공적이지만, 입원해서 좀 지켜보는 게 좋아요.

질문: 대화를 통해서 알 수 있는 것은?

해설 恐怕는 '아마 ~일 것이다'라는 의미로, 화자의 추측을 나타내는 단어이며 虽然…但은 '비록 ~지만 ~하다'라는 의미로 但(그렇지만) 뒤에 핵심 내용이 나온다. 여자는 환자의 수술은 성공적이지만, 입원해서 지켜보는 것이 좋기에 아직은 퇴원할 수 없다는 이야기를 하고 있으므로 C와 D는 답이 될 수 없으며, A가 답이 된다.

단어 病人 bìngrén 圆 환자 | ★ 出院 chūyuàn 图 퇴원하다 | ★ 危险 wēixiǎn 웹 위험하다 | 同意 tóngyì 图 동의하다, 허락하다 | ★ 手术 shǒushù 圆 수술 | 爱人 àiren 圆 남편, 아내 | ★ 恐怕 kǒngpà 및 아마 ~일 것이다 | ★ 虽然 suīrán 젭 비록 ~하지만 | ★ 成功 chénggōng 웹 성공적이다 | 但 dàn 젭 그렇지만 | 住院 zhùyuàn 图 입원하다 | ★ 观察 guānchá 图 살피다, 관찰하다 | 比较 bǐjiào 및 비교적

04

A 很严肃   B 很幽默
C 很认真   D 很不受欢迎

女：这次同学会，老金怎么没来？太遗憾了。
男：谁说不是呢。他要是来了一定能给大家带来不少快乐。

问：老金是个什么样的人？

A 엄숙하다   B 유머러스하다
C 진지하다   D 인기가 없다

여: 이번 동창회에 라오진은 왜 안 온 거야? 너무 아쉽다.
남: 누가 아니래. 만약 그가 왔으면 분명히 모두에게 큰 재미를 줬을 텐데.

질문: 라오진은 어떤 사람인가?

해설 要是(만약)라는 말은 일어나지 않은 상황에 대한 가정을 뜻하는 접속사로, 남자가 라오진이 왔다면 모두 재미있었을 것이라는 이야기를 하고 있는 것으로 보아, 라오진은 유머러스한 사람으로 추측할 수 있다. 따라서 답은 B가 된다.

단어 ★ 严肃 yánsù 웹 엄숙하다 | ★ 幽默 yōumò 웹 유머러스하다 | ★ 认真 rènzhēn 웹 진지하다 | 受欢迎 shòu huānyíng 환영받다, 인기 있다 | 同学 tóngxué 圆 학우, 동창 | 怎么 zěnme 때 어째서 | ★ 遗憾 yíhàn 웹 유감스럽다, 섭섭하다 | 谁说不是呢 shéi shuō búshì ne 누가 아니래 | ★ 要是 yàoshi 젭 만약 | 一定 yídìng 및 반드시, 분명히 | 大家 dàjiā 때 모두, 다들 | 带来 dàilái 图 가져다주다 | 不少 bùshǎo 웹 적지 않다 | ★ 快乐 kuàilè 웹 즐겁다, 유쾌하다

01

A 没看开幕式	A 개막식을 보지 않았다
B 是真正的球迷	B 진정한 축구 팬이다
C 觉得开幕式非常精彩	C 개막식이 매우 멋있다고 생각한다
D 和男的一起看了比赛	D 남자와 같이 경기를 봤다

男: 你看世界杯的开幕式了吗?

女: 没赶上啊。打开电视的时候，足球比赛已经开始了。

男: 你觉得这次世界杯哪个球队能获得冠军呢?

女: 这个问题可难倒我了，我还算不上是真正的球迷。

问: 关于女的，可以知道什么?

남: 너 월드컵 개막식 봤어?

여: 미처 못 봤어. TV를 켰을 때, 축구경기가 이미 시작했더라구.

남: 네가 보기에 이번 월드컵에서 어느 팀이 우승할 것 같니?

여: 이 문제는 정말 어려운데, 나는 아직 진정한 축구 팬이라고 할 수 없거든.

질문: 여자에 관해서 알 수 있는 것은?

해설 赶上은 '시간에 대다'라는 의미로, 녹음에서는 앞에 부정부사 没가 함께 나와서 '시간에 맞추지 못했다'라는 의미로 쓰였다. 여자는 시간을 맞추지 못해서, 개막식을 미처 보지 못했다는 이야기를 하고 있으므로 답은 A가 된다. 마지막에 球迷(축구 팬)라는 말이 언급되어서 B가 답이라고 착각할 수 있지만, 여자의 말에서 算不上은 '~라고 할 수 없다'라는 의미로, 정반대의 뜻이다.

단어 ★ 开幕式 kāimùshì 명 개막식 | 真正 zhēnzhèng 형 진정한 | ★ 球迷 qiúmí 명 축구 팬 | 觉得 juéde 동 ~라고 생각하다 | ★ 精彩 jīngcǎi 형 뛰어나다, 훌륭하다 | 一起 yìqǐ 부 같이 | 比赛 bǐsài 명 경기 | ★ 世界杯 Shìjièbēi 명 월드컵 | 赶上 gǎnshàng 동 시간에 대다 | 打开 dǎkāi 동 켜다 | 足球 zúqiú 명 축구 | 已经 yǐjing 부 이미, 벌써 | 开始 kāishǐ 동 시작하다 | ★ 球队 qiúduì 명 (구기 종목) 팀, 단체 | ★ 获得 huòdé 동 얻다, 획득하다 | ★ 冠军 guànjūn 명 우승(자) | 难倒 nándǎo 동 당황하게 하다, 곤란하게 하다 | ★ 算不上 suànbushàng ~라고 할 수 없다

02

A 想上网看电影	A 인터넷으로 영화를 보고 싶어서
B 想上网预订房间	B 인터넷으로 방을 예약하고 싶어서
C 想在网上买东西	C 인터넷으로 물건을 사고 싶어서
D 想在网上订火车票	D 인터넷으로 기차표를 예매하고 싶어서

女: 你有网上购物的经验吗?

男: 当然有了。但是你得先注册一下，成为他们的会员。

女: 是不是要填写很多信息呢? 一定很麻烦吧?

男: 还可以，只要填写用户名、密码和邮箱就可以了。

女: 我现在马上注册一个。

问: 女的为什么要注册?

여: 너 인터넷에서 물건을 산 경험 있어?

남: 당연히 있지. 그런데 넌 먼저 등록해서, 그곳의 회원이 되어야 해.

여: 많은 정보를 기록해야 하는 거야? 분명히 귀찮겠지?

남: 그런대로 괜찮아. 사용자 이름, 비밀번호, 메일 주소만 쓰면 돼.

여: 지금 바로 하나 등록해야겠다.

질문: 여자는 왜 등록을 하려고 하는가?

 녹음에서 여자가 남자에게 인터넷으로 물건을 산 경험이 있는지 물어보자, 남자는 먼저 회원 등록을 해야 물건을 살 수 있다는 말을 하는 것으로 보아 C가 답이 된다. 녹음에 언급된 但是(그러나)는 역접의 의미를 나타내는 접속사로, 뒤에 핵심 내용이 나오며, 只要…就는 '~하기만 하면 바로 ~한다'는 의미의 접속사다.

 ★ 上网 shàngwǎng 통 인터넷을 하다 | ★ 预订 yùdìng 통 예약하다 | 东西 dōngxi 명 물건 | ★ 订 dìng 통 예약하다 | ★ 购物 gòuwù 통 물건을 사다 | 经验 jīngyàn 명 경험 | 当然 dāngrán 형 당연하다 | 但是 dànshì 접 그렇지만 | ★ 注册 zhùcè 통 등록하다 | 成为 chéngwéi 통 ~이 되다 | ★ 会员 huìyuán 명 회원 | ★ 填写 tiánxiě 통 기입하다 | 信息 xìnxī 명 정보 | 一定 yídìng 부 반드시, 분명히 | ★ 麻烦 máfan 형 귀찮다, 번거롭다 | 只要 zhǐyào 접 ~하기만 하면 | ★ 用户名 yònghùmíng 명 사용자 이름 | ★ 密码 mìmǎ 명 비밀번호 | ★ 邮箱 yóuxiāng 명 우편함 (메일 주소) | 马上 mǎshàng 부 즉시, 바로

03

A 钱包丢了	A 지갑을 잃어버려서
B 登机牌丢了	B 탑승권을 잃어버려서
C 忘了买饮料	C 음료수 사는 것을 잊어버려서
D 护照找不到了	D 여권을 찾지 못해서

女: 看见我的登机牌了吗? 是不是在你的包里?
여: 내 탑승권 봤니? 네 가방 안에 있는 거 아니야?

男: 你不是一直用手拿着吗?
남: 너 계속 손에 들고 다니지 않았어?

女: 糟了, 找不到了。是不是刚才去洗手间的时候丢了?
여: 큰일났다. 못 찾겠어. 방금 화장실 갔을 때 잃어버렸나?

男: 你真粗心。快点儿去找找, 马上就要登机了。
남: 너 정말 덜렁댄다. 빨리 가서 찾아봐, 곧 탑승해야 해.

问: 男的为什么说女的粗心?
질문: 남자는 왜 여자가 덜렁댄다고 말하는가?

 녹음에서 找不到了는 '찾을 수 없다'는 의미로 여자는 지금 탑승권을 찾지 못했다는 말을 하고 있으며, 남자는 탑승권을 잃어버린 여자를 탓하고 있다. 따라서 B가 답이 된다. 동사 뒤에 不到라는 말이 나오면 동사를 '달성하지 못하다 · 이르지 못하다'라는 의미가 된다.

 钱包 qiánbāo 명 지갑 | 丢 diū 통 잃어버리다 | 登机牌 dēngjīpái 명 탑승권 | 忘 wàng 통 잊다 | ★ 饮料 yǐnliào 명 음료 | ★ 护照 hùzhào 명 여권 | 看见 kànjiàn 통 보이다. 보다 | 一直 yìzhí 부 계속, 줄곧 | 拿 ná 통 가지다 | ★ 糟 zāo 형 망치다. 그르치다 | 刚才 gāngcái 명 방금 | ★ 洗手间 xǐshǒujiān 명 화장실 | ★ 粗心 cūxīn 형 세심하지 못하다 | 马上 mǎshàng 부 즉시, 바로 | ★ 登机 dēngjī 통 비행기에 탑승하다

04

A 两个人要去学英语	A 두 사람은 영어를 배우러 가려고 한다
B 男的暑假没什么计划	B 남자는 여름방학에 아무런 계획이 없다
C 女的打算去外国留学	C 여자는 외국으로 유학을 가려고 한다
D 两人都想去外国留学	D 두 사람은 모두 외국으로 유학을 가고 싶어한다

男: 要放暑假了, 有什么计划吗?
남: 곧 여름방학을 하는데, 무슨 계획 있어?

女: 还没有什么特别的打算。
여: 아직 무슨 특별한 계획은 없어.

男: 如果你对英语感兴趣的话, 和我一起报名学英语怎么样?
남: 만약 네가 영어에 관심 있다면, 나랑 같이 영어 배우는 데 등록하는 거 어때?

女: 好啊, 虽然现在不去外国留学, 但是先学好英语再说吧。
여: 좋아. 비록 지금 외국에 나가서 유학할 건 아니지만, 우선 영어부터 잘 배워놓지 뭐.

问: 根据对话, 下列哪项正确?
질문: 대화에 의하면 다음 중 옳은 것은?

 虽然…但是는 '비록 ~지만 ~하다'라는 의미로 但是(하지만) 뒤에 나오는 내용이 핵심 내용이다. 여자는 지금 당장 외국에 나가려는 것은 아니지만, 영어를 배워놓자고 말하고 있으므로 답은 A가 된다. 녹음에서 但是，不过 등의 역접을 나타내는 단어가 나오면 그 뒷부분을 더 집중해서 들어야 한다.

 学 xué 통 배우다 | 英语 Yīngyǔ 명 영어 | ★ 暑假 shǔjià 명 여름방학 | ★ 计划 jìhuà 명 계획 | ★ 打算 dǎsuan 통 ~하려고 하다, 계획하다 명 계획 | 外国 wàiguó 명 외국 | 留学 liúxué 통 유학하다 | 感兴趣 gǎn xìngqù 흥미를 느끼다, 흥미를 가지다 | 一起 yìqǐ 부 함께, 같이 | ★ 报名 bàomíng 통 등록하다 | 怎么样 zěnmeyàng 어떠하다 | ★ 虽然 suīrán 접 비록 ~하지만 | 但是 dànshì 접 그렇지만

21 day p. 95

[01-02]

女: 看新闻了吗? 听说最近很流行一种传染病。	여: 뉴스 봤어? 듣자하니 요즘 전염병이 유행이래.
男: 对啊, 已经死了不少人了。	남: 맞아, 이미 많은 사람이 죽었어.
女: 现在别人打喷嚏的时候, 我们也要小心。	여: 이제는 다른 사람이 재채기할 때 우리도 조심해야 해.
男: 谁说不是呢, [1,2] 出去的时候一定要戴口罩, 太麻烦了。	남: 누가 아니래, [1,2] 밖에 나갈 때 꼭 마스크를 해야 해, 너무 귀찮아.
女: [2] 应该常常洗手, 尽量少去公共场所。	여: [2] 꼭 자주 손을 씻고, 가능한 한 공공장소에는 자주 가지 말아야 해.
男: 呼吸会不会传染呢?	남: 호흡으로도 전염될 수 있나?
女: 还没那么严重, 可是我们还是要小心一点儿。	여: 아직 그렇게 심각하지는 않지만, 그래도 좀 조심해야 해.

요약 두 사람은 요즘 유행하고 있는 전염병에 대한 예방법을 이야기하고 있다.

* 재채기할 때 조심해야 한다.(= 재채기로 전염될 수 있다.)
* 자주 손을 씻어야 한다.
* 공공장소에는 되도록 가지 말아야 한다.
* 숨쉬는 것으로 전염되지는 않는다.

단어 ★ 新闻 xīnwén 몡 뉴스 | 听说 tīngshuō 동 듣자하니 ~이라 한다 | 最近 zuìjìn 몡 최근, 요즘 | ★ 流行 liúxíng 동 유행하다 | ★ 传染病 chuánrǎnbìng 몡 전염병 | 已经 yǐjing 뷔 이미, 벌써 | 别人 biéren 때 다른 사람 | ★ 打喷嚏 dǎ pēntì 동 재채기하다 | 小心 xiǎoxīn 동 조심하다 | ★ 谁说不是呢 shéi shuō búshì ne 누가 아니래 | 出去 chūqu 동 나가다 | 一定 yídìng 뷔 반드시 | 戴 dài 동 쓰다, 착용하다 | ★ 口罩 kǒuzhào 몡 마스크 | ★ 麻烦 máfan 혱 귀찮다, 번거롭다 | 应该 yīnggāi 조동 마땅히 ~해야 한다 | 常常 chángcháng 뷔 자주 | 洗手 xǐshǒu 동 손을 씻다 | ★ 尽量 jǐnliàng 뷔 가능한 한 | 公共 gōnggòng 혱 공공의 | 场所 chǎngsuǒ 몡 장소 | ★ 呼吸 hūxī 동 호흡하다 | ★ 传染 chuánrǎn 동 전염하다 | ★ 严重 yánzhòng 혱 심각하다 | 可是 kěshì 접 그러나, 하지만

01

A 最近流行感冒	A 요즘 감기가 유행이다
B 打喷嚏不传染	B 재채기로 전염되지 않는다
C 常洗手不管用	C 자주 손을 씻는 것이 소용없다
D 很多人戴口罩	D 많은 사람들이 마스크를 한다
问: 根据对话, 可以知道什么?	질문: 대화를 통해서 알 수 있는 것은?

해설 남자가 전염병 때문에 밖에 나갈 때는 꼭 마스크를 해야 한다고 한 것으로 보아 많은 사람이 마스크를 착용한다고 할 수 있으므로 답은 D가 된다. 그리고 다른 사람들이 재채기할 때 조심해야 한다는 것은, 재채기로 전염될 수도 있다는 의미이며 여자는 자주 손을 씻어야 한다고도 이야기했으므로, B와 C는 답이 될 수 없다.

단어 感冒 gǎnmào 몡 감기 | ★ 不管用 bù guǎnyòng 소용없다

<table>
<tr><td>

02

A 常常洗手
B 出门戴口罩
C 常吃感冒药
D 少去公共场所

</td><td>

A 자주 손을 씻는다
B 외출할 때 마스크를 한다
C 자주 감기약을 먹는다
D 공공장소에 자주 가지 않는다

</td></tr>
<tr><td>

问: 关于预防传染病，下面哪项说法不正确?

</td><td>

질문: 전염병 예방에 관해서 다음 설명 중 옳지 않은 것은?

</td></tr>
</table>

[해설] 전염병을 예방하기 위해 두 사람은 마스크를 해야 하고, 손을 자주 씻고, 가능한 한 공공장소에는 자주 가지 않는 것이 좋다고 이야기하고 있다. 녹음에서 감기약(感冒药)에 대해서는 언급하지 않았으므로, 답은 C가 된다.

[단어] 出门 chūmén 통 외출하다 | 药 yào 명 약

[03-04]

<table>
<tr><td>

男: 春节是中国的传统节日，你们国家也有春节吗?

女: 有是有，可是只休息三天。

男: 太短了，中国差不多休息半个月呢，从除夕到正月十五。可是现在很多公司只放七天假。

女: 听说中国的春节非常热闹，你们都干什么呢?

男: ³吃饺子，放鞭炮，看电视，给亲戚朋友拜年。

女: 你们³给孩子压岁钱吗?

男: 哦! 你快成中国通了，今年你去我家过年吧，让你好好感受一下吧。

女: 好是好，可是大过年的长时间呆在你家里，你家人也会不自在的。我去给你的父母拜个年就行，⁴我还是睡自己的床更舒服。

</td><td>

남: 설날은 중국 전통 명절이야, 너희 나라도 설날이 있니?

여: 있긴 있는데, 3일만 쉬어.

남: 너무 짧다. 중국은 거의 보름을 쉬어. 섣달 그믐날부터 정월 15일까지. 그런데 요즘은 많은 회사가 7일만 쉬어.

여: 듣자하니 중국의 설날은 매우 떠들썩하다던데, 너희는 무엇을 하니?

남: ³만두를 먹고, 폭죽을 쏘고, TV를 보고, 친척과 친구들한테 새해 인사를 해.

여: 너희는 ³아이에게 세뱃돈을 주니?

남: 어! 너 중국통이 다 되었구나. 올해는 우리 집에 가서 설을 쇠자, 네가 제대로 느낄 수 있게 해줄게.

여: 좋긴 좋은데, 설 쇠는 긴 기간 동안 너희 집에 머물면, 너희 가족들이 불편할 거야. 나는 너희 부모님께 새해 인사만 드리면 돼, ⁴나는 내 침대에서 자는 게 더 편해.

</td></tr>
</table>

[요약] 두 사람은 중국의 설날 풍습에 관해 이야기하고 있다.

* 중국의 설날은 보통 15일을 쉬는데, 요즘은 많은 회사가 7일만 쉰다.
* 만두를 먹고, 폭죽을 쏘고, TV를 보고, 친척과 친구들에게 새해 인사를 한다.
* 어른들은 아이들에게 세뱃돈을 준다.

[단어] 春节 Chūnjié 명 설날, 춘절 | ★传统 chuántǒng 명 전통 | 节日 jiérì 명 명절 | 国家 guójiā 명 나라 | 可是 kěshì 접 그러나 | 休息 xiūxi 통 쉬다 | 短 duǎn 형 짧다 | 差不多 chàbuduō 부 거의 | ★除夕 chúxī 명 섣달 그믐날 | 正月 zhēngyuè 명 정월 | 公司 gōngsī 명 회사 | 放假 fàngjià 통 휴가를 보내다 | 听说 tīngshuō 통 듣자하니 ~이라 한다 | 非常 fēicháng 부 매우, 아주 | ★热闹 rènao 형 떠들썩하다 | 饺子 jiǎozi 명 만두 | 放 fàng 통 쏘다 | ★鞭炮 biānpào 명 폭죽 | ★亲戚 qīnqi 명 친척 | ★拜年 bàinián 통 새해 인사를 하다 | ★压岁钱 yāsuìqián 명 세뱃돈 | ★中国通 zhōngguótōng 명 중국통 | 今年 jīnnián 명 올해 | ★过年 guònián 통 설을 쇠다 | ★感受 gǎnshòu 통 느끼다 | 呆 dāi 통 머물다 | ★自在 zìzài 형 자유롭다 | 还是 háishi 부 역시, 그래도 | 睡 shuì 통 자다 | 自己 zìjǐ 대 자신, 자기 | 床 chuáng 명 침대 | 更 gèng 부 더욱 | ★舒服 shūfu 형 편안하다

03	A 放鞭炮　　　　B 吃月饼 C 吃饺子　　　　D 给压岁钱	A 폭죽을 쏜다　　　B 월병을 먹는다 C 만두를 먹는다　　D 세뱃돈을 준다
	问：下面哪种活动不是中国人过春节的习惯？	질문: 다음 중 중국인의 설 쇠는 풍습이 아닌 것은?

해설 녹음에서 남자가 설명한 중국의 설날 풍습에는 월병을 먹는다는 내용은 없으므로 B가 답이 된다. 또한 월병은 중국에서 추석(中秋节)에 먹는 음식이므로, 설날에 대해 얘기하고 있는 녹음 내용과 관련이 없다. 이와 같이 나열된 내용을 듣고 푸는 문제는 들리는 순서대로 보기 내용을 체크하면서 들으면 쉽게 답을 고를 수 있다.

단어 ★月饼 yuèbǐng 명 월병

04	A 回国 B 在别人家 C 在男的的家 D 在自己的家	A 귀국한다 B 다른 사람의 집에서 C 남자의 집에서 D 자신의 집에서
	问：女的今年可能在哪里过年？	질문: 여자는 올해 어디에서 설을 쇠겠는가?

해설 남자는 여자에게 자신의 집에서 설을 쇠자고 제안했지만, 여자는 남자의 가족들이 불편해할 상황을 생각해서 새해 인사만 드리고 자신의 침대에서 자겠다고 말했다. 이를 통해 여자는 자신의 집에서 설날을 보낼 생각임을 알 수 있으므로, D가 답이 된다. 남자가 얘기한 내용만 듣고 C를 답이라고 혼동하면 안 된다.

단어 回国 huíguó 동 귀국하다 | 别人 biéren 대 다른 사람

22 day　p.95

[01-02]

男：你说，女人不怕冷吗？大冬天的也穿迷你裙。	남: 네가 봤을 때, 여자들은 추위를 안 타니? 한겨울에도 미니스커트를 입고 다녀.
女：你懂什么呀？她们这是"美丽动(冻)人"。宁可冻死，也要美丽。	여: 네가 뭘 알아? 여자들은 '아름다움은 사람을 움직이게(춤게) 한다'고 생각해. 얼어 죽을지라도 아름다워야 해.
男：¹看她们冻得哆哆嗦嗦的样子，真可怜。等她们老了，肯定会得关节炎。	남: ¹그녀들이 추워서 덜덜 떨고 있는 것을 보면 정말 불쌍해. 나중에 늙어서 분명히 관절염에 걸릴 거야.
女：即使这样，她们也愿意。	여: 설령 그렇게 된다 해도, 여자들이 그러겠다고 하는 거야.
男：她们打扮成这样，只是为了吸引别人的目光吗？	남: 여자들이 이렇게 꾸미는 것이, 단지 다른 사람의 시선을 끌기 위한 거야?
女：也不全是，²她们也是为了自己觉得漂亮，爱美之心人皆有之吗？	여: 다 그렇지도 않아. ²여자들 스스로가 예쁘다고 여기기 위해서이기도 해. 아름다움을 좋아하는 마음은 모든 사람에게 있는 거잖아?
男：冻得缩手缩脚的样子，还美呢！	남: 추워서 몸을 움츠리는 것이, 예쁘기도 하겠다!

 두 사람은 여자들이 한겨울에 미니스커트를 입는 것에 대해 이야기하고 있다.

＊여자들은 춥더라도 아름다워야 한다고 생각한다.

＊남자는 미니스커트를 입은 여자들이 불쌍하다고 생각한다.

＊여자들은 스스로 예쁘다고 여기기 위해서도 꾸민다.

단어 怕 pà 图 견디지 못하다, 약하다 | 冷 lěng 图 춥다 | 冬天 dōngtiān 图 겨울 | ★ 迷你裙 mínǐqún 图 미니스커트 | 美丽 měilì 图 아름답다 | 动 dòng 图 움직이다 | ★ 宁可 nìngkě 图 차라리 ~할지언정 | ★ 哆哆嗦嗦 duōduosuōsuō 图 부들부들 떨다 | 样子 yàngzi 图 모양, 차림새 | ★ 可怜 kělián 图 불쌍하다 | 老 lǎo 图 늙다 | 肯定 kěndìng 图 틀림없이, 확실히 | ★ 关节炎 guānjiéyán 图 관절염 | ★ 即使 jíshǐ 图 설령 ~할지라도 | 愿意 yuànyi 图 동의하다 | ★ 打扮 dǎban 图 꾸미다 | 只是 zhǐshì 图 단지, 다만 | 为了 wèile 图 ~을 위해서 | ★ 吸引 xīyǐn 图 매료시키다 | 别人 biéren 때 다른 사람 | ★ 目光 mùguāng 图 시선, 눈길 | 自己 zìjǐ 때 자기, 스스로 | 觉得 juéde 图 ~라고 여기다 | 漂亮 piàoliang 图 예쁘다 | 爱 ài 图 사랑하다 | ★ 皆 jiē 图 모두, 전부 | ★ 缩手缩脚 suōshǒu suōjiǎo 圀 몸을 움츠리다

01

A 勇敢	B 可爱	A 용감하다	B 귀엽다
C 可怜	D 性感	C 불쌍하다	D 섹시하다

问：男的觉得穿迷你裙的女孩怎么样?

질문: 남자는 미니스커트를 입는 여자들이 어떻다고 생각하는가?

해설 可怜은 '불쌍하다'라는 의미로, 남자는 한겨울에 미니스커트를 입고 떨고 있는 여자들을 보면 불쌍하다는 생각을 한다고 이야기하며, 전체적으로 부정적인 태도를 나타내고 있으므로 답은 C가 된다. 보통 남자들이 미니스커트 입은 여자들을 보고 섹시하다(性感)고 생각할 것이라고 추측해서, D를 답으로 혼동해서는 안 된다. 듣기는 자신의 생각을 배제하고 녹음의 내용을 기준으로 옳고 그름을 판단해야 한다.

단어 ★ 勇敢 yǒnggǎn 图 용감하다 | 可爱 kě'ài 图 귀엽다 | ★ 性感 xìnggǎn 图 섹시하다

02

A 美	A 아름다움을 위해서
B 吸引别人	B 다른 사람의 시선을 끌기 위해서
C 增加自信	C 자신감을 높이기 위해서
D 挑战自己	D 자신에게 도전하기 위해서

问：女孩们穿迷你裙是为了什么?

질문: 여자들이 미니스커트를 입는 이유는 무엇인가?

해설 B도 녹음에 언급된 내용이긴 하지만, 여자들이 미니스커트를 입는 이유가 다른 사람들의 시선을 끌기 위해서냐고 묻는 남자에게, 여자는 꼭 그 때문만이 아니라, 자기 스스로 예쁘다고 여기고 싶어서라고 대답했으므로 답은 A가 된다.

단어 增加 zēngjiā 图 증가하다, 더하다 | 自信 zìxìn 图 자신감 | ★ 挑战 tiǎozhàn 图 도전하다

男：你说，人到底为什么活着？我妈妈为什么生我呢？

女：怎么了？你不想活了，还埋怨你妈妈，太不孝顺了。

男：[3] 活着真没有意思。每天工作、吃饭、睡觉，天天都一样，要是有很多钱还可以。

女：你以为有钱人都很快乐吗？他们也跟我们一样，有自己的烦恼。

男：如果我有很多钱，一定很快乐。

女：你不能每天只想着钱，这样多累啊。你应该多考虑考虑你爱的人，这样你会很快乐。

男：我没有爱的人，也没有人爱我。这个世界谁离了谁都能活。

女：不是这个意思。你应该考虑考虑你的爸爸妈妈。你应该好好儿地孝顺他们，像你现在这样，当然没有人爱你了。[4] 你真该有个信仰。

남：네가 보기에, 사람들은 도대체 왜 사는 것 같니? 우리 엄마는 왜 나를 낳았을까?

여：왜 그러는 거야？ 네가 살기 싫다고 엄마를 원망하다니, 정말 불효하는 거야.

남：[3] 사는 게 정말 재미없어. 매일 일하고, 밥 먹고, 자고, 하루하루가 똑같아. 만약 돈이 아주 많다면 그럭저럭 괜찮을 텐데.

여：너는 돈이 많은 사람은 모두 즐겁다고 생각하니？ 그들도 우리랑 똑같이 자신들의 고민이 있어.

남：만약 내가 돈이 많다면, 분명히 즐거울 거야.

여：너는 매일 돈만 생각할 수는 없어. 그게 얼마나 피곤해. 네가 사랑하는 사람들을 더 많이 생각해봐. 이렇게 하면 매우 즐거울 거야.

남：나는 사랑하는 사람이 없고, 나를 사랑하는 사람도 없어. 이 세상은 어느 누가 없더라도 모두 살아갈 수 있어.

여：그런 의미가 아니야. 너는 너의 아빠, 엄마를 생각해야지. 너는 그들에게 잘 효도해야 하고. 네가 지금 같다면 당연히 너를 사랑하는 사람은 없을 거야. [4] 너는 신앙을 가져야 해.

요약 사는 것이 재미없다고 느끼는 남자에게, 여자는 신앙을 가지라고 충고하고 있다.

* 남자는 매일 똑같은 일상을 무료하다고 느낀다.
* 여자는 사랑하는 사람들을 생각하면 즐거울 거라고 충고한다.
* 남자는 자신이 사랑하는 사람도, 자신을 사랑하는 사람도 없다고 생각한다.
* 여자는 남자에게 부모님에게 효도해야 하고, 신앙을 가지라고 충고한다.

단어 ★到底 dàodǐ 閉 도대체 | 活 huó 통 살다 | ★埋怨 mányuàn 통 원망하다 | ★孝顺 xiàoshùn 통 효도하다 | 意思 yìsi 명 재미, 흥미, 의미 | 工作 gōngzuò 통 일하다 | 睡觉 shuìjiào 통 (잠을) 자다 | 一样 yíyàng 형 같다 | ★要是 yàoshi 접 만약 | 钱 qián 명 돈 | ★以为 yǐwéi 통 ~라고 (잘못) 여기다 | 快乐 kuàilè 형 즐겁다 | 自己 zìjǐ 대 자신, 자기 | ★烦恼 fánnǎo 형 걱정하다, 고민스럽다 | 如果 rúguǒ 접 만약 | 一定 yídìng 閉 분명히 | 累 lèi 형 피곤하다 | 应该 yīnggāi 조통 마땅히 ~해야 한다 | ★考虑 kǎolǜ 통 생각하다 | 爱 ài 통 사랑하다 | ★世界 shìjiè 명 세계 | 谁 shéi 대 누구 | 离 lí 통 떠나다 | ★当然 dāngrán 형 당연하다 | ★信仰 xìnyǎng 명 신앙

03

A 想换工作
B 觉得生活无聊
C 讨厌自己的妈妈
D 想找一个女朋友

A 직장을 바꾸고 싶어한다
B 생활이 무료하다고 생각한다
C 자신의 엄마를 싫어한다
D 여자친구를 찾고 싶어한다

问: 男的怎么了？

질문: 남자는 어떠한가？

해설 남자는 매일 똑같이 돌아가는 일상이 너무 재미없어서 왜 사는지 모르겠다는 이야기를 하고 있으므로 답은 B가 된다. '엄마가 나를 왜 낳았을까?'라고 말한 것을 듣고 C를 답으로 혼동해서는 안 된다.

단어 换 huàn 통 바꾸다 | ★觉得 juéde 통 ~라고 생각하다 | 生活 shēnghuó 명 생활 | ★无聊 wúliáo 형 무료하다 | ★讨厌 tǎoyàn 통 싫어하다 | 找 zhǎo 통 찾다 | 女朋友 nǚpéngyou 명 여자친구

<table>
<tr><td rowspan="2">**04**</td><td>A 没有钱</td><td>B 工作太忙</td><td>A 돈이 없어서</td><td>B 일이 너무 바빠서</td></tr>
<tr><td>C 没有信仰</td><td>D 没有女朋友</td><td>C 신앙이 없어서</td><td>D 여자친구가 없어서</td></tr>
<tr><td></td><td colspan="2">问: 女的认为男的为什么会这样?</td><td colspan="2">질문: 여자는 남자가 왜 이런다고 여기는가?</td></tr>
</table>

해설 마지막에 여자가 남자에게 신앙을 가지라고 권하고 있는 것으로 보아, 여자는 남자에게 신앙이 없어서 비관적이 되었다고 생각함을 알 수 있다. 따라서 C가 답이 된다. 돈에 대한 언급이 있었지만, 여자는 돈이 많은 사람도 그들만의 고민이 있다고 했으므로, A는 답에서 제외된다.

단어 忙 máng 형 바쁘다

[05−06]

| 男: 昨天去看病了，医生让我戒烟。这些都是爱人给我买的好吃的。

女: 好多呀！⁵ 为了鼓励你戒烟，她花了不少钱哪。你能坚持吗？

男: 尽力而为吧。说实话挺难受的，⁶ 有时候我难受得坐立不安。

女: 难受的时候吃点儿东西，戒烟需要毅力，要不然很难戒掉。

男: 我知道毅力很重要，不过我缺的就是这个。不然当初也不会抽上的。

女: 什么时候儿开始抽烟的？

男: 高中的时候，整天跟同学玩儿，不听父母的话，慢慢儿地学坏了。 | 남: 어제 병원에 가서 진찰을 받았는데, 의사 선생님께서 나한테 금연하래. 이것들이 모두 다 아내가 나한테 사준 맛있는 음식이야.

여: 정말 많다! ⁵ 너의 금연을 격려하기 위해서, 그녀가 많은 돈을 썼구나. 너 계속할 수 있겠어？

남: 최선을 다하고 있어. 사실 많이 괴로워, ⁶ 가끔은 괴로워서 안절부절못해.

여: 괴로울 때는 뭘 좀 먹어. 금연은 굳센 의지가 필요해, 그렇지 않으면 끊기 정말 어려워.

남: 굳센 의지가 매우 중요하다는 것은 나도 알아. 하지만 내가 부족한 게 바로 그거야. 그렇지 않았다면 애초에 담배를 피우지도 않았을 거야.

여: 언제부터 담배를 피우기 시작한 거야？

남: 고등학교 때, 종일 친구들이랑 놀고, 부모님 말씀도 듣지 않아서, 차츰 나쁜 걸 배우게 됐지. |

요약 두 사람은 남자가 금연하는 것에 대해 이야기하고 있다.
* 의사 선생님께서 남자에게 금연을 권했다.
* 아내는 남자에게 맛있는 음식을 많이 사주었다.
* 남자는 금연하는 것이 괴로워서 가끔 안절부절못한다.
* 금연은 굳센 의지가 필요하다.
* 남자는 고등학교 때부터 담배를 피우기 시작했다.

단어 看病 kànbìng 동 진료하다 ┃ ★ 爱人 àiren 명 남편, 아내 ┃ 好吃 hǎochī 형 맛있다 ┃ ★ 为了 wèile 전 ~를 위해서 ┃ ★ 鼓励 gǔlì 동 격려하다 ┃ ★ 戒烟 jièyān 담배를 끊다 ┃ 花钱 huāqián 동 돈을 쓰다 ┃ ★ 坚持 jiānchí 동 견지하다, 지속하다 ┃ ★ 尽力而为 jìnlì'érwéi 성어 최선을 다하다, 온 힘을 기울여서 하다 ┃ 说实话 shuō shíhuà 동 진실을 말하다 ┃ 挺 tǐng 부 너무, 몹시 ┃ ★ 难受 nánshòu 형 괴롭다 ┃ ★ 坐立不安 zuòlì bù'ān 성어 안절부절못하다 ┃ 东西 dōngxi 명 물건 ┃ 需要 xūyào 동 필요하다 ┃ ★ 毅力 yìlì 명 굳센 의지 ┃ ★ 要不然 yàobùrán 접 그렇지 않으면 ┃ ★ 戒 jiè 동 끊다 ┃ 知道 zhīdào 동 알다 ┃ 重要 zhòngyào 형 중요하다 ┃ 不过 búguò 접 그러나, 하지만 ┃ ★ 缺 quē 동 부족하다 ┃ 不然 bùrán 접 그렇지 않으면 ┃ ★ 当初 dāngchū 명 당초, 맨 처음 ┃ 抽 chōu 동 피우다 ┃ 开始 kāishǐ 동 시작하다 ┃ ★ 抽烟 chōuyān 동 담배를 피우다 ┃ 高中 gāozhōng 명 고등학교 ┃ ★ 整天 zhěngtiān 명 하루 종일 ┃ 玩儿 wánr 동 놀다 ┃ 坏 huài 형 좋지 않다, 나쁘다

<table>
<tr><td>

05

A 男的过生日
B 鼓励男的戒烟
C 表扬男的有毅力
D 男的听女人的话

</td><td>

A 남자의 생일이어서
B 남자의 금연을 격려하려고
C 남자에게 굳센 의지가 있다는 것을 칭찬하려고
D 남자가 여자의 말을 잘 들어서

</td></tr>
<tr><td>

问: 爱人为什么给男的买了很多好吃的?

</td><td>

질문: 아내는 남자에게 왜 맛있는 음식을 많이 사주었는가?

</td></tr>
</table>

해설 남자는 의사 선생님께서 금연을 권한 후, 아내가 맛있는 음식을 많이 사주었다고 말했다. 남자의 말을 듣고, 여자는 아내가 남자를 격려하기 위해 돈을 많이 쓴 것 같다고 했으므로 답은 B가 된다.

단어 过 guò 图 보내다, 지내다 | 生日 shēngrì 图 생일 | ★ 表扬 biǎoyáng 图 칭찬하다

<table>
<tr><td>

06

A 伤心 　　B 忧虑
C 高兴 　　D 坐立不安

</td><td>

A 상심했다 　　B 우려했다
C 기뻤다 　　D 안절부절못했다

</td></tr>
<tr><td>

问: 男的戒烟后有什么感觉?

</td><td>

질문: 남자는 금연 후에 어떤 느낌이 들었는가?

</td></tr>
</table>

해설 이 문제는 들은 그대로 답을 고르면 된다. 남자는 금연하는 것에 대해 가끔은 괴로워서 坐立不安(안절부절못하다)하다고 했으므로 답은 D가 된다. 눈으로 보기를 보면서, 귀로 녹음 내용을 듣다가 지문에서 들린 단어가 보이면, 바로 표시해둔다.

단어 伤心 shāngxīn 图 상심하다 | ★ 忧虑 yōulù 图 우려하다 | 高兴 gāoxìng 图 기쁘다

23 day　p.101

[01-03]

<table>
<tr><td>

　　有一天，一只乌鸦口渴了，到处找水喝。乌鸦看见一个瓶子，瓶子里有水。可是[1] 瓶子里水不多，只有半瓶，瓶口又小，乌鸦的嘴太短，所以喝不着水，怎么办呢? 乌鸦看见旁边有许多小石子，想出办法来了。[2] 乌鸦把小石子一个一个地放进瓶子里。瓶子里的水渐渐升高，乌鸦就喝着水了。

</td><td>

　　어느 날, 까마귀 한 마리가 목이 말라서, 이곳저곳으로 마실 물을 찾아다녔다. 까마귀는 물병 하나를 발견했고, 병 안에는 물이 들어 있었다. 그러나 [1] 병 안의 물은 많지 않았고, 겨우 반 병 정도밖에 없었다. 병 입구는 좁은데다, 까마귀의 부리는 짧아서, 물을 마실 수가 없었으니, 어떻게 하겠는가? 까마귀는 옆에 작은 돌멩이들이 많이 있는 것을 보고, 방법이 생각났다. [2] 까마귀는 작은 돌멩이를 하나씩 병 안에 넣었다. 병 안의 물은 점점 위로 올라왔고, 까마귀는 물을 마셨다.

</td></tr>
</table>

요약 소재: 寓言(우화)
시점: 3인칭 작가 시점
중심 내용: 一只乌鸦用小石子喝到水。(까마귀 한 마리가 작은 돌멩이를 사용해 물을 마셨다.)

단어 ★ 乌鸦 wūyā 图 까마귀 | ★ 口渴 kǒukě 图 목마르다 | 到处 dàochù 图 도처, 곳곳 | 瓶子 píngzi 图 병 | ★ 嘴 zuǐ 图 입 | 短 duǎn 图 짧다 | 旁边 pángbiān 图 옆 | 石子 shízǐ 돌멩이 | 办法 bànfǎ 방법 | 放 fàng 图 놓다 | ★ 渐渐 jiànjiàn 图 점점 | 升高 shēnggāo 图 위로 오르다

01

| A 没有 | B 半瓶 |
| C 一点儿 | D 半瓶多 |

| A 없었다 | B 반병 |
| C 조금 | D 반병 이상 |

问: 瓶子里有多少水?

질문: 병 안에는 물이 얼만큼 있었는가?

해설 瓶子里水不多 (병 안에 물이 많지 않다)라고 한 부분을 듣고, 답을 C라고 생각할 수 있다. 하지만, 바로 뒤에 只有半瓶(겨우 반병)이라고 정확히 언급했으므로, 답은 B가 된다.

02

A 把瓶子推倒了
B 找了朋友帮忙
C 飞到河边喝水了
D 往瓶子里放小石头

A 병을 밀어 넘어뜨렸다
B 친구를 찾아 도움을 받았다
C 강가로 날아가서 물을 마셨다
D 병 안에 작은 돌을 넣었다

问: 乌鸦用什么办法喝到了水?

질문: 까마귀는 어떤 방법으로 물을 마셨는가?

해설 어렸을 때 한 번씩은 이 우화(寓言)를 들어보았을 것이다. 녹음 뒷부분에서 까마귀는 절대 포기하지 않고, 병 안에 작은 돌멩이를 넣는 방법을 생각해내어 결국 물을 먹게 되었다. 따라서 답은 D가 된다.

Tip 新HSK에는 이솝 우화나 고사성어 이야기가 자주 등장한다. 〈까마귀와 물병〉, 〈여우와 포도〉, 〈바람과 태양〉, 〈우물 안 개구리(井底之蛙)〉, 〈수주대토(守株待兔)〉, 〈우공이산(愚公移山)〉 등은 이미 출제된 적이 있다. 출제된 적이 있는 이야기들은 반드시 읽어보고, 우리에게 주는 교훈이 무엇인지 생각해보자.

단어 ★ 推倒 tuīdǎo 图 밀어서 넘어뜨리다 | 帮忙 bāngmáng 图 돕다, 도와주다 | 飞 fēi 图 날다 | ★ 河边 hébiān 囘 강변 | 往 wǎng 囝 ~ 쪽으로 | 石头 shítou 囘 돌

03

| A 很累 | B 不渴 |
| C 很笨 | D 很聪明 |

| A 매우 지쳤다 | B 목이 마르지 않다 |
| C 매우 멍청하다 | D 매우 똑똑하다 |

问: 关于乌鸦, 下列哪项正确?

질문: 까마귀에 관해서 다음 중 옳은 것은?

해설 자신이 처한 현실과 자신의 약점에 굴하지 않고, 어려움을 극복하여 목적을 이룬 까마귀가 매우 지혜롭다는 것을 알 수 있으므로 D가 답이 된다.

Tip 〈까마귀와 물병〉
지혜로움은 어려운 문제를 해결할 수 있는 강력한 무기다. 목이 마른 까마귀가 물병을 찾아냈으나, 그 물을 마실 수 없었다. 그때, 까마귀가 할 수 있는 선택은 무엇이 있을까? 포기하고 다른 곳으로 물을 찾아갈 수도 있었을 테고, 물병을 넘어뜨려 물이 사라지기 전에 얼른 목을 축일 수도 있었을 것이다. 하지만, 까마귀는 침착하게 물을 마시는 방법을 궁리했다. 주변을 탐색하고 관찰하여 작은 돌을 발견했다. 돌을 한 개씩 한 개씩 인내심 있게 병 속에 집어넣어, 마침내 원하던 목적을 달성하게 되었다. 이 우화는 까마귀의 침착함과 인내심, 관찰력과 과학적 문제 해결 능력을 배울 수 있는 이야기다.

단어 累 lèi 톈 지치다 | 渴 kě 톈 목마르다 | ★ 笨 bèn 톈 멍청하다, 둔하다 | 聪明 cōngming 톈 똑똑하다

[04-06]

<table>
<tr>
<td>

一位老师给学生上课的时候，提出了一个问题，有个平时不喜欢说话的同学也举手了，⁴可是老师让他回答时，他却一句话也说不出来，别的同学都哈哈大笑。连着几天都发生了一样的事情。后来老师让他到办公室，问他为什么这样。他说，如果不举手的话，别的同学一定会笑话他的。于是，老师和他约定，⁵他知道答案的时候举右手，不知道的时候举左手。渐渐地，这位同学举右手的次数越来越多，⁶变得越来越有自信。长大后，成为了一名出色的设计师。

</td>
<td>

선생님 한 분이 수업할 때, 학생들에게 문제를 출제했다. 평소 말하기를 좋아하지 않던 학생도 손을 들었다. ⁴하지만, 선생님께서 그 학생에게 대답하게 했을 때, 그 학생은 오히려 한 마디도 말하지 못했다. 다른 친구들은 모두 깔깔대며 크게 웃었다. 며칠째 같은 일이 발생하였다. 그 후 선생님은 그 학생을 교무실로 불러서, 왜 이렇게 하는지를 물었다. 그는 만약 손을 들지 않으면, 다른 친구들이 분명히 비웃을 것이라고 말했다. 그래서 선생님은 그와 약속을 했다. ⁵그가 답을 알 때는 오른손을 들고, 답을 모를 때는 왼손을 들기로 했다. 차차, 이 학생이 오른손을 드는 횟수가 점점 많아졌고, ⁶점점 자신감 있게 변해갔다. 어른이 된 후, 훌륭한 디자이너가 되었다.

</td>
</tr>
</table>

요약 소재: 身边杂记(신변잡기)

시점: 3인칭 작가 시점

중심 내용: 一位老师给学生的影响(한 선생님이 학생에게 끼친 영향)

단어 提出 tíchū 통 제시하다 | 问题 wèntí 명 문제 | 平时 píngshí 명 평소 | ★ 举手 jǔshǒu 통 손을 들다 | 却 què 부 오히려 | ★ 连着 liánzhe 부 연이어 | 发生 fāshēng 통 발생하다 | 办公室 bàngōngshì 명 사무실 | 如果 rúguǒ 접 만약 | 笑话 xiàohua 통 비웃다 | 于是 yúshì 접 그래서 | ★ 约定 yuēdìng 통 약속하다 | 渐渐 jiànjiàn 부 점점 | 次数 cìshù 명 횟수 | 越来越 yuèláiyuè 점점 ~해지다 | 自信 zìxìn 명 자신감 | 成为 chéngwéi 통 ~이(가) 되다 | ★ 出色 chūsè 형 뛰어나다 | ★ 设计师 shèjìshī 명 설계사, 디자이너

04

A 他回答错了
B 老师批评他
C 他不懂装懂
D 他上课睡着了

A 그가 틀리게 대답했다
B 선생님이 그를 꾸짖었다
C 그가 모르면서 아는 척했다
D 그가 수업시간에 졸았다

问: 那个学生回答问题时, 同学们为什么会哈哈大笑?

질문: 그 학생이 대답할 때 친구들은 왜 크게 웃었는가?

해설 학생들은 다른 사람에게 지기 싫어하는 경향이 있다. 그래서 주인공 학생도 선생님의 문제를 모르면서, 일부러 아는 척 손을 들었다가 대답하지 못하여 아이들의 비웃음을 받게 된 것이다. 따라서 C가 답이 된다.

단어 批评 pīpíng 통 비평하다, 비판하다 | ★ 不懂装懂 bùdǒng zhuāngdǒng 모르면서 아는 척하다 | 懂 dǒng 통 알다 | 睡着 shuìzháo 통 잠들다

05

A 别举手回答问题
B 别在乎同学的嘲笑
C 会时举左手, 不会时举右手
D 会时举右手, 不会时举左手

A 손들고 대답하지 말라고 했다
B 친구들의 비웃음을 신경 쓰지 말라고 했다
C 할 줄 알면 왼손을, 모르면 오른손을 들라고 했다
D 할 줄 알면 오른손을, 모르면 왼손을 들라고 했다

问: 老师让那个学生怎么做?

질문: 선생님은 그 학생이 어떻게 하게 했는가?

해설 선생님은 학생의 자존심을 지켜주고자 했다. 그래서 대답할 줄 알면 오른손을, 모르면 왼손을 들게 하였으므로 D가 답이 된다. 보기를 미리 분석할 때, 2개의 유사한 내용이 있으면 답이 될 확률이 높으니, 서로 다르게 표현된 부분을 주의 깊게 살펴봐야 한다.

단어 ★ 在乎 zàihu 통 마음에 두다, 신경 쓰다 | ★ 嘲笑 cháoxiào 통 비웃다

<table>
<tr><td rowspan="5">06</td><td>A 越来越傻</td><td>A 점점 어리석어졌다</td></tr>
<tr><td>B 变得更自信了</td><td>B 더욱 자신감 있게 변했다</td></tr>
<tr><td>C 同学关系变好了</td><td>C 친구들과 사이가 좋아졌다</td></tr>
<tr><td>D 成绩没有什么变化</td><td>D 성적 변화가 없었다</td></tr>
<tr><td>问: 老师的帮助，对他有什么影响?</td><td>질문: 선생님의 도움은 그에게 어떤 영향을 줬는가?</td></tr>
</table>

해설 선생님은 주인공 학생으로 하여금 아는 문제는 맞게 하고, 모르는 문제는 시키지 않았다. 이 때문에 그 학생은 친구들 앞에서 체면이 서게 되었으며, 점점 자신감을 갖게 되었다고 했으므로 B가 답이 된다.

단어 ★傻 shǎ 혱 어리석다 | 关系 guānxi 몡 관계 | 成绩 chéngjì 몡 성적 | 变化 biànhuà 몡 변화 | 帮助 bāngzhù 동 돕다 | ★影响 yǐngxiǎng 동 영향을 주다, 영향을 끼치다

24 day p.101

[01-03]

<table>
<tr><td>

　　宋国有一个农夫，每天在田地里劳动。有一天，这个农夫正在地里干活儿，突然一只野兔从草丛里窜出来。野兔因见到有人而受了惊吓，[1]一头撞到一截树桩子上，折断脖子死了。农夫走过去捡起死兔子，他觉得自己的运气太好了。他心想，要是天天都能捡到兔子，那日子就好过了。第二天，农夫照旧到地里干活儿，可是他再不像以往那么专心了，可是直到天黑也没见到有兔子出来，他很不甘心地回家了。第三天，农夫干脆坐在树桩旁边，等待野兔子窜出来。可是又白白地等了一天。后来，[2]农夫每天就这样守在树桩边，希望再捡到兔子，然而他始终没有再得到。农田里的苗因他而枯萎了，农夫只好饿着肚子过年了。

</td><td>

　　송나라에 한 농부가, 매일 밭에서 일했다. 어느 날, 농부가 밭에서 일하고 있는데, 갑자기 산토끼 한 마리가 수풀에서 뛰쳐 나왔다. 산토끼는 사람이 있는 것을 보고 놀라서, [1]머리를 나무 그루터기에 박아, 목이 부러져서 죽었다. 농부는 가서 죽은 토끼를 주워 들고는, 자신은 운이 매우 좋다고 생각했다. 그는 마음속으로, 만약 매일 토끼를 주울 수만 있다면, 생활이 나아질 거라고 생각했다. 이튿날, 농부는 예전과 마찬가지로 밭에서 일했다. 하지만 그는 더 이상 예전처럼 열심히 일하지 않았다. 그러나 저녁이 다 되어도 토끼가 나오는 것을 보지 못하자, 그는 달갑지 않아하며 집으로 돌아갔다. 삼 일째 되는 날, 농부는 아예 나무 그루터기 옆에 앉아서, 토끼가 뛰쳐 나오기를 기다렸다. 하지만 또 하루를 헛되이 기다렸다. 그 후, [2]농부는 매일 이렇게 나무 그루터기 옆에서 지키며, 다시 토끼를 줍는 걸 기대했다. 하지만 그는 여전히 다시 얻지 못했다. 밭에 있던 모종들은 그 때문에 말랐고, 농부는 어쩔 수 없이 배고픈 설을 지냈다.

</td></tr>
</table>

요약 소재: 故事成语(고사성어)

시점: 3인칭 작가 시점

중심 내용: 守株待兔的结果(나무 그루터기를 지키며 토끼를 기다린 - 요행을 바라고 일하지 않은 - 결과)

단어 ★宋国 Sòngguó 몡 송나라 | 农夫 nóngfū 몡 농부 | 田地 tiándì 몡 논밭 | ★劳动 láodòng 동 노동하다, 일하다 | 干活儿 gànhuór 동 일하다 | 突然 tūrán 閈 갑자기 | ★野兔 yětù 몡 산토끼 | ★草丛 cǎocóng 몡 수풀 | ★窜 cuàn 동 날뛰다 | 惊吓 jīngxià 동 깜짝 놀라다 | ★撞 zhuàng 동 부딪치다 | ★截 jié 양 토막, 마디(잘라낸 물건의 일부분을 세는 단위) | ★树桩 shùzhuāng 몡 나무 그루터기 | 折断 zhéduàn 동 부러뜨리다 | ★脖子 bózi 몡 목 | 捡 jiǎn 동 줍다 | 运气 yùnqi 몡 운수 | 照旧 zhàojiù 동 예전대로 따르다 | ★以往 yǐwǎng 몡 이전 | 专心 zhuānxīn 혱 몰두하다, 열중하다 | ★不甘心 bù gānxīn 동 달갑지 않다 | ★干脆 gāncuì 閈 아예, 차라리 | 守 shǒu 동 지키다 | 始终 shǐzhōng 閈 시종일관, 줄곧 | 农田 nóngtián 몡 농토, 농경지 | 苗 miáo 몡 모종, 새싹 | ★枯萎 kūwěi 동 마르다 | 饿 è 혱 배고프다

| 01 | A 饿死的 | B 撞死的 | A 배고파서 죽었다 | B 부딪혀서 죽었다 |
| | C 摔死的 | D 被农夫打死的 | C 넘어져서 죽었다 | D 농부에게 맞아 죽었다 |

问: 兔子是怎么死的? 질문: 토끼는 어떻게 죽었는가?

해설 토끼는 사람을 보고 놀라서, 나무 그루터기에 머리를 박아 목이 부러져서 죽었으므로, B의 撞死了(부딪혀 죽었다)가 답이 된다.

단어 摔 shuāi 图 넘어지다 | 被 bèi 图 (~에게) ~를 당하다 | 打 dǎ 图 때리다

02	A 农活已经做完了	A 농사일이 다 끝나서
	B 他要抓乱跑的兔子	B 그는 뛰어다니는 토끼를 잡으려고
	C 以为还可以捡到兔子	C 다시 토끼를 주울 수 있을 거라 생각해서
	D 天气太热了，不想劳动	D 날씨가 너무 더워서 일하고 싶지 않아서

问: 农夫为什么不去田里劳动了? 질문: 농부는 왜 밭에 가서 일하지 않았는가?

해설 농부는 우연한 기회에 나무 그루터기에 부딪혀 죽은 토끼를 줍게 되었다. 죽은 토끼를 줍는 것은 힘든 농사일을 하는 것보다 훨씬 쉬운 일이어서, 농부는 또 토끼를 주울 수 있을 거라는 헛된 욕심 때문에, 농사일을 하지 않게 된 것이다. 따라서 답은 C가 된다.

단어 ★ 农活 nónghuó 图 농사일 | ★ 抓 zhuā 图 붙잡다 | 乱 luàn 图 무질서하다 | 跑 pǎo 图 뛰어다니다 | ★ 以为 yǐwéi 图 ~라고 (잘못) 여기다

03	A 不要乱跑	A 마구 뛰어다니면 안 된다
	B 农夫喜欢吃兔子	B 농부는 토끼 먹는 것을 좋아한다
	C 不种地就没有饭吃	C 농사를 짓지 않으면, 먹을 밥이 없다
	D 世界上没有免费的午餐	D 세상에 공짜로 주는 점심은 없다

问: 这个故事主要想告诉我们什么? 질문: 이 이야기에서 말하고자 하는 것은?

해설 보기 C도 일리는 있지만, 이 이야기가 우리에게 말하고자 하는 것은 농부가 농사를 게을리하여 배고픔 속에 설을 지낸 것보다는, 우연히 얻은 한 번의 행운이 쉽게 다시 찾아올 거라고 믿은 어리석음에 있다. 守株待兔는 성어로, 요행만을 바라고, 그루터기를 지켜보며 토끼가 걸려들기를 기다린다는 뜻으로, 세상에 공짜로 얻어지는 것은 없음을 의미한다. 따라서 답은 D가 된다.

Tip 이와 유사한 또 하나의 이야기가 있다. 한 젊은이가 길에 떨어진 만 원짜리 지폐를 주웠다. 그 후 그 젊은이는 길바닥을 보고 다니는 습관이 생겼다. 그로부터 수십 년이 지난 어느 날 여느 때처럼 고개를 숙인 채 걸어가던 그의 시야로 살포시 떨어지는 노란 은행잎이 눈에 들어왔다. 무심코 고개를 들고 위를 올려다본 그는 따사로운 가을 햇살과 푸른 하늘이, 울긋불긋한 단풍잎과 어울려 아름답게 빛나고 있는 것을 보았다. 순간 어떤 깨달음이 왔고, 비로소 그는 자신의 지난 시간을 돌아보게 되었다. 지난 10년간 그가 얻은 것이라고는 돈 몇 푼과 잡동사니들 그리고 구부러진 어깨가 전부였다. 그는 그 대가로 나무의 속삭임, 별들의 반짝임, 파도의 노래 등 자신을 감싸고 있던 모든 눈부신 아름다움을 잃어버렸던 것이다. 우리는 '수주대토'한 농부와 이 젊은이를 비웃는다. 하지만, 한 번쯤 '나는 과연 수주대토하고 있지 않은가?' 하고 반문을 해보았으면 한다. 현실을 부정하며 이상과 우연을 쫓기보다는 현실을 받아들이고 노력하며 살아야 한다. 만 원짜리 지폐만 찾으며 무의미하게 살기보다는 따사로운 햇살도 즐기며, 하늘을 보는 여유를 가졌으면 한다.

단어 ★ 免费 miǎnfèi 图 무료로 하다 | 午餐 wǔcān 图 점심

⁴小时候我非常羡慕住在楼房里的孩子，因为从小住在胡同里，所以对楼房里的生活充满了想象。想象着下午把椅子搬到阳台，坐在那儿一边看书一边喝茶。也想象着站在高处看着像火柴盒一样的汽车开来开去。终于住上了楼房，却开始怀念童年的生活，⁶怀念在平房里的生活。想起每天早上都去的街边小吃店，想起夏天的晚上在院子里乘凉，一边看星星一边和朋友聊天，于是开始喜欢上了胡同里的酒吧，觉得那里显得特别亲切，⁵能让人找到许多小时候的影子，想起小时候和伙伴们快乐的生活。

⁴어린 시절 나는 다층집에 사는 아이들을 무척 부러워했다. 왜냐하면 어린 시절부터 골목에서 살았기 때문에, 다층집 생활에 대한 상상이 가득했다. 오후에 의자를 베란다로 옮겨놓고, 거기에 앉아서 책을 보며 차를 마시는 상상을 하고, 또 높은 곳에 서서 성냥갑 같은 차들이 왔다갔다 하는 것을 보는 상상도 했다. 마침내 다층집에 살게 되었지만 오히려 유년시절의 생활을 그리워하고, ⁶단층집의 생활을 그리워하게 되었다. 매일 아침 가던 길가의 간이 음식점이 생각나고, 한여름밤 정원에서 더위를 식히며, 별을 보면서 친구와 수다를 떨던 일들도 생각났다. 그래서 골목에 있는 술집들이 좋아지기 시작했다. 그곳은 유달리 친근해 보이고, ⁵사람들에게 어린 시절의 그림자를 찾을 수 있게 해주며, 어린 시절 친구들과 즐거웠던 날들을 생각나게 해준다.

요약 소재: 身边杂记(신변잡기)

시점: 1인칭 작가 시점

중심 내용: 怀念小时候的生活(어린 시절을 그리워한다)

단어 小时候 xiǎoshíhou 몡 어린 시절 | 非常 fēicháng 뷔 매우 | ★ 羡慕 xiànmù 통 부러워하다 | ★ 楼房 lóufáng 몡 다층 건물 | ★ 胡同 hútòng 몡 골목 | ★ 充满 chōngmǎn 통 충만하다. 가득하다 | 想象 xiǎngxiàng 통 상상하다 | 椅子 yǐzi 몡 의자 | 搬 bān 통 이사하다 | ★ 阳台 yángtái 몡 베란다 | ★ 火柴盒 huǒcháihé 몡 성냥갑 | ★ 却 què 뷔 하지만 | ★ 怀念 huáiniàn 통 그리워하다 | 童年 tóngnián 몡 유년시절 | ★ 平房 píngfáng 몡 단층집 | 街 jiē 몡 길거리 | 小吃店 xiǎochīdiàn 몡 간이식당, 매점 | 夏天 xiàtiān 몡 여름 | 院子 yuànzi 몡 정원 | ★ 乘凉 chéngliáng 통 (시원한 바람을 쏘이며) 더위를 식히다 | 聊天 liáotiān 통 잡담하다 | 于是 yúshì 젭 그래서 | 酒吧 jiǔbā 몡 술집 | ★ 显得 xiǎnde 통 ~인 것처럼 보이다 | ★ 亲切 qīnqiè 혱 친근하다 | 影子 yǐngzi 몡 그림자 | ★ 伙伴 huǒbàn 몡 친구, 동료

04

A 想住楼房
B 坐在院子里晒太阳
C 喜欢胡同里的小吃
D 想去胡同里的酒吧

A 다층집에 살고 싶었다
B 정원에 앉아서 햇볕을 쬐었다
C 골목에 있는 간식을 좋아했다
D 골목에 있는 술집에 가고 싶었다

问: 说话人小时候怎么样?

질문: 화자는 어린 시절 어떠했는가?

해설 녹음 앞부분에서 화자는 어린 시절 다층집에 사는 아이들을 부러워하며, 다층집 생활에 대한 상상이 가득했다고 말하고 있으므로 답은 A가 된다.

단어 ★ 晒太阳 shài tàiyáng 통 햇빛을 쬐다 | 小吃 xiǎochī 몡 간단한 음식, 간식

05

A 怀念过去
B 气氛很好
C 朋友开的酒吧
D 价格比较便宜

A 과거가 그리워서
B 분위기가 매우 좋아서
C 친구가 운영하는 술집이어서
D 가격이 비교적 싸서

问: 说话人现在为什么常去胡同里的酒吧?

질문: 화자는 지금 왜 골목에 있는 술집에 자주 가는가?

해설 화자는 골목의 술집이 매우 친근해 보이고, 그곳에 가면 예전에 골목에 살면서 행복했던 추억이 떠올라, 골목에 있는 술집을 좋아하게 되었다고 했으므로, A가 답이 된다.

단어 ★ 气氛 qìfēn 몡 분위기 | 开 kāi 통 열다. 세우다 | 价格 jiàgé 몡 가격 | 比较 bǐjiào 뷔 비교적

<table>
<tr><td rowspan="2">06</td><td>

A 小时候住平房
B 一直住在楼房
C 一直住在平房
D 现在想住楼房

</td><td>

A 어린 시절 단층집에 살았다
B 계속 다층집에서 살았다
C 계속 단층집에서 살았다
D 지금은 다층집에 살고 싶어한다

</td></tr>
<tr><td>问: 关于说话人，下面哪项正确?</td><td>질문: 화자에 대하여 다음 중 옳은 것은?</td></tr>
</table>

해설 화자는 어린 시절 단층집에 살았고, 후에 다층집에서 살게 되었다고 했으므로, B, C는 답이 될 수 없다. 또한 다층집에 살게 된 후에는 골목길 단층집 생활을 그리워하고 있다는 내용이 나오므로 답은 A가 된다.

25 day p.107

[01−03]

> 　　一个女人邀请三个孩子在雪地上玩儿一个游戏，她说：“一会儿我站在雪地的那一边，等我发出信号后，你们就开始跑。谁留在雪地上的脚印最直，谁就是这场比赛的胜利者，可以拿到奖品。”比赛开始了。第一个孩子从迈出的第一步开始，眼光就紧紧地盯着自己的双脚，以确保自己的脚印更直。¹ 第二个孩子一直在左顾右盼，观察着同伴是如何做的。² 第三个孩子最终赢得了这场比赛，他的眼睛一直盯着站在对面的女人，更确切地说，是一直盯着她手中拿着的奖品。只有将眼光坚定不移地聚焦在人生目标上的人，才会少走弯路，大大缩短与成功的距离。

> 　　한 여자가 세 명의 아이를 데려다가 눈 위에서 게임을 했다. 그녀는 "조금 있다가 내가 눈밭 저쪽에 가서 서 있을테니, 내가 신호를 보낸 후, 너희는 바로 달리기 시작하는 거야. 눈 위에 발자국이 제일 곧은 사람이, 바로 이 시합의 승리자고, 상품도 받을 수 있어."라고 말했다. 시합이 시작되었다. 첫 번째 아이는 내디딘 첫발부터, 발자국을 더 곧게 하기 위해, 자신의 두 발만 뚫어지게 주시했다. ¹ 두 번째 아이는 계속 좌우를 보면서, 친구들이 어떻게 걷고 있나 관찰하였다. ² 세 번째 아이가 결국 이 시합에서 이겼다. 세 번째 아이의 눈은 계속 맞은편에 서 있는 여자를 주시하였다. 더 정확하게 말하자면, 그녀의 손에 들려 있는 상품만을 주시하고 있었다. 시선을 확고부동하게 자신의 인생 목표에 집중한 사람만이, 시행착오를 줄일 수 있으며, 성공과의 거리를 크게 좁힐 수 있다.

요약 특징: 3명의 아이가 등장한다.

중심 내용: 人生要有坚定的目标。(인생엔 확고한 목표가 있어야 한다.)

단어 ★邀请 yāoqǐng 图 초대하다 | ★雪地 xuědì 图 설원, 눈밭 | ★游戏 yóuxì 图 게임 | 发出 fāchū 图 (소리 등을) 내다, 내보내다 | 信号 xìnhào 图 신호 | 留 liú 图 남기다 | ★脚印 jiǎoyìn 图 발자국 | 直 zhí 图 곧다 | 比赛 bǐsài 图 경기, 시합 | 奖品 jiǎngpǐn 图 상품 | 迈 mài 图 내딛다, 나아가다 | ★眼光 yǎnguāng 图 시선 | 盯 dīng 图 주시하다 | ★确保 quèbǎo 图 확보하다 | 一直 yìzhí 图 계속 | ★左顾右盼 zuǒgù yòupàn 图 좌우를 두리번거리다 | 观察 guānchá 图 (사물, 현상을) 관찰하다 | 同伴 tóngbàn 图 동료 | 如何 rúhé 図 어떻게 | 赢得 yíngdé 图 얻다 | 确切 quèqiè 图 정확하다, 확실하다 | ★坚定不移 jiāndìng bùyí 图 (입장, 주장, 의지 등이) 확고 부동하여 조금도 흔들림이 없다 | ★聚焦 jùjiāo 图 초점을 모으다, 집중하다 | ★目标 mùbiāo 图 목표 | ★走弯路 zǒu wānlù 우여곡절을 겪다, 시행착오를 겪다 | ★缩短 suōduǎn 图 단축하다 | 距离 jùlí 图 거리

01

A 慢慢地走	A 천천히 걸었다
B 看着对面的人	B 맞은편에 있는 사람을 보았다
C 参照别人的做法	C 다른 사람의 방법을 참고했다
D 一直看着自己的脚	D 계속 자신의 발을 보았다

问: 第二个小孩是怎么做的? 질문: 두 번째 아이는 어떻게 했는가?

해설 두 번째 아이는 이리저리 둘러보면서 다른 아이들이 어떻게 걷고 있는지 관찰하였으므로, 다른 사람의 방법을 참고했다는 C가 답이다. 녹음을 들으며 보기 옆에 해당하는 사람을 메모해둔다면 답을 재빨리 찾을 수 있다.

▶ 보기 분석
B - 맞은편의 사람을 보고 걸은 아이: 세 번째 아이
C - 다른 사람이 어떻게 하는지 보면서 걸은 아이: 두 번째 아이
D - 자신의 발만 보고 걸은 아이: 첫 번째 아이

단어 慢慢 mànmàn 형 천천히 | 参照 cānzhào 동 참고하다 | 做法 zuòfǎ 명 방법

02

| A 所有人 | B 第一个人 | A 모든 사람 | B 첫 번째 사람 |
| C 第二个人 | D 第三个人 | C 두 번째 사람 | D 세 번째 사람 |

问: 谁得到了奖品? 질문: 누가 상품을 받았는가?

해설 세 번째 아이가 여자 손에 들린 상품을 보고 제일 곧게 걸어서, 상품은 세 번째 아이에게로 돌아갔다. 따라서 D가 답이 된다. 녹음에서처럼 만약 3가지 경우의 수가 나오면, 3번째 방법이 가장 좋은 방법으로 제시될 확률이 높다는 점도 잘 익혀두자.

03

A 比赛要尽全力	A 시합에서는 전력을 다해야 한다
B 怎样确定人生目标	B 어떻게 인생 목표를 정할 것인가
C 怎样达到自己的目标	C 어떻게 자신의 목표에 도달할 것인가
D 做事情以前要认真考虑	D 일하기 전에 진지하게 고민해야 한다

问: 这段话想告诉我们什么道理? 질문: 이 이야기에서 말하고자 하는 도리는 무엇인가?

해설 이 문제는 우리가 어떻게 인생 목표에 도달해야 하는지에 관한 깨달음을 주는 이야기다. 첫 번째 아이처럼 근시안적으로 눈앞의 것에만 신경 쓰며 갈 것인지, 두 번째 아이처럼 다른 사람의 눈치만 보면서 갈 것인지, 아니면 세 번째 아이처럼 뚜렷한 목표를 정하고, 그것을 향해 똑바로 갈 것인지, 세 가지 예를 제시하며 설명하고 있다. 세 번째 아이처럼 확실한 목표를 세우고 가는 사람이 성공과의 거리를 크게 좁힐 수 있다는 화자의 중심 생각을 녹음 마지막 부분에서 찾을 수 있다. 이처럼 중심 생각은 맨 처음이나 마지막에 나올 가능성이 크니, 끝까지 긴장을 놓지 말고 들어야 한다. 따라서 C가 답이 된다.

단어 ★尽 jìn 동 다하다 | ★全力 quánlì 명 온 힘 | 确定 quèdìng 동 확정하다 | 达到 dádào 동 도달하다, 달성하다 | 考虑 kǎolǜ 동 고려하다 | 告诉 gàosu 동 말하다, 알리다

[04-06]

　　有一天，有个小人国的使者到中国来，他向皇帝进贡了三个一模一样的小金人，小金人金光灿灿，皇帝高兴坏了。但 [4] 小人国的使者却出了一个难题：这三个小金人哪个更有价值？ [5] 皇帝被难住了，不管是重量还是外表，三个小金人都是一模一样的。这时，有位老大臣站了起来，说他有办法。皇帝将使者请到大殿，老臣拿着三根稻草，插入三个小金人的耳朵里。第一个小金人耳朵里的稻草从另一边的耳朵出来了，第二个小金人耳朵里的稻草从嘴巴里出来了，而第三个小金人，稻草从耳朵里进去后掉进了肚子里，悄无声息，什么动静也没有。老臣说："第三个小金人最有价值！它就跟您一样，能听得进意见，而且会记在心里，做事有分寸……"

　　어느 날, 소인국의 사신이 중국에 왔다. 그는 황제에게 세 개의 모양이 똑같은 금 동상을 바쳤는데, 금 동상은 금빛이 눈부시게 빛났고 황제는 매우 기뻤다. 하지만 [4] 소인국의 사신은 오히려 매우 어려운 문제를 하나 냈다. 이 세 개의 금 동상 중 어떤 것이 제일 가치가 있을까? [5] 황제는 곤경에 빠졌다. 무게나 외관을 막론하고, 세 개의 금 동상은 모두 똑같았다. 이 때, 어떤 나이 든 대신이 일어나서, 자신에게 방법이 있다고 말했다. 황제는 사신을 대전으로 모셔왔고, 나이 든 대신은 볏짚 세 가닥을 들어서, 세 개의 금 동상 귀에 꽂았다. 첫 번째 금 동상 귀의 볏짚은 다른 쪽 귀로 나왔고, 두 번째 금 동상 귀의 볏짚은 입으로 나왔다. 하지만 세 번째 금 동상은, 볏짚이 귀로 들어간 후 뱃속으로 들어가더니, 쥐 죽은 듯이 고요하게, 아무런 소리도 나지 않았다. 나이 든 대신이 말했다. "세 번째 금 동상이 제일 가치가 있습니다! 이것은 마치 당신과 같이 의견을 들을 줄 알고, 가슴속에 새길 줄 알며, 일을 할 때는 분별이 있지요……"

요약　특징: 3가지 선택 사항이 나온다.
중심 내용: 最有价值的小金人(제일 가치 있는 금 동상)

단어　★ 使者 shǐzhě 몡 사자 | ★ 皇帝 huángdì 몡 황제 | 进贡 jìngòng 통 공물을 바치다 | 一模一样 yìmú yíyàng 생어 같은 모양 같은 모습이다 | 灿灿 càncàn 톙 눈부시게 빛나다 | 难题 nántí 몡 어려운 문제 | ★ 价值 jiàzhí 몡 가치 | ★ 难住 nánzhù 통 곤경에 빠지다 | 重量 zhòngliàng 몡 중량, 무게 | 外表 wàibiǎo 몡 외관, 외모 | ★ 大臣 dàchén 몡 대신 | 办法 bànfǎ 몡 방법 | ★ 大殿 dàdiàn 몡 대전 | ★ 老臣 lǎochén 몡 늙은 신하 | 根 gēn 양 가닥, 개(가늘고 긴 것을 세는 단위) | ★ 稻草 dàocǎo 몡 볏짚 | ★ 插入 chārù 통 끼워 넣다 | 嘴巴 zuǐba 몡 입 | ★ 悄无声息 qiǎowúshēngxī 생어 쥐 죽은 듯이 고요하다 | 动静 dòngjing 몡 인기척 | 意见 yìjiàn 몡 의견 | 记 jì 통 기억하다 | 心里 xīnli 몡 가슴속 | ★ 分寸 fēncun 몡 분수

04

A　想取笑皇帝	A　황제를 비웃으려고
B　想委屈皇帝	B　황제를 억울하게 하려고
C　有意为难皇帝	C　고의로 황제를 난처하게 하려고
D　不想给皇帝小金人	D　황제에게 금 동상을 주기 싫어서

问: 使者为什么要问皇帝问题？　질문: 사신은 왜 황제에게 문제를 냈는가?

해설　소인국의 사신이 금 동상을 가져와 문제를 낸 이유가 녹음에 직접적으로 언급되지는 않았지만, 녹음에 제시된 出难题가 '어려운 문제를 내다', '남을 곤란하게 하다'라는 의미이므로, 사신의 의도를 짐작할 수 있다. 가장 의미가 가까운 표현으로는 为难(곤란하다), 过不去(난처하게 하다) 등이 있다. 따라서 답은 C가 된다.

단어　取笑 qǔxiào 통 비웃다 | ★ 委屈 wěiqu 통 억울하게 하다 | 有意 yǒuyì 튀 고의로, 일부러 | ★ 为难 wéinán 통 난처하게 하다

05

A　不会回答	A　대답할 수 없어서
B　问题太容易	B　문제가 너무 쉬워서
C　问题太奇怪	C　문제가 너무 이상해서
D　在等老臣回答	D　나이 든 대신의 대답을 기다리는 중이어서

问: 皇帝为什么没有回答这个问题？　질문: 황제는 문제에 왜 대답하지 않았는가?

해설 금 동상은 무게로 보나, 외관상의 모양을 보나 모두 똑같았다. 皇帝被难住了라는 말에서 황제는 어떤 것이 제일 값어치 있는 것인지 알지 못했다는 것을 알 수 있으므로 A가 답이 된다.

단어 容易 róngyì 웹 쉽다 | 奇怪 qíguài 웹 이상하다

06

A 皇帝弱智
B 别为难别人
C 聪明人多听不多说
D 皇帝应该有聪明的大臣

A 황제는 지능이 낮다
B 다른 사람을 난처하게 하지 말아야 한다
C 똑똑한 사람은 많이 듣고 적게 말한다
D 황제는 똑똑한 신하가 있어야 한다

问: 这个故事告诉我们什么道理?

질문: 이 이야기에서 말하고자 하는 도리는 무엇인가?

해설 세 번째 금 동상은 볏짚이 귀로 들어갔다가 뱃속으로 들어가더니 나오지 않았고 나이 든 대신은 이것이 다른 사람의 말을 흘려 듣거나 함부로 발설하지 않고, 귀담아 새겨들을 줄 안다는 뜻이며, 그래서 세 번째 금 동상이 가장 가치가 있다고 하였다. 따라서 답은 C가 된다.

단어 ★ 弱智 ruòzhì 웹 지능이 떨어지다 | 应该 yīnggāi 조동 ~해야 한다 | 聪明 cōngming 웹 똑똑하다 | 道理 dàolǐ 몡 도리

---

26 day

p. 107

[01~03]

¹有一个人在沙漠里迷路了，水都喝光了，身上只剩下一个苹果。但是他却惊喜地喊道: "多亏我还有一个苹果，它能救我的命!" 他把苹果放在怀里，顶着烈日在沙漠里走着，很多次他想咬一口苹果，可是他马上告诉自己: "不行，²一定要等到最渴的时候再吃。" 于是他坚持着在一望无际的沙漠里行走。就这样，一直坚持了两天，他终于找到了水源。他拿出怀中的苹果，那个苹果已经干瘪了，可是他还是把它像个宝贝似的紧紧抓在手里。因为就是这个苹果给了他希望和勇气，³让他走出了沙漠，救了他的命。

¹한 사람이 사막에서 길을 잃었다. 물도 다 마셨고, 수중에는 사과 하나밖에 남아 있지 않았다. 하지만 그는 오히려 "아직 사과 한 개가 있는 덕분에, 이것이 날 살려줄 수 있겠구나!"라고 기뻐하면서 소리 질렀다. 그는 사과를 품에 넣고, 강한 햇빛을 무릅쓰고 사막을 걸으면서, 여러 차례 그는 사과를 한 입 베어 물고 싶었지만, 이내 자신에게 "안 돼. ²반드시 제일 목이 마를 때 먹어야 해."라고 말했다. 그래서, 그는 계속 끝이 보이지 않는 사막을 걸었고, 이렇게 해서 그는 이틀을 버텨내, 마침내 수원을 발견하였다. 그는 품속의 사과를 꺼냈지만, 그 사과는 이미 말라 비틀어져 있었다. 하지만 그는 사과를 마치 보물처럼 손 안에 꽉 쥐었다. 왜냐하면 바로 이 사과가 그에게 희망과 용기를 주었고, ³그를 사막에서 빠져 나오게 해, 그의 목숨을 구했기 때문이다.

요약 특징: 하나의 갈등 소재가 나온다.
중심 내용: 人生需要希望和勇气。 (인생에는 희망과 용기가 필요하다.)

단어 ★ 沙漠 shāmò 몡 사막 | 迷路 mílù 통 길을 잃다 | 光 guāng 웹 아무것도 없다, 하나도 남기지 않다 | 剩下 shèngxià 통 남다 | 惊喜 jīngxǐ 통 놀라며 기뻐하다 | 喊 hǎn 통 소리 지르다 | ★ 多亏 duōkuī 통 덕분이다 | 救 jiù 통 구하다 | 怀 huái 몡 품 | ★ 顶着 dǐngzhe ~을 무릅쓰고 | ★ 烈日 lièrì 몡 강하게 내리쬐는 태양 | 咬 yǎo 통 물다, 깨물다 | 告诉 gàosu 통 말하다, 알리다 | 渴 kě 웹 목마르다 | 坚持 jiānchí 통 견지하다 | ★ 一望无际 yíwàng wújì 정에 아득히 넓어서 끝이 없다 | 终于 zhōngyú 마침내, 드디어 | ★ 水源 shuǐyuán 몡 수원 | ★ 干瘪 gānbiě 통 말라서 쪼글쪼글하다 | 宝贝 bǎobèi 몡 보물 | 似的 shìde ~와 같다 | 紧紧 jǐnjǐn 뷔 바짝, 꽉 | 抓 zhuā 통 쥐다 | 希望 xīwàng 몡 희망 | 勇气 yǒngqì 몡 용기

<table>
<tr><td>01</td><td>A 生病了
C 水被偷了</td><td>B 迷路了
D 遇到强盗了</td><td>A 병이 났다
C 물을 도둑맞았다</td><td>B 길을 잃었다
D 강도를 만났다</td></tr>
</table>

问: 那个人在沙漠里遇到什么问题了?   질문: 그 사람은 사막에서 어떤 문제를 만났는가?

해설 사건의 발생과 시간, 장소 등은 대부분 녹음 맨 앞부분에 나오게 된다. 이야기가 한 사람이 사막에서 길을 잃었다로 시작하므로 답은 B가 된다. 만약 첫 부분을 놓쳤다 하더라도, 마지막 부분까지 정확히 듣는다면 사막에서 길을 잃었다는 사실을 알 수 있다.

Tip 서술형 단문을 들을 때 보기에 어떠한 단어들이 제시되어 있는지 훑어보는 것은 아주 중요하다. 하지만, 일단 문제가 시작하면 보기 분석을 멈추고, 반드시 녹음 내용에 집중하여야 한다. 사건의 발생과 시간, 장소, 인물의 설명은 대부분 첫 문장에 나오기 때문이다.

단어 生病 shēngbìng 툉 병이 나다 | 偷 tōu 툉 도둑질하다 | 遇到 yùdào 툉 만나다 | ★ 强盗 qiángdào 뎽 강도

<table>
<tr><td>02</td><td>A 想送给朋友
B 想洗一洗再吃
C 已经找到了水
D 想到最需要的时候再吃</td><td>A 친구에게 주려고
B 씻은 다음에 먹으려고
C 이미 물을 찾아서
D 제일 필요할 때 먹으려고</td></tr>
</table>

问: 那个人为什么不吃苹果?   질문: 그 사람은 왜 사과를 먹지 않는가?

해설 이 이야기의 배경은 사막이다. 사막에서 사과를 씻어서 먹는다는 것은 불가능한 일이며 또한 친구에게 선물한다는 것도 있을 수 없는 일이다. 이미 물을 찾았다면, 사막을 벗어난 상태거나 사과가 더 이상 필요 없는 상태일 수도 있기 때문에 A, B, C는 답이 될 수 없다. 그는 사과를 한 입 베어 물고 싶은 생각을 여러 차례 하였으나, 가장 목이 마를 때 먹기 위해 아껴두었던 것이므로 답은 D가 된다.

단어 送 sòng 툉 (선물 등을) 주다 | 需要 xūyào 툉 필요하다

<table>
<tr><td>03</td><td>A 沙漠下雨了
B 他被别的人救了
C 他把苹果吃完了
D 最后他走出了沙漠</td><td>A 사막에 비가 왔다
B 그는 다른 사람이 구해줬다
C 그는 사과를 다 먹어버렸다
D 그는 끝내 사막에서 나왔다</td></tr>
</table>

问: 关于那个人, 下面哪项正确?   질문: 그 사람에 관해서 다음 중 옳은 것은?

해설 그가 사과를 가슴에 품었다는 것은 희망을 품고 있었음을 상징한다. 또, 그가 결국 수원을 찾아냈다는 것은 여러 가지 난관을 거쳐, 성공하였음을 비유적으로 표현한 것이다. 녹음 마지막 부분에서 사과가 그에게 희망과 용기를 주었기 때문에 스스로 사막을 빠져 나올 수 있었음을 알 수 있다. 따라서 D가 답이 된다.

단어 下雨 xiàyǔ 툉 비가 오다 | 最后 zuìhòu 뎽 최후, 맨 마지막

　　⁶记者采访了一位长跑冠军，想知道他的成功经验和赛前的准备。他每次参加比赛之前，都要先开车去看看比赛的路线，然后仔细记一下周围的标志。比如，第一个标志是一个银行，第二个标志是一个百货商店，这样一直到终点。开始比赛的时候，他以百米的速度跑向第一个目标，等跑过第一个目标后，他又以同样的速度跑向第二个目标。⁴,⁵他把整个路程分成几个小目标，这样就可以比较轻松地跑完全程。刚开始练习长跑的时候，他把目标定在终点，结果跑到一半就累得受不了了，他被前面那段遥远的路程吓倒了。

⁶기자는 한 마라톤 우승자를 취재하였는데, 그의 성공 경험과 시합 전의 준비를 알고 싶었다. 그는 매번 시합에 참가하기 전에, 차를 몰고 가서 시합할 노선을 돌아본 후, 주위의 표지를 자세히 기록한다고 했다. 예를 들어, 첫 번째 표지는 은행, 두 번째 표지는 백화점, 이렇게 결승점까지 한다. 시합이 시작할 때, 그는 100m의 속도로 첫 번째 목표를 향해 달려가고, 첫 번째 목표를 지난 후, 그는 또 같은 속도로 두 번째 목표를 향해서 달려간다. ⁴,⁵그는 모든 길을 몇 개의 작은 목표로 나누었고, 이렇게 해서 비교적 쉽게 전체 코스를 뛸 수 있었다. 마라톤 연습을 막 시작했을 때, 그는 목표를 결승점으로 잡았고, 결국 절반을 뛰었을 때 이미 견딜 수 없을 만큼 힘들었다고 했다. 그는 앞의 아득히 먼 길에 놀라서 지쳐 쓰러진 것이다.

요약　특징: 한 가지의 성공 비법이 나온다.

중심 내용: 想成功，请确立小目标。(성공하고 싶으면, 작은 목표부터 세워라.)

단어　记者 jìzhě 몡 기자 | ★ 采访 cǎifǎng 동 취재하다 | ★ 长跑 chángpǎo 몡 장거리 경주, 마라톤 | ★ 冠军 guànjūn 몡 우승자, 챔피언 | 经验 jīngyàn 몡 경험 | 准备 zhǔnbèi 동 준비하다 | 参加 cānjiā 동 참가하다 | 比赛 bǐsài 몡 시합 | 之前 zhīqián 몡 ~ 이전 | ★ 路线 lùxiàn 몡 노선 | 仔细 zǐxì 톙 꼼꼼하다 | 记 jì 동 기록하다 | 周围 zhōuwéi 몡 주위 | ★ 标志 biāozhì 몡 표지 | ★ 比如 bǐrú 젭 예를 들어 | 终点 zhōngdiǎn 몡 종점 | 速度 sùdù 몡 속도 | 目标 mùbiāo 몡 목표 | 同样 tóngyàng 톙 같다 | 整个 zhěnggè 톙 전체의, 모든 | 路程 lùchéng 몡 노정, 길 | 比较 bǐjiào 円 비교적 | 轻松 qīngsōng 톙 수월하다 | ★ 全程 quánchéng 몡 전체 코스 | 练习 liànxí 동 연습하다 | ★ 终点 zhōngdiǎn 몡 종점, 결승점 | 受不了 shòubuliǎo 동 견딜 수 없다 | ★ 遥远 yáoyuǎn 톙 아득히 멀다 | ★ 吓倒 xiàdǎo 동 놀라 쓰러지다

04

A 先跑看看
B 放松一下
C 将赛程分段
D 想看看周围有什么

A 먼저 뛰어보려고
B 긴장을 풀려고
C 경기 구간을 나누려고
D 주위에 무엇이 있는지 보려고

问: 他赛前看路线的主要目的是什么?

질문: 그가 시합 전에 노선을 둘러보는 주요 목적은 무엇인가?

해설　마라톤 우승자인 이 선수가 다른 선수보다 빨리 뛸 수 있었던 이유는 그가 마라톤 코스를 작은 몇 개의 구간으로 분배했기 때문이다. 거창한 목표를 이루려면 쉽게 지쳐 포기하게 되지만, 그것을 작은 몇 개의 목표로 나누면 쉽게 달성할 수 있다는 비밀을 알고 있어, 경기 전에 구간별로 표지를 정하기 위해 노선을 돌아본 것이다. 따라서 C가 답이 된다.

단어　★ 放松 fàngsōng 동 정신적 긴장을 풀다 | 将 jiāng 젠 ~을, ~를 | ★ 赛程 sàichéng 몡 경기 일정 | ★ 分段 fēnduàn 동 분단하다, 나누다 | 主要 zhǔyào 톙 주요한 | 目的 mùdì 몡 목적

05

A 缩小目标
B 每天努力练习
C 有一个好教练
D 很早确立了人生目标

A 목표를 축소한다
B 매일 열심히 훈련한다
C 좋은 코치가 있다
D 매우 일찍 인생 목표를 확립했다

问: 他的成功经验是什么?

질문: 그의 성공 경험은 무엇인가?

 마라톤이 우리의 인생과 같다고 생각하는 습관 때문에 답을 D로 혼동할 수 있다. 하지만, 질문은 그의 마라톤 성공 경험이 무엇인지를 묻고 있다. 그가 처음 연습을 시작했을 때 결승점을 목표로 잡아 힘들었다고 하면서, 그 후 큰 목표를 작은 목표로 나누고 나니 원래의 목표에 쉽게 도달하게 되었다는 경험을 말하고 있다. 따라서, 마라톤 우승자는 목표를 나눠서 축소하였기 때문에 성공할 수 있었으므로, A가 답이 된다.

 ★ 缩小 suōxiǎo 동 작게 하다, 축소하다 | 努力 nǔlì 동 노력하다 | ★ 教练 jiàoliàn 명 코치, 감독 | ★ 确立 quèlì 동 확립하다

06

A 他是长跑运动员	A 그는 마라톤 선수다
B 他是一名体育老师	B 그는 체육 선생님이다
C 他是一个长跑教练	C 그는 마라톤 코치다
D 他是一名运动记者	D 그는 스포츠 기자다
问: 根据这段话，可以知道什么?	질문: 이 이야기를 통해 알 수 있는 것은?

 녹음 앞부분에 등장인물이 '기자'와 '마라톤 우승자'라고 언급되어 있다. 3인칭 관찰자 시점으로 언급되는 他 (그)는 长跑冠军(마라톤 우승자), 즉 长跑运动员(마라톤 선수)임을 알 수 있다. 따라서 A가 답이 된다.

 运动员 yùndòngyuán 명 운동선수 | 体育 tǐyù 명 체육 | 老师 lǎoshī 명 선생님

27 day p.114

[01-02]

首都博物馆对志愿者解说员工作量的要求是保证每周至少来博物馆服务一次，每次不少于两小时，[1] 每年服务时间不少于100小时。可是许多志愿者的服务时间远远超过了这个标准。[2] 他们热爱博物馆文化，在与参观者的互动交流中获得许多乐趣。他们给参观者留下了主动、热情、敬业的印象。	수도박물관이 자원봉사 해설자들의 업무량에 대해 요구하는 바는 일주일에 최소 1회 박물관에 와서 봉사하고, 매회 2시간 이상, [1] 연간 봉사 시간은 100시간 이상을 보장하는 것이다. 그러나 많은 자원봉사자의 업무 시간은 이 기준을 훨씬 초과했다. [2] 그들은 박물관의 문화를 뜨겁게 사랑하고, 관람자들과의 교류 가운데 매우 많은 즐거움을 얻는다. 그들은 관람자에게 주동적이고, 열정적이며, 자신의 일에 온 힘을 다한다는 인상을 남겼다.

 중심 내용: 志愿者的服务时间和态度(자원봉사자들의 봉사 시간과 태도)

 首都 shǒudū 명 수도 | ★ 博物馆 bówùguǎn 명 박물관 | 志愿者 zhìyuànzhě 명 자원봉사자 | ★ 解说员 jiěshuōyuán 명 해설자 | 要求 yāoqiú 동 요구하다 | ★ 保证 bǎozhèng 동 (요구·기준을) 확보하다, 보증하다 | 至少 zhìshǎo 부 최소한, 적어도 | 服务 fúwù 동 봉사하다, 서비스하다 | ★ 不少于 bùshǎoyú ~보다 적지 않다, ~ 이상 | 许多 xǔduō 형 매우 많다 | 远远 yuǎnyuǎn 부 훨씬, 멀리 | ★ 超过 chāoguò 동 초과하다, 주월하다 | ★ 标准 biāozhǔn 명 기준 | ★ 热爱 rè'ài 동 열렬히 사랑하다 | 文化 wénhuà 명 문화 | 与 yǔ 전 ~와 (= 跟, 和) | 参观者 cānguānzhě 명 관람객 | 互动 hùdòng 동 서로 영향을 주다, 상호작용하다 | 交流 jiāoliú 동 교류하다 | 获得 huòdé 동 얻다, 획득하다 | ★ 乐趣 lèqù 명 즐거움, 재미 | 留下 liúxià 동 남기다 | ★ 主动 zhǔdòng 형 주동적이다 | 热情 rèqíng 형 열정적이다 | ★ 敬业 jìngyè 동 (학업·업무에) 전력을 다하다, 온 힘을 다하다 | 印象 yìnxiàng 명 인상

A 2个	A 2시간
B 80个	B 80시간
C 100个	C 100시간
D 120个	D 120시간

问: 志愿者每年的服务时间应该不少于多少小时?

질문: 자원봉사자들의 연간 봉사 시간은 최소 몇 시간이어야 하는가?

해설 녹음에서 들을 수 있는 시간은 2시간과 100시간이다. 2시간은 한 번 왔을 때 봉사해야 하는 최소한의 시간이고, 100시간은 1년 기준으로 봉사해야 하는 최소한의 시간이다. 질문에서는 연간 봉사 시간을 묻고 있으므로, 답은 C가 된다.

02

A 工作很累	A 일이 힘들다
B 工资很高	B 월급이 높다
C 志愿者每个星期来一次	C 자원봉사자는 매주 한 번 온다
D 志愿者们热爱博物馆文化	D 자원봉사자들은 박물관의 문화를 무척 사랑한다

问: 根据这段话，下列哪项正确?

질문: 이 이야기에 의하면 다음 중 옳은 것은?

해설 박물관의 해설자들은 자원봉사자들로 이루어져 있다. 자원봉사는 말 그대로 돈을 받지 않고 봉사하는 것이므로 B는 상식적으로 답이 될 수 없다. 그들은 박물관의 문화재를 사랑하기 때문에 뜨거운 열정으로 일하고 있다고 했으므로, 답은 D가 된다.

단어 ★ 工资 gōngzī 圐 월급 | 根据 gēnjù 圐 ~에 근거하여

[03-05]

上世纪40年代中后期，钱钟书的小说《围城》正式出版，《围城》是现代文学史上[3] 最著名的长篇小说之一。小说主要描写了一群那个年代中国知识分子的生活和思想。《围城》[4] 这个书名来自书中人物对话中引用的外国成语：[5] 婚姻就像被围困的城堡，城外的人想冲进去，城里的人想逃出来。《围城》并不仅仅是一部爱情小说，它的内容是多方面的。书中还描写了那个年代各种各样的人物，用细节来表现人物的心理，让你了解人物性格的各个方面，书中那些形象的比喻体现了一个作家的智慧和幽默，也正因为如此，我们也可以把《围城》看做一部有趣的小说。

지난 세기 40년대 중후반, 쳰중수의 소설 〈포위된 성〉이 정식으로 출판되었다. 〈포위된 성〉은 현대문학사에서 [3] 가장 저명한 장편소설 중 하나다. 소설은 주로 당시 중국 지식인들의 생활과 사상을 묘사하였다. 〈포위된 성〉[4] 이라는 제목은 책 속의 인물들의 대화 중에서 인용된 외국 성어다. [5] 결혼은 마치 포위된 성과 같아서, 성 밖의 사람들은 돌진해 들어가고 싶어 하고, 성 안의 사람들은 도망가고 싶어한다. 〈포위된 성〉은 애정 소설일 뿐만 아니라, 그 내용은 아주 다방면이다. 책은 그 시대의 다양한 인물들을 묘사하였고, 섬세한 묘사로 인물들의 심리를 표현하여, 독자로 하여금 인물들 성격의 각 방면을 이해하게 해준다. 책 속의 그런 생생한 비유는 작가의 지혜와 유머를 보여주며, 또 이것 때문에 우리도 〈포위된 성〉을 흥미로운 소설로 여기게 된다.

요약 중심 내용:《围城》是一部长篇小说。(〈포위된 성〉은 한 편의 장편소설이다.)

단어 ★世纪 shìjì 똉 세기 | 年代 niándài 똉 연대 | 小说 xiǎoshuō 똉 소설 | 围 wéi 똉 둘러싸다 | 正式 zhèngshì 똉 정식의 | ★出
版 chūbǎn 똉 출판하다 | 文学 wénxué 똉 문학 | ★著名 zhùmíng 똉 저명하다 | 长篇 chángpiān 똉 장편 | 主要 zhǔyào 똉
주요한, 중요한 | ★描写 miáoxiě 똉 묘사하다 | ★知识分子 zhīshi fènzǐ 똉 지식인 | 思想 sīxiǎng 똉 사상 | 人物 rénwù 똉 인
물 | 对话 duìhuà 똉 대화 | ★引用 yǐnyòng 똉 인용하다 | 外国 wàiguó 똉 외국 | 成语 chéngyǔ 똉 성어 | 婚姻 hūnyīn 똉
결혼 | ★围困 wéikùn 똉 겹겹이 포위하다 | ★城堡 chéngbǎo 똉 작은 성 | 冲 chōng 똉 돌진하다 | 逃 táo 똉 도망치다 | 爱情
àiqíng 똉 애정, 사랑 | 内容 nèiróng 똉 내용 | 方面 fāngmiàn 똉 방면, 분야 | 各种各样 gèzhǒng gèyàng 똉 여러 종류 | ★
细节 xìjié 똉 세부 묘사 | 表现 biǎoxiàn 똉 표현하다 | 心理 xīnlǐ 똉 심리 | 了解 liǎojiě 똉 이해하다 | 性格 xìnggé 똉 성격 | ★
形象 xíngxiàng 똉 구체적이다, 생생하다 | ★比喻 bǐyù 똉 비유 | 体现 tǐxiàn 똉 구현하다 | 作家 zuòjiā 똉 작가, 저자 | ★智慧
zhìhuì 똉 지혜 | ★幽默 yōumò 똉 유머러스하다 | 看做 kànzuò 똉 ～라고 여기다 | 有趣 yǒuqù 똉 흥미가 있다

03

| A 短篇小说 | B 中篇小说 | A 단편소설 | B 중편소설 |
| C 长篇小说 | D 中长篇小说 | C 장편소설 | D 중장편소설 |

问: 《围城》是一部什么作品? 质문: 〈포위된 성〉은 어떤 작품인가?

해설 녹음 앞부분에 이 소설은 역사상 가장 저명한 장편소설(长篇小说) 중의 하나라고 나왔으므로, 답은 C가 된다.

Tip 녹음을 듣기 전, 반드시 보기를 보고 출제자가 묻고자 하는 내용이 무엇인지 파악해야 한다. 보기를 분석
할 때 공통적인 부분(…篇小说)은 고려하지 말고, 대비되는 부분(短, 中, 长, 中长) 중 어떤 것이 녹
음과 부합하는지를 집중적으로 들어야 한다.

단어 ★短篇 duǎnpiān 똉 단편 | 作品 zuòpǐn 똉 작품

04

A 作品中人物的对话	A 작품 속 인물의 대화
B 作品中人物的名字	B 작품 속 인물의 이름
C 作品中人物的性格	C 작품 속 인물의 성격
D 作品中人物房子的特点	D 작품 속 인물 집의 특징

问: 《围城》这个名字来自于什么? 질문: 〈포위된 성〉의 제목 출처는 무엇인가?

해설 책의 제목은 책 속의 인물들의 대화에서 인용된 외국 성어라고 했으므로, 답은 A가 된다.

단어 ★特点 tèdiǎn 똉 특징

05

| A 监狱 | B 爱情 | A 감옥 | B 사랑 |
| C 婚姻 | D 学校 | C 결혼 | D 학교 |

问: 《围城》被用来表示什么? 질문: 〈포위된 성〉은 무엇을 나타내는가?

해설 외국 성어를 인용한 〈포위된 성〉은 결혼 생활을 비유한 것이며, 감옥이나 학교는 녹음에서 언급된 바가 없다. 이
책의 장르는 사랑(爱情)에 관한 애정소설이긴 하지만, 질문에서는 〈포위된 성〉이 무엇을 의미하냐고 물었기 때
문에 답은 C가 된다.

단어 ★监狱 jiānyù 똉 감옥 | 学校 xuéxiào 똉 학교 | 表示 biǎoshì 똉 나타내다

[01-03]

每年[1]七月初七是中国汉族传统的七夕节，过去，姑娘们很重视这个日子，因为这是中国情人节。七夕的夕是晚上的意思，所以[2]七夕说的就是七月初七的晚上。中国人之所以称这一天是属于情人们的，是因为每年的这个晚上，是天上的牛郎和织女在鹊桥相会的日子。因为种种原因，他们一年只能见一次。所以，中国人把七夕视为情人的节日。	매년 [1]칠 월 초이레는 중국 한족의 전통인 '칠석절(七夕节)'이다. 과거에는 이날이 중국의 '연인의 날(밸런타인데이)'이기 때문에 아가씨들은 이날을 매우 중시했다. 칠석의 석(夕)은 저녁을 뜻한다. 그래서 [2]칠석은 칠 월 초이레 저녁을 말한다. 중국인이 이날을 연인들의 날이라고 부르는 것은, 매년 이날 밤, 하늘의 견우와 직녀가 오작교에서 서로 만나는 날이기 때문이다. 여러 가지 이유 때문에, 그들은 일 년에 한 번밖에 만나지 못한다. 그래서 중국인은 칠석을 연인의 날이라고 여긴다.

요약　중심 내용: 中国情人节是七月初七。(중국의 밸런타인데이는 칠 월 초이레다.)
　　　　　→ 중국 밸런타인데이의 유래

단어　汉族 Hànzú 몡 한족 | ★ 传统 chuántǒng 몡 전통 | ★ 七夕 qīxī 몡 칠석 | 过去 guòqù 몡 과거 | 姑娘 gūniang 몡 아가씨 | 重视 zhòngshì 동 중시하다 | ★ 情人节 qíngrénjié 몡 연인의 날(밸런타인데이) | 之所以 zhīsuǒyǐ 젭 ~의 이유 | 称 chēng 동 부르다 | ★ 属于 shǔyú 동 ~에 속하다 | 晚上 wǎnshang 몡 저녁, 밤 | ★ 牛郎 niúláng 몡 견우 | ★ 织女 zhīnǚ 몡 직녀 | ★ 鹊桥 quèqiáo 몡 오작교 | 相会 xiānghuì 동 서로 만나다 | 种种 zhǒngzhǒng 톙 여러 가지의, 갖가지의 | 视为 shìwéi 동 여기다, 간주하다

01

A 六月初六	B 七月初一	A 유 월 초엿새	B 칠 월 초하루
C 七月初七	D 七月十七	**C 칠 월 초이레**	D 칠 월 십칠 일

问: 中国的情人节是哪天?	질문: 중국의 연인의 날(밸런타인데이)은 언제인가?

해설　녹음 맨 앞부분에서 七月初七(칠 월 초이레)라고 언급하였으므로, 답은 C가 된다. 만약 견우와 직녀의 이야기를 알고 있는 사람이라면 대략적인 내용만 알아들었다 하더라도 답을 고를 수 있을 것이다. 보기에 여러 개의 날짜가 제시된 것을 미리 보았다면, 녹음을 들으면서 핵심 단어를 쉽게 확인할 수 있다.

Tip　칠석(七夕)
음력으로 칠 월 초이렛날의 밤이다. 이때 은하의 서쪽에 있는 직녀와 동쪽에 있는 견우가 오작교에서 일 년에 한 번 만난다는 설화가 있다.

02

A 晚上	B 凌晨	A 저녁	B 새벽
C 早晨	D 傍晚	C 아침	D 저녁 무렵

问: 七夕的"夕"是什么意思?	질문: 칠석의 '석'은 무슨 의미인가?

해설　녹음에서 夕는 晚上(저녁)을 뜻한다고 말했으므로 A가 답이 된다.

단어　★ 凌晨 língchén 몡 새벽녘 | 早晨 zǎochen 몡 (이른) 아침 | ★ 傍晚 bàngwǎn 몡 저녁 무렵

<table>
<tr><td>

03

A 牛郎和织女
B 中国的情人节
C 夕是什么意思
D 情人节要干什么

问: 这段话主要谈什么?

</td><td>

A 견우와 직녀
B 중국의 연인의 날(밸런타인데이)
C 석(夕)은 무슨 뜻인가
D 연인의 날에 무엇을 해야 하는가

질문: 이 이야기에서 주로 말하고자 하는 것은?

</td></tr>
</table>

해설　이 지문은 처음부터 끝까지 중국 연인의 날(밸런타인데이)에 관해서 말하고 있다. 비록 견우와 직녀의 이야기가 나오기는 했으나 어디까지나 '연인의 날'이라고 부르는 이유에 대해 설명하기 위해 잠깐 언급한 것뿐이다. 따라서 답은 B가 된다.

[04–06]

<table>
<tr><td>

江南是一个景色优美的地方，是人们心目中的世外桃源。在古代，5江南往往代表着繁荣发达的文化教育和美丽富饶的水乡，地理位置为长江中下游南岸的地区。江南，它代表了中国人对美好生活的无限向往与希望。从古至今，人们常说："上有天堂，下有苏杭"，4苏州、杭州就是江南的代表城市，人们常用人杰地灵来形容江南，6说明这里地方好，人才多。

</td><td>

장난은 풍경이 매우 아름다운 곳이며, 사람들 마음속의 무릉도원이다. 고대에 5장난은 종종 왕성하게 발달한 문화교육과 아름답고 풍요로운 물의 고장을 대표하였다. 지리적 위치는 창장 강 중하류 남안 지역에 있다. 장난은 중국인의 행복한 생활에 대한 무한한 동경과 희망을 대표한다. 옛날부터 지금까지, 사람들은 자주 "하늘에는 천당이 있고, 땅에는 쑤저우와 항저우가 있다"고 했다. 4쑤저우, 항저우는 바로 장난의 대표 도시다. 사람들은 자주 빼어난 곳에서 뛰어난 인물이 난다는 말로 장난을 묘사하는데, 6그것은 이곳이 지역도 좋고, 인재가 많다는 것을 설명한다.

</td></tr>
</table>

요약　중심 내용: 江南风景优美，人杰地灵。(장난은 풍경이 아름답고, 지역도 좋고 뛰어난 인물도 많다.)

단어　景色 jǐngsè 명 경치 | 优美 yōuměi 형 아름답다 | ★世外桃源 shìwài táoyuán 성어 무릉도원 | 古代 gǔdài 명 고대 | 往往 wǎngwǎng 부 자주 | 代表 dàibiǎo 동 대표하다 명 대표 | ★繁荣 fánróng 형 번영하다 | 发达 fādá 형 발달하다 | 文化 wénhuà 명 문화 | 教育 jiàoyù 명 교육 | ★富饶 fùráo 형 풍요롭다 | 水乡 shuǐxiāng 명 물의 고장(하류, 호수가 비교적 많은 지역) | ★地理 dìlǐ 명 지리 | 位置 wèizhi 명 위치 | 地区 dìqū 명 지역 | ★无限 wúxiàn 형 무한하다 | ★向往 xiàngwǎng 동 동경하다 | 希望 xīwàng 동 희망하다 | 从古至今 cónggǔ zhìjīn 옛날부터 지금까지 | ★人杰地灵 rénjié dìlíng 성어 빼어난 곳에서 뛰어난 인물이 난다 | 形容 xíngróng 동 묘사하다, 형용하다

<table>
<tr><td>

04

A 处于长江下游
B 经济不太发达
C 北方人不喜欢江南
D 苏州、杭州是代表城市

问: 关于江南，下列哪项正确?

</td><td>

A 창장 강 하류에 위치해 있다
B 경제가 별로 발달되지 않았다
C 북쪽 사람들은 장난을 좋아하지 않는다
D 쑤저우, 항저우가 대표 도시다

질문: 장난에 관하여 다음 중 옳은 것은?

</td></tr>
</table>

해설　장난(江南)은 창장 강의 하류가 아닌 中下游(중하류)에 있으니 A는 녹음 내용과 일치하지 않는다. 발달한 문화 교육은 언급하였지만, 경제와 북쪽 사람들에 대해서는 언급하지 않았으므로 B, C도 답에서 제외된다. 녹음 후반부에서 정확하게 쑤저우, 항저우가 장난의 대표 도시라고 말했으므로 답은 D가 된다.

단어　★处于 chǔyú 동 ~에 있다, 처하다 | 经济 jīngjì 명 경제 | 北方人 běifāngrén 명 북쪽 사람 | 城市 chéngshì 명 도시 | 关于 guānyú 전 ~에 관하여

<table>
<tr><td rowspan="2">**05**</td><td>A 贫穷</td><td>B 繁荣</td><td>A 빈곤하다</td><td>B 번영하다</td></tr>
<tr><td>C 不发达</td><td>D 需要发展</td><td>C 발전하지 않았다</td><td>D 발전이 필요하다</td></tr>
</table>

问: 下列哪个词可以用来形容江南? | 질문: 다음 중 어느 단어로 장난을 묘사할 수 있는가?

[해설] 이 녹음 지문은 장난(江南)이라는 지역을 설명하고 있다. 어려운 단어와 서면어가 등장하긴 하지만, 전체적으로 이 도시의 부정적인 면보다는 긍정적인 면을 설명한다는 점만 기억하면 된다. 繁荣(번영하다), 发达(발달하다), 向往(동경하다), 希望(희망하다), 代表(대표하다) 등의 단어 중에 1~2개만이라도 들었다면, 보기에서 긍정의 단어 B(繁荣)를 답으로 선택할 수 있다.

[단어] ★ 贫穷 pínqióng 圈 가난하다 | ★ 需要 xūyào 통 필요하다 | 发展 fāzhǎn 통 발전하다

<table>
<tr><td rowspan="4">**06**</td><td>A 地方好，人才多</td><td>A 지역이 좋고, 인재도 많다</td></tr>
<tr><td>B 地方大，人才少</td><td>B 지역이 크고, 인재는 적다</td></tr>
<tr><td>C 地方小，人才少</td><td>C 지역이 작고, 인재가 적다</td></tr>
<tr><td>D 地方小，人才多</td><td>D 지역이 작고, 인재가 많다</td></tr>
</table>

问: "人杰地灵"主要是什么意思? | 질문: '빼어난 곳에서 뛰어난 인물이 난다'는 무슨 뜻 인가?

[해설] 人杰地灵이라는 4자 성어를 알고 문제를 푸는 사람은 많지 않을 것이다. 녹음에서 어려운 단어가 나왔을 때는 바로 뒷부분에 그에 대한 설명이 나올 수 있으니, 귀를 쫑긋 세우고 들어야 한다. 녹음 마지막 부분에 地方好, 人才多(지역이 좋고, 인재가 많다)라고 정확히 말해주고 있으니, 답은 A가 된다.

Tip 人杰地灵
地灵의 사전적 의미는 '토지가 영험하다, 지세가 빼어나다'이다. 즉 지리적으로 위치도 좋고, 땅도 비옥하고, 경치도 아름답다는 의미를 함축적으로 표현한 것이다. 人杰는 '걸출한 인물, 훌륭한 인재'라는 뜻이다.

---

29 day　p.120

[01-03]

在现代社会，养宠物的人越来越多。[3] 养宠物有哪些好处呢？首先，可以培养人的爱心和责任感。养宠物的话，你必须每天喂它，从而你就感到这是你的责任。其次，宠物是你忠实的朋友。你对它说出心底的秘密，[1] 因为它不会告诉任何人。再次，你还可以拥有一个保镖。如果有陌生人靠近，它会马上告诉你。最后，和宠物在一起，可以调整自己的情绪，从而[2] 起到缓解压力的作用。

현대 사회에, 애완동물을 기르는 사람들이 점점 많아지고 있다. [3] 애완동물을 기르는 것은 어떤 좋은 점이 있을까? 먼저, 사람의 사랑하는 마음과 책임감을 기를 수 있다. 애완동물을 기르면, 당신은 반드시 매일 먹이를 줘야 하고, 이로 인해 이것을 당신의 책임으로 생각하게 된다. 다음으로, 애완동물은 당신의 충실한 친구다. 당신은 애완동물에게 마음속의 비밀을 말하게 된다. [1] 왜냐하면 애완동물은 비밀을 그 누구에게도 발설할 수 없기 때문이다. 또한, 당신은 보디가드 하나를 얻게 된다. 만약 모르는 사람이 가까이 오면, 애완동물은 바로 당신에게 알려줄 것이다. 마지막으로, 애완동물과 같이 있으면, 자신의 기분을 조절할 수 있으며, 이로써 [2] 스트레스를 줄이는 역할도 한다.

[요약] 중심 내용: 养宠物的好处(애완동물을 기르면 좋은 점)

단어   现代 xiàndài 명 현대 | ★ 社会 shèhuì 명 사회 | ★ 宠物 chǒngwù 명 애완동물 | 好处 hǎochu 명 좋은 점 | 首先 shǒuxiān 때 첫째, 먼저 | ★ 培养 péiyǎng 동 기르다 | 爱心 àixīn 명 사랑하는 마음 | ★ 责任感 zérèngǎn 명 책임감 | ★ 必须 bìxū 부 반드시 ~해야 한다 | ★ 喂 wèi 동 (동물에게) 먹이를 주다 | 从而 cóng'ér 접 그리하여, 이로써 | 其次 qícì 때 다음 | ★ 忠实 zhōngshí 형 충실하다 | ★ 秘密 mìmì 명 비밀 | 告诉 gàosu 동 말하다, 알리다 | ★ 任何 rènhé 때 어떠한 | 再次 zàicì 부 두 번째 | ★ 拥有 yōngyǒu 동 가지다 | ★ 保镖 bǎobiāo 명 보디가드 | 陌生人 mòshēngrén 명 낯선 사람 | ★ 调整 tiáozhěng 동 조절하다 | 情绪 qíngxù 명 정서, 기분 | ★ 缓解 huǎnjiě 동 풀어지게 하다, 누그러뜨리다 | ★ 压力 yālì 명 스트레스

01

A 主人没有朋友	A 주인이 친구가 없어서
B 宠物不会告诉别人	B 애완동물은 다른 사람에게 말할 수 없어서
C 宠物喜欢听主人说话	C 애완동물은 주인이 말하는 것을 듣기 좋아해서
D 主人想让宠物了解自己	D 주인이 애완동물에게 자신을 이해시키고 싶어해서
问: 主人为什么愿意把秘密告诉宠物?	질문: 주인은 왜 애완동물한테 비밀을 말하고 싶어하는가?

해설   애완동물에게 비밀을 얘기하는 것은, 애완동물은 비밀을 그 누구에게도 발설할 수 없기 때문이다. 따라서 B가 답이 된다.

단어   主人 zhǔrén 명 주인 | 了解 liǎojiě 동 이해하다 | 愿意 yuànyi 조동 ~하기를 바라다

02

A 宠物会增加烦恼	A 애완동물은 고민거리를 늘린다
B 养宠物要花很多钱	B 애완동물을 기르려면 많은 돈이 필요하다
C 宠物可以帮主人减轻压力	C 애완동물은 주인의 스트레스를 줄이는 데 도움을 줄 수 있다
D 和宠物在一起，可以变年轻	D 애완동물과 같이 있으면, 젊어질 수 있다
问: 关于宠物，下列哪项正确?	질문: 애완동물에 관하여 다음 중 옳은 것은?

해설   녹음 지문에서 애완동물을 기르면 어떠한 좋은 점이 있는지 자신의 의견을 하나씩 나열하고 있다. 물론 애완동물을 기르는 것은 돈이 들어가고, 번거롭고, 귀찮고, 지저분하다는 등의 단점도 있겠지만, 녹음에서는 애완동물을 기르면 좋은 점 4가지만을 언급하고 있으며, 그 중 4번째 장점은 스트레스를 줄이는 역할을 한다고 말했다. 따라서 답은 C가 된다.

> Tip   순서를 나타내는 방법
> 예 第一，第二，第三，第四…
>   首先，其次，再次，最后

단어   增加 zēngjiā 동 증가하다 | ★ 烦恼 fánnǎo 형 걱정하다 | 花 huā 동 쓰다, 소비하다 | ★ 减轻 jiǎnqīng 동 줄다, 감소하다 | 关于 guānyú 전 ~에 관하여

03

A 如何养宠物	A 어떻게 애완동물을 기르는가
B 养宠物的坏处	B 애완동물을 기르면 나쁜 점
C 养宠物的好处	C 애완동물을 기르면 좋은 점
D 养宠物的好处与坏处	D 애완동물을 기르면 좋은 점과 나쁜 점
问: 这段话主要讲的是什么?	질문: 이 이야기에서 주로 말하고자 하는 것은?

해설 화자는 '애완동물을 기르는 것은 어떤 좋은 점이 있을까?'를 시작으로, 애완동물을 기르는 것의 긍정적인 측면만을 언급하였다.

1. 사랑하는 마음과 책임감이 생긴다.

2. 비밀을 말할 수 있는 친구가 생긴다.

3. 낯선 사람의 접근을 알려준다.

4. 스트레스를 줄일 수 있다.

따라서 전체적인 문맥을 통해 C가 답인 것을 알 수 있다.

단어 如何 rúhé 때 어떻게

[04-05]

三字经的第一句就是 [4] "人之初，性本善"，意思就是所有的孩子原本都是善良的。孩子们的思维是活跃的，想象力非常丰富，可是他们本质上也是平凡的，他们想象力的方向，大概都要向善。因此，老师和家长都要特别爱护孩子们又平凡又善良的作文。除此以外，[5] 还要欣赏孩子的作文，并且给予肯定。在这世界上，一切大思想家们的思想都是生长在善的情怀中的。	삼자경의 제일 첫 구절은 [4]'인간의 본성은 선하다'이다. 뜻은 바로 모든 아이들은 원래 착하다는 것이다. 아이들의 사유는 활달하고, 상상력도 매우 풍부하지만 그들의 본질 또한 평범하다. 그들의 상상력의 방향은 대부분 선한 것을 따르려 한다. 그러므로, 교사와 학부모들은 모두 아이들의 평범하고 선량한 작문을 특별히 소중히 다뤄야 한다. 이외에, [5]아이들의 작문을 감상해주고, 인정해주어야 한다. 이 세상의 모든 위대한 사상가들의 생각은 모두 선한 심경 속에서 자란 것이다.

요약 중심 내용: 孩子原本很善良。(아이들은 원래 착하다.)

단어 ★ 所有 suǒyǒu 혱 모든 | 原本 yuánběn 뷔 원래 | 善良 shànliáng 혱 선량하다 | ★ 思维 sīwéi 몡 사유 | ★ 活跃 huóyuè 혱 활동적이다 | 想象力 xiǎngxiànglì 몡 상상력 | 丰富 fēngfù 혱 풍부하다 | ★ 本质 běnzhì 몡 본질 | ★ 平凡 píngfán 혱 평범하다 | 大概 dàgài 뷔 아마(도), 대개 | ★ 向善 xiàngshàn 동 선을 지향하다, 선한 것을 따르다 | 家长 jiāzhǎng 몡 가장, 학부모 | 特别 tèbié 뷔 특별히, 유달리 | ★ 爱护 àihù 동 아끼고 보호하다 | 除此以外 chúcǐ yǐwài 이밖에, 이외에 | ★ 欣赏 xīnshǎng 동 감상하다 | 并且 bìngqiě 젭 게다가 | ★ 给予 jǐyǔ 동 주다 | 肯定 kěndìng 동 좋다고 인정하다 | 思想家 sīxiǎngjiā 몡 사상가 | ★ 情怀 qínghuái 몡 심경

04

A 智力超常	A 지능이 뛰어나다
B 原本善良	B 원래 착하다
C 原本不平凡	C 원래 평범하지 않다
D 不爱写作文	D 작문 쓰기를 싫어한다

问: 关于孩子，下面哪项说法正确? / **질문: 아이들에 관하여 다음 중 옳은 것은?**

해설 녹음에서 삼자경의 첫 구절인 '人之初，性本善(인간의 본성은 선하다)'을 시작으로, 모든 아이들은 원래 착하다고 말하고 있다. 따라서 답은 B가 된다. 고문을 잘 알고 있다면 '人之初，性本善'만 듣고도 녹음에서 말하려는 내용이 무엇인지를 대충 짐작할 수 있다.

Tip 독해도 아닌 듣기에서 '人之初，性本善'이라는 말을 이해한다는 것은 쉽지 않다. 그러나 시험에는 어느 정도의 법칙이 있다. 응시생 대부분이 모르는 말을 핵심 키워드로 문제를 내는 것은 출제자 쪽에서도 무리가 있으므로, 반드시 뒷부분에 부연 설명이 있게 마련이다. 모르는 말이 나왔다고 당황하지 말고 그 뒷부분을 잘 들어보자.

단어 ★ 智力 zhìlì 몡 지능 | ★ 超常 chāocháng 혱 뛰어나다, 보통이 넘다 | 关于 guānyú 전 ~에 관해서

05

| A 修改 | B 肯定 | A 고쳐준다 | B 인정한다 |
| C 收藏 | D 爱护 | C 소장한다 | D 소중히 한다 |

问: 家长最应该怎样对待孩子的作文?

질문: 학부모들은 아이들의 작문을 가장 어떻게 대해야 하는가?

해설 난이도가 있는 문제다. 녹음에서 교사와 학부모는 아이들의 작문을 소중히 하고(爱护) 감상해주고(欣赏) 인정해 주어야(肯定) 한다고 언급했기 때문에 답이 B, D 모두 해당한다고 혼동될 수 있다. 하지만 사용된 접속사 'A, 除此之外还要 B, 并且 C' 형식에서는 맨 나중에 나온 C가 가장 중요한 것이 되므로, 답은 B가 된다.

단어 修改 xiūgǎi 통 수정하다, 고치다 | ★ 收藏 shōucáng 통 소장하다 | ★ 对待 duìdài 통 다루다

30 day p.120

[01-03]

日常生活中，人们发现[1,3]一些长时间生活在一起的夫妇的外貌很像，这就是人们所谓的"夫妻相"。事实上，夫妻越来越像对方，还有一个生理原因：双方的生活习惯、饮食结构相同。时间久了，夫妻俩相同的面部肌肉得到锻炼，笑容和表情逐渐趋于一致，让两个人的外貌看起来有了相似之处。不过，大夫强调，相貌不同的夫妻占绝大多数，即使长得相似，性格也可能不一样。因此，判断两人感情好不好，绝不能光看相貌。因此，[2]婚姻是否幸福跟这个没有必然的联系。

일상생활에서 사람들은[1,3] 장시간 같이 생활한 부부들의 외모가 매우 닮았다는 것을 발견하게 된다. 이것이 이른바 '부부상'이라는 것이다. 사실, 부부가 점점 상대방을 닮아가는 것에는 생리적 원인이 있다. 쌍방의 생활습관, 음식 구조가 같기 때문이다. 시간이 오래되면, 부부는 같은 얼굴 근육이 단련되고, 웃는 모습과 표정이 점점 일치하게 되어, 두 사람의 외모에 비슷한 점이 있어 보이는 것이다. 하지만, 의사는 외모가 닮지 않은 부부가 대다수를 차지하고, 설령 외모가 닮았다 하더라도, 성격은 다를 수도 있다고 강조했다. 그러므로 두 사람의 감정이 좋고 나쁘고를 판단하는 것은, 절대로 외모만으로 볼 수는 없다. 따라서, [2]결혼 생활의 행복 여부는 이것과 필연적인 관계는 없다.

요약 중심 내용: "夫妻相"形成的原因('부부상'이 형성된 원인)

단어 日常生活 rìcháng shēnghuó 몡 일상생활 | 夫妇 fūfù 몡 부부 | ★ 外貌 wàimào 몡 외모 | ★ 所谓 suǒwèi 휑 소위, 이른바 | 事实 shìshí 몡 사실 | 夫妻 fūqī 몡 부부 | 生理 shēnglǐ 몡 생리 | 习惯 xíguàn 몡 습관, 버릇 | ★ 饮食 yǐnshí 몡 음식 | ★ 结构 jiégòu 몡 구조, 구성 | 面部 miànbù 몡 얼굴 | ★ 肌肉 jīròu 몡 근육 | 锻炼 duànliàn 통 단련하다 | 笑容 xiàoróng 몡 웃는 얼굴 | 表情 biǎoqíng 몡 표정 | ★ 逐渐 zhújiàn 면 점점 | 趋于 qūyú 통 ~로 향하다 | ★ 一致 yízhì 휑 일치하다 | 相似 xiāngsì 휑 서로 비슷하다 | ★ 强调 qiángdiào 통 강조하다 | ★ 相貌 xiàngmào 몡 용모 | 判断 pànduàn 통 판단하다 | 婚姻 hūnyīn 몡 결혼 생활 | 幸福 xìngfú 휑 행복하다 | 必然 bìrán 휑 필연적이다 | 联系 liánxì 몡 관계, 연관

01

A 女儿更像爸爸	A 딸은 아빠를 더 닮는다
B 儿子长得像妈妈	B 아들의 생김새는 엄마를 닮는다
C 只有"夫妻相"的人才能幸福	C '부부상'인 사람만이 행복할 수 있다
D "夫妻相"需要共同的生活经历	D '부부상'은 함께 생활한 경험이 있어야 한다

问: 关于"夫妻相"，下面哪项正确?

질문: '부부상'에 관하여 다음 중 옳은 것은?

해설 녹음은 장시간 같이 생활한 부부들의 외모가 닮은 것을 '부부상'이라고 한다는 정의로 시작하고 있다. 따라서 공통된 생활을 오래 한 사람이어야 하므로 D가 답이 된다.

단어 ★ 需要 xūyào 통 필요하다 | 共同 gòngtóng 휑 공동의 | ★ 经历 jīnglì 몡 경험, 경력

<table>
<tr><td>02</td><td>

A 现在还存在争论
B 没有必然的联系
C 没有"夫妻相"不幸福
D 有"夫妻相"的夫妻不会离婚

</td><td>

A 지금도 논쟁이 있다
B 필연적인 관계는 없다
C '부부상'이 없으면 행복하지 않다
D '부부상'이 있는 부부는 이혼하지 않는다

</td></tr>
<tr><td></td><td>

问: 关于"夫妻相"和家庭幸福的关系, 说话人是什么观点?

</td><td>

질문: '부부상'과 가정의 행복과의 관계에 대한 화자의 관점은 무엇인가?

</td></tr>
</table>

[해설] 의사는 대다수의 부부는 부부상을 갖고 있지 않고, 설사 부부의 외모가 닮았다 하더라도 성격이 다를 수도 있다고 강조했다며, 닮은 외모를 가졌다고 해서 반드시 행복한 것은 아니고, 부부상은 결혼생활의 행복 여부와는 관계가 없다고 녹음 맨 마지막에 직접적으로 언급하고 있다. 따라서 B가 답이 된다.

[단어] 存在 cúnzài 동 존재하다 | ★ 争论 zhēnglùn 동 논쟁하다 | 离婚 líhūn 동 이혼하다 | 家庭 jiātíng 명 가정 | 关系 guānxi 명 관계 | 观点 guāndiǎn 명 관점

<table>
<tr><td>03</td><td>

A 幸福是什么
B 什么是"夫妻相"
C 结婚的前提条件
D 夫妻应该有一样的生活习惯

</td><td>

A 행복이란 무엇인가
B '부부상'이란 무엇인가
C 결혼의 전제조건
D 부부는 같은 생활습관이 있어야 한다

</td></tr>
<tr><td></td><td>

问: 这段话主要谈什么?

</td><td>

질문: 이 이야기에서 주로 말하는 것은?

</td></tr>
</table>

[해설] 글의 주제를 찾는 것은 난이도가 비교적 낮은 문제다. 이 지문은 부부상이 어떻게 만들어지고 어떤 작용이 있는지에 관한 내용이 주를 이루고 있으므로 B가 답이 된다.

[단어] 结婚 jiéhūn 동 결혼하다 | 前提 qiántí 명 전제 | 应该 yīnggāi 조동 마땅히 ~해야 한다

[04-05]

<table>
<tr><td>

　　在动物界, 狼是一种非常聪明的动物, 如果让单个的狗与单个的狼搏斗, 失败的肯定是狗。虽然狗与狼是近亲, 它们的体型也差不多。但为什么失败的总是狗呢? 有人曾就这问题仔细地将狗与狼作对比研究。结果发现, 经人类长期饲养的狗, 因为不面临生存的危机, 4 脑容量远远小于狼, 而生长在野外的狼, 为了生存, 它们的大脑被很好地开发, 不但非常有创造性, 而且有着异乎寻常的生存智慧。狗并不是天生就比狼愚蠢, 而是后天豢养的结果。因为万事万物皆有惰性, 5 一旦条件优越, 就难免不思进取。

</td><td>

동물들의 세계에서 늑대는 매우 똑똑한 동물이다. 만약 개 한 마리와 늑대 한 마리를 싸우게 하면, 패배하는 것은 분명히 개다. 비록 개와 늑대는 근친이기도 하고, 그들의 체격도 비슷하지만 왜 항상 지는 것은 개일까? 어떤 사람은 일찍이 이 문제에 대해 개와 늑대를 자세히 비교 연구하였다. 그 결과 인류가 오랜 기간 사육해온 개는 생존 위기에 직면해본 적이 없기 때문에, 4 뇌 용량이 늑대보다 훨씬 적다는 것을 발견하였다. 반면 야생에서 살아온 늑대는, 생존을 위해서 대뇌가 매우 잘 발달되어 뛰어난 창의력이 있을 뿐만 아니라, 보통 이상의 생존 지혜도 갖고 있다. 개는 천성적으로 늑대보다 우둔한 것이 아니고, 후천적으로 사육된 결과다. 세상 만물은 모두 타성이 있기 때문에, 5 일단 조건이 좋으면, 진취적인 생각을 하지 않기 마련이다.

</td></tr>
</table>

[요약] 중심 내용: 条件优越容易不思进取。 (조건이 우월하면 진취적이지 못하게 된다.)

04

A 狼野性大
B 狼力气大
C 狼脑容量大
D 狼的体型比狗大

问: 狼和狗搏斗，狼为什么一定赢?

A 늑대는 야성이 강하다
B 늑대는 힘이 좋다
C 늑대의 뇌 용량이 크다
D 늑대의 체격이 개보다 크다

질문: 늑대와 개가 싸우면, 왜 늑대가 반드시 이기는가?

해설 늑대는 야생에서 생활하기 때문에 생명의 위협을 많이 받는다. 이 때문에 생존을 위해서 머리를 써야 할 일들이 많아서, 집에서 사육되는 개들보다 대뇌가 잘 발달되어 뇌 용량이 크다. 그래서 늑대와 개가 싸우면 늑대가 이기게 되는 것이므로 C가 답이 된다.

단어 野性 yěxìng 몡 야성

05

A 狼适应力强
B 狼非常聪明
C 愚蠢当然失败
D 条件优越容易不思进取

问: 这段话告诉我们什么道理?

A 늑대는 적응력이 뛰어나다
B 늑대는 매우 똑똑하다
C 우둔하면 당연히 실패한다
D 조건이 우월하면 진취적이지 못하기 쉽다

질문: 이 이야기에서 말하고자 하는 도리는 무엇인가?

해설 개와 늑대는 근친 관계이며 체격도 비슷한데, 싸움에서는 항상 개가 진다. 그 이유는 개가 사람이 주는 음식을 먹고, 주인의 보살핌을 받으면서 생활하기 때문에 위기의식이나 머리를 써야 할 일이 전혀 없어 발달되지 못하는 것이다. 세상 만물은 조건이 좋은 상황에 있으면, 더 나아지려고 노력하는 진취적인 생각을 하지 않는다고 녹음 마지막 부분에 중심 생각을 언급하고 있으므로 D가 답이 된다.

단어 ★ 适应 shìyìng 동 적응하다 | 容易 róngyì 휑 쉽다

실전 모의고사

01

A 认真工作	A 열심히 일한다
B 锻炼身体	B 몸을 단련한다
C 去公司工作	C 회사에 가서 일한다
D 抽时间休息	D 시간을 내서 휴식한다

女: 不管工作怎么忙，你都要抽时间锻炼身体。

男: 话是这么说，可是公司里一忙起来就什么都顾不上了。

问: 女的有什么建议?

여: 일이 아무리 바쁘더라도, 시간을 내서 몸을 단련해야 해요.

남: 말은 그렇게 하지만, 회사 일이 바쁘면 어느 것도 신경 쓸 수 없어요.

질문: 여자는 어떤 제안을 하였는가?

해설 工作(일하다), 公司(회사), 忙(바쁘다)이라는 어휘가 반복적으로 등장하므로, 일과 관련된 A나 C가 답이라고 착각할 수 있다. 하지만 여자가 남자에게 제안한 것은 운동, 즉 锻炼身体(몸을 단련하다)이므로 답은 B가 된다.

Tip 문제를 풀 때 질문 내용을 정확히 파악하는 것이 제일 중요하다.

단어 认真 rènzhēn 톙 성실하다 | 工作 gōngzuò 됭 일하다 | ★ 锻炼 duànliàn 됭 단련하다 | 身体 shēntǐ 몡 신체 | 公司 gōngsī 몡 회사 | ★ 抽 chōu 됭 (시간, 틈을) 내다 | 休息 xiūxi 됭 휴식하다 | ★ 不管 bùguǎn 젭 ~을 막론하고 | 怎么 zěnme 떼 어떻게 | 忙 máng 톙 바쁘다 | 可是 kěshì 젭 그러나 | ★ 顾不上 gùbushàng 생각도 할 수 없다, 돌볼 틈이 없다 | ★ 建议 jiànyì 몡 건의, 제안

02

| A 迟到了 | B 当了老板 | A 지각했다 | B 사장이 되었다 |
| C 换工作了 | D 买新电脑了 | C 직업을 바꾸었다 | D 새 컴퓨터를 샀다 |

女: 你的同事小李呢? 电话也打不通，怎么都找不到他。

男: 他早就不干了，听说去了北京，现在在电脑公司上班。

问: 关于小李我们可以知道什么?

여: 당신의 동료 샤오리는요? 전화도 연결 안 되고, 어떻게 해도 그를 찾을 수가 없어요.

남: 그는 일찍이 관뒀어요. 듣자하니 베이징으로 가서, 지금은 컴퓨터 회사에 다닌다고 해요.

질문: 샤오리에 대해서 알 수 있는 것은?

해설 녹음을 통해서 우리는 샤오리에 관한 많은 정보를 알 수 있다. 첫째, 샤오리는 회사를 그만두었다. 둘째, 베이징으로 갔다. 셋째, 지금은 컴퓨터 회사에 다니고 있다. 하지만 내용에만 치우치지 말고 질문을 예측하면서 듣도록 하자. 여자는 현재 샤오리를 찾고 있으며, 그와 연락이 안 되는 이유가 무엇인지 알고 싶어한다. 대화에서 남자가 他早就不干了(그는 일찍이 관뒀어요)라고 말하며, 지금은 컴퓨터 회사에 다닌다고 한 것으로 离开了原来的公司(원래의 회사를 그만뒀다), 找到了新工作(새로운 일을 구했다), 换工作了(직업을 바꾸었다) 등이 답이 될 수 있으므로, 답은 C가 된다.

 ★ 迟到 chídào 통 지각하다 | 当 dāng 통 ~이 되다 | ★ 老板 lǎobǎn 명 사장 | 换 huàn 통 바꾸다 | 工作 gōngzuò 명 직업 | 新 xīn 형 새롭다 | ★ 电脑 diànnǎo 명 컴퓨터 | 同事 tóngshì 명 동료 | 电话 diànhuà 명 전화 | 打 dǎ 통 치다, (전화를) 걸다 | 怎么 zěnme 때 어떻게 | 干 gàn 통 일을 하다 | 听说 tīngshuō 통 듣자하니 ~라고 하다 | 现在 xiànzài 명 지금 | 公司 gōngsī 명 회사 | 上班 shàngbān 통 출근하다 | ★ 关于 guānyú 전 ~에 관해서 | 可以 kěyǐ 조동 ~할 수 있다

03

A 小王	B 刘经理
C 李厂长	D 技术人员

A 샤오왕	B 류 팀장
C 리 공장장	D 기술자

男: 听小王说, 上个星期营销部的刘经理辞职了, 你知道吗?

女: 是吗? 难怪这几天没见到他, 我还以为他休假了呢。

问: 谁辞职了?

남: 샤오왕이 그러는데, 지난주에 영업부의 류 팀장이 사직했대, 너 알고 있어?

여: 그래? 어쩐지 요 며칠 안 보이더라니, 나는 휴가인 줄 알았지.

질문: 누가 사직했는가?

 단순한 관계를 묻는 문제다. 녹음에서는 小王과 刘经理가 언급되었는데, 小王은 소식을 말해준 사람이고, 실제로 회사를 그만둔 사람은 刘经理이므로 답은 B가 된다.

 녹음 지문에서 언급된 각각의 인물마다 어떤 행동을 했는지 구분해서 듣는 훈련이 필요하다.

 ★ 经理 jīnglǐ 명 사장, 팀장 | 厂长 chǎngzhǎng 명 공장장 | 技术人员 jìshù rényuán 명 엔지니어, 기술자 | 星期 xīngqī 명 주 | ★ 营销部 yíngxiāobù 명 영업부 | ★ 辞职 cízhí 통 사직하다 | ★ 难怪 nánguài 부 어쩐지 | 以为 yǐwéi 통 ~라고 (잘못) 여기다 | 休假 xiūjià 통 휴가를 보내다

04

A 死机了	B 太旧了
C 中病毒了	D 反应很慢

A 다운되었다	B 너무 낡았다
C 바이러스에 감염되었다	D 반응이 느리다

女: 你看看我的电脑, 怎么反应速度越来越慢了, 是不是中病毒了?

男: 还不是你装了太多的软件, 最好把不常用的程序删除掉。

问: 女的的电脑怎么了?

여: 내 컴퓨터 좀 봐줘, 어째 반응 속도가 점점 느려져. 바이러스에 감염된 건 아닐까?

남: 네가 프로그램을 너무 많이 설치해서 그렇잖아. 자주 사용하지 않는 프로그램은 지우는 게 제일 좋아.

질문: 여자의 컴퓨터는 어떠한가?

 남녀는 컴퓨터에 생긴 문제에 대해 대화를 하고 있으므로, 언뜻 A의 死机(다운되다)라고 생각하기 쉽다. 하지만 남자는 너무 많은 프로그램을 설치한 것이 컴퓨터의 反映速度(반응 속도)를 느리게 만들었다고 말했으므로, 답은 D가 된다.

 病毒(바이러스)가 언급되긴 했지만, 是不是(~인가 아닌가)라는 추측성 발언이므로 답이 될 수 없다. 듣기에서는 이처럼 추측성 발언에 혼동하지 않도록 조심해야 한다.

 ★ 死机 sǐjī 통 컴퓨터가 다운되다 | 旧 jiù 형 낡다 | 中 zhòng 통 당하다, 걸리다 | ★ 病毒 bìngdú 명 바이러스 | ★ 反应 fǎnyìng 명 반응 | 慢 màn 형 느리다 | 电脑 diànnǎo 명 컴퓨터 | ★ 速度 sùdù 명 속도 | 越来越 yuèláiyuè 점점 ~해지다 | 装 zhuāng 통 설치하다 | ★ 软件 ruǎnjiàn 명 소프트웨어 | 最好 zuìhǎo 형 가장 좋다 | 常用 chángyòng 형 자주 사용하는 | ★ 程序 chéngxù 명 프로그램 | ★ 删除 shānchú 통 삭제하다 | 掉 diào 통 ~해버리다

05

A 顾客多	B 在四川
C 菜太辣了	D 菜的味道一般

A 손님이 많다	B 쓰촨에 있다
C 음식이 너무 맵다	D 음식 맛이 평범하다

女：听四川的同学说，这家饭馆做的川菜最正宗。
男：难怪每天都爆满呢。

问：这个饭馆怎么样?

여: 쓰촨 친구 말로는, 이 식당에서 만든 쓰촨 음식이 제일 정통이래.
남: 어쩐지 매일 만원이 되더라.

질문: 이 식당은 어떠한가?

해설 우리의 고정관념으로 四川(쓰촨) 음식을 떠올리면 일단 '맵다'라고 생각하겠지만, 녹음에서는 이 식당의 음식 맛이 가장 정통이라고 했다. 따라서 D처럼 맛이 평범하다는 평가보다는 맛있다고 평가하는 것이 옳다. 또한 顾客(손님)라는 표현이 나오지는 않았지만, 爆满(만원이 되다)은 식당에 손님들이 넘쳐난다는 의미이므로, 답은 A가 된다.

▶ 어휘 변환
爆满 만원이 된다 = A 顾客多 손님이 많다

단어 ★ 顾客 gùkè 몡 고객 | 菜 cài 몡 음식, 요리 | 辣 là 휑 맵다 | 味道 wèidao 몡 맛 | 一般 yìbān 휑 보통이다, 평범하다 | 同学 tóngxué 몡 학우 | 饭馆 fànguǎn 몡 식당 | ★ 正宗 zhèngzōng 휑 정통의 | 难怪 nánguài 뷔 어쩐지 | ★ 爆满 bàomǎn 동 만원이 되다, 꽉 차다

06

A 同事	B 邻居
C 朋友	D 同学

A 동료	B 이웃
C 친구	D 동창

男：你看见了吗? 咱们隔壁有人搬进来了。
女：真的吗? 如果有机会，要不要请他们来家里吃顿饭呢?

问：他们在谈论谁?

남: 당신 봤어요? 우리 이웃집에 누가 이사 왔어요.
여: 정말요? 기회가 되면, 그 사람들을 집으로 초대해서 식사할까요?

질문: 그들은 누구에 대해 이야기하고 있는가?

해설 그들이 누구에 대해 이야기하는지에 대한 힌트는 녹음에서 이미 나왔다. 隔壁(이웃집), 搬进来(이사 오다) 등을 통해 우리는 남녀가 새로 이사 온 이웃집에 대해 이야기하고 있음을 알 수 있다. 따라서 답은 B가 된다.

단어 同事 tóngshì 몡 동료 | ★ 邻居 línjū 몡 이웃, 이웃집 | 朋友 péngyou 몡 친구 | 同学 tóngxué 몡 학우, 동창 | 咱们 zánmen 떼 우리 | ★ 隔壁 gébì 몡 이웃집, 이웃 | 搬 bān 동 이사하다 | 如果 rúguǒ 쩝 만약 | 机会 jīhuì 몡 기회 | ★ 顿 dùn 양 끼니 | 饭 fàn 몡 밥

07

A 买房
B 存钱
C 还清贷款
D 去银行贷款

A 집을 산다
B 저금을 한다
C 대출을 갚는다
D 은행에 가서 대출을 한다

女：利息越来越高了，我想把贷款一次还清，省下的钱可以干点儿别的。
男：我一直以为你没有存款呢! 有钱干嘛还每月还贷啊? 当然越早还清越好了!

问：女的要做什么?

여: 이율이 점점 높아지고 있으니, 나는 대출을 한 번에 다 갚아버리고 싶어. 남은 돈으로 다른 것을 할 수 있잖아.
남: 나는 네가 저금을 안 하는 줄 알고 있었어! 돈이 있으면서 왜 매달 대출을 갚아? 당연히 빨리 갚을수록 좋지!

질문: 여자는 무엇을 하려고 하는가?

 贷款(대출)이라는 단어가 등장한다. 하지만 여자가 하려고 하는 행동은 대출을 받는 것(D)이 아니라, 대출을 갚는 일이므로, 답은 C가 된다. 还는 '아직도, 여전히(hái)라는 부사적 뜻도 있지만, '갚는다, 되돌려준다(huán)'의 동사적 의미도 있다는 점에 유의하자.

 存 cún 圖 저축하다 | ★ 还清 huánqīng 圖 청산하다 | ★ 贷款 dàikuǎn 圖 대출하다 | 银行 yínháng 圖 은행 | ★ 利息 lìxī 圖 이자 | 越来越 yuèláiyuè 점점 ~해지다 | 以为 yǐwéi 圖 ~라고 (잘못) 여기다 | ★ 存款 cúnkuǎn 圖 저금하다 | ★ 贷 dài 圖 대부금 | 当然 dāngrán 圖 당연히

08

A 赶不上飞机	A 비행기를 놓쳐서
B 没赶上汽车	B 차를 놓쳐서
C 航班取消了	C 항공편이 취소되어서
D 没买到汽车票	D 차표를 못 사서

男: 你怎么今天才到啊，我以为你前天到呢。
女: 别提了，本来飞机票都买好了，没想到突然下大雪，航班取消了，我不得不改坐汽车过来了。

问: 女的为什么来晚了?

남: 왜 오늘에야 도착한 거야? 나는 네가 그저께 올 줄 알았어.
여: 말도 마. 원래 비행기표까지 다 사놨는데, 생각지도 못하게 갑자기 폭설이 내려서, 항공편이 취소되어, 어쩔 수 없이 차로 바꿔타고 왔어.

질문: 여자는 왜 늦게 왔는가?

 本来는 '원래'라는 뜻으로 결과와는 상반될 수 있다. 또한 没想到는 '생각하지 못하다'라는 뜻으로 원래 생각했던 것과 다른 결과가 나오게 된다. 그러므로 이 대화에서 여자는 원래 비행기표까지 사놓았지만, 큰 눈이 와서 결국 비행기 운행이 취소되었다고 말하고 있으므로 답은 C가 된다.

 대화문에서는 첫 번째 사람이 대화의 화제를 제시하고, 두 번째 사람이 대답하는 형식의 문제 비중이 가장 크다. 따라서 두 번째 사람의 말에서 힌트를 찾아야 한다.

 ★ 赶不上 gǎnbushàng 圖 따라잡지 못하다 | 飞机 fēijī 圖 비행기 | 汽车 qìchē 圖 자동차 | ★ 航班 hángbān 圖 항공편 | 取消 qǔxiāo 圖 취소하다 | 票 piào 圖 표 | 才 cái 圖 이제서야 | ★ 以为 yǐwéi 圖 ~라고 (잘못) 여기다 | 前天 qiántiān 圖 그저께 | 别提了 bié tí le 말도 마라 | 本来 běnlái 圖 본래, 원래 | 没想到 méixiǎngdào 생각하지 못하다 | ★ 突然 tūrán 圖 갑자기 | 大雪 dàxuě 圖 대설, 폭설 | ★ 不得不 bùdébù 圖 어쩔 수 없이 | 过来 guòlái 圖 오다

09

A 时间太长	A 시간이 너무 길다
B 特别受欢迎	B 매우 환영받는다
C 演员很有名	C 연기자가 매우 유명하다
D 只能在网上看	D 인터넷에서만 볼 수 있다

男: 听说这个连续剧很有人气，好几个频道都在放，你看了没?
女: 我哪有功夫看电视啊，不过看网上的新闻，觉得特别红。

问: 这部电视剧怎么样?

남: 듣자하니 이 연속극이 인기가 정말 많대, 벌써 몇 개의 채널에서 방영하고 있는데, 너 봤니?
여: 내가 텔레비전 볼 시간이 어디 있어, 그런데 인터넷 기사 보니까, 인기가 많은 거 같더라.

질문: 이 드라마는 어떠한가?

 听说(듣자하니 ~이다)로 대화의 화제를 끌어내고 있다. 두 남녀는 连续剧(드라마)에 관해 이야기하며 有人气(인기가 있다)와 特别红(매우 인기 있다)이라는 말을 반복하고 있는 것으로 보아 답은 B가 된다.

▶ 어휘 변환
有人气 인기 있다 / 特别红 매우 인기 있다 = B 受欢迎 환영받는다

 중국에서 红은 '길하다, 순조롭다, 성공적이다, 인기가 있다' 등의 긍정적 의미로 사용되고 있음을 알아두면 문제를 풀 때 도움이 된다.

 特别 tèbié 튀 특별히, 아주 | ★ 受欢迎 shòu huānyíng 환영받다 | ★ 演员 yǎnyuán 閉 배우 | 有名 yǒumíng 匽
유명하다 | 只能 zhǐnéng 튀 ~할 수밖에 없다 | 网 wǎng 閉 인터넷 | 听说 tīngshuō 동 듣자하니 ~이다 | ★ 连续剧
liánxùjù 閉 연속극 | 人气 rénqì 閉 인기 | ★ 频道 píndào 閉 채널 | 放 fàng 동 방영하다 | ★ 功夫 gōngfu 閉 시간
| 电视 diànshì 閉 텔레비전 | 不过 búguò 접 그러나 | ★ 新闻 xīnwén 閉 뉴스 | 觉得 juéde 동 ~라고 여기다 | 红
hóng 匽 인기 있다 | ★ 电视剧 diànshìjù 閉 텔레비전 드라마

10

A 十分自信	B 没有抓住机会
C 工作做得非常棒	D 放弃了这个机会

A 매우 자신 있다	B 기회를 잡지 못했다
C 일을 매우 잘했다	D 이번 기회를 포기했다

男: 小金，这是一个难得的机会，你可要好好
　　把握啊。

女: 放心吧，我一定会全力以赴的，我能做
　　好。

问: 关于女的，可以知道什么?

남: 샤오진, 이건 정말 얻기 어려운 기회야. 너는 이번 기
　　회를 잘 잡아야 해.

여: 걱정하지 마. 나는 반드시 최선을 다할 거야. 잘해낼
　　수 있어.

질문: 여자에 관해서 알 수 있는 것은?

 남자는 여자에게 얻기 어려운 기회를 놓치지 말라는 긍정적인 이야기를 하고 있다. 따라서 B, D와 같은 부정적인
보기는 답에서 제외된다. 做得非常棒(매우 잘했다)과 같이 정도보어는 이미 발생한 일을 평가하는 것인데, 이
대화에서는 가능을 나타내는 조동사 能(~할 수 있다)을 사용한 것으로 보아 아직 발생하지 않은 일을 나타내므
로 C도 답이 될 수 없다. 남자의 당부에 여자는 放心吧(걱정하지 마)라며 잘 해낼 수 있다는 자신감을 보이고 있
으므로, 답은 A가 된다.

▶ 어휘 변환
　放心吧，我能做好 걱정하지 마, 나는 잘 해낼 수 있어
　= A 自信 자신 있다(= 有把握 확신이 있다)

Tip　듣기의 보기는 정답처럼 보이더라도, 부정부사 不, 没有와 같은 반의어가 사용되지 않았는지 살펴봐야 한다.

 十分 shífēn 튀 매우 | 自信 zìxìn 匽 자신 있다 | ★ 抓住 zhuāzhù 동 붙잡다 | 机会 jīhuì 閉 기회 | 工作 gōngzuò
閉 일 | 非常 fēicháng 튀 매우 | ★ 棒 bàng 匽 좋다 | ★ 放弃 fàngqì 동 포기하다 | ★ 难得 nándé 匽 얻기 어렵다 | ★
把握 bǎwò 동 잡다, 쥐다 | 放心 fàngxīn 동 마음을 놓다 | 一定 yídìng 튀 반드시 | ★ 全力以赴 quánlìyǐfù 성어 최선
을 다하다, 온 힘을 쏟다

11

A 喝热水
B 保护嗓子
C 使用加湿器
D 喝加湿器里的水

A 따뜻한 물을 마셔라
B 목을 보호해라
C 가습기를 사용해라
D 가습기의 물을 마셔라

男: 哈尔滨的天气又冷又干燥，害得我每天不
　　停地喝水，肚子很饱，可是嗓子还是干。

女: 那儿不是有加湿器吗? 你怎么不用啊?

问: 女的让男的做什么?

남: 하얼빈 날씨는 춥고 건조해. 매일 쉬지 않고 물을 마
　　시니까, 배는 부른데, 목은 여전히 건조해.

여: 거기 가습기 있지 않아? 왜 사용을 안 해?

질문: 여자가 남자에게 무엇을 하라고 하는가?

 남자가 건조한 날씨 때문에 물을 많이 마셔도 목이 건조하다고 호소하자, 여자는 남자에게 왜 가습기를 사용하지
않냐며 가습기 사용을 권하고 있다. 따라서 C가 답이 된다.

Tip　반어문의 형식
　* 不是…吗? ~한 거 아니야? = ~하다 (긍정)
　　예 那儿不是有加湿器吗? 거기 가습기 있지 않아? = 가습기 있잖아.
　* 怎么不… 어째서 ~하지 않아? = 마땅히 ~해야 한다
　　예 你怎么不用啊? 너는 어째서 사용하지 않는 거야? = 사용해라.

단어 喝 hē 图 마시다 | 热水 rèshuǐ 图 따뜻한 물 | 保护 bǎohù 图 보호하다 | ★ 嗓子 sǎngzi 图 목 | 使用 shǐyòng 图 사용하다 | ★ 加湿器 jiāshīqì 图 가습기 | ★ 哈尔滨 Hā'ěrbīn 图 하얼빈 | 天气 tiānqì 图 날씨 | 冷 lěng 图 춥다 | ★ 干燥 gānzào 图 건조하다 | 害 hài 图 손해를 입히다, 해를 끼치다 | 不停 bùtíng 图 계속해서 | ★ 肚子 dùzi 图 복부, 배 | 饱 bǎo 图 배부르다 | 可是 kěshì 图 그러나 | 还是 háishi 图 여전히 | 干 gān 图 건조하다 | 怎么 zěnme 때 어떻게, 어째서 | 用 yòng 图 사용하다 | 让 ràng 图 ~하게 하다

12

A 女的要结婚
B 女的离婚两个月了
C 女的两个月没见到男的
D 女的结婚两个月就怀孕了

A 여자는 결혼하려 한다
B 여자는 이혼한 지 두 달 됐다
C 여자는 두 달 동안 남자를 만나지 못했다
D 여자는 결혼한 지 두 달 만에 임신했다

男: 你是不是疯了，才认识几个月就要结婚了？
女: 如果你想了解一个人，两个月就够了，时间长短不是最重要的，主要是我们觉得彼此很合适。

남: 너 미친 거 아니야? 만난 지 겨우 몇 개월이나 됐다고 벌써 결혼이야?
여: 만약 네가 한 사람을 이해하고 싶다면, 두 달이면 충분해. 시간이 길고 짧은 것이 제일 중요한 것은 아냐. 중요한 것은 우리는 서로가 너무 잘 맞는다고 생각해.

问: 男的对什么感到吃惊？

질문: 남자는 왜 놀랐는가?

해설 남자가 才认识几个月(만난 지 겨우 몇 개월 됐다)라고 말하며 벌써 결혼을 하냐고 말하는 것으로 보아, 남자는 여자가 빨리 결혼한다는 소식에 놀라고 있다. 따라서 A가 답이 된다.

Tip 수량사 앞에 있는 부사 才(겨우)는 수량이 적음을 나타내므로 才认识几个月은 알게 된 지 몇 달 되지도 않았다는 뜻이다.

단어 结婚 jiéhūn 图 결혼하다 | 离婚 líhūn 图 이혼하다 | ★ 怀孕 huáiyùn 图 임신하다 | 是不是 shìbushì 图 ~인가 아닌가 | ★ 疯 fēng 图 미치다 | 才 cái 图 겨우 | 认识 rènshi 图 알다 | 就 jiù 图 바로 | 如果 rúguǒ 图 만약 | 了解 liǎojiě 图 이해하다 | ★ 够 gòu 图 충분하다 | 时间 shíjiān 图 시간 | 长 cháng 图 길다 | 短 duǎn 图 짧다 | ★ 重要 zhòngyào 图 중요하다 | ★ 主要 zhǔyào 图 주요한 | 觉得 juéde 图 ~라고 여기다 | ★ 彼此 bǐcǐ 때 피차 | 合适 héshì 图 알맞다, 적합하다 | 感到 gǎndào 图 느끼다 | ★ 吃惊 chījīng 图 놀라다

13

A 生日晚会　　B 商业谈判
C 产品推销时　　D 宴会结束时

A 생일 파티　　B 상업 회담
C 상품 판매할 때　　D 파티가 끝날 때

女: 感谢您出席今天的宴会，希望以后也能支持我们。
男: 谢谢你们热情的招待，我相信你们公司会有一个很好的发展。

여: 오늘 파티에 참석해주셔서 너무 감사합니다. 앞으로도 지지 부탁합니다.
남: 극진한 접대에 감사합니다. 저는 귀사에 무궁한 발전이 있으리라고 믿습니다.

问: 对话最可能发生在什么时候？

질문: 대화는 언제 일어났겠는가?

해설 대화에서 파티에 참석해주어 감사하다는 여자의 말에 남자는 잘 접대해줘서 감사하다는 말을 하고 있다. 이는 파티가 끝나고 헤어질 때 나누는 인사이므로, 답은 D가 된다. 대화 내용상 생일 파티는 아니므로 A는 답이 될 수 없다.

Tip 宴会는 한자로 '연회'라고 읽지만, '파티' 혹은 '모임'이라는 뜻이다.

단어 生日 shēngrì 图 생일 | 晚会 wǎnhuì 图 저녁 파티 | 商业 shāngyè 图 상업 | 谈判 tánpàn 图 협상, 대화 | 产品 chǎnpǐn 图 생산품, 상품 | 推销 tuīxiāo 图 판로를 확장하다 | ★ 宴会 yànhuì 图 연회, 파티, 모임 | ★ 结束 jiéshù 图 끝나다 | 感谢 gǎnxiè 图 감사하다 | ★ 出席 chūxí 图 참가하다, 출석하다 | 希望 xīwàng 图 희망하다 | ★ 支持 zhīchí 图 지지하다 | 热情 rèqíng 图 열정적이다 | ★ 招待 zhāodài 图 접대하다 | 公司 gōngsī 图 회사 | 发展 fāzhǎn 图 발전하다 | 对话 duìhuà 图 대화 | 可能 kěnéng 图 아마도 | 发生 fāshēng 图 발생하다 | 时候 shíhou 图 때

14

A 会议不重要
B 领导出事了
C 有人犯错要挨批
D 开会商量重要的事情

A 회의는 중요하지 않다
B 상사한테 일이 생겼다
C 누가 잘못해서 혼난다
D 회의를 열어 중요한 일을 상의한다

男: 听金秘书说, 这个星期五要召开全体会议。
女: 是吗? 不会是什么人犯事儿了吧?

남: 진 비서가 그러는데, 이번 주 금요일에 전체 회의를 한대요.
여: 그래요? 누가 일을 저지른 건 아니겠죠?

问: 女的是什么意思?

질문: 여자의 말은 무슨 뜻인가?

해설 不会…吧는 '설마 ~는 아니겠죠'라는 뜻으로 추측을 나타낸다. 전체 회의가 있다는 말에 여자는 누군가가 犯事儿(일을 저지르다)해서 회의를 소집하는 것이 아닌지 걱정하고 있다. 따라서 답은 C가 된다. 挨批(비난받다)는 被批评(혼나다, 야단맞다, 꾸지람 듣다)과 같은 의미다.

▶ 어휘 변환
犯事儿 일을 저지르다 = C 犯错 잘못을 범하다

Tip 첫 번째 사람이 대화의 화제를 제시하고, 두 번째 사람은 어떠한 반응이나 태도를 보이고 있는 문제의 경우 두 번째 사람의 말 속에 힌트가 숨어 있으니 유의해서 듣는다.

단어 重要 zhòngyào 혱 중요하다 | 领导 lǐngdǎo 몡 지도자, 상사 | ★ 出事 chūshì 동 사고가 나다 | ★ 犯 fàn 동 범하다 | 错 cuò 몡 잘못 | ★ 挨批 áipī 동 비난받다 | 商量 shāngliang 동 상의하다 | 事情 shìqing 몡 일 | ★ 秘书 mìshū 몡 비서 | 召开 zhàokāi 동 (회의 등을) 열다 | ★ 全体会议 quántǐ huìyì 몡 전체 회의 | 犯事(儿) fànshì(r) 동 일을 저지르다 | 意思 yìsi 몡 의미

15

A 明天开会
B 明天不是星期二
C 女的在提醒男的
D 男的不参加明天的会议

A 내일 회의를 한다
B 내일은 화요일이 아니다
C 여자는 남자를 일깨워주고 있다
D 남자는 내일 회의에 참석하지 않는다

男: 明天是星期二吧, 差点儿把开会的事儿忘了。
女: 幸亏你提醒我, 否则我也忘了。

남: 내일이 화요일이죠, 하마터면 회의하는 걸 잊을 뻔했어요.
여: 다행히 당신이 저를 일깨워줬네요. 안 그랬으면 저도 잊을 뻔했어요.

问: 根据对话, 可以知道什么?

질문: 대화에서 알 수 있는 것은?

해설 남자가 여자에게 내일이 화요일인지를 확인하고 있는 것은 화요일에 회의가 잡혀 있기 때문이다. 따라서 답은 A가 된다. B, D는 부정부사 不로 사실을 부정하고 있고, C는 남자와 여자가 바뀌었기 때문에 답이 될 수 없다.

Tip 오답 만드는 기본 공식
1. 옳은 내용에 부정부사를 삽입한다.
2. 반의어가 등장한다.
3. 주어(남녀)가 바뀌어 등장한다.
문제에서는 오답 기본 공식 중 1번과 3번이 사용되었다. 다른 문제들도 이 기본 공식에서 크게 벗어나지 않으니 항상 유의하자.

단어 开会 kāihuì 동 회의를 열다 | ★ 提醒 tíxǐng 동 일깨우다 | 参加 cānjiā 동 참가하다 | ★ 差点儿 chàdiǎnr 뮈 하마터면 | 忘 wàng 동 잊다 | ★ 幸亏 xìngkuī 뮈 다행히 | ★ 否则 fǒuzé 젭 만약 그렇지 않으면 | 对话 duìhuà 몡 대화 | 知道 zhīdào 동 알다

16

A 下个月初	B 大概一个月	A 다음 달 초	B 대략 한 달
C 大概半个月	D 大概一个星期	C 대략 보름	D 대략 일주일

女: 听说你要去旅游了，打算什么时候出发?
男: 下个月初出发，月底回来。

问: 男的准备去旅游多长时间?

여: 듣자하니 너 여행 간다며, 언제 출발할 예정이야?
남: 다음 달 초에 출발해서, 월말에 돌아오려 해.

질문: 남자는 얼마 동안 여행 가려 하는가?

해설 여자의 질문에 답한 남자의 말만 들으면 A를 답으로 착각할 수도 있지만 문제에서는 남자가 얼마 동안 여행하려 는지에 대해서 묻고 있다. 남자는 다음 달 초에 가서 월말에 돌아올 거라 했으므로, 답은 B가 된다. 질문을 끝까 지 듣지 않고 답을 고르면 틀릴 가능성이 있으므로 조심하자!

단어 初 chū 阌 처음의 | ★ 大概 dàgài 阌 대략 | 听说 tīngshuō 阌 듣자하니 ~이다 | 旅游 lǚyóu 阌 여행하다 | ★ 打算 dǎsuan 阌 ~하려고 하다. 계획하다 | 出发 chūfā 阌 출발하다 | ★ 准备 zhǔnbèi 阌 준비하다. 계획하다

17

A 卖打印机	A 프린터를 판다
B 修打印机	B 프린터를 수리한다
C 打印文件	C 문서를 인쇄한다
D 找打印纸	D 인쇄지를 찾는다

男: 你这里能打印吗?
女: 真不巧，我们办公室的打印机坏了。你去 小张那儿看看吧。

问: 男的要干什么?

남: 여기서 프린트할 수 있나요?
여: 공교롭게도, 저희 사무실 프린터가 고장이 났어요. 샤오장 쪽에 가서 한번 알아보세요.

질문: 남자는 무엇을 하려고 하는가?

해설 보기를 미리 보고, 打印(인쇄, 출력)에 관한 대화가 나올 것임을 예측하여, 동작에 포인트를 두어 좀 더 세심하게 들을 필요가 있다. 대화의 첫 부분에 나오는 能打印吗(프린트할 수 있나요)를 통해 남자가 문서를 인쇄하려 함 을 알 수 있다. 따라서 답은 C가 된다.

단어 卖 mài 阌 팔다 | ★ 打印机 dǎyìnjī 阌 프린터 | 修 xiū 阌 수리하다 | 打印 dǎyìn 阌 인쇄하다 | ★ 文件 wénjiàn 阌 문 건, 서류 | 找 zhǎo 阌 찾다 | 纸 zhǐ 阌 종이 | ★ 不巧 bùqiǎo 阌 공교롭게도, 유감스럽게도 | 办公室 bàngōngshì 阌 사 무실 | 坏 huài 阌 망가지다 | 干什么 gàn shénme 무엇을 하는가

18

A 学校	B 饭店	A 학교	B 식당
C 火车	D 银行	C 기차	D 은행

男: 那儿有一个靠窗的座位，我们可以坐那儿 吗?
女: 真对不起，10号桌已经被人预订了，二楼 也有靠窗的座位，请上楼。

问: 对话最可能发生在什么地方?

남: 저기 창가 쪽 자리가 있는데, 저기에 앉아도 되나요?
여: 정말 죄송합니다. 10번 테이블은 이미 예약되어 있습 니다. 2층에도 창가 쪽 자리가 있으니, 2층으로 올라 가시죠.

질문: 대화는 어디에서 일어나는 것이겠는가?

해설 靠窗的座位(창가 쪽 자리)는 음식점뿐만 아니라 기차나 비행기에서 좌석을 찾을 때에도 듣게 된다. 하지만 10 号桌(10번 테이블), 被人预订了(예약되어 있다), 请上楼(2층으로 올라가시죠) 등의 말을 통해 이곳이 음식점 임을 알 수 있다. 따라서 답은 B가 된다.

Tip 음식점을 나타내는 단어는 饭馆이 가장 대표적이다. 饭店은 '호텔'이라는 뜻으로 많이 쓰이지만, '식당'이라는 의미도 있다. 따라서 만약 두 단어가 동시에 제시되어 있다면 饭馆을 선택하는 것이 옳다. 참고로 食堂은 학교 나 회사의 구내식당을 의미한다.

 饭店 fàndiàn 뗑 호텔, 식당 | 火车 huǒchē 뗑 기차 | 银行 yínháng 뗑 은행 | ★ 靠 kào 통 닿다, 접근하다 | 窗 chuāng 뗑 창문 | ★ 座位 zuòwèi 뗑 좌석 | 桌 zhuō 뗑 탁자 | 已经 yǐjing 뮈 이미 | 被 bèi 젠 (~에게) ~을 당하다 | ★ 预订 yùdìng 통 예약하다 | 上楼 shànglóu 통 위층으로 올라가다 | 对话 duìhuà 뗑 대화 | 可能 kěnéng 뮈 아마도 | 发生 fāshēng 통 발생하다

19

| A 银行 | B 商场 | A 은행 | B 상점 |
| C 图书馆 | D 办公室 | C 도서관 | D 사무실 |

女: 你好, 这儿可以用美元吗?
男: 对不起, 我们这儿只能用人民币, 但可以用信用卡。

问: 他们最可能在哪儿?

여: 안녕하세요. 여기에서 달러를 쓸 수 있나요?
남: 죄송합니다. 저희는 인민폐만 사용할 수 있지만, 신용카드는 사용할 수 있습니다.

질문: 그들은 어디에 있는가?

해설 달러와 인민폐가 대화 속에 나와서 답이 은행이라고 생각하기 쉽다. 하지만 这儿可以换钱吗(여기 환전되나요), 我想把美元换成人民币(달러를 인민폐로 바꾸고 싶어요) 등의 말이 나오지 않았으므로, A는 답이 될 수 없다. 대화에서 여자는 돈을 내려 하고, 남자는 信用卡(신용카드)도 쓸 수 있다고 말한 것으로 보아 답은 B의 상점일 가능성이 가장 크다.

단어 银行 yínháng 뗑 은행 | 商场 shāngchǎng 뗑 상점 | 图书馆 túshūguǎn 뗑 도서관 | 办公室 bàngōngshì 뗑 사무실 | 可以 kěyǐ 조통 ~할 수 있다 | ★ 美元 měiyuán 뗑 달러 | ★ 只 zhǐ 뮈 단지, 오직 | ★ 人民币 rénmínbì 뗑 인민폐 | ★ 信用卡 xìnyòngkǎ 뗑 신용카드 | 可能 kěnéng 뮈 아마도

20

| A 女的的爸爸 | B 女的的女儿 | A 여자의 아버지 | B 여자의 딸 |
| C 女的的丈夫 | D 女的的姐姐 | C 여자의 남편 | D 여자의 언니 |

男: 最近怎么了? 下班不回家, 老在外面吃饭呢?
女: 我们家那位去北京出差了, 我一个人也懒得做。

问: 谁出差了?

남: 요즘 왜 그래요? 퇴근하고 집으로 안 가고, 늘 밖에서 밥을 먹고?
여: 우리 집 그이가 베이징으로 출장 갔어요. 나 혼자 밥을 해 먹기 귀찮아서요.

질문: 누가 출장을 갔는가?

해설 여자는 남자의 질문에 남편이 출장 갔기 때문에, 혼자 밥해 먹기 귀찮아 주로 밖에서 외식한다고 하였으므로, C가 답이 된다. 이 문제는 관계를 파악해야 하므로 我们家那位(우리 집 그이)를 알아들을 수 있어야 한다.

▶ 어휘 변환
我们家那位 우리 집 그이 = C 丈夫 남편

Tip 남편을 지칭하는 어휘에는 丈夫, 爱人, 老公, 我们家那位, 孩子爸 등이 있다.

단어 爸爸 bàba 뗑 아버지, 아빠 | 女儿 nǚ'ér 뗑 딸 | ★ 丈夫 zhàngfu 뗑 남편 | 姐姐 jiějie 뗑 언니, 누나 | 最近 zuìjìn 뗑 최근, 요즈음 | 下班 xiàbān 통 퇴근하다 | 回家 huíjiā 통 집에 가다 | ★ 老 lǎo 뮈 자주, 늘 | 外面 wàimian 뗑 바깥 | 吃饭 chīfàn 통 밥을 먹다 | 北京 Běijīng 뗑 베이징 | 出差 chūchāi 통 출장 가다 | ★ 懒 lǎn 톙 게으르다

21

| A 划船 | B 滑冰 |
| C 买票 | D 去公园 |

| A 배를 탄다 | B 스케이트를 탄다 |
| C 표를 산다 | D 공원에 간다 |

男: 你看，这个新修的人工湖多漂亮啊，除了
夏天可以划船以外，冬天还可以滑冰。

女: 真大呀！划船的人好多，我们也去划船
吧。

男: 好，到那边去买票。

女: 我跟你一起去。

问: 他们先要做什么?

남: 새로 만든 인공호수가 얼마나 아름다운지 한번 봐봐.
여름에 배를 탈 수 있을 뿐만 아니라, 겨울에는 스케
이트도 탈 수 있어.

여: 정말 크다! 배를 타는 사람들이 정말 많네, 우리도 배
타러 가자.

남: 좋아. 저쪽으로 가서 표를 사자.

여: 같이 가.

질문: 그들은 먼저 무엇을 하려고 하는가?

해설 대화에서 그들은 새로 생긴 인공호수를 감상하다가 배를 타기로 했고, 배를 타기 위해서 표를 사러 간다고 했다.
질문에서는 그들이 먼저 무엇을 하려고 하는지를 물었기 때문에, 답은 C가 된다. 질문에서 先(먼저)을 확인하지
못하고 A를 답으로 선택하는 실수를 해서는 안 된다.

Tip 동작 문제에서는 동작의 발생 시점(과거, 현재, 미래)도 중요하고, 먼저 해야 할 동작과 나중에 해야 할 동작의
선후 관계도 매우 중요하다.

단어 ★ 划船 huáchuán 图 배를 젓다(타다) | ★ 滑冰 huábīng 图 스케이트를 타다 | 公园 gōngyuán 圀 공원 | ★ 修 xiū
图 건축하다 | ★ 人工湖 réngōnghú 圀 인공 호수 | 漂亮 piàoliang 圀 예쁘다 | 除了 chúle 젭 ~을 제외하고 | 夏天
xiàtiān 圀 여름 | 可以 kěyǐ 丞閅 ~할 수 있다 | 以外 yǐwài 圀 이외 | 冬天 dōngtiān 圀 겨울 | 还 hái 閈 게다가

22

| A 门的密码 | B 电脑密码 |
| C 手机短信 | D 保险箱密码 |

| A 문의 비밀번호 | B 컴퓨터의 비밀번호 |
| C 휴대전화의 문자 | D 금고의 비밀번호 |

男: 喂，小赵，咱们办公室的新密码，你知道
吗?

女: 知道，您记一下吧。

男: 我没带纸和笔，给我发个短信可以吗?

女: 没问题，马上给你发过去。

问: 男的想要知道什么?

남: 여보세요, 샤오자오! 우리 사무실의 새 비밀번호 너
알고 있니?

여: 알아요. 받아 적으세요.

남: 종이와 펜이 없는데, 나에게 문자로 보내줄 수 있어?

여: 알겠어요. 바로 보내드릴게요.

질문: 남자는 무엇을 알고 싶어하는가?

해설 녹음을 듣기 전에 보기에 密码(비밀번호)가 반복적으로 나오고 있는 것으로 보아, 이것이 질문의 키워드가 될
것임을 알 수 있다. 그렇다면 그 비밀번호가 무엇의 비밀번호인지를 중점적으로 들어야 하며, 密码(비밀번호) 앞
의 수식어가 힌트가 된다. 대화에서는 办公室的密码(사무실의 비밀번호)를 물었으므로, B나 D처럼 办公室 안
에 있는 특정한 물건이 아니라 门(문)의 비밀번호를 묻는 것이다. 따라서 답은 A가 된다.

단어 门 mén 圀 입구, 문 | ★ 密码 mìmǎ 圀 암호, 비밀번호 | 电脑 diànnǎo 圀 컴퓨터 | 手机 shǒujī 圀 휴대전화 | ★ 短
信 duǎnxìn 圀 문자 메시지 | ★ 保险箱 bǎoxiǎnxiāng 圀 금고 | ★ 办公室 bàngōngshì 圀 사무실 | 记 jì 图 적다,
기록하다 | 带 dài 图 지니다 | 纸 zhǐ 圀 종이 | 笔 bǐ 圀 펜 | 发 fā 图 보내다 | 没问题 méiwèntí 图 문제없다 | 马上
mǎshàng 閈 곧, 바로

23

A 买酒	B 喝酒
C 睡觉	D 吵架

女: 你要的白酒，给你。真是个酒坛子。
男: 哎! 本来我很感谢你给我买酒，可是每次都唠唠叨叨。如果你能让我安安静静地喝几杯，我就会更爱你。
女: 一个酒坛子爱我? 我一点都不高兴。你能自己走路吗? 要不要找人抬你?
男: 还不到那个程度，我只喝了一点儿，没醉。

问: 男的正在做什么?

A 술을 산다	B 술을 마신다
C 잠을 잔다	D 싸운다

여: 네가 원하던 바이주야, 한 잔 받아. 정말 술고래라니까.
남: 에이! 네가 나에게 술 사줘서 정말 고맙긴 한데, 매번 이렇게 잔소리를 하니. 만약 나를 조용히 몇 잔 마실 수 있게 해준다면, 내가 널 더 많이 사랑할 텐데.
여: 술고래가 나를 사랑한다고? 나는 하나도 기쁘지가 않아. 혼자 걸을 수 있겠어? 부축해줄 사람 부를까?
남: 아직 그 정도는 아니야. 나 조금밖에 안 마셨어. 안 취했어.

질문: 남자는 무엇을 하고 있는가?

해설 대화 내용을 보면 여자는 남자에게 술을 사주며, 술고래라고 말하고 있다. 또한 남자는 여자에게 자신은 조금밖에 안 마셨으며 취하지도 않았다고 말하고 있는 것으로 보아 답은 B가 된다.

Tip 白酒는 옥수수, 고구마 또는 과일 등을 발효, 증류시켜 만든 술로, 알코올 농도가 높은 무색의 술을 말한다. 보통 중국 음식점에서 볼 수 있는 고량주를 생각하면 된다.

단어 酒 jiǔ 몡 술 | 喝 hē 동 마시다 | 睡觉 shuìjiào 동 잠을 자다 | ★ 吵架 chǎojià 동 말다툼하다 | ★ 白酒 báijiǔ 몡 바이주(백주) | 酒坛子 jiǔtánzi 몡 술고래, 술단지 | 本来 běnlái 뿐 본래 | 感谢 gǎnxiè 동 감사하다 | 可是 kěshì 쩝 그러나 | ★ 唠唠叨叨 láolaodāodāo 동 잔소리하다 | 如果 rúguǒ 쩝 만약 | 让 ràng 동 ~하게 하다 | 安静 ānjìng 형 조용하다 | ★ 抬 tái 동 들어올리다 | 程度 chéngdù 몡 정도 | ★ 醉 zuì 동 취하다 | 正在 zhèngzài 뿐 ~하고 있다

24

A 很紧张	B 来得及
C 来不及	D 有点难

女: 师傅，我赶飞机，能不能快点儿? 咱们走高速可以吗?
男: 没问题，几点的飞机?
女: 十二点的。
男: 您放心，来得及，不会耽误的。

问: 男的觉得时间怎么样?

A 매우 촉박하다	B 늦지 않는다
C 늦는다	D 조금 힘들다

여: 기사님, 비행기 시간이 촉박한데 좀 빨리 갈 수 있나요? 고속도로로 가도 될까요?
남: 문제없어요. 몇 시 비행기예요?
여: 12시요.
남: 걱정하지 마세요. 늦지 않아요. 놓치지 않을 거예요.

질문: 남자는 시간이 어떻다고 생각하는가?

해설 비행기 시간이 촉박하여 걱정하는 여자에게, 운전기사는 来得及(늦지 않는다)라며 긍정적 반응을 보이고 있다. 질문에서 여자가 아닌 남자(운전기사)에 관해 묻고 있으므로 부정적 어휘인 A, C, D는 답이 될 수 없다. 따라서 답은 B가 된다.

Tip 만약 질문에서 '这段对话可能发生在哪儿?'(대화는 어디에서 일어나는 것이겠는가?)이라고 질문했다면 답은 出租汽车里(택시 안)가 된다. 모든 교통수단 중에서 快点儿(좀 빨리)을 부탁할 수 있는 건 택시밖에 없다.

단어 ★ 紧张 jǐnzhāng 형 긴박하다 | ★ 来得及 láidejí 동 늦지 않다 | 来不及 láibují 동 제시간에 댈 수 없다 | ★ 师傅 shīfu 몡 기사님 | 赶 gǎn 동 서두르다, 재촉하다 | 飞机 fēijī 몡 비행기 | ★ 高速 gāosù 몡 (구어) 고속도로 | 可以 kěyǐ 조동 ~할 수 있다 | 没问题 méiwèntí 동 문제없다 | 放心 fàngxīn 동 마음을 놓다 | ★ 耽误 dānwu 동 (일을) 그르치다, 지체하다 | 觉得 juéde 동 ~라고 여기다

<table><tr><td>25</td><td>

A 中秋节
B 女的的生日
C 结婚纪念日
D 女的妈妈的生日

</td><td>

A 추석
B 여자의 생일
C 결혼기념일
D 여자 어머니의 생일

</td></tr></table>

女: 你没看日历吗? 今天几号了? 还用我提醒你吗?

男: 你到底想跟我说什么?

女: 你不会是真的忘了吧? 我太伤心了。

男: 啊, 想起来了, 今天是我们的结婚纪念日。

问: 今天是什么日子?

여: 당신 달력 안 봤어요? 오늘이 며칠이에요? 내가 당신한테 알려줘야 해요?

남: 도대체 뭘 말하고 싶은 거예요?

여: 정말 잊어버린 건 아니죠? 너무 속상하네요.

남: 아! 생각났어요. 오늘이 우리의 결혼기념일이군요.

질문: 오늘은 무슨 날인가?

해설 오늘은 그들의 결혼기념일로, 남자가 결혼기념일을 기억 못하는 것에 대해 여자는 무척 상심하고 있다. 따라서 답은 C가 된다. 이런 문제는 질문 특성상 대화 뒷부분에 답이 자주 나온다.

단어 中秋节 Zhōngqiūjié 몡 한가위, 추석 | 结婚 jiéhūn 됭 결혼하다 | 纪念日 jìniànrì 몡 기념일 | 日历 rìlì 몡 달력 | ★ 提醒 tíxǐng 됭 일깨우다 | ★ 到底 dàodǐ 뮈 도대체 | 忘 wàng 됭 잊다 | ★ 伤心 shāngxīn 됭 상심하다

<table><tr><td>26</td><td>

A 人事　　　　B 营销
C 采购　　　　D 售后服务

</td><td>

A 인사　　　　**B 영업**
C 구매　　　　D 애프터 서비스

</td></tr></table>

男: 你好, 我是来参加面试的。

女: 请问你叫什么名字? 应聘哪个部门?

男: 我叫刘宾, 应聘营销部经理, 是金先生让我上午十点来面试的。

女: 请稍等一下, 我带你过去。

问: 男的要应聘哪个部门?

남: 안녕하세요. 저는 면접 보러 왔습니다.

여: 성함이 어떻게 되시죠? 어느 부서로 지원하셨나요?

남: 저는 류빈이라고 합니다. 영업부 책임자로 지원하였습니다. 진 선생님께서 오전 10시에 면접 보러 오라고 하셨습니다.

여: 잠시만요, 제가 모시고 가겠습니다.

질문: 남자는 어느 부서에 지원하려는가?

해설 인사, 영업, 구매, 애프터 서비스의 제시된 보기를 보고 떠오르는 것은 회사의 부서다. 보기에 낯선 단어가 있다 하더라도 겁내지 말고, 대략적인 발음을 유추하고 있다가 녹음에 그 단어가 언급되는지 확인하는 것이 중요하다. 어느 부서로 지원했냐는 여자의 질문에 대한 남자의 대답에서 营销(영업)라는 단어가 언급되었으므로, 답은 B가 된다.

단어 人事 rénshì 몡 인사 | ★ 营销 yíngxiāo 됭 판매하다 | ★ 采购 cǎigòu 됭 구매하다, 구입하다 | ★ 售后服务 shòuhòu fúwù 몡 애프터 서비스 | 参加 cānjiā 됭 참가하다 | 面试 miànshì 됭 면접시험 보다 | ★ 应聘 yìngpìn 됭 지원하다 | 部门 bùmén 몡 부서 | ★ 营销部 yíngxiāobù 영업부 | 经理 jīnglǐ 몡 책임자, 팀장 | 请稍等 qǐng shāo děng 잠깐만 기다려주세요

27

A 会做菜	B 没带现金
C 喜欢冬天	D 是个工程师

A 음식을 만들 줄 안다	B 현금을 갖고 있지 않다
C 겨울을 좋아한다	D 엔지니어다

女：天这么冷，就送到这儿吧，赶紧回去吧。家里还有别的客人呢。

男：没关系，我不冷，既然已经出来了就送到地铁站吧。

女：没想到你还会做饭，而且味道好极了。

男：在这方面我还是有自信的。那个鱼香肉丝做得不错吧?

问：关于男的，下面哪项正确?

여: 날씨가 이렇게 추운데, 여기까지 바래다주시면 돼요. 어서 집으로 들어가세요. 집에 아직 다른 손님도 계시잖아요.

남: 괜찮아요. 난 안 추워요. 어차피 나왔는데 지하철역까지 바래다줄게요.

여: 당신이 음식을 만들 수 있을 줄 상상도 못했어요. 게다가 정말 맛있었어요.

남: 이 방면에는 그래도 자신이 있어요. 그 위샹러우쓰 맛있었죠?

질문: 남자에 관해서 다음 중 옳은 것은?

해설 녹음 내용으로 보아 남자는 오늘 사람들을 초대하여 음식 대접을 하였고, 여자는 남자가 직접 음식을 만든 것에 놀라워하고 있다. 따라서 답은 A가 된다.

단어 做菜 zuòcài 통 요리하다 | 带 dài 통 지니다 | 现金 xiànjīn 명 현금 | 喜欢 xǐhuan 통 좋아하다 | 冬天 dōngtiān 명 겨울 | ★ 工程师 gōngchéngshī 명 엔지니어 | 冷 lěng 형 춥다 | 送 sòng 통 배웅하다 | ★ 赶紧 gǎnjǐn 분 서둘러 | 回去 huíqù 통 돌아가다 | 别的 biéde 대 다른 것 | 客人 kèrén 명 손님 | 没关系 méiguānxi 괜찮다 | ★ 既然 jìrán 접 기왕 ~된 바에야 | 已经 yǐjing 분 이미 | 出来 chūlái 통 나오다 | 做饭 zuòfàn 밥을 하다, 음식을 만들다 | 而且 érqiě 접 게다가 | ★ 味道 wèidao 명 맛 | 极 jí 분 매우 | 方面 fāngmiàn 명 방면 | 自信 zìxìn 통 자신하다 | 不错 búcuò 형 좋다, 괜찮다 | 关于 guānyú 전 ~에 관해서 | ★ 正确 zhèngquè 형 정확하다

28

A 女的剪短了头发
B 男的打算改变想法
C 男的很不喜欢女的的发型
D 男的不喜欢女的头发的颜色

A 여자는 머리를 짧게 잘랐다
B 남자는 생각을 바꾸려고 한다
C 남자는 여자의 머리 스타일이 마음에 들지 않는다
D 남자는 여자의 머리 색이 마음에 들지 않는다

男：你怎么把头发剪成这样? 太奇怪了。

女：爸，您懂什么呀，这是最近最流行的发型。

男：我不懂什么流行不流行，反正不好看。

女：你太落伍了，应该改改观念了。

问：根据对话，可以知道什么?

남: 너 왜 머리를 이렇게 잘랐니? 너무 이상하구나.

여: 아빠가 뭘 아세요? 이건 요즘 최신 유행하는 스타일이란 말이에요.

남: 유행이고 뭐고, 아무튼 안 예뻐.

여: 아빠는 너무 구시대적이에요. 생각을 좀 바꾸셔야 해요.

질문: 대화에서 알 수 있는 것은?

해설 대화에서 爸(아빠)라는 호칭이 나온 것으로 보아 이들은 父女(아빠와 딸) 관계임을 알 수 있다. 딸이 머리를 최신 유행하는 스타일로 자르고 오자, 아빠가 마음에 안 들어한다는 내용이다. 아빠가 딸의 헤어스타일을 맘에 안 들어하는 건 분명한 사실이므로 답은 C가 된다. A, D처럼 머리를 짧게 잘랐는지, 머리를 염색했는지에 대한 구체적인 언급은 없었다.

Tip 어떤 경우에는 미루어 짐작한 내용을 답으로 골라야 하는 경우도 있지만, 대화에 나오지 않은 내용에 지나친 상상력을 발휘해서도 안 된다. 보기 중 대화 내용과 일치하는 내용을 선택하도록 하자.

단어 ★ 剪 jiǎn 통 자르다 | 短 duǎn 형 짧다 | 头发 tóufa 명 머리카락 | 打算 dǎsuan 통 ~할 생각이다 | 改变 gǎibiàn 통 변하다, 바꾸다 | ★ 想法 xiǎngfa 명 생각 | ★ 发型 fàxíng 명 헤어스타일 | ★ 颜色 yánsè 명 색 | ★ 奇怪 qíguài 형 기이하다 | 懂 dǒng 통 알다 | 最近 zuìjìn 명 최근, 요즘 | ★ 流行 liúxíng 통 유행하다 | ★ 反正 fǎnzhèng 분 아무튼, 어쨌든 | ★ 落伍 luòwǔ 통 뒤로 처지다, 낙오하다 | 应该 yīnggāi 조동 마땅히 ~해야 한다 | 改 gǎi 통 바꾸다 | ★ 观念 guānniàn 명 관념 | 根据 gēnjù 전 ~에 의거하여

29

A 很熟悉这儿　　B 是这儿的职员 C 是健身房的教练　D 每天都来做运动	A 이곳에 매우 익숙하다　B 이곳의 직원이다 C 헬스클럽의 코치다　　D 매일 와서 운동한다

男: 你常常来这个健身房做运动吗?

女: 以前一个星期来三次, 可是最近工作太忙了, 常常加班, 只好偶尔来一次。你呢?

男: 今天是第一次来, 对这儿还不熟悉。

女: 不要紧, 我带你到处走走, 熟悉一下这儿的环境。

问: 关于女的, 可以知道什么?

남: 당신은 이 헬스클럽에 자주 와서 운동하세요?

여: 예전에는 일주일에 세 번 왔는데, 요즘 일이 너무 바쁘고 야근도 많이 해서, 가끔 한 번씩 오곤 해요. 당신은요?

남: 오늘 처음 와서, 여기에 아직 익숙하지가 않네요.

여: 긴장하지 마세요. 제가 여기저기 데려가서 이곳 환경에 익숙해지게 해 드릴게요.

질문: 여자에 관해서 알 수 있는 것은?

해설 녹음에서 남녀 직업에 대한 힌트가 나오지 않았으므로 B, C는 답이 될 수 없다. 헬스클럽에 처음 온 남자에게 여자가 헬스클럽 이곳저곳을 돌아보자고 말하는 것으로 보아, 여자는 헬스클럽에 대해 잘 알고 있음을 추측할 수 있으므로, 답은 A가 된다.

단어 ★熟悉 shúxī 혱 잘 알다, 익숙하다 | 职员 zhíyuán 몡 직원 | ★健身房 jiànshēnfáng 몡 헬스클럽 | 教练 jiàoliàn 몡 코치 | 每天 měitiān 몡 매일 | 运动 yùndòng 몡 운동 | 常常 chángcháng 몜 자주, 늘 | 以前 yǐqián 몡 이전 | 可是 kěshì 젭 그러나 | 最近 zuìjìn 몡 최근, 요즈음 | 工作 gōngzuò 통 일하다 | 忙 máng 혱 바쁘다 | ★加班 jiābān 통 초과 근무하다 | 只好 zhǐhǎo 몜 부득이, 어쩔 수 없이 | ★偶尔 ǒu'ěr 몜 때때로, 가끔씩 | ★不要紧 búyàojǐn 혱 괜찮다 | ★到处 dàochù 몜 도처에, 곳곳에 | ★环境 huánjìng 몡 환경 | 关于 guānyú 젠 ~에 관해서

30

A 银行　　　　　　B 医院 C 饭店　　　　　　D 商店	A 은행　　　　　　B 병원 C 호텔　　　　　　D 상점

女: 您好, 先生! 您要办理什么业务?

男: 您好, 我要办一张信用卡。

女: 请您先在这儿取一个号。然后坐在那边稍等一下。

男: 59号, 我前面还有几个人?

女: 只有一位。

问: 男的现在在哪里?

여: 안녕하세요. 어떤 업무를 처리하고 싶으세요?

남: 안녕하세요. 신용카드 하나 만들려고요.

여: 먼저 여기에서 번호표를 뽑으세요. 그런 후 저기에 앉아서 조금 기다려주세요.

남: 59번이에요, 제 앞에 몇 명이 더 있나요?

여: 한 분 계세요.

질문: 남자는 지금 어디에 있는가?

해설 信用卡(신용카드)가 나와서 상점(D)이라고 착각할 수 있으나, 남자는 이곳에서 신용카드를 사용하려는 것이 아니라, 신용카드 하나를 만들려는 것이니, 银行(은행)이 가장 타당하므로, A가 답이 된다.

단어 银行 yínháng 몡 은행 | 医院 yīyuàn 몡 병원 | 饭店 fàndiàn 몡 호텔 | 商店 shāngdiàn 몡 상점 | ★办理 bànlǐ 통 처리하다 | ★业务 yèwù 몡 업무 | 张 zhāng 양 장 | ★信用卡 xìnyòngkǎ 몡 신용카드 | 然后 ránhòu 젭 그런 후에 | 坐 zuò 통 앉다 | 稍 shāo 몜 약간, 조금

[31-32]

女：王老师，我下个星期一要 31 去哈尔滨参加一个会议，想顺便去看望您，您方便吗？ 男：欢迎欢迎，能见到你我实在太高兴了，几点的飞机？我去接你。 女：不用这么麻烦，等我到了就给你打电话。对了，哈尔滨是不是冷得要命啊？ 男：可不是嘛，我们这儿可不像你们云南，冬天冷极了。 女：有多冷？ 男：白天的最高气温是零下10度。听天气预报说，32 下周还要降温，而且下大雪呢。 女：这么冷啊？ 男：你一定要多穿点儿衣服，别感冒了！ 女：好的，谢谢您！那我们下个星期一见！ 男：好的，再见！	여: 왕 선생님, 제가 다음 주 월요일에 31 회의에 참가하러 하얼빈에 가요. 가는 길에 선생님을 찾아뵙고 싶은데, 괜찮으세요? 남: 환영이야. 널 만날 수 있다니 정말 기쁘구나. 몇 시 비행기니? 내가 마중 나갈게. 여: 그렇게 번거롭게 하지 않으셔도 돼요. 도착하면 제가 전화 드릴게요. 맞다, 하얼빈 많이 춥지요? 남: 당연하지. 여기는 네가 사는 윈난같지 않아, 겨울에는 엄청 춥단다. 여: 얼마나 추운데요? 남: 낮 최고 기온이 영하 10도야. 일기예보에서 32 다음 주에는 기온이 더 떨어지고, 눈까지 많이 내린다고 하더라. 여: 그렇게 추워요? 남: 너는 반드시 옷을 두껍게 입어야 해. 감기 걸리지 않게! 여: 네, 감사합니다! 그럼 다음 주 월요일에 뵈어요! 남: 그래, 안녕!

단어 参加 cānjiā 图 참가하다 | 会议 huìyì 圆 회의 | ★ 顺便 shùnbiàn 图 ~하는 김에 | ★ 看望 kànwàng 图 방문하다, 찾아뵙다 | 方便 fāngbiàn 图 편리하다 | 欢迎 huānyíng 图 환영하다 | 飞机 fēijī 圆 비행기 | 接 jiē 图 마중하다 | ★ 麻烦 máfan 图 귀찮다 | 打电话 dǎ diànhuà 전화를 걸다 | 冷 lěng 图 춥다 | ★ 要命 yàomìng 图 아주, 몹시 | 冬天 dōngtiān 圆 겨울 | 最高 zuìgāo 图 가장 높다 | 气温 qìwēn 圆 기온 | 零下 língxià 圆 영하 | 天气预报 tiānqì yùbào 圆 일기예보 | ★ 降温 jiàngwēn 图 기온이 떨어지다 | 而且 érqiě 图 ~뿐만 아니라 | 下雪 xiàxuě 图 눈이 내리다 | 感冒 gǎnmào 图 감기에 걸리다

31

A 学习	B 开会	A 공부하러	B 회의하러
C 旅游	D 看望老师	C 여행하러	D 선생님을 뵈러

问：女的去哈尔滨的主要目的是什么？   질문: 여자가 하얼빈에 가는 주된 목적은 무엇인가?

해설 그녀는 회의가 있어서 가는 김에 선생님을 찾아뵈려고 하는 것이지 선생님을 만나뵈러(D) 윈난에서 하얼빈까지 가는 것은 아니므로, 답은 B가 된다.

Tip 顺便(~하는 김에)은 첫 번째 동작을 하는 김에, 두 번째 동작을 한다는 뜻으로, 일반적으로 앞의 동작이 주된 동작이다.
예 去哈尔滨参加一个会议，顺便去看望您。
　　　 동작1(주된 목적)　　　　동작2

단어 学习 xuéxí 图 공부하다 | 开会 kāihuì 图 회의를 열다 | 旅游 lǚyóu 图 여행하다

32

A 不冷	A 춥지 않다
B 会下雪	B 눈이 내릴 것이다
C 没有风	C 바람이 불지 않는다
D 多云转晴	D 구름이 많았다가 맑아진다

问：下个星期天气怎么样？   질문: 다음 주 날씨는 어떠한가?

해설 현재 하얼빈의 날씨는 낮에도 기본 영하 10도다. 다음 주에는 기온이 더 떨어지고, 눈이 많이 내릴 것이라는 일기예보가 있었으므로 답은 B가 된다.

단어 ★ 转 zhuǎn 图 전환하다 | ★ 晴 qíng 图 하늘이 맑다, 말끔히 개다 | 天气 tiānqì 圆 날씨

[33-35]

女：小刘，最近很忙吗？怎么下班时间在车站看不到你呢？ 男：你不知道吗？我现在是有车一族了。开车上下班，再也不用挤公交车了。 女：真羡慕你！开车上下班的感觉很好吧？ 男：说实话，开始的时候，非常紧张，车一多我就非常害怕，所以开得非常慢。 女：别着急，慢慢儿来，等习惯了就好了。对了，^{33, 34}这个周末公司去郊区玩儿，开车去吗？ 男：恐怕不行，我对那条路不熟悉，³⁴还是不开车更好。 女：也是，自己开车也很辛苦。你忙吧，^{33, 35}金经理正在等这份文件呢，我一看见你就把这件事情忘了，我们下次再聊吧。 男：那好，咱们有时间再聊。	여：샤오류, 요즘 많이 바빠? 왜 퇴근 시간에 정류장에서 널 볼 수가 없니? 남：몰랐어? 나는 이제 자가용 타고 다니는 사람이라고. 운전해서 출퇴근하니, 더는 버스에서 시달리지 않아도 돼. 여：정말 부럽다! 차를 몰고 출퇴근하는 느낌 매우 좋지? 남：솔직히, 처음에는 많이 긴장했어. 차가 많아지면 너무 무서워서, 천천히 운전했어. 여：긴장하지 말고 천천히 해. 습관 되면 괜찮아질 거야. 참, ^{33, 34}이번 주말에 회사에서 교외로 놀러 가잖아. 운전해서 갈 거야? 남：아마도 안 될 거 같아. 길도 잘 모르고, ³⁴아무래도 차를 몰고 가지 않는 편이 나을 거 같아. 여：맞아. 운전하는 것도 매우 힘들어. 그럼 하던 일 해. ^{33, 35}진 팀장님께서 이 서류를 기다리고 계시는데, 널 보자마자 이 일은 까맣게 잊었네. 다음에 다시 얘기하자. 남：알았어. 나중에 시간 나면 다시 얘기해.

단어 最近 zuìjìn 몡 최근, 요즘 | 下班 xiàbān 통 퇴근하다 | 车站 chēzhàn 몡 정류장 | 现在 xiànzài 몡 지금 | ★ 族 zú 몡 족 | 开车 kāichē 통 운전하다 | ★ 挤 jǐ 통 비집다. 붐비다 | 公交车 gōngjiāochē 몡 버스 | ★ 羡慕 xiànmù 통 부러워하다 | 感觉 gǎnjué 몡 느낌 | 时候 shíhou 몡 때 | 非常 fēicháng 뷔 매우 | 紧张 jǐnzhāng 혱 긴장해 있다 | ★ 害怕 hàipà 통 무서워하다 | 所以 suǒyǐ 젭 그래서 | 着急 zháojí 통 조급하다 | 等 děng 통 기다리다 | 习惯 xíguàn 몡 습관 | 周末 zhōumò 몡 주말 | 公司 gōngsī 몡 회사 | ★ 郊区 jiāoqū 몡 교외 지역 | 恐怕 kǒngpà 뷔 아마 ~일 것이다 | ★ 熟悉 shúxī 혱 잘 알다 | ★ 辛苦 xīnkǔ 혱 힘들다. 고생스럽다 | 经理 jīnglǐ 몡 팀장. 책임자 | 正在 zhèngzài 뷔 지금 ~하고 있다 | 份 fèn 양 부 | ★ 文件 wénjiàn 몡 문서 | 聊 liáo 통 잡담하다

33

A 夫妻	B 同事	A 부부	B 동료
C 同学	D 老师和学生	C 동창	D 스승과 제자

问：他们是什么关系？	질문：그들은 어떤 관계인가?

해설 두 사람은 남자가 새로 차를 사서 출퇴근하는 것에 대해서 얘기하고 있으므로, 단순한 친구로 생각할 수 있다. 하지만 녹음에서 이번 주말에 회사에서 사람들과 교외로 놀러 간다는 말과 여자가 진 팀장에게 서류를 갖다 준다는 말을 통해 그들이 같은 회사에서 근무하는 동료임을 알 수 있으므로, 답은 B가 된다.

단어 夫妻 fūqī 몡 부부 | 同事 tóngshì 몡 동료 | 同学 tóngxué 몡 학우, 동창 | 老师 lǎoshī 몡 선생님 | 学生 xuésheng 몡 학생 | 关系 guānxi 몡 관계

34

A 看病	A 진료를 받는다
B 去郊区玩	B 교외에 가서 논다
C 开车去出差	C 운전해서 출장 간다
D 去郊区练习开车	D 교외에 가서 운전 연습을 한다

问：男的这个周末要做什么？	질문：남자는 이번 주말에 무엇을 하려고 하는가?

해설 여자가 남자에게 이번 주말에 회사에서 교외로 야유회 갈 때 운전해서 갈 거냐고 묻자, 남자는 길도 잘 모르니 운전해서 가지 않는 게 좋겠다고 말한 것으로 보아, 남자는 야유회에 간다는 것을 알 수 있다. 따라서 답은 B가 된다.

단어 看病 kànbìng 통 진료를 받다 | 出差 chūchāi 통 출장 가다 | 练习 liànxí 통 연습하다

<table>
<tr><td>35</td><td>A 车里　　　　　B 餐厅
C 火车站　　　　D 办公室</td><td>A 차 안　　　　　B 식당
C 기차역　　　　　D 사무실</td></tr>
</table>

问: 这段对话最可能发生在什么地方?	질문: 이 대화는 어디에서 일어나는 것이겠는가?

[해설] 이 문제의 힌트는 녹음 마지막 부분에 나온다. 여자가 서류를 진 팀장에게 가져다준다는 내용으로 미루어보아, 이 대화는 회사 안에서 발생하였음을 알 수 있으므로 답은 D가 된다. 첫 번째 문제에서 이들의 관계만 잘 이해했다면 쉽게 맞힐 수 있는 문제다.

[단어] ★餐厅 cāntīng 명 식당 | 办公室 bàngōngshì 명 사무실 | 可能 kěnéng 부 아마도 | 发生 fāshēng 통 발생하다

[36-37]

一位中年人参加了跟团旅行，没想到旅游团里有一个商人很不喜欢他，连着好几天，³⁶那个商人总是找机会骂他，总说各种难听的话，³⁷但是这位中年人一直都没有说什么。旅行快结束的时候，这位中年人问商人，"有人送你一份礼物，但你拒绝接受，那这份礼物应该属于谁呢?"商人回答："你这个笨蛋，当然属于送礼的那个人了。"这位中年人笑着说："没错，我不接受你的辱骂的话，那你就是在骂自己了。"	한 중년 남자가 단체 여행에 참가했는데, 생각지 못하게 여행단의 한 상인이 그를 매우 싫어하는 것이었습니다. 연속 며칠 동안, ³⁶그 상인은 줄곧 기회만 생기면 그를 욕하고, 여러 가지 듣기 싫은 말을 하였습니다. ³⁷그러나 이 중년 남자는 계속 아무 말도 하지 않았습니다. 여행이 끝나갈 무렵, 이 중년 남자는 상인에게 물었습니다. "누군가가 당신에게 선물을 줬습니다. 하지만 당신이 거절한다면 그 선물은 누구에게 속해야 되나요?" 상인이 대답했습니다. "이 바보 같으니라고! 당연히 선물을 주는 사람 것이지." 이 중년 남자는 웃으면서 "맞아요. 제가 당신의 욕설을 받아들이지 않으면 당신은 바로 자신을 욕하고 있는 겁니다."라고 말했습니다.

[단어] ★中年人 zhōngniánrén 명 중년 | 参加 cānjiā 통 참가하다 | 跟 gēn 통 따라가다 | 团 tuán 명 단체 | 旅行 lǚxíng 통 여행하다 | ★旅游团 lǚyóutuán 명 여행단 | 商人 shāngrén 명 상인 | 总是 zǒngshì 부 늘, 줄곧 | 机会 jīhuì 명 기회 | ★骂 mà 통 욕하다 | 各种 gèzhǒng 각종의 | 难听 nántīng 형 듣기 싫다 | 但是 dànshì 접 그러나 | 一直 yìzhí 부 계속 | 结束 jiéshù 통 끝나다 | 送 sòng 통 선물하다 | 礼物 lǐwù 명 선물 | ★拒绝 jùjué 통 거절하다 | ★接受 jiēshòu 통 받아들이다 | 应该 yīnggāi 조통 마땅히 ~해야 한다 | ★属于 shǔyú 통 ~에 속하다 | ★笨蛋 bèndàn 명 바보, 멍청이 | 当然 dāngrán 부 당연히 | 没错 méicuò 형 틀림없다 | ★辱骂 rǔmà 통 욕설을 퍼붓다

<table>
<tr><td>36</td><td>A 一直称赞他
B 一直跟他聊天
C 不停地批评他
D 一直不和他说话</td><td>A 계속 그를 칭찬했다
B 계속 그와 이야기를 했다
C 계속 그를 비난했다
D 계속 그와 말을 하지 않았다</td></tr>
</table>

问: 商人是怎么对待那个中年人的?	질문: 상인은 중년 남자를 어떻게 대하였는가?

[해설] 녹음에서는 那个商人总是找机会骂他(그 상인은 줄곧 기회만 생기면 그를 욕했다)라고 언급했기 때문에 骂(욕하다)를 대신하여 批评(비난하다)이 쓰인 C가 답이 된다. 그리고 계속 그와 말을 하지 않은 것은 상인이 아닌 중년 남자이므로 D는 답이 될 수 없다.

▶ 어휘 변환
　骂 욕하다 = C 批评 비난하다

[단어] ★称赞 chēngzàn 통 칭찬하다 | 聊天 liáotiān 통 잡담하다, 이야기하다 | 批评 pīpíng 통 비난하다, 비평하다 | 对待 duìdài 통 대하다

37	A 很难过	A 매우 괴롭다
	B 很讨厌商人	B 상인을 매우 싫어한다
	C 平时不喜欢说话	C 평소 말하기를 좋아하지 않는다
	D 不在乎商人说什么	D 상인이 무슨 말을 하든 신경 쓰지 않는다

问: 关于这位中年人，可以知道什么?　　质문: 이 중년 남자에 관해서 알 수 있는 것은?

해설 녹음 지문을 통해 상인이 이 중년 남자를 싫어함을 알 수 있다. 문제에서는 중년 남자에 관해 물었다. B의 很讨厌商人은 '중년 남자가 상인을 매우 싫어했다'라는 뜻이 되므로 주어와 목적어가 바뀌어 답이 될 수 없다. 이 중년 남자가 상인에게 아무 말도 하지 않은 이유는 평소에 말하기를 좋아하지 않아서(C)가 아니라, 자신에게 욕설을 하든 말든 신경 쓰지 않았기 때문이다. 따라서 답은 D가 된다.

단어 ★ 难过 nánguò 혱 고통스럽다. 괴롭다 | ★ 讨厌 tǎoyàn 통 싫어하다 | 平时 píngshí 몡 평소 | ★ 不在乎 búzàihu 통 개의치 않다. 신경 쓰지 않다 | 关于 guānyú 젠 ~에 관해서

[38-39]

| 在国外，有家很大的饭店，生意越来越红火，因此老板打算安装一部新电梯。可是 ³⁸工程师告诉他，若要施工，饭店得停业半年，这意味着少做很多生意，老板有点儿犹豫。一个正在打扫卫生的服务员说："如果是我来做，我就把电梯安装在屋子外面。"老板突然明白了该怎么做。³⁹从此，世界上有了第一部室外电梯。 | 외국에 매우 큰 호텔이 있었는데, 장사도 점점 잘되었다. 그래서 사장은 새로 엘리베이터를 설치하기로 하였다. 하지만 ³⁸엔지니어는 시공을 한다면 영업을 반년 동안 못한다고 말했고, 이는 많은 장사를 적게 한다는 것을 의미해서, 사장은 조금 망설였다. 청소하던 직원이 "만약 저라면, 엘리베이터를 밖에다 설치할 거예요."라고 말했다. 사장은 갑자기 어떻게 해야 할지 깨달았다. ³⁹이로부터 세계 첫 실외 엘리베이터가 생겨나게 되었다. |

단어 国外 guówài 몡 국외 | 饭店 fàndiàn 몡 호텔 | ★ 生意 shēngyi 몡 장사 | ★ 越来越 yuèláiyuè 점점 ~해지다 | 红火 hónghuo 혱 번창하다 | 老板 lǎobǎn 몡 사장 | 打算 dǎsuan 통 ~하려고 하다 | ★ 安装 ānzhuāng 통 설치하다 | ★ 电梯 diàntī 몡 엘리베이터 | 可是 kěshì 젭 그러나 | ★ 工程师 gōngchéngshī 몡 엔지니어 | 告诉 gàosu 통 말하다. 알리다 | ★ 若 ruò 젭 만일 | 施工 shīgōng 통 시공하다 | ★ 停业 tíngyè 통 영업을 중지하다 | 半年 bànnián 반년 | 意味着 yìwèizhe 통 의미하다 | 犹豫 yóuyù 혱 망설이다 | 打扫 dǎsǎo 통 청소하다 | 卫生 wèishēng 몡 위생 | 服务员 fúwùyuán 몡 종업원 | 如果 rúguǒ 젭 만약 | 屋子 wūzi 몡 방 | 外面 wàimian 몡 바깥 | ★ 突然 tūrán 뿐 갑자기 | 明白 míngbai 통 알다. 깨닫다 | 该 gāi 조통 ~해야 한다 | 从此 cóngcǐ 뿐 이로부터 | 世界 shìjiè 몡 세계 | ★ 室外 shìwài 몡 실외

38	A 安装电梯太贵	A 엘리베이터 설치가 너무 비싸서
	B 不想耽误生意	B 영업을 지체하고 싶지 않아서
	C 没有钱安装电梯	C 엘리베이터를 설치할 돈이 없어서
	D 工程师说不能安装电梯	D 엔지니어가 엘리베이터를 설치할 수 없다고 해서

问: 老板为什么犹豫?　　질문: 사장은 왜 망설였는가?

해설 사장은 장사가 잘되어 엘리베이터를 설치하려고 계획하였으나, 만약 엘리베이터를 설치하면 반년 동안 영업을 못한다는 엔지니어의 말을 듣고는 망설였다. 따라서 B가 답이 된다.

단어 贵 guì 혱 비싸다 | ★ 耽误 dānwu 통 시간을 지체하다

A 歇业半年
B 放弃安装电梯
C 在屋外安装电梯
D 给这个服务员涨工资

A 반년 동안 휴업한다
B 엘리베이터 설치를 포기한다
C 실외에 엘리베이터를 설치한다
D 이 직원에게 월급을 올려준다

问: 老板最后准备怎么做?

질문: 사장은 마지막에 어떻게 하려고 했는가?

해설 사장은 엘리베이터를 설치하면, 오랫동안 영업을 하지 못한다는 말에 고민에 빠지는데, 이때 엘리베이터를 밖에다 설치하면 좋겠다는 직원의 말에 깨달음을 얻게 된다. 녹음 맨 마지막에 이로써 세계 최초의 실외 엘리베이터가 생겨났다는 말이 있으므로 C가 답이라는 것을 알 수 있다.

단어 歇业 xiēyè 图 휴업하다 | ★ 放弃 fàngqì 图 포기하다 | ★ 涨 zhǎng 图 오르다 | 工资 gōngzī 圀 월급 | 准备 zhǔnbèi 图 준비하다

[40-42]

　　一个国王有三个儿子，但是 [40]这三个儿子常闹矛盾，一点儿都不团结。老国王担心自己死后，他们会为争王位而互相残杀。有一天，他把这三个儿子叫到跟前，[41]给三个儿子每人一根筷子，让他们折断。三个儿子轻轻一折，很轻松地就把手中的筷子折断了。[41]国王又给三个儿子每人三根筷子，这三根筷子是紧紧捆在一起的，这回，三个儿子不管怎么使劲，没有一个人能折断捆在一起的三根筷子。这时，国王说话了："你们就像这三根筷子，如果只凭一个人的力量，很容易被打败，[42]而大家团结在一起，就会像捆紧的筷子，力量才强大。"

　　한 국왕에게 세 명의 아들이 있었습니다. 하지만 [40]이 세 아들은 자주 싸우고, 전혀 단결하지 않았습니다. 나이 든 국왕은 자신이 죽은 후, 아들들이 왕위를 쟁탈하기 위해 서로 학살할 것을 걱정했습니다. 어느 날 국왕은 세 아들을 앞으로 불러다 놓고, [41]세 아들에게 젓가락을 하나씩 주면서 부러뜨리라고 했습니다. 세 아들은 가볍게 꺾어, 손에 있는 젓가락을 쉽게 부러뜨렸습니다. [41]국왕은 다시 아들에게 모두 세 개의 젓가락을 주었고, 이 세 개의 젓가락은 꽉 묶여 있었습니다. 이번엔 세 아들이 어떻게 힘을 써도 묶여 있는 세 개의 젓가락을 부러뜨릴 수 있는 사람이 없었습니다. 이때 국왕이 말했습니다. "너희는 마치 이 세 개의 젓가락과도 같다. 혼자만의 힘으로는 패배하기 쉽지만, [42]모두들 단결한다면 단단히 묶여 있는 젓가락처럼 힘이 강해질 것이다."

단어 国王 guówáng 圀 국왕 | 但是 dànshì 圙 그러나 | 常 cháng 圄 늘, 자주 | 闹 nào 图 드러내다 | ★ 矛盾 máodùn 圀 갈등 | ★ 团结 tuánjié 图 단결하다 | 担心 dānxīn 图 염려하다 | ★ 争 zhēng 图 쟁탈하다 | 王位 wángwèi 圀 왕위 | 互相 hùxiāng 圄 서로 | ★ 残杀 cánshā 图 학살하다, 잔인하게 죽이다 | 跟前 gēnqián 圀 곁, 부근 | 根 gēn 鄧 개 | 筷子 kuàizi 圀 젓가락 | ★ 折断 zhéduàn 图 절단하다, 끊다 | 折 zhé 图 부러뜨리다 | ★ 轻松 qīngsōng 圀 수월하다 | 紧紧 jǐnjǐn 圄 꽉 | 捆 kǔn 图 묶다 | 这回 zhèhuí 이번 | 不管 bùguǎn 圙 ~을 막론하고 | ★ 使劲 shǐjìn 图 힘을 쓰다 | 如果 rúguǒ 圙 만약 | 力量 lìliang 圀 힘 | 容易 róngyì 圀 쉽다 | 打败 dǎbài 图 패하다, 패배하다 | 紧 jǐn 圀 단단하다, 팽팽하다 | ★ 强大 qiángdà 圀 강대하다

A 儿子们不学习
B 儿子们喜欢花钱
C 儿子们都不喜欢他
D 儿子们的关系不好

A 아들들이 공부를 하지 않아서
B 아들들이 돈 쓰는 걸 좋아해서
C 아들들이 모두 그를 좋아하지 않아서
D 아들들의 사이가 안 좋아서

问: 国王为什么感到很烦恼?

질문: 국왕은 왜 고민에 빠졌는가?

해설 국왕에게는 세 명의 아들이 있었는데, 그 아들들은 항상 싸우고, 단합하지 않았다. 이 때문에 국왕이 걱정했다고 했으므로, 답은 D가 된다.

단어 学习 xuéxí 图 공부하다 | 花钱 huāqián 图 돈을 쓰다 | 关系 guānxi 圀 관계 | 感到 gǎndào 图 느끼다 | ★ 烦恼 fánnǎo 圀 걱정스럽다

41	A 打他们	A 그들을 때렸다
	B 让他们劳动	B 그들을 일하게 하였다
	C 让他们卖筷子	C 그들에게 젓가락을 팔게 하였다
	D 用筷子来教育他们	D 젓가락으로 그들을 교육하였다

问: 国王是怎么教育儿子们的?　　질문: 국왕은 아들들을 어떻게 교육하였는가?

해설 녹음에서 국왕은 세 아들을 말로 타이르거나 회초리로 다스리지 않았다. 국왕은 아들들에게 젓가락 하나를 부러뜨리는 것과 세 개를 부러뜨리는 것을 비교하여 단결의 힘이 얼마나 중요한지를 깨닫게 해주었다. 따라서 답은 D가 된다.

단어 劳动 láodòng 图 일하다 | 卖 mài 图 팔다 | 教育 jiàoyù 圀 교육 | 怎么 zěnme 団 어떻게

| 42 | A 个人的力量　　B 集体的力量大 | A 개인의 힘　　B 단체의 힘은 크다 |
| | C 筷子的重要性　D 三根筷子的力量 | C 젓가락의 중요성　D 젓가락 세 개의 힘 |

问: 这段话主要想说明什么道理?　　질문: 이 이야기는 주로 어떤 도리를 말하고자 하는가?

해설 보기 A, B, D에는 力量(힘)이 공통적으로 들어 있다. 녹음 지문을 통해 젓가락 세 개를 합치면 그 힘이 얼마나 센지를 알 수 있었다. 하지만 지문에서 말하고자 하는 것은 이것을 통해 국왕이 아들들에게 깨닫게 해주고 싶은 속뜻으로, 단체와 단결의 힘이 얼마나 강한지를 알려주고 있다. 따라서 답은 B가 된다.

단어 ★集体 jítǐ 圀 집단, 단체 | 重要性 zhòngyàoxìng 중요성 | 主要 zhǔyào 圀 주요한 | 说明 shuōmíng 图 설명하다 | 道理 dàolǐ 圀 도리

[43-45]

　　一位母亲来找我咨询，⁴³她问我，为什么每次考试她的儿子都是班里的最后一名? 她为此很烦恼。我对她说，这就好像爬山一样，你的孩子现在是⁴⁴在山脚下，唯一的路就是往上走，只要你多鼓励他，支持他，他一定会爬上来。不久，那位母亲打电话来向我道谢，她的孩子的成绩果然上升了很多。这就是人们经常忽视的地方，山的最低点其实就是山的起点。⁴⁵许多人在山脚下爬不上来，是因为他们停住了双脚，只是呆在山脚烦恼、哭泣。

어머니 한 분이 나를 찾아오셔서 상담했다. ⁴³그녀는 왜 매번 시험에서 그녀의 아들이 항상 반에서 꼴찌를 하느냐고 물었고, 그녀는 이 때문에 매우 고민스러워 했다. 나는 그녀에게 이것은 마치 등산하는 것과 같아서, 당신의 아이는 지금 ⁴⁴산기슭에 있으며, 유일한 길은 위로 올라가는 길밖에 없으니, 당신이 많이 격려하고 지지해준다면, 그 아이는 꼭 올라갈 거라고 말해주었다. 얼마 후 그 어머니는 전화로 나에게 감사를 전하면서, 그녀 아들의 성적이 매우 많이 올랐다고 했다. 이것이 바로 사람들이 자주 소홀히 하는 부분이다. 산의 가장 낮은 곳은 사실 산이 시작되는 곳이다. ⁴⁵많은 사람이 산 아래에서 올라오지 못하는 것은 그들이 걸음을 멈추고, 단지 산 아래에서 고민하고 울고 있기 때문이다.

단어 ★咨询 zīxún 图 자문하다 | 考试 kǎoshì 圀 시험 | 最后 zuìhòu 圀 맨 마지막 | ★为此 wèicǐ 圙 이 때문에 | ★烦恼 fánnǎo 圀 걱정스럽다 | 像 xiàng 图 ~와 같다 | 爬山 páshān 산을 오르다 | 一样 yíyàng 圀 같다 | 现在 xiànzài 圀 지금 | ★山脚 shānjiǎo 圀 산기슭 | ★唯一 wéiyī 圀 유일하다 | 只要 zhǐyào 圙 ~하기만 하면 | ★鼓励 gǔlì 图 격려하다 | ★支持 zhīchí 图 지지하다 | 不久 bùjiǔ 圖 머지않아 | 道谢 dàoxiè 감사의 말을 하다 | 成绩 chéngjì 圀 성적 | ★果然 guǒrán 圖 과연 | 上升 shàngshēng 图 상승하다 | 经常 jīngcháng 圖 자주 | ★忽视 hūshì 图 소홀히 하다 | 其实 qíshí 圖 사실 | ★起点 qǐdiǎn 圀 시작 | 许多 xǔduō 圀 매우 많다 | 爬 pá 图 기어오르다 | 因为 yīnwèi 圙 왜냐하면 | 停住 tíngzhù 图 정지하다 | ★哭泣 kūqì 图 흐느껴 울다

43

A 儿子身体不好
B 儿子太淘气了
C 儿子太喜欢爬山了
D 儿子的学习成绩差

问: 那位母亲为什么烦恼?

A 아들의 건강이 안 좋아서
B 아들이 장난이 심해서
C 아들이 등산을 너무 좋아해서
D 아들의 성적이 좋지 않아서

질문: 그 어머니는 왜 고민스러워 하는가?

해설 어머니가 烦恼(고민하다)하는 이유는 녹음의 맨 앞부분에 아들이 시험 때마다 항상 반에서 꼴찌를 하기 때문이라고 언급되었으므로, 답은 D가 된다.

▶ 어휘 변환
  最后一名 꼴찌
  = D 成绩差 성적이 나쁘다 (= 倒数第一名 끝에서 일등)

단어 身体 shēntǐ 명 건강 | ★ 淘气 táoqì 형 장난이 심하다 | 喜欢 xǐhuan 동 좋아하다 | 差 chà 형 나쁘다

44

A 坐下休息
B 鼓励其他的人
C 应该不断向上爬
D 平时多锻炼身体

问: 在山脚下的人应该怎么做?

A 앉아서 휴식한다
B 다른 사람을 격려한다
C 계속 위로 올라가야 한다
D 평소 몸을 많이 단련한다

질문: 산기슭에 있는 사람은 어떻게 해야 하는가?

해설 녹음에서 산기슭에 있는 사람(즉, 성적이 가장 나쁜 사람)이 어떻게 해야 하는지 직접적으로 언급하지는 않았다. 하지만 그저 두 손 두 발 다 놓고 고민만 하고, 울고만 있기 때문에 산 아래에서 올라오지 못하는 것이라고 지적하고 있으므로, C가 답으로 가장 적합하다.

단어 休息 xiūxi 동 휴식하다 | 其他 qítā 대 기타, 다른 사람 | 应该 yīnggāi 조동 마땅히 ~해야 한다 | ★ 不断 búduàn 동 끊임없다 | 平时 píngshí 명 평소 | 锻炼 duànliàn 동 단련하다

45

A 爬山的秘诀
B 不能停下脚步
C 不要光重视成绩
D 父母和孩子之间要多沟通

问: 这个故事主要想告诉我们什么?

A 등산의 비결
B 발걸음을 멈추지 말아야 한다
C 성적만을 중시해서는 안 된다
D 부모와 자식 간에는 교류가 많아야 한다

질문: 이 이야기에서 주로 우리에게 말하고자 하는 것은?

해설 녹음 뒷부분에서 많은 사람이 산 아래에서 올라오지 못하는 것은 그들이 걸음을 멈추었기 때문이라고 말하고 있다. 화자는 우리가 쉬지 않고 계속 올라만 간다면, 언젠가는 성공할 수 있다는 것을 말하고 있으므로 답은 B가 된다. 녹음에서 말하는 산을 오르는 것은 등산을 말하는 것이 아니라 성공하기 위해 노력하는 과정을 비유한 것이므로 A는 답이 될 수 없다.

단어 ★ 秘诀 mìjué 명 비결 | 脚步 jiǎobù 명 발걸음 | 重视 zhòngshì 동 중시하다 | 之间 zhījiān 명 ~의 사이 | ★ 沟通 gōutōng 동 교류하다 | 故事 gùshi 명 이야기 | 主要 zhǔyào 형 주요한 | 告诉 gàosu 동 말하다, 알리다

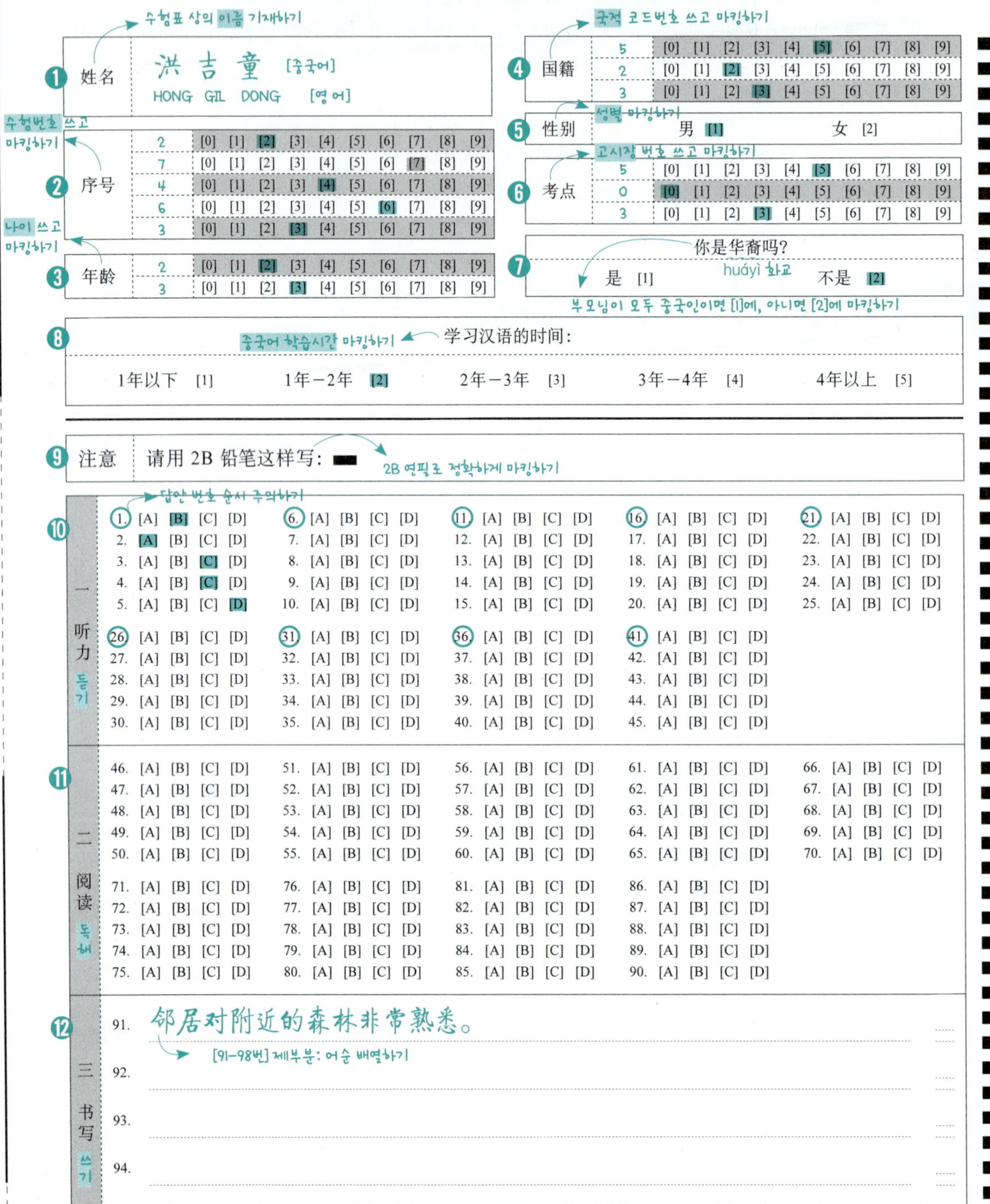

新 汉 语 水 平 考 试
HSK（五级）答题卡

수험표 상의 이름 기재하기
① 姓名　洪吉童 [중국어]　HONG GIL DONG [영어]

국적 코드번호 쓰고 마킹하기
④ 国籍　5 [0] [1] [2] [3] [4] [5] [6] [7] [8] [9]
　　　　2 [0] [1] [2] [3] [4] [5] [6] [7] [8] [9]
　　　　3 [0] [1] [2] [3] [4] [5] [6] [7] [8] [9]

수험번호 쓰고 마킹하기
② 序号　2 [0] [1] [2] [3] [4] [5] [6] [7] [8] [9]
　　　　7 [0] [1] [2] [3] [4] [5] [6] [7] [8] [9]
　　　　4 [0] [1] [2] [3] [4] [5] [6] [7] [8] [9]
　　　　6 [0] [1] [2] [3] [4] [5] [6] [7] [8] [9]
　　　　3 [0] [1] [2] [3] [4] [5] [6] [7] [8] [9]

성별 마킹하기
⑤ 性别　男 [1]　　女 [2]

고시장 번호 쓰고 마킹하기
⑥ 考点　5 [0] [1] [2] [3] [4] [5] [6] [7] [8] [9]
　　　　0 [0] [1] [2] [3] [4] [5] [6] [7] [8] [9]
　　　　3 [0] [1] [2] [3] [4] [5] [6] [7] [8] [9]

나이 쓰고 마킹하기
③ 年龄　2 [0] [1] [2] [3] [4] [5] [6] [7] [8] [9]
　　　　3 [0] [1] [2] [3] [4] [5] [6] [7] [8] [9]

你是华裔吗？
⑦ 是 [1]　huáyì 화교　不是 [2]
부모님이 모두 중국인이면 [1]에, 아니면 [2]에 마킹하기

종국어 학습시간 마킹하기　学习汉语的时间：
⑧ 1年以下 [1]　　1年－2年 [2]　　2年－3年 [3]　　3年－4年 [4]　　4年以上 [5]

⑨ 注意　请用 2B 铅笔这样写：■　2B 연필로 정확하게 마킹하기

답안 번호 순서 주의하기
⑩ 一 听力 듣기
1. [A] [B] [C] [D]　6. [A] [B] [C] [D]　11. [A] [B] [C] [D]　16. [A] [B] [C] [D]　21. [A] [B] [C] [D]
2. [A] [B] [C] [D]　7. [A] [B] [C] [D]　12. [A] [B] [C] [D]　17. [A] [B] [C] [D]　22. [A] [B] [C] [D]
3. [A] [B] [C] [D]　8. [A] [B] [C] [D]　13. [A] [B] [C] [D]　18. [A] [B] [C] [D]　23. [A] [B] [C] [D]
4. [A] [B] [C] [D]　9. [A] [B] [C] [D]　14. [A] [B] [C] [D]　19. [A] [B] [C] [D]　24. [A] [B] [C] [D]
5. [A] [B] [C] [D]　10. [A] [B] [C] [D]　15. [A] [B] [C] [D]　20. [A] [B] [C] [D]　25. [A] [B] [C] [D]
26. [A] [B] [C] [D]　31. [A] [B] [C] [D]　36. [A] [B] [C] [D]　41. [A] [B] [C] [D]
27. [A] [B] [C] [D]　32. [A] [B] [C] [D]　37. [A] [B] [C] [D]　42. [A] [B] [C] [D]
28. [A] [B] [C] [D]　33. [A] [B] [C] [D]　38. [A] [B] [C] [D]　43. [A] [B] [C] [D]
29. [A] [B] [C] [D]　34. [A] [B] [C] [D]　39. [A] [B] [C] [D]　44. [A] [B] [C] [D]
30. [A] [B] [C] [D]　35. [A] [B] [C] [D]　40. [A] [B] [C] [D]　45. [A] [B] [C] [D]

⑪ 二 阅读 독해
46. [A] [B] [C] [D]　51. [A] [B] [C] [D]　56. [A] [B] [C] [D]　61. [A] [B] [C] [D]　66. [A] [B] [C] [D]
47. [A] [B] [C] [D]　52. [A] [B] [C] [D]　57. [A] [B] [C] [D]　62. [A] [B] [C] [D]　67. [A] [B] [C] [D]
48. [A] [B] [C] [D]　53. [A] [B] [C] [D]　58. [A] [B] [C] [D]　63. [A] [B] [C] [D]　68. [A] [B] [C] [D]
49. [A] [B] [C] [D]　54. [A] [B] [C] [D]　59. [A] [B] [C] [D]　64. [A] [B] [C] [D]　69. [A] [B] [C] [D]
50. [A] [B] [C] [D]　55. [A] [B] [C] [D]　60. [A] [B] [C] [D]　65. [A] [B] [C] [D]　70. [A] [B] [C] [D]
71. [A] [B] [C] [D]　76. [A] [B] [C] [D]　81. [A] [B] [C] [D]　86. [A] [B] [C] [D]
72. [A] [B] [C] [D]　77. [A] [B] [C] [D]　82. [A] [B] [C] [D]　87. [A] [B] [C] [D]
73. [A] [B] [C] [D]　78. [A] [B] [C] [D]　83. [A] [B] [C] [D]　88. [A] [B] [C] [D]
74. [A] [B] [C] [D]　79. [A] [B] [C] [D]　84. [A] [B] [C] [D]　89. [A] [B] [C] [D]
75. [A] [B] [C] [D]　80. [A] [B] [C] [D]　85. [A] [B] [C] [D]　90. [A] [B] [C] [D]

⑫ 三 书写 쓰기
91. 邻居对附近的森林非常熟悉。
[91-98번] 제부분: 어순 배열하기
92.
93.
94.

95.

96.

97.

98.

我每次去学校都要经过一个不太大的广场。

我这两天有点着凉了。

国家汉办/孔子学院总部
Hanban/Confucius Institute Headquarters

新 汉 语 水 平 考 试
Chinese Proficiency Test

HSK（五级）成绩报告
HSK (Level 5) Examination Score Report

姓名：_______________________________
Name

性别：__________　国籍：_______________________
Gender　　　　　　Nationality

考试时间：_______________ 年 _________ 月 _________ 日
Examination Date　　　　　　Year　　　　Month　　　　Day

编号：_______________________________
No.

	满分（Full Score）	你的分数（Your Score）
听力（Listening）	100	
阅读（Reading）	100	
书写（Writing）	100	
总分（Total Score）	300	

总分180分为合格（Passing Score：180）

主任　________________________　国家汉办
Director　　　　　　　　　　　　Hanban
　　　　　　　　　　　　　　　　HANBAN

中国 · 北京
Beijing · China

Memo

Memo

新 HSK 한 권이면 끝 5급

新 HSK 5급 필수 VOCA

동양북스

목차   C o n t e n t s

듣기 영역 〈시크릿 기출 테스트〉에 나오는 단어들과 新HSK 5급 필수단어 1300개를 정리하였습니다. 시크릿 기출 테스트를 풀기 전에, 단어를 먼저 공부하고 문제를 풀면 듣기 시험에 자신감이 붙습니다. 또한, 한자의 훈음이 표기된 단어장으로 1300개 단어를 모조리 정복할 수 있게 해드립니다.

듣기 부분은 다른 영역에 비해서 단어 실력이 매우 중요합니다. 듣기 지문이나 문제에서 모르는 단어가 나오면, 자기도 모르게 긴장하여 뒤에 나오는 문장까지 제대로 듣지 못하게 되기 때문입니다. 따라서 수업 시간에는 듣기 지문과 문제에 나오는 단어들을 먼저 학습한 후에 학생들에게 문제를 풀게 하는 것이 훨씬 효과적입니다. 하지만, 기존의 新HSK 관련 책들은 듣기 부분의 새 단어를 해설 부분에만 실어놓아, 선생님들이 다시 워드 작업을 해서 학생들에게 나눠주고 단어를 외우게 해야 했습니다. 이 책에서는 선생님들과 학생들의 불편을 덜고 시간을 아껴주고자 듣기 영역 〈시크릿 기출 테스트〉에 나오는 단어들을 다시 한 번 정리하였습니다. 여기에 정리된 단어들은 시험에 자주 나오는 단어들이니, 꼭! 꼭! 암기하세요!

대학, 학원 교사 선생님! 이렇게 활용하세요.
듣기 단어를 따로 정리할 필요 없이, 그날 풀어야 할 단어를 미리 학습시킬 수 있습니다. 단어량이 많으면 쉬운 단어는 넘어가고, 꼭 알아야 할 중점 단어만 수업하시면 됩니다.

독학 학습자님! 이렇게 공부하세요.
무작정 듣기 문제를 풀면 어휘력이 부족해 좌절감을 맛보기 쉽습니다. 충분하게 단어를 학습하고 문제를 풀면, 정답률도 UP! 성적도 UP! 자신감도 UP! 됩니다.

Part 1

5급 듣기 영역 기출단어 미리 공부하기

1 DAY

1

★ 猜 cāi 동 추측하다, 알아맞히다

刚才 gāngcái 명 방금

★ 碰 pèng 동 (우연히) 만나다

谁 shéi 대 누구

★ 邻居 línjū 명 이웃, 이웃사람

坐 zuò 동 타다

趟 tàng 양 차례, 번(왕래한 횟수)

火车 huǒchē 명 기차

★ 车厢 chēxiāng 명 객실

巧 qiǎo 형 공교롭다

★ 老家 lǎojiā 명 고향

★ 打招呼 dǎ zhāohu 동 인사하다

2

★ 腹部 fùbù 명 복부

★ 胳膊 gēbo 명 팔

肌肉 jīròu 명 근육

★ 棒 bàng 형 (성적이) 좋다, (수준이) 높다

★ 白 bái 부 헛되이

练 liàn 동 훈련하다, 단련하다

★ 健身房 jiànshēnfáng 명 헬스클럽

★ 教练 jiàoliàn 명 코치

一样 yíyàng 형 같다

3

聊天儿 liáotiānr 동 잡담하다

菜 cài 명 채소

★ 饺子 jiǎozi 명 만두

味道 wèidao 명 맛

好 hǎo 형 좋다

极了 jíle 형용사 뒤에서 뜻을 강조할 때 쓰임

皮 pí 명 껍질

★ 薄 báo 형 얇다

★ 馅儿 xiànr 명 소(만두의 재료로 쓰임)

一会儿 yíhuìr 명 잠시, 잠깐 동안

凉 liáng 형 차갑다

好吃 hǎochī 형 맛있다

盘 pán 명 접시, 쟁반

猪肉 zhūròu 명 돼지고기

★ 芹菜 qíncài 명 셀러리

牛肉 niúròu 명 소고기

★ 萝卜 luóbo 명 무

4

中旬 zhōngxún 명 중순

星期 xīngqī 명 주, 주일

已经 yǐjing 부 이미, 벌써

★ 调研 diàoyán 동 조사 연구하다

★ 报告 bàogào 명 보고서

| 可以 kěyǐ [조동] ~할 수 있다, 가능하다 |
| 完成 wánchéng [동] 완성하다 |
| 应该 yīnggāi [조동] 반드시 ~할 것이다 |

2 DAY · P26

1

篇 piān [양] 편, 장

论文 lùnwén [명] 논문

★ 编辑 biānjí [명] 편집자

以后 yǐhòu [명] 이후

★ 建议 jiànyì [동] 제안하다

文章 wénzhāng [명] 문장, 글

★ 缩短 suōduǎn [동] 줄이다

而且 érqiě [접] 게다가, 또한

★ 题目 tímù [명] 제목

换 huàn [동] 바꾸다

看来 kànlái [동] 보아하니 ~라고 하다

可以 kěyǐ [조동] ~할 수 있다, 가능하다

发表 fābiǎo [동] 발표하다

★ 具体 jùtǐ [형] 구체적이다

定 dìng [동] 결정하다, 확정하다

★ 初步 chūbù [형] 처음 단계의, 초보적인

2

★ 出席 chūxí [동] 회의에 참석하다

会议 huìyì [명] 회의

已经 yǐjing [부] 이미, 벌써

★ 确定 quèdìng [동] 확정하다

★ 专家 zhuānjiā [명] 전문가

加上 jiāshàng [동] 더하다

工作人员 gōngzuò rényuán [명] 직원, 업무자

★ 宴会 yànhuì [명] 연회

定 dìng [동] 정하다

★ 自助餐厅 zìzhù cāntīng [명] 뷔페식당

安排 ānpái [동] 안배하다

3

足球 zúqiú [명] 축구

比赛 bǐsài [명] 경기

世界杯 Shìjièbēi [명] 월드컵

开幕 kāimù [동] 개막하다

闭幕 bìmù [동] 폐막하다

决赛 juésài [명] 결승, 결승전

困 kùn [형] 졸리다

★ 麻烦 máfan [동] 귀찮게 하다, 폐를 끼치다

黑咖啡 hēikāfēi [명] 블랙커피

★ 失眠 shīmián [동] 불면증에 걸리다

★ 怪不得 guàibude [부] 어쩐지

原来　yuánlái　[부]　알고 보니

★ 足球迷　zúqiúmí　축구광

4

★ 应聘　yìngpìn　[동]　지원하다

部门　bùmén　[명]　부서

★ 营销　yíngxiāo　[동]　판촉하다, 마케팅하다

通知　tōngzhī　[동]　통지하다, 알리다

★ 面试　miànshì　[동]　면접시험 보다

★ 电梯　diàntī　[명]　엘리베이터

上去　shàngqù　[동]　올라가다

3 DAY　P32

1

餐厅　cāntīng　[명]　식당

商场　shāngchǎng　[명]　상가, 시장

酒吧　jiǔbā　[명]　술집

咖啡厅　kāfēitīng　[명]　커피숍

瓶　píng　[양]　병

香水　xiāngshuǐ　[명]　향수

★ 小票　xiǎopiào　[명]　구매 영수증

★ 收款台　shōukuǎntái　[명]　계산대

前边　qiánbian　[명]　앞쪽

★ 付款　fùkuǎn　[동]　돈을 지불하다, 계산하다

2

卧室　wòshì　[명]　침실

客厅　kètīng　[명]　거실, 응접실

办公室　bàngōngshì　[명]　사무실

照相馆　zhàoxiàngguǎn　[명]　사진관

觉得　juéde　[동]　~라고 생각하다

★ 婚纱　hūnshā　[명]　웨딩드레스

照　zhào　[명]　사진

★ 打扮　dǎban　[동]　화장하다, 꾸미다

表情　biǎoqíng　[명]　표정

不错　búcuò　[형]　좋다, 괜찮다

★ 放大　fàngdà　[동]　확대하다

3

医院　yīyuàn　[명]　병원

校园　xiàoyuán　[명]　교정

电影院　diànyǐngyuàn　[명]　영화관

咖啡厅　kāfēitīng　[명]　커피숍

★ 开放　kāifàng　[형]　개방적이다

大白天　dàbáitiān　[명]　백주, 대낮

★ 敢　gǎn　[조동]　감히 ~하다

★ 搂抱　lǒubào　[동]　(두 팔로) 껴안다

看不下去　kànbuxiàqù　더 이상 못 보겠다, 눈 뜨고 볼 수 없다

电影　diànyǐng　[명]　영화

电视　diànshì　[명]　텔레비전

闹 nào 동 일어나다, 발생하다

已经 yǐjing 부 이미, 벌써

★ 见怪不怪 jiànguài búguài 성어 이상한
일을 겪어도 전혀 놀라지 않다

4

药店 yàodiàn 명 약국

医院 yīyuàn 명 병원

学校 xuéxiào 명 학교

电影院 diànyǐngyuàn 명 영화관

看 kàn 동 진료하다

★ 中医 zhōngyī 명 한의, 한의사

大夫 dàifu 명 의사

★ 静养 jìngyǎng 동 조용히 요양하다

星期 xīngqī 명 주, 주일

而且 érqiě 접 게다가, 또한

★ 开药 kāiyào 동 약을 처방하다

没什么 méi shénme 괜찮다,
별것 아니다

问题 wèntí 명 문제

4 DAY P32

1

机场 jīchǎng 명 공항

宾馆 bīnguǎn 명 호텔

火车站 huǒchēzhàn 명 기차역

警察局 jǐngchájú 명 경찰서

快点儿 kuàidiǎnr 빨리

★ 登机牌 dēngjīpái 명 탑승권

★ 护照 hùzhào 명 여권

放 fàng 동 놓다, 두다

放心 fàngxīn 동 안심하다

已经 yǐjing 부 이미, 벌써

长大 zhǎngdà 동 성장하다, 자라다

★ 照顾 zhàogù 동 보살피다, 돌보다

自己 zìjǐ 대 자신, 스스로

以后 yǐhòu 명 이후

马上 mǎshàng 부 즉시, 바로

打电话 dǎ diànhuà 전화하다

★ 一路顺风 yílù shùnfēng 성어 가시는
길이 순조롭기를 바랍니다

没问题 méiwèntí 동 문제없다, 확신하다

★ 安检 ānjiǎn 명 안전검사

2

街上 jiēshang 명 거리

公司 gōngsī 명 회사

火车站 huǒchēzhàn 명 기차역

飞机场 fēijīchǎng 명 공항

★ 马路 mǎlù 명 대로, 큰길

★ 对面 duìmiàn 명 맞은편, 건너편

好像 hǎoxiàng 부 마치 ~과 같다

★ 打招呼 dǎ zhāohu 동 인사하다

戴 dài 동 착용하다, 쓰다

★ 眼镜 yǎnjìng 명 안경

清楚 qīngchu 형 분명하다, 뚜렷하다

★ 打扮 dǎban 명 단장, 차림새

同事 tóngshì 명 동료

星期 xīngqī 명 주, 주일

★ 外地 wàidì 명 외지, 지방

出差 chūchāi 동 출장 가다

3

路上 lùshang 명 길가, 도중

银行 yínháng 명 은행

公安局 gōng'ānjú 명 경찰국

火车站 huǒchēzhàn 명 기차역

★ 糟糕 zāogāo 형 야단나다, 망치다

★ 身份证 shēnfènzhèng 명 신분증

带来 dàilái 동 가져오다

怎么办 zěnme bàn 어찌하다

★ 取钱 qǔqián 동 돈을 찾다

最近 zuìjìn 명 최근, 요즘

老是 lǎoshì 부 항상, 늘

★ 丢三落四 diūsān làsì 성어 건망증이 심하여 잘 잊어버리다

★ 老糊涂 lǎohútu 형 노망들다

★ 排队 páiduì 동 줄을 서다

赶紧 gǎnjǐn 부 서둘러, 어서

拿来 nálái 동 가져오다

记性 jìxing 명 기억력

帮 bāng 동 돕다, 거들다

★ 否则 fǒuzé 접 만약 그렇지 않으면

得 děi 조동 틀림없이 ~할 것이다

★ 耽误 dānwu 동 일을 그르치다, 지체하다

4

抽屉 chōuti 명 서랍

书包 shūbāo 명 책가방

下面 xiàmian 명 밑, 아래

房间 fángjiān 명 방

★ 收拾 shōushi 동 정리하다

时候 shíhou 명 때

没想到 méixiǎngdào 생각하지 못하다

★ 意外 yìwài 형 의외다

★ 收获 shōuhuò 명 소득, 수확

快点儿 kuàidiǎnr 빨리

支 zhī 양 자루

笔 bǐ 명 펜

★ 舅舅 jiùjiu 명 외삼촌

送 sòng 동 주다, 선물하다

★ 礼物 lǐwù 명 선물

★ 以为 yǐwéi 동 ~라고 (잘못) 여기다

★ 丢 diū 동 잃어버리다

看来 kànlái 동 보아하니 ~라고 하다

应该 yīnggāi 조동 반드시 ~해야 한다

常常 chángcháng 부 자주

5 DAY P39

1

房东 fángdōng 명 집주인

邻居 línjū 명 이웃, 이웃사람

秘书 mìshū 명 비서

要 yào 조동 ~하려 하다

觉得 juéde 동 ~라고 생각하다

套 tào 양 세트 (집을 세는 단위)

★ 条件 tiáojiàn 명 조건

可以 kěyǐ 형 좋다, 괜찮다

★ 不错 búcuò 형 괜찮다

★ 联系 liánxì 동 연락하다

告诉 gàosu 동 말하다, 알리다

★ 租 zū 동 세내다

2

演员 yǎnyuán 명 연기자

玩具 wánjù 명 장난감

拍 pāi 동 (영화나 사진 등을) 촬영하다, 찍다

电影 diànyǐng 명 영화

太 tài 부 대단히, 매우

★ 倒霉 dǎoméi 형 재수 없다

又 yòu 부 또

★ 派 pài 동 (일을) 시키다

活儿 huór 명 일거리

借 jiè 동 빌리다

★ 道具 dàojù 명 (촬영, 공연에 쓰이는) 소품, 도구

还是 háishi 접 아니면

找 zhǎo 동 찾다, 물색하다

3

小偷 xiǎotōu 명 도둑

交通警察 jiāotōng jǐngchá 명 교통경찰

公安局 gōng'ānjú 명 경찰국

秘书 mìshū 명 비서

快 kuài 부 빨리, 어서

怎么 zěnme 대 어떻게

看 kàn 동 보다

★ 一眼 yì yǎn 양 한 번 (보는 횟수를 나타냄)

知道 zhīdào 동 알다

警察 jǐngchá 명 경찰

那么 nàme 대 그렇게

多年 duōnián 명 오랜 세월

★ 打交道 dǎ jiāodao 왕래하다, 연락하다

★ 便衣警察 biànyī jǐngchá 명 사복경찰

4

秘书 mìshū 명 비서

经理 jīnglǐ 명 사장, 팀장

营销 yíngxiāo 동 판촉하다, 마케팅하다

★ 机票 jīpiào 명 비행기표

拿 ná 동 가지다

★ 顺便 shùnbiàn 부 내친김에, ~하는 김에

份 fèn 양 부, 권

★ 资料 zīliào 명 자료

送 sòng 동 전달하다, 보내다

6 DAY   P39

1

母子 mǔzǐ 명 모자, 어머니와 아들

同事 tóngshì 명 동료

上下级 shàngxiàjí 명 상급자와 하급자

★ 办公室 bàngōngshì 명 사무실

怎么办 zěnme bàn 어떡하지

打电话 dǎ diànhuà 전화하다

★ 桶 tǒng 양 통

★ 矿泉水 kuàngquánshuǐ 명 생수

有点儿 yǒudiǎnr 부 조금

可以 kěyǐ 조동 ~할 수 있다

没问题 méiwèntí 동 문제없다

★ 马上 mǎshàng 부 즉시, 바로

2

师生 shīshēng 명 스승과 제자

同事 tóngshì 명 동료

夫妻 fūqī 명 부부

★ 教授 jiàoshòu 명 교수

没想到 méixiǎngdào 생각하지 못하다

★ 遇见 yùjiàn 동 마주치다

★ 巧 qiǎo 형 공교롭다

开会 kāihuì 동 회의하다

★ 快要 kuàiyào 부 곧 (~하다)

毕业 bìyè 동 졸업하다

最近 zuìjìn 명 최근, 요즘

★ 论文 lùnwén 명 논문

准备 zhǔnbèi 동 준비하다

★ 随时 suíshí 부 언제나, 아무 때나

3

银行 yínháng 명 은행

旅行社 lǚxíngshè 명 여행사

飞机场 fēijīchǎng 명 공항

航空 hángkōng 명 항공		设计 shèjì 동 설계하다
公司 gōngsī 명 회사		上海 Shànghǎi 명 상하이
想 xiǎng 조동 ~하고 싶다		公司 gōngsī 명 회사
★ 放松 fàngsōng 동 느슨하게 하다		以前 yǐqián 명 이전
所以 suǒyǐ 접 그래서		工作 gōngzuò 동 일하다
★ 安排 ānpái 동 안배하다		主要 zhǔyào 부 주로
★ 紧 jǐn 형 빡빡하다, 촉박하다		★ 负责 fùzé 동 책임지다
放心 fàngxīn 동 안심하다		方面 fāngmiàn 명 방면, 분야
★ 考虑 kǎolǜ 동 고려하다		★ 业务 yèwù 명 업무
条 tiáo 양 항목, 가지		原来 yuánlái 형 원래의, 본래의
★ 路线 lùxiàn 명 노선		★ 满意 mǎnyì 동 만족하다
不错 búcuò 형 좋다, 괜찮다		为什么 wèishénme 대 왜, 어째서
但是 dànshì 접 그러나, 하지만		★ 选择 xuǎnzé 동 선택하다
★ 具体 jùtǐ 형 구체적이다		北京 Běijīng 명 베이징
爱人 àiren 명 남편, 아내		广州 Guǎngzhōu 명 광저우
商量 shāngliang 동 상의하다		想 xiǎng 조동 ~하고 싶다
决定 juédìng 동 결정하다		生活 shēnghuó 명 생활, 살림
★ 名片 míngpiàn 명 명함		知道 zhīdào 동 알다, 이해하다
如果 rúguǒ 접 만약		
可以 kěyǐ 조동 ~해도 좋다		
★ 随时 suíshí 부 언제나, 아무 때나		

7 DAY　　P46

4

电脑 diànnǎo 명 컴퓨터	批评 pīpíng 동 비판하다
维修 wéixiū 동 수리하다	询问 xúnwèn 동 문의하다, 물어보다
销售 xiāoshòu 동 판매하다	安慰 ānwèi 동 위로하다

1

表扬 biǎoyáng 동 칭찬하다

★ 拔 bá 동 뽑다

牙 yá 명 이

疼 téng 형 아프다

★ 大概 dàgài 부 대략

需要 xūyào 동 필요하다

别 bié 부 ~하지 마라

★ 紧张 jǐnzhāng 형 긴장해 있다, 불안하다

★ 放松 fàngsōng 동 긴장을 풀다

2

感到 gǎndào 동 여기다, 느끼다

意外 yìwài 형 의외다, 뜻밖이다

表示 biǎoshì 동 (감정, 태도 등을) 나타내다

怀疑 huáiyí 동 의심하다

将 jiāng 부 장차

代表 dàibiǎo 동 대표하다

★ 全 quán 형 모든, 전체의

★ 省 shěng 명 성

演讲 yǎnjiǎng 동 연설하다, 강연하다

比赛 bǐsài 명 시합

★ 同桌 tóngzhuō 명 (한 책상을 쓰는) 짝꿍

可 kě 부 정말

★ 吓一跳 xià yí tiào 깜짝 놀라다

3

无奈 wúnài 동 어쩔 수 없다, 부득이하다

嫉妒 jídù 동 질투하다, 샘내다

孤独 gūdú 형 고독하다, 외롭다

羡慕 xiànmù 동 부러워하다

★ 婚礼 hūnlǐ 명 결혼식

★ 棒 bàng 형 좋다

当 dāng 전 바로 그때

新娘 xīnniáng 명 신부

向 xiàng 전 ~을 향해서

大厅 dàtīng 명 홀, 로비(큰 건물의 넓은 공간을 말함)

★ 单身 dānshēn 명 독신, 미혼

女宾 nǚbīn 명 여자 손님, 여성 하객

扔 rēng 동 던지다

★ 花球 huāqiú 명 부케

感动 gǎndòng 동 감동하다

4

讽刺 fěngcì 동 풍자하다

鼓励 gǔlì 동 격려하다

怀疑 huáiyí 동 의심하다

肯定 kěndìng 동 인정하다, 확신하다

教授 jiàoshòu 명 교수

★ 论文 lùnwén 명 논문

对…来说 duì…lái shuō ~에게 있어서

想 xiǎng 조동 ~하고 싶다

★ 放弃 fàngqì 통 포기하다

★ 不管 bùguǎn 접 ~에 관계없이,
~을 막론하고

★ 遇到 yùdào 통 부딪치다, 마주치다

应该 yīnggāi 조동 ~해야 한다

★ 积极 jījí 형 적극적이다

★ 面对 miànduì 통 직면하다

★ 尽力 jìnlì 통 온 힘을 다하다

8 DAY   P46

1

难过 nánguò 형 슬프다, 괴롭다

讨厌 tǎoyàn 통 싫어하다

嫉妒 jídù 통 질투하다, 샘내다

别 bié 부 ~하지 마라

快点儿 kuàidiǎnr 빨리

★ 收拾 shōushi 통 정리하다

★ 经理 jīnglǐ 명 사장, 팀장

就要 jiùyào 부 곧

会 huì 조동 잘하다

★ 挑 tiāo 통 고르다, 선택하다

★ 检查 jiǎnchá 통 검사하다

工作 gōngzuò 통 일하다

★ 谁说不是呢 shéi shuō búshì ne
누가 아니래

动作 dòngzuò 명 행동, 동작

马上 mǎshàng 부 즉시, 바로

★ 催 cuī 통 재촉하다

2

意外 yìwài 형 의외다

讨厌 tǎoyàn 통 싫어하다

★ 多亏 duōkuī 통 덕분이다, 덕택이다

帮助 bāngzhù 통 돕다

★ 否则 fǒuzé 접 만약 그렇지 않으면

★ 肯定 kěndìng 부 틀림없이, 확실히

要 yào 조동 ~해야 한다

★ 熬夜 áoyè 통 밤새다

互相 hùxiāng 부 서로, 상호

应该 yīnggāi 조동 반드시 ~해야 한다

周末 zhōumò 명 주말

已经 yǐjing 부 이미, 벌써

★ 约 yuē 명 약속

以后 yǐhòu 명 이후

再说 zàishuō 통 다음에 다시 이야기하다

3

吃惊 chījīng 통 놀라다

惊喜 jīngxǐ 통 놀라며 기뻐하다

嫉妒 jídù 동 질투하다

遗憾 yíhàn 형 유감스럽다

★ 蛋糕 dàngāo 명 케이크

尝 cháng 동 맛보다

比 bǐ 전 ~보다

没想到 méixiǎngdào 생각하지 못하다

★ 手艺 shǒuyì 명 솜씨

爱人 àiren 명 남편, 아내

特别 tèbié 부 유달리, 특히

★ 甜食 tiánshí 명 단 식품

所以 suǒyǐ 접 그래서

★ 特意 tèyì 부 일부러

★ 怪不得 guàibude 부 과연, 어쩐지

机会 jīhuì 명 기회

一定 yídìng 부 반드시, 꼭

4

冷静 lěngjìng 형 냉정하다, 침착하다

着急 zháojí 동 조급해하다

配合 pèihé 동 협동하다, 협력하다

羡慕 xiànmù 동 부러워하다

★ 抱歉 bàoqiàn 동 죄송스럽게 생각하다

久等 jiǔděng 동 오래 기다리다

★ 突然 tūrán 부 갑자기

重要 zhòngyào 형 중요하다

会议 huìyì 명 회의

没关系 méiguānxi 괜찮다

感谢 gǎnxiè 동 감사하다

★ 抽 chōu 동 (시간, 틈을) 내다

★ 宝贵 bǎoguì 형 귀중하다

时间 shíjiān 명 시간

接受 jiēshòu 동 받다, 수령하다

★ 采访 cǎifǎng 동 인터뷰하다

已经 yǐjing 부 이미, 벌써

★ 提纲 tígāng 명 요점, 개요

怎么样 zěnmeyàng 대 어떠하다

9 DAY P53

1

出差 chūchāi 동 출장 가다

★ 舒服 shūfu 형 편안하다

一会儿 yíhuìr 명 잠시, 잠깐

参加 cānjiā 동 참가하다

会议 huìyì 명 회의

★ 主持 zhǔchí 동 사회를 보다

听说 tīngshuō 동 듣자하니 ~라고 하다

★ 急事 jíshì 명 급한 일

★ 只好 zhǐhǎo 부 어쩔 수 없이

2

已经　yǐjing　부　이미, 벌써

关门　guānmén　동　문을 닫다,
영업을 마치다

百货商店　bǎihuò shāngdiàn　명　백화점

可以　kěyǐ　조동　~할 수 있다, 가능하다

★ 刷卡　shuākǎ　동　카드로 결제하다

★ 公寓　gōngyù　명　아파트

附近　fùjìn　명　부근, 근처

★ 取钱　qǔqián　동　돈을 찾다

然后　ránhòu　접　그런 후에, 그런 다음에

★ 取款机　qǔkuǎnjī　명　현금인출기

★ 何必…呢　hébì…ne　하필 ~할 필요가
있는가

3

★ 退休　tuìxiū　동　퇴직하다

更　gèng　부　더욱

应该　yīnggāi　조동　반드시 ~해야 한다

★ 坚持　jiānchí　동　유지하다, 견지하다

工作　gōngzuò　동　일하다

当然　dāngrán　형　당연하다

★ 尽管　jǐnguǎn　접　비록 ~일지라도

可是　kěshì　접　그러나, 하지만

4

理工科　lǐgōngkē　명　이공계

文科　wénkē　명　문과

有意思　yǒuyìsi　형　재미있다

★ 领导　lǐngdǎo　명　지도자, 대표

必须　bìxū　부　반드시 ~해야 한다

★ 技术　jìshù　명　기술

★ 企业家　qǐyèjiā　명　기업가

★ 理科　lǐkē　명　이과

为什么　wèishénme　대　왜, 어째서

★ 出身　chūshēn　명　출신

大部分　dàbùfen　명　대부분

主要　zhǔyào　형　주요한

★ 靠　kào　동　기대다, 의지하다

★ 科技　kējì　명　과학기술

1

★ 突然　tūrán　부　갑자기

★ 做家务　zuò jiāwù　집안일을 하다

★ 一向　yíxiàng　부　내내, 줄곧

★ 讨厌　tǎoyàn　형　싫어하다

厨房　chúfáng　명　주방

★ 难道　nándào　부　설마 ~인가

快要 kuàiyào 분 곧 ~하다

升级 shēngjí 동 승진하다, 진급하다

★ 耽误 dānwu 동 (시간을 지체하여) 그르치다, 지체하다

越来越 yuèláiyuè 점점 ~해지다

★ 体贴 tǐtiē 동 자상하게 돌보다

辛苦 xīnkǔ 동 고생하다, 수고하다

2

经理 jīnglǐ 명 사장, 팀장

★ 唠叨 láodao 동 잔소리하다

材料 cáiliào 명 재료

★ 流动资金 liúdòng zījīn 명 유동자금

只能 zhǐnéng 분 단지 ~할 수 있다

★ 报销 bàoxiāo 동 청구하다

只要 zhǐyào 접 ~하기만 하면

★ 插手 chāshǒu 동 개입하다, 간섭하다

事情 shìqing 명 일, 사건

★ 复杂 fùzá 형 복잡하다

怎么 zěnme 대 어째서

没想到 méixiǎngdào 생각하지 못하다, 의외다

有点儿 yǒudiǎnr 분 조금, 약간

★ 紧张 jǐnzhāng 형 빠듯하다, 부족하다

★ 剩下 shèngxià 동 남다

以后 yǐhòu 명 이후

知道 zhīdào 동 알다

3

丢 diū 동 잃어버리다

坏 huài 동 고장 나다

★ 顾不上 gùbushàng 동 돌볼 틈이 없다, 생각도 할 수 없다

★ 礼物 lǐwù 명 선물

★ 过分 guòfèn 형 지나치다

出差 chūchāi 동 출장 가다

打电话 dǎ diànhuà 전화하다

开会 kāihuì 동 회의하다

★ 要命 yàomìng 동 (어떤 정도가 극에 달하여) ~해 죽겠다

空(儿) kòng(r) 명 틈, 짬

电话卡 diànhuàkǎ 명 전화카드

★ 借口 jièkǒu 명 핑계

发 fā 동 보내다

★ 电子邮件 diànzǐ yóujiàn 명 이메일

理解 lǐjiě 동 이해하다

生气 shēngqì 동 화내다

4

手机 shǒujī 명 휴대전화

酒杯 jiǔbēi 명 술잔

★ 茅台酒 Máotáijiǔ 명 마오타이주

送 sòng 동 주다, 선물하다

喜欢 xǐhuan 동 좋아하다

瓶 píng 양 병

★ 有害 yǒuhài 동 해롭다

健康 jiànkāng 명 건강

★ 等于 děngyú 동 ~와 같다

★ 不然 bùrán 접 그렇지 않으면, 아니면

上次 shàngcì 명 지난번

怎么 zěnme 대 어째서

★ 支持 zhīchí 동 지지하다

11 DAY　P 60

1

★ 围棋 wéiqí 명 바둑

开车 kāichē 동 운전하다

骑 qí 동 (자전거 등을) 타다

★ 放松 fàngsōng 동 긴장을 풀다

眼睛 yǎnjing 명 눈

前方 qiánfāng 명 앞, 앞쪽

★ 保持 bǎochí 동 유지하다

★ 平衡 pínghéng 명 평형

★ 继续 jìxù 동 계속하다

一定 yídìng 부 반드시, 꼭

★ 扶 fú 동 부축하다, 떠받치다

★ 松手 sōngshǒu 동 손을 놓다

2

★ 故乡 gùxiāng 명 고향

杭州 Hángzhōu 명 항저우

旅游 lǚyóu 동 여행하다

★ 查 chá 동 찾아보다

地图 dìtú 명 지도

★ 记号 jìhao 명 기호, 표시

★ 位置 wèizhi 명 위치

清楚 qīngchu 형 분명하다, 뚜렷하다

容易 róngyì 형 쉽다

★ 老家 lǎojiā 명 고향

3

★ 发票 fāpiào 명 영수증

★ 报销 bàoxiāo 동 청구하다

北京 Běijīng 명 베이징

饭店 fàndiàn 명 호텔

时间 shíjiān 명 시간

帮 bāng 동 돕다, 거들다

上次 shàngcì 명 지난번

★ 没问题 méiwèntí 동 문제없다,
　　　　　　　　　　확신하다

不了 bùliǎo ~할 수 없다

4

★ 收拾 shōushi 동 정리하다

文件 wénjiàn 명 파일

发 fā 동 보내다

★ 电子邮件 diànzǐ yóujiàn 명 이메일

★ 游戏 yóuxì 명 게임

选中 xuǎnzhòng 동 선택하다

然后 ránhòu 접 그런 후에, 그런 다음에

★ 复制 fùzhì 동 복제하다

★ 接着 jiēzhe 부 계속하여, 이어서

点 diǎn 동 (가볍게) 찍다

★ 粘贴 zhāntiē 동 붙여 넣다

最后 zuìhòu 명 맨 마지막, 최후.

★ 发送 fāsòng 동 보내다

★ 鼠标 shǔbiāo 명 마우스

该 gāi 조동 마땅히 ~해야 한다

换 huàn 동 바꾸다

不怎么 bùzěnme 부 그다지, 별로

12 DAY　P60

1

★ 登机 dēngjī 동 비행기에 탑승하다

开车 kāichē 동 운전하다

换 huàn 동 바꾸다

★ 登机牌 dēngjīpái 명 탑승권

★ 赶上 gǎnshàng 동 따라잡다

放心 fàngxīn 동 안심하다

★ 按照 ànzhào 전 ~에 따라

★ 速度 sùdù 명 속도

应该 yīnggāi 조동 마땅히 ~해야 한다

没问题 méiwèntí 동 문제없다

★ 只要 zhǐyào 접 ~하기만 하면

带 dài 동 지니다, 가지다

★ 护照 hùzhào 명 여권

★ 高速公路 gāosù gōnglù 명 고속도로

慢点儿 màndiǎnr 천천히

注意 zhùyì 동 주의하다, 조심하다

安全 ānquán 형 안전하다

★ 争取 zhēngqǔ 동 쟁취하다, ~하려고
힘쓰다

飞机场 fēijīchǎng 명 공항

2

★ 清淡 qīngdàn 형 담백하다

菜 cài 명 요리

点 diǎn 동 주문하다

★ 辣 là 형 맵다

汤 tāng 명 탕, 국

换 huàn 동 바꾸다

快 kuài 형 빠르다

| 怎么 zěnme 団 어째서 | 搞 gǎo 图 하다, 처리하다 |

怎么 zěnme 団 어째서

★ 眼泪 yǎnlèi 图 눈물

没想到 méixiǎngdào 생각하지 못하다

★ 受不了 shòubuliǎo 참을 수 없다

★ 的确 díquè 囝 확실히, 정말

有些 yǒuxiē 囝 조금, 약간

建议 jiànyì 图 제안하다, 건의하다

3

★ 存钱 cúnqián 图 저금하다

办 bàn 图 처리하다

★ 银行卡 yínhángkǎ 图 은행카드

开通 kāitōng 图 개통하다

★ 借记卡 jièjìkǎ 图 직불카드

★ 汇款 huìkuǎn 图 돈을 부치다

办理 bànlǐ 图 처리하다

业务 yèwù 图 업무

★ 手续 shǒuxù 图 절차, 수속

麻烦 máfan 囵 귀찮다, 번거롭다

★ 填 tián 图 써넣다, 기입하다

★ 表格 biǎogé 图 표, 양식

需要 xūyào 图 필요하다

另 lìng 囝 따로, 별도로

付 fù 图 돈을 지급하다

★ 费用 fèiyòng 图 비용

但是 dànshì 囵 그렇지만

搞 gǎo 图 하다, 처리하다

活动 huódòng 图 행사

如果 rúguǒ 囵 만약

★ 免费 miǎnfèi 图 무료로 하다

使用 shǐyòng 图 사용하다

4

请假 qǐngjià 图 (휴가 등을) 신청하다

老板 lǎobǎn 图 사장

★ 认错 rèncuò 图 잘못을 인정하다

★ 问候 wènhòu 图 안부를 묻다

参加 cānjiā 图 참가하다

★ 升职 shēngzhí 图 승진

为什么 wèishénme 団 왜, 어째서

不让 búràng 图 허락하지 않다

因为 yīnwèi 囵 왜냐하면

赶快 gǎnkuài 囝 재빨리, 어서

★ 承认 chéngrèn 图 인정하다, 시인하다

错误 cuòwù 图 잘못

★ 争取 zhēngqǔ 图 쟁취하다, ～하려고 힘쓰다

★ 否则 fǒuzé 囵 만약 그렇지 않으면

得 děi 조동 ～해야 한다

★ 没用 méiyòng 囵 소용없다

13 DAY P68

1

换 huàn 동 바꾸다

★ 题目 tímù 명 제목

★ 缩短 suōduǎn 동 줄이다

内容 nèiróng 명 내용

改变 gǎibiàn 동 바꾸다

文章 wénzhāng 명 글

★ 结构 jiégòu 명 구조

★ 直接 zhíjiē 형 직접적인

删掉 shāndiào 동 삭제하다

段落 duànluò 명 단락

篇 piān 양 편, 장

最后 zuìhòu 명 맨 마지막, 최후

有点(儿) yǒudiǎn(r) 부 조금, 약간

而且 érqiě 접 게다가, 또한

★ 逻辑 luójí 명 논리

★ 乱 luàn 형 어지럽다, 혼란스럽다

最好 zuìhǎo 부 ~하는 게 제일 좋다

★ 修改 xiūgǎi 동 수정하다, 고치다

要是 yàoshi 접 만약

★ 删除 shānchú 동 삭제하다

觉得 juéde 동 ~라고 생각하다

怎么样 zěnmeyàng 대 어떠하다

2

换 huàn 동 바꾸다

种 zhǒng 양 종류, 가지

★ 风格 fēnggé 명 스타일

家具 jiājù 명 가구

★ 扩大 kuòdà 동 넓히다

客厅 kètīng 명 거실

★ 面积 miànjī 명 면적

★ 打通 dǎtōng 동 통하게 하다

★ 阳台 yángtái 명 베란다

卧室 wòshì 명 침실

★ 设计 shèjì 명 설계, 디자인

★ 方案 fāng'àn 명 방안

比较 bǐjiào 부 비교적

满意 mǎnyì 동 만족스럽다

感觉 gǎnjué 동 느끼다

★ 空间 kōngjiān 명 공간

★ 一下子 yíxiàzi 갑자기, 단숨에

可不是吗 kě búshì ma 그러게 말이야

不仅 bùjǐn 접 ~뿐만 아니라

而且 érqiě 접 게다가, 또한

★ 采光 cǎiguāng 명 채광

选择 xuǎnzé 동 고르다, 선택하다

★ 装修 zhuāngxiū 명 내장 설비, 인테리어

3

★ 下半年 xiàbànnián 명 하반기

★ 销售 xiāoshòu 명 판매

计划 jìhuà 명 계획, 방안

★ 修改 xiūgǎi 동 수정하다, 고치다

★ 秘书 mìshū 명 비서

但是 dànshì 접 그렇지만

★ 争取 zhēngqǔ 동 쟁취하다, ~하려고 힘쓰다

没问题 méiwèntí 동 문제없다

会 huì 조동 ~할 것이다

★ 抓紧 zhuājǐn 동 놓치지 않다, 꽉 잡다

时间 shíjiān 명 시간

完 wán 동 완성하다

以后 yǐhòu 명 이후

放 fàng 동 놓다, 두다

办公桌 bàngōngzhuō 명 사무용 책상

4

★ 打印机 dǎyìnjī 명 프린터

又 yòu 부 또

坏 huài 동 망가지다

还 hái 부 아직, 여전히

★ 修好 xiūhǎo 동 (수리하여) 복구하다

★ 突然 tūrán 부 갑자기

能 néng 조동 ~할 수 있다

★ 好像 hǎoxiàng 부 마치 ~과 같다

问题 wèntí 명 문제

★ 按 àn 동 누르다

★ 键 jiàn 명 누름단추, 버튼

★ 反应 fǎnyìng 명 반응

刚刚 gānggāng 부 방금

★ 居然 jūrán 부 뜻밖에, 놀랍게도

★ 耽误 dānwu 동 일을 그르치다, 지체하다

事儿 shìr 명 일

14 DAY   P68

1

感冒 gǎnmào 동 감기에 걸리다

秋天 qiūtiān 명 가을

★ 花粉 huāfěn 명 꽃가루

鼻子 bízi 명 코

★ 过敏 guòmǐn 동 알레르기 반응을 보이다, 예민하다

怎么 zěnme 대 어째서

总 zǒng 부 늘, 줄곧

★ 打喷嚏 dǎ pēntì 재채기를 하다

流 liú 동 흐르다

★ 鼻涕 bítì 명 콧물

别提了 bié tí le 말도 마라

冬天　dōngtiān　몡 겨울

看　kàn　동 진료하다

但是　dànshì　접 그렇지만

★ 没用　méiyòng　형 소용없다

都　dōu　부 이미, 벌써

习惯　xíguàn　동 습관이 되다

出门　chūmén　동 외출하다

★ 戴　dài　동 착용하다, 쓰다

★ 口罩　kǒuzhào　명 마스크

2

打电话　dǎ diànhuà　전화하다

发　fā　동 보내다

★ 短信　duǎnxìn　명 문자 메시지

★ 电子邮件　diànzǐ yóujiàn　명 이메일

北京　Běijīng　명 베이징

饭店　fàndiàn　명 호텔

开　kāi　동 열다, 개최하다

★ 年末　niánmò　명 연말

★ 总结会　zǒngjiéhuì　명 총결산 회의

通知　tōngzhī　동 통지하다, 알리다

大家　dàjiā　대 모두

所有　suǒyǒu　형 모든, 전부의

★ 职员　zhíyuán　명 직원

觉得　juéde　동 ~라고 생각하다

最好　zuìhǎo　부 ~하는 게 제일 좋다

再　zài　부 다시

★ 确认　quèrèn　동 확인하다

没问题　méiwèntí　동 문제없다

马上　mǎshàng　부 즉시, 바로

办　bàn　동 처리하다

3

感冒　gǎnmào　동 감기에 걸리다

雨伞　yǔsǎn　명 우산

★ 丢　diū　동 잃어버리다

★ 全身　quánshēn　명 전신, 온몸

★ 湿透　shītòu　동 흠뻑 젖다

外面　wàimian　명 바깥

雨　yǔ　명 비

太　tài　부 너무

带　dài　동 지니다, 가지다

★ 伞　sǎn　명 우산

怎么　zěnme　대 어떻게

★ 变成　biànchéng　동 ~으로 변하다

★ 落汤鸡　luòtāngjī　명 물에 빠진 병아리 (생쥐)

快　kuài　형 빠르다

换　huàn　동 바꾸다

刮　guā　동 (바람이) 불다

★ 厉害　lìhai　형 심각하다, 굉장하다

★ 干脆　gāncuì　부 아예, 차라리

洗澡 xǐzǎo 동 목욕하다, 샤워하다

热水 rèshuǐ 명 따뜻한 물

别 bié 부 ~하지 마라

再 zài 부 다시

着凉 zháoliáng 동 감기에 걸리다

倒 dào 동 따르다, 붓다

杯 bēi 양 잔, 컵

4

★ 反应 fǎnyìng 명 반응

快 kuài 형 빠르다

主持 zhǔchí 동 사회를 보다

经验 jīngyàn 명 경험

★ 丰富 fēngfù 형 풍부하다

活动 huódòng 명 행사

★ 规模 guīmó 명 규모

满意 mǎnyì 동 만족하다

★ 不仅 bùjǐn 접 ~뿐만 아니라

比较 bǐjiào 부 비교적

而且 érqiě 접 게다가, 또한

★ 现场 xiànchǎng 명 현지, 현장

★ 直播 zhíbō 동 생중계하다

合适 héshì 형 적당하다, 적합하다

必须 bìxū 부 반드시 ~해야 한다

★ 主持人 zhǔchírén 명 사회자

放心 fàngxīn 동 안심하다

15 DAY　P75

1

要 yào 조동 ~해야 한다

★ 出差 chūchāi 동 출장 가다

能 néng 조동 ~할 수 있다

★ 讲座 jiǎngzuò 명 강좌

想 xiǎng 조동 ~하고 싶다

★ 录音 lùyīn 동 녹음하다

★ 健康 jiànkāng 명 건강

帮 bāng 동 돕다, 거들다

没问题 méiwèntí 동 문제없다

★ 听说 tīngshuō 동 듣자하니 ~이라 한다

但是 dànshì 접 그렇지만

太 tài 부 너무

★ 可惜 kěxī 형 아쉽다, 유감스럽다

2

生气 shēngqì 동 화내다

★ 下次 xiàcì 명 다음번

再 zài 부 다시

找 zhǎo 동 찾다

★ 机会 jīhuì 명 기회

下班 xiàbān 동 퇴근하다

想 xiǎng 조동 ~하고 싶다

★ 抱歉 bàoqiàn 동 죄송스럽게 생각하다

没想到 méixiǎngdào 생각하지 못하다

要 yào 조동 ~해야 한다

★ 加班 jiābān 동 초과 근무를 하다

能 néng 조동 ~할 수 있다

一起 yìqǐ 부 함께

★ 没关系 méiguānxi 괜찮다

★ 约 yuē 동 약속하다

时间 shíjiān 명 시간

3

★ 说明书 shuōmíngshū 명 설명서

已经 yǐjing 부 이미, 벌써

★ 修好 xiūhǎo (수리하여) 복구하다

★ 安装 ānzhuāng 동 설치하다

★ 程序 chéngxù 명 프로그램

最好 zuìhǎo 부 ~하는 게 제일 좋다

再 zài 부 다시

台 tái 양 대(기계 등을 세는 단위)

看懂 kàndǒng 동 (봐서) 이해하다

放心 fàngxīn 동 안심하다

★ 想象 xiǎngxiàng 동 상상하다

那么 nàme 대 그렇게

★ 只要 zhǐyào 접 ~하기만 하면

★ 按照 ànzhào 전 ~에 따라

上面 shàngmian 명 위, 위쪽

★ 步骤 bùzhòu 명 순서

4

★ 一般 yìbān 형 보통이다, 평범하다

★ 精彩 jīngcǎi 형 뛰어나다, 훌륭하다

★ 不如 bùrú 동 ~만 못하다

小说 xiǎoshuō 명 소설

有意思 yǒuyìsi 형 재미있다

听说 tīngshuō 동 듣자하니 ~이라 한다

最近 zuìjìn 명 최근, 요즘

★ 电视剧 diànshìjù 명 드라마

★ 受欢迎 shòu huānyíng 환영받다

★ 特意 tèyì 부 일부러

网 wǎng 명 인터넷

觉得 juéde 동 ~라고 생각하다

16 DAY　P 75

1

要 yào 조동 ~하려 하다, ~해야 한다

★ 旧 jiù 형 낡다, 오래되다

★ 西服 xīfú 명 양복

★ 捐 juān 동 기부하다

★ 深蓝色 shēnlánsè 명 짙은 남색

★ 套 tào 양 벌, 세트

可是 kěshì 접 그러나, 하지만

什么 shénme 대 무슨

别 bié 뷔 ~하지 마라

★ 担心 dānxīn 동 걱정하다

又 yòu 뷔 또

★ 衣柜 yīguì 명 옷장

★ 挂 guà 동 걸다

2

★ 腿 tuǐ 명 다리

★ 受伤 shòushāng 동 부상당하다

能 néng 조동 ~할 수 있다

★ 坚持 jiānchí 동 유지하다, 견지하다

★ 锻炼 duànliàn 동 단련하다

打球 dǎqiú 동 공을 치다

加班 jiābān 동 초과 근무를 하다

网球 wǎngqiú 명 테니스

水平 shuǐpíng 명 수준

★ 明显 míngxiǎn 형 확연하다, 분명하다

★ 退步 tuìbù 동 나빠지다, 퇴보하다

记 jì 동 기억하다

以前 yǐqián 명 이전

时间 shíjiān 명 시간

工作 gōngzuò 동 일하다

太 tài 뷔 대단히, 매우

连 lián 전 ~조차도

★ 球拍 qiúpāi 명 라켓

★ 握 wò 동 잡다, 쥐다

主要 zhǔyào 형 주요한, 중요한

还是 háishi 뷔 여전히, 아직도

★ 懒得 lǎnde 동 귀찮아하다

活动 huódòng 동 (몸을) 움직이다,
운동하다

3

刚 gāng 뷔 방금, 막

出差 chūchāi 동 출장 가다

★ 推销员 tuīxiāoyuán 명 판매원

★ 老家 lǎojiā 명 고향

出口 chūkǒu 동 수출하다

★ 特产 tèchǎn 명 특산물

大家 dàjiā 대 모두, 다들

★ 尝 cháng 동 맛보다

听说 tīngshuō 동 듣자하니 ~이라 한다

★ 国际 guójì 명 국제

★ 展览会 zhǎnlǎnhuì 명 전람회

★ 推广 tuīguǎng 동 확대하다,
널리 보급하다

产品 chǎnpǐn 명 생산품, 제품

★ 宣传 xuānchuán 동 선전하다

★ 主要 zhǔyào 형 주요한

4

★ 跳槽 tiàocáo 동 직업을 바꾸다,
이직하다

毕业 bìyè 통 졸업하다
找 zhǎo 통 찾다
工作 gōngzuò 명 직업, 일자리
★ 理想 lǐxiǎng 형 이상적이다, 만족스럽다
听说 tīngshuō 통 듣자하니 ~이라 한다
已经 yǐjing 부 이미, 벌써
定 dìng 통 결정하다, 확정하다
★ 外交部 Wàijiāobù 명 외교부
★ 翻译 fānyì 명 통역(원)
太 tài 부 대단히, 매우
★ 庆祝 qìngzhù 통 경축하다
特别 tèbié 부 유달리, 특히
想 xiǎng 조동 ~하고 싶다
★ 辣 là 형 맵다

17 DAY P81

1

★ 合理 hélǐ 형 합리적이다
比较 bǐjiào 부 비교적
★ 合适 héshì 형 적당하다, 적합하다
有点儿 yǒudiǎnr 부 조금
公司 gōngsī 명 회사
差不多 chàbuduō 형 비슷하다
谈 tán 통 이야기하다

笔 bǐ 양 건, 묶(돈·자금과 관련된 것을 세는 데 쓰임)
★ 生意 shēngyi 명 사업, 거래
怎么样 zěnmeyàng 대 어떠하다
价格 jiàgé 명 가격
可以 kěyǐ 조동 ~할 수 있다, 가능하다
★ 接受 jiēshòu 통 받아들이다
★ 签约 qiānyuē 통 (계약서 등에) 서명하다

2

困难 kùnnan 명 어려움
生意 shēngyi 명 사업, 거래
★ 信心 xìnxīn 명 자신
★ 成立 chénglì 통 창립하다, 설립하다
久 jiǔ 형 오래다, 시간이 길다
公司 gōngsī 명 회사
刚刚 gānggāng 부 방금, 막
最近 zuìjìn 명 최근, 요즘
谈 tán 통 이야기하다
笔 bǐ 양 건, 묶(돈·자금과 관련된 것을 세는 데 쓰임)
★ 相信 xiāngxìn 통 믿다
★ 越来越 yuèláiyuè 점점 ~해지다

3

可以 kěyǐ 형 좋다, 괜찮다
★ 重要 zhòngyào 형 중요하다

活动 huódòng 몡 행사

★ 休闲服 xiūxiánfú 몡 캐주얼복

公司 gōngsī 몡 회사

★ 服装 fúzhuāng 몡 복장, 의류

特别 tèbié 閏 유달리, 특히

★ 要求 yāoqiú 둉 요구하다

最好 zuìhǎo 閏 ~하는 게 제일 좋다

★ 稍微 shāowēi 閏 조금, 약간

正式 zhèngshì 혱 정식의

更 gèng 閏 더욱

4

具体 jùtǐ 혱 구체적이다

★ 分析 fēnxī 둉 분석하다

★ 炒股票 chǎo gǔpiào 주식 투자를 하다

★ 股票 gǔpiào 몡 주식

★ 危险 wēixiǎn 혱 위험하다

基金 jījīn 몡 펀드

比较 bǐjiào 閏 비교적

安全 ānquán 혱 안전하다

适合 shìhé 둉 적합하다

★ 投资 tóuzī 몡 투자

最近 zuìjìn 몡 최근, 요즘

★ 利息 lìxī 몡 이자

低 dī 혱 낮다

★ 石油 shíyóu 몡 석유

怎么样 zěnmeyàng 대 어떠하다

公司 gōngsī 몡 회사

★ 经营 jīngyíng 둉 경영하다

情况 qíngkuàng 몡 상황

18 DAY P81

1

★ 误会 wùhuì 둉 오해하다

★ 孕妇 yùnfù 몡 임산부

喜欢 xǐhuan 둉 좋아하다

坐 zuò 둉 앉다

公共汽车 gōnggòng qìchē 몡 버스

★ 座位 zuòwèi 몡 좌석

★ 早晨 zǎochen 몡 아침

★ 糊涂 hútu 혱 어리석다, 멍청하다

看见 kànjiàn 둉 보이다, 보다

上车 shàngchē 둉 (차에) 오르다, 타다

让 ràng 둉 양보하다

别提了 bié tí le 말도 마라

告诉 gàosu 둉 말하다, 알리다

★ 根本 gēnběn 閏 전혀, 아예

★ 怀孕 huáiyùn 둉 임신하다

2

★ 坚持 jiānchí 동 유지하다, 견지하다

快要 kuàiyào 부 곧 (~하다)

★ 放弃 fàngqì 동 포기하다

最后 zuìhòu 명 맨 마지막, 최후

★ 圈 quān 명 원, 둘레

休息 xiūxi 동 쉬다

一会儿 yíhuìr 명 잠시, 잠깐

跑 pǎo 동 달리다, 뛰다

累 lèi 형 피곤하다

★ 满头大汗 mǎntóu dàhàn 얼굴이 땀투성이다

湿 shī 동 적시다

★ 今天 jīntiān 명 오늘

一定 yídìng 부 반드시, 꼭

时间 shíjiān 명 시간

运动 yùndòng 동 운동하다

★ 突然 tūrán 부 갑자기

★ 受不了 shòubuliǎo 동 견딜 수 없다

★ 不要紧 búyàojǐn 형 괜찮다, 문제없다

★ 剩下 shèngxià 동 남다

3

★ 名次 míngcì 명 순위

重要 zhòngyào 형 중요하다

较 jiào 부 비교적

★ 优势 yōushì 명 우세

美国 Měiguó 명 미국

留学 liúxué 동 유학하다

★ 取得 qǔdé 동 취득하다, 얻다

机会 jīhuì 명 기회

参加 cānjiā 동 참가하다

★ 竞赛 jìngsài 동 경쟁하다, 시합하다

进入 jìnrù 동 들다, 진입하다

★ 决赛 juésài 명 결승

★ 厉害 lìhai 형 굉장하다

难说 nánshuō 동 말하기 어렵다

紧张 jǐnzhāng 형 긴장해 있다

只要 zhǐyào 접 ~하기만 하면

正常 zhèngcháng 형 정상적이다

★ 发挥 fāhuī 동 발휘하다

★ 鼓励 gǔlì 동 격려하다

★ 争取 zhēngqǔ 동 쟁취하다, ~하려고 힘쓰다

4

★ 保修 bǎoxiū 동 무상으로 보증 수리하다

优惠 yōuhuì 형 우대의

活动 huódòng 명 행사

正在 zhèngzài 부 ~하고 있다

打折 dǎzhé 동 할인하다

★ 销售 xiāoshòu 동 판매하다

★ 微波炉 wēibōlú 명 전자레인지

★ 空调 kōngtiáo 명 에어컨

★ 款 kuǎn 양 스타일, 종류

红色 hóngsè 명 붉은색

今年 jīnnián 명 올해

受 shòu 동 받다

客人 kèrén 명 고객

★ 欢迎 huānyíng 동 환영하다

最近 zuìjìn 명 최근, 요즘

搞 gǎo 동 하다, 처리하다

送 sòng 동 주다, 증정하다

而且 érqiě 접 게다가

★ 厂家 chǎngjiā 명 공장, 제조업자

★ 免费 miǎnfèi 동 무료로 하다

★ 上门 shàngmén 동 방문하다

★ 修理 xiūlǐ 동 수리하다

19 DAY　P87

1

★ 书柜 shūguì 명 책장

大小 dàxiǎo 명 크기

★ 客厅 kètīng 명 거실, 응접실

★ 位置 wèizhi 명 위치

卧室 wòshì 명 침실

★ 装修 zhuāngxiū 명 인테리어

方案 fāng'àn 명 방안

★ 需要 xūyào 동 필요하다

修改 xiūgǎi 동 고치다, 수정하다

★ 整体 zhěngtǐ 명 전부, 전체

感觉 gǎnjué 명 느낌

不错 búcuò 형 좋다, 괜찮다

但是 dànshì 접 그렇지만

★ 摆 bǎi 동 놓다, 배치하다

看起来 kànqǐlái 보아하니 ~하다

★ 舒服 shūfu 형 편안하다

2

★ 小偷 xiǎotōu 명 도둑

★ 偷 tōu 동 도둑질하다

坏 huài 동 망가지다

经常 jīngcháng 부 자주, 종종

★ 收拾 shōushi 동 정리하다

乱 luàn 형 어지럽다, 혼란하다

★ 怪不得 guàibude 부 어쩐지

★ 总是 zǒngshì 부 늘, 언제나

找 zhǎo 동 찾다, 물색하다

知道 zhīdào 동 알다

★ 抽 chōu 동 (시간, 틈을) 내다

空(儿) kòng(r) 명 시간, 틈

3

病人　bìngrén　명 환자

★ 出院　chūyuàn　동 퇴원하다

★ 危险　wēixiǎn　형 위험하다

同意　tóngyì　동 동의하다, 허락하다

★ 手术　shǒushù　명 수술

爱人　àiren　명 남편, 아내

★ 恐怕　kǒngpà　부 아마 ~일 것이다

★ 虽然　suīrán　접 비록 ~하지만

★ 成功　chénggōng　형 성공적이다

但　dàn　접 그렇지만

住院　zhùyuàn　동 입원하다

★ 观察　guānchá　동 살피다, 관찰하다

比较　bǐjiào　부 비교적

4

★ 严肃　yánsù　형 엄숙하다

★ 幽默　yōumò　형 유머러스하다

★ 认真　rènzhēn　형 진지하다

受欢迎　shòu huānyíng
환영받다, 인기 있다

同学　tóngxué　명 학우, 동창

怎么　zěnme　대 어째서

★ 遗憾　yíhàn　형 유감스럽다, 섭섭하다

谁说不是呢　shéi shuō búshì ne
누가 아니래

★ 要是　yàoshi　접 만약

一定　yídìng　부 반드시, 분명히

大家　dàjiā　대 모두, 다들

带来　dàilái　동 가져다주다

不少　bùshǎo　형 적지 않다

★ 快乐　kuàilè　형 즐겁다, 유쾌하다

20 DAY　P87

1

★ 开幕式　kāimùshì　명 개막식

真正　zhēnzhèng　형 진정한

★ 球迷　qiúmí　명 축구 팬

觉得　juéde　동 ~라고 생각하다

★ 精彩　jīngcǎi　형 뛰어나다, 훌륭하다

一起　yìqǐ　부 같이

比赛　bǐsài　명 경기

★ 世界杯　Shìjièbēi　명 월드컵

赶上　gǎnshàng　동 시간에 대다

打开　dǎkāi　동 켜다

足球　zúqiú　명 축구

已经　yǐjing　부 이미, 벌써

开始　kāishǐ　동 시작하다

★ 球队　qiúduì　명 (구기 종목) 팀, 단체

★ 获得　huòdé　동 얻다, 획득하다

★ 冠军 guànjūn 명 우승(자)

难倒 nándǎo 동 당황하게 하다, 곤란하게 하다

★ 算不上 suànbushàng ~라고 할 수 없다

2

★ 上网 shàngwǎng 동 인터넷을 하다

★ 预订 yùdìng 동 예약하다

东西 dōngxi 명 물건

★ 订 dìng 동 예약하다

★ 购物 gòuwù 동 물건을 사다

经验 jīngyàn 명 경험

当然 dāngrán 형 당연하다

但是 dànshì 접 그렇지만

★ 注册 zhùcè 동 등록하다

成为 chéngwéi 동 ~이 되다

★ 会员 huìyuán 명 회원

★ 填写 tiánxiě 동 기입하다

信息 xìnxī 명 정보

一定 yídìng 부 반드시, 분명히

★ 麻烦 máfan 형 귀찮다, 번거롭다

只要 zhǐyào 접 ~하기만 하면

★ 用户名 yònghùmíng 명 사용자 이름

★ 密码 mìmǎ 명 비밀번호

★ 邮箱 yóuxiāng 명 우편함 (메일 주소)

马上 mǎshàng 부 즉시, 바로

3

钱包 qiánbāo 명 지갑

丢 diū 동 잃어버리다

登机牌 dēngjīpái 명 탑승권

忘 wàng 동 잊다

★ 饮料 yǐnliào 명 음료

★ 护照 hùzhào 명 여권

看见 kànjiàn 동 보이다, 보다

一直 yìzhí 부 계속, 줄곧

拿 ná 동 가지다

★ 糟 zāo 형 망치다, 그르치다

刚才 gāngcái 명 방금

★ 洗手间 xǐshǒujiān 명 화장실

★ 粗心 cūxīn 형 세심하지 못하다

马上 mǎshàng 부 즉시, 바로

★ 登机 dēngjī 동 비행기에 탑승하다

4

学 xué 동 배우다

英语 Yīngyǔ 명 영어

★ 暑假 shǔjià 명 여름방학

★ 计划 jìhuà 명 계획

★ 打算 dǎsuan 동 ~하려고 하다, 계획하다 명 계획

外国 wàiguó 명 외국

留学 liúxué 동 유학하다

感兴趣 gǎn xìngqù 흥미를 느끼다, 흥미를 가지다

一起 yìqǐ 뷔 함께, 같이

★ 报名 bàomíng 동 등록하다

怎么样 zěnmeyàng 대 어떠하다

★ 虽然 suīrán 접 비록 ～하지만

但是 dànshì 접 그렇지만

21 DAY P95

1-2

★ 新闻 xīnwén 명 뉴스

听说 tīngshuō 동 듣자하니 ～이라 한다

最近 zuìjìn 명 최근, 요즘

★ 流行 liúxíng 동 유행하다

★ 传染病 chuánrǎnbìng 명 전염병

已经 yǐjing 뷔 이미, 벌써

别人 biéren 대 다른 사람

★ 打喷嚏 dǎ pēntì 재채기하다

小心 xiǎoxīn 동 조심하다

★ 谁说不是呢 shéi shuō búshì ne 누가 아니래

出去 chūqu 동 나가다

一定 yídìng 뷔 반드시

戴 dài 동 쓰다, 착용하다

★ 口罩 kǒuzhào 명 마스크

★ 麻烦 máfan 형 귀찮다, 번거롭다

应该 yīnggāi 조동 마땅히 ～해야 한다

常常 chángcháng 뷔 자주

洗手 xǐshǒu 동 손을 씻다

★ 尽量 jǐnliàng 뷔 가능한 한

公共 gōnggòng 형 공공의

场所 chǎngsuǒ 명 장소

★ 呼吸 hūxī 동 호흡하다

★ 传染 chuánrǎn 동 전염하다

★ 严重 yánzhòng 형 심각하다

可是 kěshì 접 그러나, 하지만

1

感冒 gǎnmào 명 감기

★ 不管用 bù guǎnyòng 소용없다

2

出门 chūmén 동 외출하다

药 yào 명 약

3-4

春节 Chūnjié 명 설날, 춘절

★ 传统 chuántǒng 명 전통

节日 jiérì 명 명절

国家 guójiā 명 나라

可是 kěshì 젭 그러나

休息 xiūxi 동 쉬다

短 duǎn 형 짧다

差不多 chàbuduō 부 거의

★ 除夕 chúxī 명 섣달 그믐날

正月 zhēngyuè 명 정월

公司 gōngsī 명 회사

放假 fàngjià 동 휴가를 보내다

听说 tīngshuō 동 듣자하니 ~이라 한다

非常 fēicháng 부 매우, 아주

★ 热闹 rènao 형 떠들썩하다

饺子 jiǎozi 명 만두

放 fàng 동 쏘다

★ 鞭炮 biānpào 명 폭죽

★ 亲戚 qīnqi 명 친척

★ 拜年 bàinián 동 새해 인사를 하다

★ 压岁钱 yāsuìqián 명 세뱃돈

★ 中国通 zhōngguótōng 명 중국통

今年 jīnnián 명 올해

★ 过年 guònián 동 설을 쇠다

★ 感受 gǎnshòu 동 느끼다

呆 dāi 동 머물다

★ 自在 zìzài 형 자유롭다

还是 háishi 부 역시, 그래도

睡 shuì 동 자다

自己 zìjǐ 대 자신, 자기

床 chuáng 명 침대

更 gèng 부 더욱

★ 舒服 shūfu 형 편안하다

3

★ 月饼 yuèbǐng 명 월병

4

回国 huíguó 동 귀국하다

别人 biéren 대 다른 사람

22 DAY P 95

1-2

怕 pà 동 견디지 못하다, 약하다

冷 lěng 형 춥다

冬天 dōngtiān 명 겨울

★ 迷你裙 mínǐqún 명 미니스커트

美丽 měilì 형 아름답다

动 dòng 동 움직이다

★ 宁可 nìngkě 부 차라리 ~할지언정

★ 哆哆嗦嗦 duōduosuōsuō
형 부들부들 떨다

样子 yàngzi 명 모양, 차림새

★ 可怜 kělián 형 불쌍하다

老 lǎo 형 늙다

肯定 kěndìng 부 틀림없이, 확실히

★ 关节炎 guānjiéyán 명 관절염

★ 即使 jíshǐ 접 설령 ~할지라도

愿意 yuànyi 동 동의하다

★ 打扮 dǎban 동 꾸미다

只是 zhǐshì 부 단지, 다만

为了 wèile 전 ~을 위해서

★ 吸引 xīyǐn 동 매료시키다

别人 biéren 대 다른 사람

★ 目光 mùguāng 명 시선, 눈길

自己 zìjǐ 대 자기, 스스로

觉得 juéde 동 ~라고 여기다

漂亮 piàoliang 형 예쁘다

爱 ài 동 사랑하다

★ 皆 jiē 부 모두, 전부

★ 缩手缩脚 suōshǒu suōjiǎo
성어 몸을 움츠리다

1

★ 勇敢 yǒnggǎn 형 용감하다

可爱 kě'ài 형 귀엽다

★ 性感 xìnggǎn 형 섹시하다

2

增加 zēngjiā 동 증가하다, 더하다

自信 zìxìn 명 자신감

★ 挑战 tiǎozhàn 동 도전하다

3-4

★ 到底 dàodǐ 부 도대체

活 huó 동 살다

★ 埋怨 mányuàn 동 원망하다

★ 孝顺 xiàoshùn 동 효도하다

意思 yìsi 명 재미, 흥미, 의미

工作 gōngzuò 동 일하다

睡觉 shuìjiào 동 (잠을) 자다

一样 yíyàng 형 같다

★ 要是 yàoshi 접 만약

钱 qián 명 돈

★ 以为 yǐwéi 동 ~라고 (잘못) 여기다

★ 快乐 kuàilè 형 즐겁다

自己 zìjǐ 대 자신, 자기

★ 烦恼 fánnǎo 형 걱정하다, 고민스럽다

如果 rúguǒ 접 만약

一定 yídìng 부 분명히

累 lèi 형 피곤하다

应该 yīnggāi 조동 마땅히 ~해야 한다

★ 考虑 kǎolǜ 동 생각하다

爱 ài 동 사랑하다

★ 世界 shìjiè 명 세계

谁 shéi 대 누구

离 lí 동 떠나다

★ 当然 dāngrán 형 당연하다

★ 信仰 xìnyǎng 명 신앙

3

换 huàn 동 바꾸다

★ 觉得 juéde 동 ~라고 생각하다

生活 shēnghuó 명 생활

★ 无聊 wúliáo 형 무료하다

★ 讨厌 tǎoyàn 동 싫어하다

找 zhǎo 동 찾다

女朋友 nǚpéngyou 명 여자친구

4

忙 máng 형 바쁘다

5-6

看病 kànbìng 동 진료하다

★ 爱人 àiren 명 남편, 아내

好吃 hǎochī 형 맛있다

★ 为了 wèile 전 ~를 위해서

★ 鼓励 gǔlì 동 격려하다

★ 戒烟 jièyān 담배를 끊다

花钱 huāqián 동 돈을 쓰다

★ 坚持 jiānchí 동 견지하다, 지속하다

★ 尽力而为 jìnlì' érwéi 성어 최선을 다하다, 온 힘을 기울여서 하다

说实话 shuō shíhuà 동 진실을 말하다

挺 tǐng 부 너무, 몹시

★ 难受 nánshòu 형 괴롭다

★ 坐立不安 zuòlì bù'ān 성어 안절부절 못하다

东西 dōngxi 명 물건

需要 xūyào 동 필요하다

★ 毅力 yìlì 명 굳센 의지

★ 要不然 yàobùrán 접 그렇지 않으면

★ 戒 jiè 동 끊다

知道 zhīdào 동 알다

重要 zhòngyào 형 중요하다

不过 búguò 접 그러나, 하지만

★ 缺 quē 동 부족하다

不然 bùrán 접 그렇지 않으면

★ 当初 dāngchū 명 당초, 맨 처음

抽 chōu 동 피우다

开始 kāishǐ 동 시작하다

★ 抽烟 chōuyān 동 담배를 피우다

高中 gāozhōng 명 고등학교

★ 整天 zhěngtiān 명 하루 종일

玩儿 wánr 동 놀다

坏 huài 형 좋지 않다, 나쁘다

5

过 guò 동 보내다, 지내다

生日 shēngri 명 생일

★ 表扬 biǎoyáng 동 칭찬하다

6

伤心 shāngxīn 동 상심하다

★ 忧虑 yōulǜ 동 우려하다

高兴 gāoxìng 형 기쁘다

23 DAY P101

1-3

★ 乌鸦 wūyā 명 까마귀

★ 口渴 kǒukě 형 목마르다

到处 dàochù 명 도처, 곳곳

瓶子 píngzi 명 병

★ 嘴 zuǐ 명 입

短 duǎn 형 짧다

旁边 pángbiān 명 옆

石子 shízǐ 명 돌멩이

办法 bànfǎ 명 방법

放 fàng 동 놓다

★ 渐渐 jiànjiàn 부 점점

升高 shēnggāo 동 위로 오르다

2

★ 推倒 tuīdǎo 동 밀어서 넘어뜨리다

帮忙 bāngmáng 동 돕다, 도와주다

飞 fēi 동 날다

★ 河边 hébiān 명 강변

往 wǎng 전 ~ 쪽으로

石头 shítou 명 돌

3

累 lèi 형 지치다

渴 kě 형 목마르다

★ 笨 bèn 형 멍청하다, 둔하다

聪明 cōngming 형 똑똑하다

4-6

提出 tíchū 동 제시하다

问题 wèntí 명 문제

平时 píngshí 명 평소

★ 举手 jǔshǒu 동 손을 들다

却 què 부 오히려

★ 连着 liánzhe 부 연이어

发生 fāshēng 동 발생하다

办公室 bàngōngshì 명 사무실

如果 rúguǒ 접 만약

笑话 xiàohua 동 비웃다

于是 yúshì 접 그래서

★ 约定 yuēdìng 통 약속하다

渐渐 jiànjiàn 부 점점

次数 cìshù 명 횟수

越来越 yuèláiyuè 점점 ~해지다

自信 zìxìn 명 자신감

成为 chéngwéi 통 ~이(가) 되다

★ 出色 chūsè 형 뛰어나다

★ 设计师 shèjìshī 명 설계사, 디자이너

4

批评 pīpíng 통 비평하다, 비판하다

★ 不懂装懂 bùdǒng zhuāngdǒng 모르면서 아는 척하다

懂 dǒng 통 알다

睡着 shuìzháo 통 잠들다

5

★ 在乎 zàihu 통 마음에 두다, 신경 쓰다

★ 嘲笑 cháoxiào 통 비웃다

6

★ 傻 shǎ 형 어리석다

关系 guānxi 명 관계

成绩 chéngjì 명 성적

变化 biànhuà 명 변화

帮助 bāngzhù 통 돕다

★ 影响 yǐngxiǎng 통 영향을 주다, 영향을 끼치다

24 DAY　　P101

1-3

★ 宋国 Sòngguó 명 송나라

农夫 nóngfū 명 농부

田地 tiándì 명 논밭

★ 劳动 láodòng 통 노동하다, 일하다

干活儿 gànhuór 통 일하다

突然 tūrán 부 갑자기

★ 野兔 yětù 명 산토끼

★ 草丛 cǎocóng 명 수풀

★ 窜 cuàn 통 날뛰다

惊吓 jīngxià 통 깜짝 놀라다

★ 撞 zhuàng 통 부딪치다

★ 截 jié 양 토막, 마디(잘라낸 물건의 일부분을 세는 단위)

★ 树桩 shùzhuāng 명 나무 그루터기

折断 zhéduàn 통 부러뜨리다

★ 脖子 bózi 명 목

捡 jiǎn 통 줍다

运气 yùnqi 명 운수

照旧 zhàojiù 통 예전대로 따르다

★ 以往 yǐwǎng 圆 이전

专心 zhuānxīn 圆 몰두하다, 열중하다

★ 不甘心 bù gānxīn 圆 달갑지 않다

★ 干脆 gāncuì 뿐 아예, 차라리

守 shǒu 圆 지키다

始终 shǐzhōng 뿐 시종일관, 줄곧

农田 nóngtián 圆 농토, 농경지

苗 miáo 圆 모종, 새싹

★ 枯萎 kūwěi 圆 마르다

饿 è 圆 배고프다

1

摔 shuāi 圆 넘어지다

被 bèi 젠 (~에게) ~를 당하다

打 dǎ 圆 때리다

2

★ 农活 nónghuó 圆 농사일

★ 抓 zhuā 圆 붙잡다

乱 luàn 圆 무질서하다

跑 pǎo 圆 뛰어다니다

★ 以为 yǐwéi 圆 ~라고 (잘못) 여기다

3

★ 免费 miǎnfèi 圆 무료로 하다

午餐 wǔcān 圆 점심

4-6

小时候 xiǎoshíhou 圆 어린 시절

非常 fēicháng 뿐 매우

★ 羡慕 xiànmù 圆 부러워하다

★ 楼房 lóufáng 圆 다층 건물

★ 胡同 hútòng 圆 골목

★ 充满 chōngmǎn 圆 충만하다, 가득하다

想象 xiǎngxiàng 圆 상상하다

椅子 yǐzi 圆 의자

搬 bān 圆 이사하다

★ 阳台 yángtái 圆 베란다

★ 火柴盒 huǒcháihé 圆 성냥갑

却 què 뿐 하지만

★ 怀念 huáiniàn 圆 그리워하다

童年 tóngnián 圆 유년시절

★ 平房 píngfáng 圆 단층집

街 jiē 圆 길거리

小吃店 xiǎochīdiàn 圆 간이식당, 매점

夏天 xiàtiān 圆 여름

院子 yuànzi 圆 정원

★ 乘凉 chéngliáng 圆 (시원한 바람을 쏘이며) 더위를 식히다

聊天 liáotiān 圆 잡담하다

于是 yúshì 쩝 그래서

酒吧 jiǔbā 圆 술집

★ 显得 xiǎnde 圆 ~인 것처럼 보이다

★ 亲切 qīnqiè 형 친근하다

影子 yǐngzi 명 그림자

★ 伙伴 huǒbàn 명 친구, 동료

4

★ 晒太阳 shài tàiyáng 동 햇빛을 쬐다

小吃 xiǎochī 명 간단한 음식, 간식

5

★ 气氛 qìfēn 명 분위기

开 kāi 동 열다, 세우다

价格 jiàgé 명 가격

比较 bǐjiào 부 비교적

25 DAY P107

1-3

★ 邀请 yāoqǐng 동 초대하다

★ 雪地 xuědì 명 설원, 눈밭

★ 游戏 yóuxì 명 게임

发出 fāchū 동 (소리 등을) 내다, 내보내다

信号 xìnhào 명 신호

留 liú 동 남기다

★ 脚印 jiǎoyìn 명 발자국

直 zhí 형 곧다

比赛 bǐsài 명 경기, 시합

奖品 jiǎngpǐn 명 상품

迈 mài 동 내딛다, 나아가다

★ 眼光 yǎnguāng 명 시선

盯 dīng 동 주시하다

★ 确保 quèbǎo 동 확보하다

一直 yìzhí 부 계속

★ 左顾右盼 zuǒgù yòupàn 성어 좌우를 두리번거리다

观察 guānchá 동 (사물, 현상을) 관찰하다

同伴 tóngbàn 명 동료

如何 rúhé 대 어떻게

赢得 yíngdé 동 얻다

确切 quèqiè 형 정확하다, 확실하다

★ 坚定不移 jiāndìng bùyí 성어 (입장, 주장, 의지 등이) 확고 부동하여 조금도 흔들림이 없다

★ 聚焦 jùjiāo 동 초점을 모으다, 집중하다

★ 目标 mùbiāo 명 목표

★ 走弯路 zǒu wānlù 우여곡절을 겪다, 시행착오를 겪다

★ 缩短 suōduǎn 동 단축하다

距离 jùlí 명 거리

1

慢慢	mànmàn	형	천천히
参照	cānzhào	동	참고하다
做法	zuòfǎ	명	방법

3

★ 尽 jìn 동 다하다

★ 全力 quánlì 명 온 힘

确定 quèdìng 동 확정하다

达到 dádào 동 도달하다, 달성하다

考虑 kǎolù 동 고려하다

告诉 gàosu 동 말하다, 알리다

4-6

★ 使者 shǐzhě 명 사자

★ 皇帝 huángdì 명 황제

进贡 jìngòng 동 공물을 바치다

一模一样 yìmú yíyàng
성어 같은 모양 같은 모습이다

灿灿 càncàn 형 눈부시게 빛나다

难题 nántí 명 어려운 문제

★ 价值 jiàzhí 명 가치

★ 难住 nánzhù 동 곤경에 빠지다

重量 zhòngliàng 명 중량, 무게

外表 wàibiǎo 명 외관, 외모

★ 大臣 dàchén 명 대신

办法 bànfǎ 명 방법

★ 大殿 dàdiàn 명 대전

★ 老臣 lǎochén 명 늙은 신하

根 gēn 양 가닥, 개(가늘고 긴 것을 세는 단위)

★ 稻草 dàocǎo 명 볏짚

★ 插入 chārù 동 끼워 넣다

嘴巴 zuǐba 명 입

★ 悄无声息 qiǎowú shēngxī
성어 쥐 죽은 듯이 고요하다

动静 dòngjing 명 인기척

意见 yìjiàn 명 의견

记 jì 동 기억하다

心里 xīnli 명 가슴속

★ 分寸 fēncun 명 분수

4

取笑 qǔxiào 동 비웃다

★ 委屈 wěiqu 동 억울하게 하다

有意 yǒuyì 부 고의로, 일부러

★ 为难 wéinán 동 난처하게 하다

5

容易 róngyì 형 쉽다

奇怪 qíguài 형 이상하다

6

★ 弱智 ruòzhì 형 지능이 떨어지다

应该 yīnggāi 조동 ~해야 한다

聪明 cōngming 형 똑똑하다

道理 dàolǐ 명 도리

26 DAY P107

1-3

沙漠 shāmò 명 사막

迷路 mílù 동 길을 잃다

光 guāng 형 아무것도 없다, 하나도 남기지 않다

剩下 shèngxià 동 남다

惊喜 jīngxǐ 동 놀라며 기뻐하다

喊 hǎn 동 소리 지르다

多亏 duōkuī 동 덕분이다

救 jiù 동 구하다

怀 huái 명 품

★ 顶着 dǐngzhe ~을 무릅쓰고

烈日 lièrì 명 강하게 내리쬐는 태양

咬 yǎo 동 물다, 깨물다

告诉 gàosu 동 말하다, 알리다

渴 kě 형 목마르다

坚持 jiānchí 동 견지하다

★ 一望无际 yíwàng wújì 성어 아득히 넓어서 끝이 없다

终于 zhōngyú 부 마침내, 드디어

★ 水源 shuǐyuán 명 수원

★ 干瘪 gānbiě 형 말라서 쪼글쪼글하다

宝贝 bǎobèi 명 보물

似的 shìde ~와 같다

紧紧 jǐnjǐn 부 바짝, 꽉

抓 zhuā 동 쥐다

希望 xīwàng 명 희망

勇气 yǒngqì 명 용기

1

生病 shēngbìng 동 병이 나다

偷 tōu 동 도둑질하다

遇到 yùdào 동 만나다

★ 强盗 qiángdào 명 강도

2

送 sòng 동 (선물 등을) 주다

需要 xūyào 동 필요하다

3

下雨 xiàyǔ 동 비가 오다

最后 zuìhòu 명 최후, 맨 마지막

4-6

记者 jìzhě 명 기자

★ 采访 cǎifǎng 동 취재하다

★ 长跑 chángpǎo 명 장거리 경주, 마라톤

★ 冠军 guànjūn 명 우승자, 챔피언

经验 jīngyàn 명 경험

准备 zhǔnbèi 동 준비하다

参加 cānjiā 동 참가하다

比赛 bǐsài 명 시합

之前 zhīqián 명 ~ 이전

★ 路线 lùxiàn 명 노선

仔细 zǐxì 형 꼼꼼하다

记 jì 동 기록하다

周围 zhōuwéi 명 주위

★ 标志 biāozhì 명 표지

★ 比如 bǐrú 접 예를 들어

终点 zhōngdiǎn 명 종점

速度 sùdù 명 속도

目标 mùbiāo 명 목표

同样 tóngyàng 형 같다

整个 zhěnggè 형 전체의, 모든

路程 lùchéng 명 노정, 길

比较 bǐjiào 부 비교적

轻松 qīngsōng 형 수월하다

★ 全程 quánchéng 명 전체 코스

练习 liànxí 동 연습하다

★ 终点 zhōngdiǎn 명 종점, 결승점

受不了 shòubuliǎo 동 견딜 수 없다

★ 遥远 yáoyuǎn 형 아득히 멀다

★ 吓倒 xiàdǎo 동 놀라 쓰러지다

4

★ 放松 fàngsōng 동 정신적 긴장을 풀다

将 jiāng 전 ~을, ~를

★ 赛程 sàichéng 명 경기 일정

★ 分段 fēnduàn 동 분단하다, 나누다

主要 zhǔyào 형 주요한

目的 mùdì 명 목적

5

★ 缩小 suōxiǎo 동 작게 하다, 축소하다

努力 nǔlì 동 노력하다

★ 教练 jiàoliàn 명 코치, 감독

★ 确立 quèlì 동 확립하다

6

运动员 yùndòngyuán 명 운동선수

体育 tǐyù 명 체육

老师 lǎoshī 명 선생님

27 DAY　P114

1-2

首都 shǒudū 명 수도

★ 博物馆 bówùguǎn 명 박물관

志愿者 zhìyuànzhě 명 자원봉사자

★ 解说员 jiěshuōyuán 명 해설자

要求 yāoqiú 동 요구하다

★ 保证 bǎozhèng 동 (요구·기준을) 확보하다, 보증하다

至少 zhìshǎo 부 최소한, 적어도

服务 fúwù 동 봉사하다, 서비스하다

★ 不少于 bùshǎoyú ~보다 적지 않다, ~ 이상

许多 xǔduō 형 매우 많다

远远 yuǎnyuǎn 부 훨씬, 멀리

★ 超过 chāoguò 동 초과하다, 추월하다

★ 标准 biāozhǔn 명 기준

★ 热爱 rè'ài 동 열렬히 사랑하다

文化 wénhuà 명 문화

与 yǔ 전 ~와 (= 跟, 和)

参观者 cānguānzhě 명 관람객

互动 hùdòng 동 서로 영향을 주다, 상호작용하다

交流 jiāoliú 동 교류하다

获得 huòdé 동 얻다, 획득하다

★ 乐趣 lèqù 명 즐거움, 재미

留下 liúxià 동 남기다

★ 主动 zhǔdòng 형 주동적이다

热情 rèqíng 형 열정적이다

★ 敬业 jìngyè 동 (학업·업무에) 전력을 다하다, 온 힘을 다하다

印象 yìnxiàng 명 인상

2

★ 工资 gōngzī 명 월급

根据 gēnjù 전 ~에 근거하여

3-5

★ 世纪 shìjì 명 세기

年代 niándài 명 연대

小说 xiǎoshuō 명 소설

围 wéi 동 둘러싸다

正式 zhèngshì 형 정식의

★ 出版 chūbǎn 동 출판하다

文学 wénxué 명 문학

★ 著名 zhùmíng 형 저명하다

长篇 chángpiān 명 장편

主要 zhǔyào 형 주요한, 중요한

★ 描写 miáoxiě 동 묘사하다

★ 知识分子 zhīshi fènzǐ 명 지식인

思想 sīxiǎng 명 사상

人物 rénwù 명 인물

对话	duìhuà	명	대화
★ 引用	yǐnyòng	동	인용하다
外国	wàiguó	명	외국
成语	chéngyǔ	명	성어
婚姻	hūnyīn	명	결혼
★ 围困	wéikùn	동	겹겹이 포위하다
★ 城堡	chéngbǎo	명	작은 성
冲	chōng	동	돌진하다
逃	táo	동	도망치다
爱情	àiqíng	명	애정, 사랑
内容	nèiróng	명	내용
方面	fāngmiàn	명	방면, 분야
各种各样	gèzhǒng gèyàng	성어	여러 종류
★ 细节	xìjié	명	세부 묘사
表现	biǎoxiàn	동	표현하다
心理	xīnlǐ	명	심리
了解	liǎojiě	동	이해하다
性格	xìnggé	명	성격
★ 形象	xíngxiàng	형	구체적이다, 생생하다
★ 比喻	bǐyù	명	비유
体现	tǐxiàn	동	구현하다
作家	zuòjiā	명	작가, 저자
★ 智慧	zhìhuì	명	지혜
★ 幽默	yōumò	형	유머러스하다
看做	kànzuò	동	~라고 여기다

有趣	yǒuqù	형	흥미가 있다

3

★ 短篇	duǎnpiān	명	단편
作品	zuòpǐn	명	작품

4

★ 特点	tèdiǎn	명	특징

5

★ 监狱	jiānyù	명	감옥
学校	xuéxiào	명	학교
表示	biǎoshì	동	나타내다

28 DAY P114

1-3

汉族	Hànzú	명	한족
★ 传统	chuántǒng	명	전통
★ 七夕	qīxī	명	칠석
过去	guòqù	명	과거
姑娘	gūniang	명	아가씨
重视	zhòngshì	동	중시하다
★ 情人节	qíngrénjié	명	연인의 날 (밸런타인데이)

之所以 zhīsuǒyǐ 젭 ~의 이유

称 chēng 동 부르다

★ 属于 shǔyú 동 ~에 속하다

晚上 wǎnshang 명 저녁, 밤

★ 牛郎 niúláng 명 견우

★ 织女 zhīnǚ 명 직녀

★ 鹊桥 quèqiáo 명 오작교

相会 xiānghuì 동 서로 만나다

种种 zhǒngzhǒng 형 여러 가지의, 갖가지의

视为 shìwéi 동 여기다, 간주하다

2

★ 凌晨 língchén 명 새벽녘

早晨 zǎochen 명 (이른) 아침

★ 傍晚 bàngwǎn 명 저녁 무렵

4-6

景色 jǐngsè 명 경치

优美 yōuměi 형 아름답다

★ 世外桃源 shìwài táoyuán 성어 무릉도원

古代 gǔdài 명 고대

往往 wǎngwǎng 부 자주

代表 dàibiǎo 동 대표하다 명 대표

★ 繁荣 fánróng 형 번영하다

发达 fādá 형 발달하다

文化 wénhuà 명 문화

教育 jiàoyù 명 교육

★ 富饶 fùráo 형 풍요롭다

水乡 shuǐxiāng 명 물의 고장(하류, 호수가 비교적 많은 지역)

★ 地理 dìlǐ 명 지리

位置 wèizhi 명 위치

地区 dìqū 명 지역

★ 无限 wúxiàn 형 무한하다

★ 向往 xiàngwǎng 동 동경하다

希望 xīwàng 동 희망하다

从古至今 cónggǔ zhìjīn 옛날부터 지금까지

★ 人杰地灵 rénjié dìlíng 성어 빼어난 곳에서 뛰어난 인물이 난다

形容 xíngróng 동 묘사하다, 형용하다

4

★ 处于 chǔyú 동 ~에 있다, 처하다

经济 jīngjì 명 경제

北方人 běifāngrén 명 북쪽 사람

城市 chéngshì 명 도시

关于 guānyú 전 ~에 관하여

5

★ 贫穷 pínqióng 형 가난하다

★ 需要 xūyào 동 필요하다

发展 fāzhǎn 동 발전하다

29 DAY　P120

1-3

现代 xiàndài 명 현대

★ 社会 shèhuì 명 사회

★ 宠物 chǒngwù 명 애완동물

好处 hǎochu 명 좋은 점

首先 shǒuxiān 대 첫째, 먼저

★ 培养 péiyǎng 동 기르다

爱心 àixīn 명 사랑하는 마음

★ 责任感 zérèngǎn 명 책임감

★ 必须 bìxū 부 반드시 ~해야 한다

★ 喂 wèi 동 (동물에게) 먹이를 주다

从而 cóng'ér 접 그리하여, 이로써

其次 qícì 대 다음

★ 忠实 zhōngshí 형 충실하다

★ 秘密 mìmì 명 비밀

告诉 gàosu 동 말하다, 알리다

★ 任何 rènhé 대 어떠한

再次 zàicì 부 두 번째

★ 拥有 yōngyǒu 동 가지다

★ 保镖 bǎobiāo 명 보디가드

陌生人 mòshēngrén 명 낯선 사람

★ 调整 tiáozhěng 동 조절하다

情绪 qíngxù 명 정서, 기분

★ 缓解 huǎnjiě 동 풀어지게 하다, 누그러 뜨리다

★ 压力 yālì 명 스트레스

1

主人 zhǔrén 명 주인

了解 liǎojiě 동 이해하다

愿意 yuànyi 조동 ~하기를 바라다

2

增加 zēngjiā 동 증가하다

★ 烦恼 fánnǎo 형 걱정하다

花 huā 동 쓰다, 소비하다

★ 减轻 jiǎnqīng 동 줄다, 감소하다

关于 guānyú 전 ~에 관하여

3

如何 rúhé 대 어떻게

4-5

★ 所有 suǒyǒu 형 모든

原本 yuánběn 부 원래

善良 shànliáng 형 선량하다

★ 思维 sīwéi 명 사유

★ 活跃 huóyuè 형 활동적이다

想象力 xiǎngxiànglì 명 상상력

丰富 fēngfù 형 풍부하다

★ 本质 běnzhì 명 본질

★ 平凡 píngfán 형 평범하다

大概 dàgài 부 아마(도), 대개

★ 向善 xiàngshàn 동 선을 지향하다,
선한 것을 따르다

家长 jiāzhǎng 명 가장, 학부모

特别 tèbié 부 특별히, 유달리

★ 爱护 àihù 동 아끼고 보호하다

除此以外 chúcǐ yǐwài 이밖에, 이외에

★ 欣赏 xīnshǎng 동 감상하다

并且 bìngqiě 접 게다가

★ 给予 jǐyǔ 동 주다

肯定 kěndìng 동 좋다고 인정하다

思想家 sīxiǎngjiā 명 사상가

★ 情怀 qínghuái 명 심경

4

★ 智力 zhìlì 명 지능

★ 超常 chāocháng 형 뛰어나다,
보통이 넘다

关于 guānyú 전 ~에 관해서

5

修改 xiūgǎi 동 수정하다, 고치다

★ 收藏 shōucáng 동 소장하다

★ 对待 duìdài 동 다루다

30 DAY P120

1-3

日常生活 rìcháng shēnghuó
명 일상생활

夫妇 fūfù 명 부부

★ 外貌 wàimào 명 외모

★ 所谓 suǒwèi 형 소위, 이른바

事实 shìshí 명 사실

夫妻 fūqī 명 부부

生理 shēnglǐ 명 생리

习惯 xíguàn 명 습관, 버릇

★ 饮食 yǐnshí 명 음식

★ 结构 jiégòu 명 구조, 구성

面部 miànbù 명 얼굴

★ 肌肉 jīròu 명 근육

锻炼 duànliàn 동 단련하다

笑容 xiàoróng 명 웃는 얼굴

表情 biǎoqíng 명 표정

★ 逐渐 zhújiàn 부 점점

趋于 qūyú 동 ~로 향하다

★ 一致 yízhì 형 일치하다

相似　xiāngsì　[형]　서로 비슷하다

★ 强调　qiángdiào　[동]　강조하다

★ 相貌　xiàngmào　[명]　용모

判断　pànduàn　[동]　판단하다

婚姻　hūnyīn　[명]　결혼 생활

幸福　xìngfú　[형]　행복하다

必然　bìrán　[형]　필연적이다

联系　liánxì　[명]　관계, 연관

1

★ 需要　xūyào　[동]　필요하다

共同　gòngtóng　[형]　공동의

★ 经历　jīnglì　[명]　경험, 경력

2

存在　cúnzài　[동]　존재하다

★ 争论　zhēnglùn　[동]　논쟁하다

离婚　líhūn　[동]　이혼하다

家庭　jiātíng　[명]　가정

关系　guānxi　[명]　관계

观点　guāndiǎn　[명]　관점

3

结婚　jiéhūn　[동]　결혼하다

前提　qiántí　[명]　전제

应该　yīnggāi　[조동]　마땅히 ～해야 한다

4-5

界　jiè　[명]　계, 분야

狼　láng　[명]　늑대

聪明　cōngming　[형]　똑똑하다

★ 单个(儿)　dāngè(r)　[명]　홀로

★ 搏斗　bódòu　[동]　싸우다

★ 失败　shībài　[동]　패배하다

肯定　kěndìng　[부]　틀림없이, 확실히

虽然　suīrán　[접]　비록 ～하지만

★ 近亲　jìnqīn　[명]　근친

★ 体型　tǐxíng　[명]　체형

差不多　chàbuduō　[형]　비슷하다

总是　zǒngshì　[부]　늘

仔细　zǐxì　[형]　자세하다, 세심하다

研究　yánjiū　[동]　연구하다

结果　jiéguǒ　[명]　결과

发现　fāxiàn　[동]　발견하다

长期　chángqī　[명]　장기간

★ 饲养　sìyǎng　[동]　사육하다

★ 面临　miànlín　[동]　직면하다

生存　shēngcún　[동]　생존하다

★ 危机　wēijī　[명]　위기

★ 容量　róngliàng　[명]　용량

野外　yěwài　[명]　야외

大脑 dànǎo 명 대뇌

开发 kāifā 동 (재능 등을) 개발하다

★ 创造性 chuàngzàoxìng 명 창조성

★ 异乎寻常 yìhū xúncháng 성어 보통과 다르다, 범상치 않다

★ 智慧 zhìhuì 명 지혜

★ 愚蠢 yúchǔn 형 어리석다, 우둔하다

豢养 huànyǎng 동 (동물을) 기르다

皆 jiē 부 모두

★ 惰性 duòxìng 명 타성

条件 tiáojiàn 명 조건

★ 优越 yōuyuè 형 우월하다

难免 nánmiǎn 형 ~하게 마련이다

进取 jìnqǔ 동 진취하다

4

野性 yěxìng 명 야성

5

★ 适应 shìyìng 동 적응하다

容易 róngyì 형 쉽다

新HSK 5급 필수단어 1300자를 한 자 한 자 확실하게 읽고 쓸 수 있으면 더할 나위 없이 좋겠지만, 꼭 그렇지 않아도 괜찮습니다. 먼저 그날의 목표 단어를 가볍게 한번 쭉 읽어보세요. 다른 단어장에서는 볼 수 없는 한자 훈음이 표기되어 있어, 단어의 뜻을 유추하는 데 많은 도움을 줍니다. 훈음을 미리 읽어보면, '아~ 한자에 이런 뜻이 있어서 중국어 뜻이 이런 거구나~!'라고 이해되어 애써 외우지 않아도 단어 뜻이 머릿속에 쏙쏙 박힌답니다. 많은 단어를 한번에 완벽하게 암기하기는 힘드니, 3일에 걸쳐 반복 학습을 권장합니다.

한샘의 단어 암기 성공 비결!!!

❶ 단어 암기에 부담감을 갖지 말 것!
  그냥 눈으로만 읽어도 반은 성공!
❷ 자신과의 약속을 지키기 위해 귀찮아도 매일매일 외울 것!
  작심삼일도 3일에 한 번씩 열 번만 하면, 1300개 단어 암기
  30일 전략 성공!
❸ 중국어 보고 뜻 떠오르면 50% 성공!
  → 발음까지 말할 수 있으면 80% 성공!
  → 쓸 수 있으면 100% 성공!

*단어장을 반으로 접어서 뜻만 보고 중국어 발음을 떠올려보는 연습을 해보세요.

Part 2

5급 기출 VOCA 1300 정복하기

100% 활용하기

활용 1

5급 지정단어 2500개 중에서 1~4급 단어를 제외한 필수단어 1300개만을 따로 모아놓아 학습자들이 원하는 급수 단어만 따로 공부할 수 있습니다.

활용 2

1300개의 모든 단어에 한자의 훈음을 표기하여 단어의 뜻을 쉽게 유추해볼 수 있습니다.
한자의 훈음만 잘 알고 있으면 모르는 중국어 단어의 뜻까지 알 수 있습니다.

예) **主任 bānzhǔrèn**

　명 주임

　주인 주 / 맡길 임

	A				
0001	哎	āi	애통해하는 소리 애	감 (놀람, 반가움) 에!, 야!, / (불만) 원, 에이	N
0002	唉	āi	탄식할 애	감 대답, 탄식, 연민을 나타냄	
0003	爱护	àihù	사랑 애 ㅣ 보호할 호	동 아끼고 보호하다, 보살피다	
0004	爱惜	àixī	사랑 애 ㅣ 애석할 석	동 아끼다, 소중하게 여기다	
0005	爱心	àixīn	사랑 애 ㅣ 마음 심	명 사랑(하는 마음)	
0006	安慰	ānwèi	편안할 안 ㅣ 위로할 위	형 위로가 되다　동 위로하다	
0007	安装	ānzhuāng	편안할 안 ㅣ 꾸밀 장	동 설치하다	
0008	岸	àn	언덕 안	명 언덕, 기슭	
0009	暗	àn	어두울 암	형 어둡다, 캄캄하다	L4
0010	熬夜	áoyè	볶을 오 ㅣ 밤 야	동 밤새다, 철야하다	N

	B				
0011	把握	bǎwò	잡을 파 ㅣ 쥘 악	명 자신감, 가능성 동 (꽉 움켜) 쥐다, 파악하다	
0012	摆	bǎi	놓을 파	동 놓다, 배치하다, 흔들다, 젓다	
0013	办理	bànlǐ	다스릴 판 ㅣ 다스릴 리	동 처리하다, 취급하다	
0014	傍晚	bàngwǎn	곁 방 ㅣ 늦을 만	명 저녁 무렵, 황혼	
0015	包裹	bāoguǒ	쌀 포 ㅣ 쌀 과	명 소포　동 싸다, 포장하다	
0016	包含	bāohán	쌀 포 ㅣ 머금을 함	동 포함하다, 내포하다	
0017	包括	bāokuò	쌀 포 ㅣ 묶을 괄	동 포함하다, 포괄하다	
0018	薄	báo	얇을 박	형 얇다	
0019	宝贝	bǎobèi	보배 보 ㅣ 조개 패	명 보물, 귀염둥이[어린아이]	
0020	宝贵	bǎoguì	보배 보 ㅣ 귀할 귀	형 귀중한, 진귀한 동 소중히 여기다	

55

활용 3

품사는 다음과 같이 약자로 표시하였습니다.

명사	명	형용사	형	인칭대사	
동사	동	조동사	조동	의문대사	대
부사	부	접속사	접	지시대사	
수사	수	감탄사	감	어기조사	
양사	양	접두사	접두	시태조사	조
전치사	전	접미사	접미	구조조사	
고유명사	고유				

활용 4

개정된 단어에는 암호를 따로 표기했습니다.

N – 해당 급수에 새롭게 추가된 단어

C – 같은 급수에서 단어의 형태가 바뀐 단어

L 숫자 – 해당 급수가 바뀐 단어로 L뒤에 있는 숫자는 바뀌기 전 급수를 표기함.

예) **棒 L5**

▶ 5급에서 4급으로 급수 조정.

A

0001	哎	āi	애통해하는 소리 애	《감》 (놀람, 반가움) 어!, 야!, / (불만) 원,에이 **N**
0002	唉	āi	탄식할 애	《감》 대답, 탄식, 연민을 나타냄
0003	爱护	àihù	사랑 애 | 보호할 호	《동》 아끼고 보호하다, 보살피다
0004	爱惜	àixī	사랑 애 | 애석할 석	《동》 아끼다, 소중하게 여기다
0005	爱心	àixīn	사랑 애 | 마음 심	《명》 사랑(하는 마음)
0006	安慰	ānwèi	편안할 안 | 위로할 위	《형》 위로가 되다　《동》 위로하다
0007	安装	ānzhuāng	편안할 안 | 꾸밀 장	《동》 설치하다
0008	岸	àn	언덕 안	《명》 언덕, 기슭
0009	暗	àn	어두울 암	《형》 어둡다, 캄캄하다 **L4**
0010	熬夜	áoyè	볶을 오 | 밤 야	《동》 밤새다, 철야하다 **N**

B

0011	把握	bǎwò	잡을 파 | 쥘 악	《명》 자신감, 가능성　《동》 (꽉 움켜) 쥐다, 파악하다
0012	摆	bǎi	놓을 파	《동》 놓다, 배치하다, 흔들다, 젓다
0013	办理	bànlǐ	다스릴 판 | 다스릴 리	《동》 처리하다, 취급하다
0014	傍晚	bàngwǎn	곁 방 | 늦을 만	《명》 저녁 무렵, 황혼
0015	包裹	bāoguǒ	쌀 포 | 쌀 과	《명》 소포　《동》 싸다, 포장하다
0016	包含	bāohán	쌀 포 | 머금을 함	《동》 포함하다, 내포하다
0017	包括	bāokuò	쌀 포 | 묶을 괄	《동》 포함하다, 포괄하다
0018	薄	báo	얇을 박	《형》 엷다
0019	宝贝	bǎobèi	보배 보 | 조개 패	《명》 보물, 귀염둥이[어린아이]
0020	宝贵	bǎoguì	보배 보 | 귀할 귀	《형》 귀중한, 진귀한　《동》 소중히 여기다

0021	保持	bǎochí	지킬 보 | 가질 지	통 유지하다
0022	保存	bǎocún	지킬 보 | 있을 존	통 보존하다
0023	保留	bǎoliú	지킬 보 | 머무를 류	통 보류하다, 남겨두다
0024	保险	bǎoxiǎn	지킬 보 | 험할 험	형 확실하고 믿을 만하다
0025	报到	bàodào	알릴 보 | 이를 도	통 도착하였음을 보고하다 **L6**
0026	报道	bàodào	알릴 보 | 말할 도	명 (뉴스 등의) 보도 통 (뉴스 등을) 보도하다
0027	报告	bàogào	알릴 보 | 알릴 고	명 보고서 통 보고하다
0028	报社	bàoshè	알릴 보 | 단체 사	명 신문사 **L6**
0029	抱怨	bàoyuàn	안을 포 | 원망할 원	통 (불만을 품고) 원망하다, 불평하다 **L6**
0030	悲观	bēiguān	슬플 비 | 볼 관	형 비관적이다
0031	背	bèi	등 배	명 등 통 외우다
0032	背景	bèijǐng	등 배 | 풍경 경	명 배경
0033	被子	bèizi	이불 피 | 접미사 자	명 이불
0034	本科	běnkē	근본 본 | 과목 과	명 (대학교의) 학부, 본과
0035	本领	běnlǐng	근본 본 | 거느릴 령	명 능력, 재능, 수완
0036	本质	běnzhì	근본 본 | 바탕 질	명 본질
0037	比例	bǐlì	견줄 비 | 보기 례	명 비율, 비례
0038	彼此	bǐcǐ	저것 피 | 이 차	대 서로, 피차
0039	必然	bìrán	반드시 필 | 그러할 연	형 필연적이다
0040	必要	bìyào	반드시 필 | 요구할 요	형 필요하다
0041	毕竟	bìjìng	마칠 필 | 마침내 경	부 필경, 결국
0042	避免	bìmiǎn	피할 피 | 면할 면	통 피하다
0043	编辑	biānjí	엮을 편 | 편집할 집	명 편집자 통 편집하다
0044	鞭炮	biānpào	채찍 편 | 대포, 터질 포	명 폭죽
0045	便	biàn	편할, 곧 변	형 편리하다, 편하다 부 곧, 바로
0046	辩论	biànlùn	말씀 변 | 논할 론	통 변론하다, 논쟁하다

0047	标点	biāodiǎn	표할 표 | 점 점	명 문장부호
				동 문장 부호를 찍다
0048	标志	biāozhì	표할 표 | 기록할 지	명 표지, 지표, 상징
				동 명시하다, 상징하다
0049	表达	biǎodá	겉 표 | 통할 달	동 (자신의 사상이나 감정을) 나타내다, 표현하다
0050	表面	biǎomiàn	겉 표 | 낯 면	명 표면, 외관
0051	表明	biǎomíng	겉 표 | 밝을 명	동 표명하다, 분명하게 밝히다
0052	表情	biǎoqíng	겉 표 | 뜻 정	명 표정
0053	表现	biǎoxiàn	겉 표 | 나타날 현	명 태도, 품행, 언행
				동 나타내다, 표현하다, 드러내 보이다
0054	冰激凌	bīngjīlíng	얼음 빙 | 부딪칠 격 | 업신여길 릉	명 아이스크림　**N**
0055	病毒	bìngdú	병 병 | 독 독	명 바이러스
0056	玻璃	bōli	유리 파 | 유리 리	명 유리
0057	脖子	bózi	목덜미 발 | 접미사 자	명 목
0058	播放	bōfàng	뿌릴 파 | 놓을 방	동 방송하다, 방영하다　**L6**
0059	博物馆	bówùguǎn	넓을 박 | 물건 물 | 집 관	명 박물관
0060	补充	bǔchōng	도울 보 | 채울 충	동 보충하다, 보완하다
0061	不安	bù'ān	아닐 불 | 편안할 안	형 불안하다
0062	不得了	bù déliǎo	아닐 부 | 얻을 득 | 어조사 료	큰일났다, 야단났다, (정도가) 심하다
0063	不断	búduàn	아닐 부 | 끊을 단	부 끊임없이, 부단히
				동 끊임없다
0064	不见得	bú jiàndé	아닐 불 | 볼 견 | 얻을 득	반드시 ~라고는 할 수 없다
0065	不耐烦	bú nàifán	아닐 불 | 견딜 내 | 번거로울 번	귀찮다, 견딜 수 없다
0066	不然	bùrán	아닐 불 | 그러할 연	접 그렇지 않으면
0067	不如	bùrú	아닐 불 | 같은 여	동 ~만 못하다, ~하는 편이 낫다

0068	不要紧	bú yàojǐn	아닐 불 | 요구할 요 | 긴할 긴	괜찮다, 문제없다
0069	不足	bùzú	아닐 부 | 발 족	형 부족하다, 모자라다 동 부족하다, 이르지 못하다
0070	布	bù	베 포	명 천, 베, 포
0071	步骤	bùzhòu	걸음 보 | 달릴 취	명 순서, 절차, 단계
0072	部门	bùmén	나눌 부 | 문 문	명 부문, 부서

C

0073	财产	cáichǎn	재물 재 | 낳을, 재산 산	명 재산, 자산
0074	采访	cǎifǎng	캘 채 | 찾을 방	동 취재하다, 인터뷰하다
0075	采取	cǎiqǔ	캘 채 | 가질 취	동 채택하다, 취하다
0076	彩虹	cǎihóng	채색 채 | 무지개 홍	명 무지개
0077	踩	cǎi	뛸, 밟을 채	동 밟다, 짓밟다
0078	参考	cānkǎo	참여할 참 | 생각할 고	동 참고하다
0079	参与	cānyù	참여할 참 | 더불 여	동 참여하다
0080	惭愧	cánkuì	부끄러워할 참 | 부끄러울 괴	형 부끄럽다, 송구스럽다
0081	操场	cāochǎng	잡을, 단련할 조 | 마당 장	명 운동장
0082	操心	cāoxīn	잡을, 급박할 조 | 마음 심	동 마음을 쓰다, 애태우다
0083	册	cè	책 책	명 책자, 책 양 권, 책[책을 세는 단위]
0084	测验	cèyàn	헤아릴 측 | 시험 험	동 시험하다, 테스트하다
0085	曾经	céngjīng	일찍 증 | 지날 경	부 일찍이, 이전에, 이미, 벌써
0086	叉子	chāzi	작살 차 | 접미사 자	명 포크
0087	差距	chājù	다를 차 | 거리 거	명 차이 L6
0088	插	chā	꽂을 삽	동 끼우다, 꽂다, 개입하다, 끼어들다

0089	拆	chāi	헐어버릴, 터질 탁	图 떼어내다, 헐다, 해체하다
0090	产品	chǎnpǐn	낳을 산 | 물건 품	圐 상품
0091	产生	chǎnshēng	낳을 산 | 날 생	图 나타나다, 생겨나다
0092	长途	chángtú	길 장 | 길 도	圐 장거리 전화, 장거리 버스 图 장거리의, 먼 거리의
0093	常识	chángshí	항상 상 | 알 식	圐 상식
0094	抄	chāo	베낄 초	图 베끼다, 움켜잡다
0095	超级	chāojí	넘을 초 | 등급 급	图 최상급의, 슈퍼 **L6**
0096	朝	cháo	아침 조	图 ~를 향하여, ~ 쪽으로 图 ~를 마주하다
0097	潮湿	cháoshī	조수 조 | 축축할 습	图 습하다, 축축하다 **L6**
0098	吵	chǎo	떠들 초	图 시끄럽다, 떠들썩하다 图 말다툼하다
0099	吵架	chǎojià	떠들 초 | 시렁 가	图 다투다, 말다툼하다
0100	炒	chǎo	볶을 초	图 볶다, 튀기다
0101	车库	chēkù	수레 차 | 창고 고	圐 차고
0102	车厢	chēxiāng	수레 차 | 행랑 상	圐 화물칸, 객실, 트렁크
0103	彻底	chèdǐ	통할 철 | 밑 저	图 철저하다
0104	沉默	chénmò	가라앉을 침 | 묵묵할 묵	图 말이 적다 图 침묵하다
0105	趁	chèn	틈탈 진	图 ~를 틈타서
0106	称	chēng	일컬을 칭	图 무게를 달다, 부르다, 칭하다
0107	称呼	chēnghu	일컬을 칭 | 부를 호	圐 호칭 图 부르다, 호칭하다
0108	称赞	chēngzàn	일컬을 칭 | 칭찬할 찬	图 칭찬하다
0109	成分	chéngfèn	이룰 성 | 나눌 분	圐 성분
0110	成果	chéngguǒ	이룰 성 | 결과 과	圐 성과
0111	成就	chéngjiù	이룰 성 | 이룰 취	圐 성취 图 이루다
0112	成立	chénglì	이룰 성 | 설 립	图 성립하다
0113	成人	chéngrén	이룰 성 | 사람 인	圐 성인 图 어른이 되다 **N**
0114	成熟	chéngshú	이룰 성 | 익을 숙	图 성숙하다, 숙련되다

0115	成语	chéngyǔ	이룰 성 | 말씀 어	몡 성어
0116	成长	chéngzhǎng	이룰 성 | 길 장	동 성장하다, 자라다
0117	诚恳	chéngkěn	정성 성 | 간절할 간	혱 (태도가) 간절하다, 진실하다
0118	承担	chéngdān	받들 승 | 맡을 담	동 맡다, 담당하다
0119	承认	chéngrèn	받들 승 | 인정할 인	동 인정하다
0120	承受	chéngshòu	받들 승 | 받을 수	동 감당하다, 이겨내다
0121	程度	chéngdù	길 정 | 법도 도	몡 정도
0122	程序	chéngxù	길 정 | 차례 서	몡 순서, 단계, 절차, 프로그램
0123	吃亏	chīkuī	먹을, 받을 흘 | 손해 휴	동 손해를 보다
0124	池塘	chítáng	못 지 | 못 당	몡 연못, 못 **L6**
0125	迟早	chízǎo	늦을 지 | 아침 조	부 조만간, 머지않아 **N**
0126	持续	chíxù	버틸 지 | 계속 속	동 지속하다
0127	尺子	chǐzi	자 척 | 접미사 자	몡 자
0128	翅膀	chìbǎng	날개 시 | 옆구리 방	몡 날개
0129	冲	chōng	찌를 충	동 돌진하다, (물로) 씻어내다
0130	充电器	chōngdiànqì	채울 충 | 전기 전 | 도구 기	몡 충전기
0131	充分	chōngfèn	채울 충 | 나눌 분	혱 충분하다
0132	充满	chōngmǎn	채울 충 | 찰 만	동 넘치다, 충만하다
0133	重复	chóngfù	거듭할 중 | 다시 복	동 반복하다, 중복하다
0134	宠物	chǒngwù	사랑할 총 | 물건 물	몡 애완 동물
0135	抽屉	chōuti	뽑을 추 | 서랍 체	몡 서랍
0136	抽象	chōuxiàng	뽑을 추 | 모양 상	혱 추상적이다
0137	丑	chǒu	추할 추	혱 못생기다, 추하다, 흉하다
0138	臭	chòu	냄새 취	혱 (냄새가) 고약하다
0139	出版	chūbǎn	날 출 | 판목 판	동 출판하다
0140	出口	chūkǒu	날 출 | 입 구	몡 출구 동 말을 꺼내다, 수출하다
0141	出色	chūsè	날 출 | 빛 색	혱 대단히 뛰어나다

0142	出示	chūshì	날 출 | 보일 시	통 내보이다, 제시하다	N
0143	出席	chūxí	날 출 | 자리 석	통 출석하다	
0144	初级	chūjí	처음 초 | 등급 급	형 초급의, 초등의	
0145	除非	chúfēi	제거할 제 | 아닐 비	접 오로지 ~해야만 전 ~을 제외하고는	
0146	除夕	chúxī	제거할 제 | 저녁 석	명 섣달 그믐날(밤)	
0147	处理	chǔlǐ	처리할 처 | 다스릴 리	통 처리하다	
0148	传播	chuánbō	전할 전 | 뿌릴, 퍼뜨릴 파	통 전파하다, 널리 퍼뜨리다	
0149	传染	chuánrǎn	전할 전 | 물들일 염	통 전염하다	
0150	传说	chuánshuō	전할 전 | 말씀 설	명 전설 통 이리저리 말이 전해지다	
0151	传统	chuántǒng	전할 전 | 계통 통	명 전통 형 전통적이다, 보수적이다	
0152	窗帘	chuānglián	창문 창 | (햇빛 가릴) 발 염	명 커튼	
0153	闯	chuǎng	불쑥 뛰어들 틈	통 (맹렬하게) 뛰어들다, 돌진하다	
0154	创造	chuàngzào	비롯할, 시작할 창 | 만들 조	통 창조하다, 발명하다	
0155	吹	chuī	불 취	통 불다	
0156	词汇	cíhuì	말 사 | 무리 휘	명 어휘	L6
0157	辞职	cízhí	사퇴할 사 | 직업 직	통 사직하다	
0158	此外	cǐwài	이 차 | 바깥 외	접 이 밖에, 이 외에	
0159	次要	cìyào	다음 차 | 요긴할, 중요할 요	형 부차적인, 부수적인	
0160	刺激	cìjī	찌를 자 | 격할 격	통 자극하다, 흥분시키다	
0161	匆忙	cōngmáng	바쁠 총 | 바쁠 망	형 급하다, 분주하다	
0162	从此	cóngcǐ	따를 종 | 이 차	부 그로부터, 이로부터	
0163	从而	cóng'ér	따를 종 | 말 이을 이	접 그리하여	
0164	从前	cóngqián	따를 종 | 앞 전	명 이전, 종전	
0165	从事	cóngshì	따를 종 | 일 사	통 종사하다, 처리하다	
0166	粗糙	cūcāo	거칠 조 | 거칠 조	형 (질감이) 거칠다 (일이) 어설프다	N

0167	促进	cùjìn	재촉할 촉 | 나아갈 진	图 촉진하다
0168	促使	cùshǐ	재촉할 촉 | 시킬 사	图 ~하도록 (재촉)하다
0169	醋	cù	식초 초	명 식초
0170	催	cuī	재촉할 최	图 재촉하다, 다그치다
0171	存在	cúnzài	있을 존 | 있을 재	명 존재 图 존재하다
0172	措施	cuòshī	둘, 놓을 조 | 베풀 시	명 조치, 대책

D

0173	答应	dāying	답할 답 | 응할 응	图 허락하다, 승낙하다, 수락하다
0174	达到	dádào	도달할 달 | 이를 도	图 도달하다
0175	打工	dǎgōng	때릴, 칠 타 | 장인 공	图 아르바이트하다, 일하다
0176	打交道	dǎ jiāodao	때릴 타 | 사귈 교 | 길 도	사귀다, 왕래하다
0177	打喷嚏	dǎ pēntì	때릴 타 | 뿜을 분 | 재채기 체	재채기를 하다
0178	打听	dǎting	때릴 타 | 들을 청	图 알아보다, 물어보다
0179	大方	dàfang	큰 대 | 모 방	형 대범하다, 시원시원하다
0180	大厦	dàshà	큰 대 | 큰집 하	명 빌딩, 고층 건물 L6
0181	大象	dàxiàng	큰 대 | 코끼리 상	명 코끼리
0182	大型	dàxíng	큰 대 | 모형 형	형 대형의
0183	呆	dāi	머무를 대, 어리석을 태	형 멍청하다, 미련하다, 멍하다, 어리둥절하다
0184	代表	dàibiǎo	대신할 대 | 겉 표	图 대표하다 명 대표, 대표자
0185	代替	dàitì	대신할 대 | 바꿀 체	图 대체하다, 대신하다
0186	贷款	dàikuǎn	빌릴 대 | 돈 관	명 대여금, 대부금 图 대출하다
0187	待遇	dàiyù	대접할 대 | 만날 우	명 대우, 대접 图 대우하다
0188	担任	dānrèn	멜 담 | 맡길 임	图 맡다, 담당하다
0189	单纯	dānchún	홑 단 | 순수할 순	형 단순하다
0190	单调	dāndiào	홑 단 | 조절할 조	형 단조롭다

0191	单独	dāndú	홀단 | 홀로독	🖼 단독으로, 혼자서
0192	单位	dānwèi	홀단 | 자리위	🖼 단체, 기관, 직장
0193	单元	dānyuán	홀단 | 으뜸원	🖼 (공동주택, 빌딩의) 현관
0194	耽误	dānwu	지체할탐 | 그르칠오	🖼 지체하다, 그르치다
0195	胆小鬼	dǎnxiǎoguǐ	쓸개담 | 작을소 | 귀신귀	🖼 소심한 사람, 겁쟁이
0196	淡	dàn	묽을담	🖼 싱겁다, (농도가) 옅다
0197	当地	dāngdì	마땅할당 | 땅지	🖼 현지, 현장, 그 곳
0198	当心	dāngxīn	맡을당 | 마음심	🖼 조심하다, 주의하다 **L6**
0199	挡	dǎng	가로막을당	🖼 덮개, 가리개 🖼 막다, 차단하다
0200	导演	dǎoyǎn	이끌도 | 연기할연	🖼 감독 🖼 연출하다, 감독하다
0201	导致	dǎozhì	이끌도 | 이를치	🖼 초래하다, 야기시키다
0202	岛屿	dǎoyǔ	섬도 | 작은 섬서	🖼 섬 **L6**
0203	倒霉	dǎoméi	넘어질도 | 썩을, 곰팡이매	🖼 운이 없다
0204	到达	dàodá	이를도 | 노달할달	🖼 도착하다, 도달하다
0205	道德	dàodé	도리도 | 덕덕	🖼 도덕, 윤리 🖼 도덕적이다
0206	道理	dàolǐ	도리도 | 다스릴리	🖼 도리, 일리
0207	登记	dēngjì	오를등 | 기재할, 기록할기	🖼 등록하다, 기재하다
0208	等待	děngdài	기다릴등 | 기다릴대	🖼 기다리다
0209	等于	děngyú	같을등 | 어조사우	🖼 ~와 (거의) 같다
0210	滴	dī	물방울적	🖼 방울 🖼 한 방울씩 떨어지다 (떨어뜨리다)
0211	的确	díquè	과녁적 | 확실할확	🖼 확실히, 분명히
0212	敌人	dírén	적적 | 사람인	🖼 적
0213	地道	dìdao	땅지 | 길도	🖼 진짜의, 본고장의, 제대로다, 표준에 맞다
0214	地理	dìlǐ	땅지 | 다스릴리	🖼 지리
0215	地区	dìqū	땅지 | 지역구	🖼 지역
0216	地毯	dìtǎn	땅지 | 담요담	🖼 양탄자, 카펫

No.	단어	병음	한자 뜻	뜻
0217	地位	dìwèi	땅 지 | 자리 위	명 지위, 위치
0218	地震	dìzhèn	땅 지 | 천둥 진	명 지진　통 지진이 일어나다
0219	递	dì	전할 체	통 넘겨주다, 전해주다
0220	点心	diǎnxin	점 점 | 마음 심	명 간식
0221	电池	diànchí	전기 전 | 못 지	명 건전지
0222	电台	diàntái	전기 전 | 큰 건물 대	명 라디오 방송국
0223	钓	diào	낚시 조	통 낚다, 낚시질하다
0224	顶	dǐng	꼭대기 정	양 개 (정수리에 있는 물건 등을 셀 때 쓰임) 부 매우, 극도로
0225	动画片	dònghuàpiàn	움직일 동 | 그림 화 | 조각 편	명 만화 영화
0226	冻	dòng	얼 동	통 굳다, 얼다, 춥다
0227	洞	dòng	동굴 동	명 동굴, 구멍
0228	豆腐	dòufu	콩 두 | 썩을 부	명 두부
0229	逗	dòu	머무를 두	형 재미있다, 우습다 통 골리다, 놀리다
0230	独立	dúlì	홀로 독 | 설 립	통 독립하다
0231	独特	dútè	홀로 독 | 특별할 특	형 독특하다
0232	度过	dùguò	법도 도 | 지날 과	통 (시간을) 보내다, 지내다
0233	断	duàn	끊을 단	통 자르다, 끊다
0234	堆	duī	쌓을 퇴	양 무더기　통 쌓이다
0235	对比	duìbǐ	대할 대 | 견줄 비	통 비율　통 대비하다, 대조하다
0236	对待	duìdài	대할 대 | 머무를 대	통 상대하다, 대응하다
0237	对方	duìfāng	대할 대 | 방향 방	명 상대편
0238	对手	duìshǒu	대할 대 | 손 수	명 상대, 라이벌, 적수
0239	对象	duìxiàng	대할 대 | 모양 상	명 대상, 배우자
0240	兑换	duìhuàn	바꿀 태 | 바꿀 환	통 환전하다　L6
0241	吨	dūn	톤 둔	양 톤(ton)
0242	蹲	dūn	쭈그릴 준	통 쪼그리고 앉다

0243	顿	dùn	둔할, 조아릴 돈	양	번, 차례
0244	多亏	duōkuī	많을 다 | 다행히 휴	동	은혜를 입다, 덕택이다
0245	多余	duōyú	많을 다 | 남을 여	형	여분의, 불필요하다
0246	朵	duǒ	송이 타	양	(꽃, 구름 등을 세는) 송이, 조각
0247	躲藏	duǒcáng	숨을 타 | 감출 장	동	숨다

E

0248	恶劣	èliè	악할 악 | 못할 렬	형	아주 나쁘다	
0249	耳环	ěrhuán	귀 이 | 고리 환	명	귀고리	**L6**

F

0250	发表	fābiǎo	드러날 발 | 겉 표	동	발표하다
0251	发愁	fāchóu	드러날 발 | 근심 수	동	걱정하다, 근심하다
0252	发达	fādá	드러날 발 | 도달할 달	형	발달하다, 번성하다 / 동 발전시키다
0253	发抖	fādǒu	드러날 발 | 떨 두	동	떨다
0254	发挥	fāhuī	드러날 발 | 휘두를 휘	동	발휘하다
0255	发明	fāmíng	드러날 발 | 밝을 명	명	발명 동 발명하다
0256	发票	fāpiào	드러날 발 | 표 표	명	영수증
0257	发言	fāyán	드러날 발 | 말씀 언	명	발언 동 발언하다
0258	罚款	fákuǎn	벌할 벌 | 돈 관	명	벌금 동 벌금을 부과하다
0259	法院	fǎyuàn	법 법 | 집 원	명	법원
0260	翻	fān	뒤집을 번	동	열다, 펴다, 뒤집다
0261	繁荣	fánróng	많을 번 | 번영할 영	형	번영하다 동 번영시키다
0262	反而	fǎn'ér	돌이킬 반 | 말 이을 이	부	도리어, 반대로

0263	反复	fǎnfù	돌이킬 반 | 돌아올 복	부 반복하여　동 반복하다
0264	反应	fǎnyìng	돌이킬 반 | 응할 응	동 반응하다
0265	反映	fǎnyìng	돌이킬 반 | 비칠 영	명동 반영(하다), 반사(하다)
0266	反正	fǎnzhèng	돌이킬 반 | 바를 정	부 어쨌든, 여하튼
0267	范围	fànwéi	한계 범 | 에울 위	명 범위
0268	方	fāng	네모 방	명 방향　형 사각형의
0269	方案	fāng'àn	방법 방 | 안건 안	명 방안
0270	方式	fāngshì	방법 방 | 법 식	명 방식
0271	妨碍	fáng'ài	방해할 방 | 가로막을 애	동 방해하다, 지장을 주다
0272	仿佛	fǎngfú	비슷할 방 | 비슷할 불	부 마치 ~인 것 같다
0273	非	fēi	아닐 비	부 반드시, 꼭　동 ~이 아니다
0274	肥皂	féizào	살찔 비 | 비누 조	명 비누
0275	废话	fèihuà	버릴 폐 | 말할 화	명 쓸데없는 소리 동 쓸데없는 말을 하다
0276	分别	fēnbié	나눌 분 | 나눌 별	명 차이, 차별 부 각기, 따로따로 동 나누다, 구별하다
0277	分布	fēnbù	나눌 분 | 펼 포	동 분포하다
0278	分配	fēnpèi	나눌 분 | 나눌 배	동 분배하다
0279	分手	fēnshǒu	나눌 분 | 손 수	동 헤어지다, 이별하다　L6
0280	分析	fēnxī	나눌 분 | 해부할 석	동 분석하다
0281	纷纷	fēnfēn	어지러울 분	부 잇달아, 연이어 형 어지럽게 날리다
0282	奋斗	fèndòu	떨칠 분 | 싸울 투	동 분투하다
0283	风格	fēnggé	품격 풍 | 격식 격	명 풍격, 스타일
0284	风景	fēngjǐng	바람 풍 | 경치 경	명 풍경, 경치
0285	风俗	fēngsú	풍속 풍 | 풍속 속	명 풍속, 습관
0286	风险	fēngxiǎn	바람 풍 | 험할 험	명 위험, 리스크
0287	疯狂	fēngkuáng	미칠 풍 | 미칠 광	형 미치다

0288	讽刺	fěngcì	풍자할 풍 | 찌를 자	图 풍자하다
0289	否定	fǒudìng	아닐 부 | 정할 정	阌 부정의 图 부정하다
0290	否认	fǒurèn	아닐 부 | 인정할 인	图 부인하다, 부정하다
0291	扶	fú	도울 부	图 부축하다, 일으키다
0292	服装	fúzhuāng	옷 복 | 꾸밀 장	阍 복장, 의류, 의상
0293	幅	fú	폭 폭	앵 폭[그림 · 천을 세는 단위] 阍 폭, 넓이
0294	辅导	fǔdǎo	도울 보 | 인도할 도	图 과외지도하다
0295	妇女	fùnǚ	며느리 부 | 계집 녀	阍 부녀자, 여자
0296	复制	fùzhì	겹칠 복 | 만들 제	图 복제하다

G

0297	改革	gǎigé	고칠 개 | 고칠 혁	图 개혁하다
0298	改进	gǎijìn	고칠 개 | 나아갈 진	图 개선하다
0299	改善	gǎishàn	고칠 개 | 좋을 선	图 개선하다
0300	改正	gǎizhèng	고칠 개 | 바를 정	图 고치다, 바꾸다
0301	盖	gài	덮을 개	图 덮다, 날인하다 阍 덮개, 마개(~儿)
0302	概括	gàikuò	대략 개 | 묶을 괄	阌 간단한, 간략한 图 요약하다, 개괄하다
0303	概念	gàiniàn	대략 개 | 생각 념	阍 개념
0304	干脆	gāncuì	일할 간 | 약할 취	閅 차라리, 깨끗하게 阌 명쾌하다, 시원스럽다
0305	干燥	gānzào	마를 건 | 마를 조	阌 건조하다
0306	赶紧	gǎnjǐn	쫓을 간 | 급할 긴	閅 재빨리, 서둘러
0307	赶快	gǎnkuài	쫓을 간 | 빠를 쾌	閅 황급하게, 빨리
0308	感激	gǎnjī	느낄 감 | 격할 격	图 감격하다

No.	단어	병음	훈음	뜻
0309	感受	gǎnshòu	느낄 감 | 받을 수	명 느낌, 체험 동 느끼다, 여기다
0310	感想	gǎnxiǎng	느낄 감 | 생각 상	명 감상
0311	干活儿	gànhuór	일할 간 | 살 활	일을 하다
0312	钢铁	gāngtiě	강철 강 | 쇠 철	명 철 형 강인한, 견고한
0313	高档	gāodàng	높을 고 | 의자, 문서, 노점 당	형 고급의
0314	高级	gāojí	높을 고 | 등급 급	형 (품질 또는 수준 등이) 고급인
0315	搞	gǎo	할 고	동 ~하다, 손에 넣다
0316	告别	gàobié	알릴 고 | 이별 별	동 이별을 고하다
0317	格外	géwài	격식 격 | 바깥 외	부 각별히, 특별히
0318	隔壁	gébì	사이 뜰 격 | 벽 벽	명 옆집
0319	个别	gèbié	낱 개 | 나눌 별	형 개별적인, 개개의
0320	个人	gèrén	낱 개 | 사람 인	명 개인
0321	个性	gèxìng	낱 개 | 성질 성	명 개성
0322	各自	gèzì	각각 각 | 스스로 자	대 각자, 각기
0323	根	gēn	뿌리 근	명 뿌리, 근본, 근원
0324	根本	gēnběn	뿌리 근 | 근본 본	명 근본 부 근본적으로, 전혀 형 중요한, 주요한
0325	工厂	gōngchǎng	장인 공 | 공장 창	명 공장
0326	工程师	gōngchéngshī	장인 공 | 순서 정 | 스승 사	명 엔지니어
0327	工具	gōngjù	장인 공 | 갖출 구	명 공구, 작업 도구
0328	工人	gōngrén	장인 공 | 사람 인	명 노동자
0329	工业	gōngyè	장인 공 | 업 업	명 공업
0330	公布	gōngbù	공평할 공 | 펼, 드러낼 포	동 공포하다
0331	公开	gōngkāi	공평할 공 | 열 개	형 공개적인 동 공개하다
0332	公平	gōngpíng	공평할 공 | 평평할 평	형 공평하다
0333	公寓	gōngyù	공평할 공 | 거주할 우	명 아파트, 공동주택
0334	公元	gōngyuán	공평할 공 | 으뜸 원	명 서기

번호	단어	병음	한자	뜻
0335	公主	gōngzhǔ	공평할 공 | 임금 주	몡 공주
0336	功能	gōngnéng	공로 공 | 능할 능	몡 기능
0337	恭喜	gōngxǐ	공손할 공 | 기쁠 희	동 축하하다　N
0338	贡献	gòngxiàn	바칠 공 | 드릴 헌	몡 공헌　동 공헌하다
0339	沟通	gōutōng	도랑 구 | 통할 통	동 (의사)소통하다
0340	构成	gòuchéng	얽을 구 | 이룰 성	몡 구성, 형성 동 구성하다, 이루다
0341	姑姑	gūgu	고모 고	몡 고모
0342	姑娘	gūniang	부녀자 고 | 여자 낭	몡 아가씨
0343	古代	gǔdài	예 고 | 시대 대	몡 고대
0344	古典	gǔdiǎn	예 고 | 법 전	몡 고전　형 고전적인, 고전의
0345	股票	gǔpiào	넓적다리 고 | 표 표	몡 주식
0346	骨头	gǔtou	뼈 골 | 접미사 두	몡 뼈, 가시
0347	鼓舞	gǔwǔ	북 고 | 춤출 무	동 (사기, 용기를) 북돋우다, 진작시키다
0348	鼓掌	gǔzhǎng	북 고 | 손바닥 장	동 손뼉을 치다, 박수하다
0349	固定	gùdìng	굳을 고 | 정할 정	형 고정적이다　동 고정시키다
0350	挂号	guàhào	등록할 괘 | 이름 호	동 접수하다, 등기로 부치다
0351	乖	guāi	얌전할 괴	형 착하다, 얌전하다
0352	拐弯	guǎiwān	돌아설 괴 | 굽을 만	동 모퉁이를 돌다, 방향을 바꾸다
0353	怪不得	guàibude	괴이할 괴 | 아닐 부 | 얻을 득	부 어쩐지　동 나무랄 수 없다
0354	关闭	guānbì	닫을 관 | 닫을 폐	동 (문, 창을) 닫다, 영업을 중단하다
0355	观察	guānchá	볼 관 | 살필 찰	동 관찰하다
0356	观点	guāndiǎn	볼 관 | 점 점	몡 관점
0357	观念	guānniàn	볼 관 | 생각 념	몡 관념
0358	官	guān	벼슬 관	몡 관리, 공무원
0359	冠军	guànjūn	갓 관 | 군사 군	몡 우승, 일등, 챔피언

0360	管子	guǎnzi	대롱 관 | 접미사 자	명 호스, 파이프, 관
0361	光滑	guānghuá	빛 광 | 미끄러울 활	형 매끄럽다, 반들반들하다
0362	光临	guānglín	빛 광 | 임할 림	동 오다, 왕림하다
0363	光明	guāngmíng	빛 광 | 밝을 명	명 광명, 빛 형 밝게 빛나다, 떳떳하다
0364	光盘	guāngpán	빛 광 | 소반 반	명 CD, 콤팩트 디스크
0365	广场	guǎngchǎng	넓을 광 | 마당 장	명 광장
0366	广大	guǎngdà	넓을 광 | 큰 대	형 넓다, 광대하다
0367	广泛	guǎngfàn	넓을 광 | 넘칠 범	형 광범위하다
0368	归纳	guīnà	돌아갈 귀 | 들일 납	동 귀납하다　**L6**
0369	规矩	guīju	법 규 | 법도 구	명 규칙, 법칙　형 모범적이다
0370	规律	guīlǜ	법 규 | 법칙 율	명 규율, 규칙
0371	规模	guīmó	법 규 | 본뜰 모	명 규모
0372	规则	guīzé	법 규 | 법칙 칙	명 규칙　형 규칙적이다
0373	柜台	guìtái	상자 궤 | 받침대 대	명 계산대
0374	滚	gǔn	흐를 곤	동 구르다, 굴리다
0375	锅	guō	놋쇠 솥 과	명 솥, 냄비
0376	国庆节	Guóqìng Jié	나라 국 | 경사 경 | 절기 절	명 국경절[10월 1일]
0377	国王	guówáng	나라 국 | 임금 왕	명 국왕　**N**
0378	果然	guǒrán	결과 과 | 그러할 연	부 과연
0379	果实	guǒshí	열매 과 | 열매 실	명 과실
0380	过分	guòfèn	지나칠 과 | 분수 분	형 지나치다
0381	过敏	guòmǐn	지나칠 과 | 민첩할 민	형 과민하다 동 알레르기 반응을 보이다
0382	过期	guòqī	지나칠 과 | 기약할 기	동 기한을 넘기다

번호	단어	병음	훈음	뜻
0383	哈	hā	웃는 소리 합	감 하하, 와(득의하거나 만족할 때 내는 소리)
0384	海关	hǎiguān	바다 해 | 관계할 관	명 세관
0385	海鲜	hǎixiān	바다 해 | 생선 선	명 해산물
0386	喊	hǎn	소리칠 함	동 고함치다
0387	行业	hángyè	행할 행 | 업 업	명 업종, 직업
0388	豪华	háohuá	사치 호 | 빛날 화	형 호화롭다
0389	好客	hàokè	좋을 호 | 손님 객	형 손님 접대를 좋아하다, 손님을 좋아하다 **L6**
0390	好奇	hàoqí	좋아할 호 | 기이할 기	형 호기심을 갖다
0391	合法	héfǎ	합할 합 | 법 법	형 합법적이다
0392	合理	hélǐ	합할 합 | 이치 리	형 합리적이다
0393	合同	hétong	합할 합 | 같을 동	명 계약(서)
0394	合影	héyǐng	합할 합 | 그림자 영	명 단체사진 동 함께 사진을 찍다
0395	合作	hézuò	합할 합 | 지을, 만들 작	동 협력하다
0396	何必	hébì	어찌 하 | 반드시 필	부 ~할 필요가 있는가
0397	何况	hékuàng	어찌 하 | 하물며 황	접 하물며, 더군다나
0398	和平	hépíng	화할 화 | 무사할 평	명 평화 형 평화롭다
0399	核心	héxīn	씨 핵 | 마음 심	명 핵심
0400	恨	hèn	한 한	동 미워하다, 증오하다
0401	猴子	hóuzi	원숭이 후 | 접미사 자	명 원숭이
0402	后背	hòubèi	뒤 후 | 등 배	명 등 **N**
0403	后果	hòuguǒ	뒤 후 | 결과 과	명 결과[주로 안 좋은 일], 뒷일
0404	呼吸	hūxī	숨 내쉴 호 | 마실 흡	동 호흡하다
0405	忽然	hūrán	갑자기 홀 | 그러할 연	부 갑자기
0406	忽视	hūshì	소홀히 할 홀 | 볼 시	동 소홀히 하다
0407	胡说	húshuō	함부로 호 | 말씀 설	명 허튼소리 동 헛소리하다

0408	胡同	hútòng	거리 호 ǀ 같을 동	몡 골목
0409	壶	hú	병 호	몡 주전자
0410	糊涂	hútu	모호할 호 ǀ 진흙, 지울 도	혱 얼떨떨하다, 어리버리하다
0411	蝴蝶	húdié	나비 호 ǀ 나비 접	몡 나비
0412	花生	huāshēng	꽃 화 ǀ 날 생	몡 땅콩
0413	华裔	huáyì	중국 화 ǀ 후손 예	몡 화교가 거주국에서 낳은 자녀
0414	滑	huá	미끄러울 활	혱 미끄럽다　됭 미끄러지다 **C**
0415	化学	huàxué	될 화 ǀ 배울 학	몡 화학
0416	划	huá	배 저을 획	됭 배를 젓다
		huà	그을 획	됭 계획하다, (금을) 긋다 **C**
0417	话题	huàtí	말씀 화 ǀ 제목 제	몡 화제, 논제
0418	怀念	huáiniàn	품을 회 ǀ 생각 념	됭 그리워하다
0419	怀孕	huáiyùn	품을 회 ǀ 아이 밸 잉	됭 임신하다 **L6**
0420	缓解	huǎnjiě	느릴 완 ǀ 풀 해	됭 완화되다, 완화시키다
0421	幻想	huànxiǎng	헛보일 환 ǀ 생각 상	몡 환상　됭 상상하다
0422	慌张	huāngzhāng	어리둥절할, 다급할 황 ǀ 베풀 장	혱 허둥대다, 당황하다
0423	黄金	huángjīn	누를 황 ǀ 금 금	몡 황금
0424	灰	huī	재 회	몡 먼지, 회색, 잿빛
0425	灰尘	huīchén	재 회 ǀ 티끌 진	몡 먼지
0426	灰心	huīxīn	낙심할 회 ǀ 마음 심	됭 낙심하다
0427	恢复	huīfù	회복할 회 ǀ 회복할 복	됭 회복하다
0428	挥	huī	휘두를 휘	됭 흔들다, 휘두르다
0429	汇率	huìlǜ	어음 회 ǀ 비율 율	몡 환율
0430	婚礼	hūnlǐ	혼인할 혼 ǀ 예도, 의식 례	몡 혼례, 결혼식
0431	婚姻	hūnyīn	혼인할 혼 ǀ 혼인 인	몡 혼인, 결혼
0432	活跃	huóyuè	살 활 ǀ 뛸 약	혱 활기차다　됭 활약하다
0433	火柴	huǒchái	불 화 ǀ 땔나무 시	몡 성냥

| 0434 | 伙伴 | huǒbàn | 많을 화 \| 짝 반 | 명 동반자 |
| 0435 | 或许 | huòxǔ | 혹시 혹 \| 허락할 허 | 부 아마, 어쩌면 **L6** |

J

0436	机器	jīqì	기계 기 | 도구 기	명 기계
0437	肌肉	jīròu	살가죽 기 | 고기 육	명 근육
0438	基本	jīběn	기초 기 | 근본 본	명 기본 부 거의, 대체로 형 기본적인
0439	激烈	jīliè	격할 격 | 세찰 렬	형 치열하다, 격렬하다
0440	及格	jígé	미칠 급 | 격식 격	동 합격하다
0441	极其	jíqí	다할 극 | 어조사 기	부 대단히, 몹시
0442	急忙	jímáng	급할 급 | 바쁠 망	부 급히, 바삐
0443	急诊	jízhěn	급할 급 | 진찰할 진	명 응급 진료, 급진 **N**
0444	集合	jíhé	모일 집 | 합할 합	동 집합하다, 모으다
0445	集体	jítǐ	모을 집 | 몸 체	명 단체
0446	集中	jízhōng	모을 집 | 가운데 중	형 집중된, 집결된 동 집중하다, 집중시키다
0447	计算	jìsuàn	셀 계 | 셈 산	동 계산하다
0448	记录	jìlù	규율 기 | 기록할 록	명 기록, 다큐멘터리 동 기록하다
0449	记忆	jìyì	기억할 기 | 생각할, 추억할 억	명 기억 동 기억하다
0450	纪录	jìlù	기록할 기 | 기록할 록	명 기록 동 기록하다
0451	纪律	jìlù	규율 기 | 법칙 율	명 규율
0452	纪念	jìniàn	규율 기 | 생각 념	명 기념 동 기념하다
0453	系领带	jìlǐngdài	맬 계 | 옷깃 령 | 띠 대	넥타이를 매다
0454	寂寞	jìmò	고요할 적 | 쓸쓸할 막	형 적막하다, 외롭다
0455	夹子	jiāzi	낄 협 | 접미사 자	명 집게, 클립

0456	家庭	jiātíng	집 가 | 뜰 정	명 가정
0457	家务	jiāwù	집 가 | 일할 무	명 집안일, 가사
0458	家乡	jiāxiāng	집 가 | 시골 향	명 고향
0459	嘉宾	jiābīn	아름다울 가 | 손님 빈	명 손님, 귀빈
0460	甲	jiǎ	갑옷, 첫째 천간 갑	명 갑[천간(天干)의 첫째], 단단한 껍데기
0461	假如	jiǎrú	거짓 가 | 같을 여	접 만약, 가령
0462	假设	jiǎshè	거짓 가 | 세울 설	동 가정하다 L6
0463	假装	jiǎzhuāng	거짓 가 | 꾸밀 장	동 ~한 척하다
0464	价值	jiàzhí	값 가 | 값 치	명 가치
0465	驾驶	jiàshǐ	탈 가 | 달릴 사	동 운전하다
0466	嫁	jià	시집갈 가	동 시집가다
0467	坚决	jiānjué	굳을 견 | 결단할 결	형 단호하다, 결연하다
0468	坚强	jiānqiáng	굳을 견 | 강할 강	형 강인하다, 굳세다 동 견고히 하다
0469	肩膀	jiānbǎng	어깨 견 | 날개 방	명 어깨
0470	艰巨	jiānjù	어려울 간 | 클 거	형 막중하다, 힘들고 어렵다
0471	艰苦	jiānkǔ	어려울 간 | 쓸 고	형 힘들고 고되다
0472	兼职	jiānzhí	겸할 겸 | 직업 직	동 겸직하다 L6
0473	捡	jiǎn	주울 검	동 줍다
0474	剪刀	jiǎndāo	자를 전 | 칼 도	명 가위
0475	简历	jiǎnlì	간략할 간 | 지날 력	명 이력, 경력
0476	简直	jiǎnzhí	간략할 간 | 곧을 직	부 진짜로, 그야말로
0477	建立	jiànlì	세울 건 | 설 립	동 세우다, 건립하다
0478	建设	jiànshè	세울 건 | 세울 설	동 건설하다
0479	建筑	jiànzhù	세울 건 | 쌓을 축	명 건축물 동 건축하다, 구성하다
0480	健身	jiànshēn	튼튼할 건 | 몸 신	동 신체를 건강하게 하다, 튼튼하게 하다 C

No.	단어	병음	한자 뜻	뜻
0481	键盘	jiànpán	열쇠 건 | 쟁반 반	명 건반, 키보드
0482	讲究	jiǎngjiu	논할 강 | 연구할 구	형 정교하다, 화려하다 동 중요시하다, 주의하다
0483	讲座	jiǎngzuò	논할 강 | 자리 좌	명 강좌
0484	酱油	jiàngyóu	장 장 | 기름 유	명 간장
0485	交换	jiāohuàn	서로 교 | 바꿀 환	동 교환하다
0486	交际	jiāojì	사귈 교 | 사귈 제	동 사귀다, 교제하다
0487	交往	jiāowǎng	서로 교 | 갈 왕	동 왕래하다, 교제하다 **L6**
0488	浇	jiāo	물 댈 요	동 물을 대다, (액체를) 뿌리다
0489	胶水	jiāoshuǐ	아교 교 | 물 수	명 풀
0490	角度	jiǎodù	뿔 각 | 법도 도	명 각도
0491	狡猾	jiǎohuá	교활할 교 | 교활할 활	형 교활하다
0492	教材	jiàocái	가르칠 교 | 재료 재	명 교재
0493	教练	jiàoliàn	가르칠 교 | 익힐 련	명 감독, 코치　동 훈련하다
0494	教训	jiàoxùn	가르칠 교 | 훈계할 훈	명 교훈 동 훈계하다, 가르치고 타이르다
0495	阶段	jiēduàn	섬돌 계 | 층계 단	명 단계, 계단
0496	结实	jiēshi	맺을 결 | 열매 실	동 튼튼하다, 단단하다
0497	接触	jiēchù	맞이할 접 | 닿을 촉	동 만나다, 접촉하다
0498	接待	jiēdài	맞이할 접 | 접대할 대	동 접대하다
0499	接近	jiējìn	이을 접 | 가까울 근	동 가까이 가다, 접근하다
0500	节省	jiéshěng	절약할 절 | 덜 생	동 절약하다
0501	结构	jiégòu	맺을 결 | 얽을 구	명 구조
0502	结合	jiéhé	맺을 결 | 합할 합	동 결합하다
0503	结论	jiélùn	맺을 결 | 논할 론	명 결론
0504	结账	jiézhàng	맺을 결 | 장부 장	동 결재하다, 결산하다
0505	戒	jiè	경계할 계	동 (좋지 못한 습관을) 끊다, 중단하다 **C**
0506	戒指	jièzhi	경계할 계 | 손가락 지	명 반지

0507	届	jiè	이를, 차례 계	양 ~회[정기회의, 졸업 연차에 쓰임] 동 (예정된 때에) 이르다
0508	借口	jièkǒu	빌릴 차 | 입 구	명 핑계　동 핑계를 대다
0509	金属	jīnshǔ	쇠 금 | 속할 속	명 금속
0510	尽快	jìnkuài	다할 진 | 빠를 쾌	부 되도록 빨리　**L6**
0511	尽力	jìnlì	다할 진 | 힘 력	동 힘을 다하다, 최선을 다하다
0512	尽量	jǐnliàng jìnliàng	다할 진 | 헤아릴 량	부 가능한 한, 최대한 동 양을 다하다, 양껏 하다
0513	紧急	jǐnjí	긴할 긴 | 급할 급	형 긴급하다
0514	谨慎	jǐnshèn	삼갈, 조심할 근 | 삼갈 신	형 조심스럽다, 신중하다
0515	进步	jìnbù	나아갈 진 | 걸음 보	동 진보하다, 향상되다
0516	进口	jìnkǒu	나아갈 진 | 입 구	동 수입하다
0517	近代	jìndài	가까울 근 | 시대 대	명 근대
0518	经典	jīngdiǎn	지날 경 | 법 전	명 경전, 고전 형 최고의, 일류의
0519	经商	jīngshāng	경영할 경 | 장사할 상	동 장사하다　**L6**
0520	经营	jīngyíng	경영할 경 | 경영할 영	동 경영하다
0521	精力	jīnglì	정신 정 | 힘 력	명 힘, 에너지
0522	精神	jīngshén jīngshen	아름다울 정 | 귀신 신	명 정신　형 활기차다
0523	酒吧	jiǔbā	술 주 | 어조사 파	명 술집
0524	救	jiù	구원할 구	동 구하다, 구제하다
0525	救护车	jiùhùchē	구원할 구 | 도울 호 | 수레 차	명 응급차, 구급차
0526	舅舅	jiùjiu	외삼촌 구	명 외삼촌
0527	居然	jūrán	살 거 | 그러할 연	부 뜻밖에, 의외로
0528	桔子	júzi	귤나무 귤 | 접미사 자	명 귤
0529	巨大	jùdà	클 거 | 큰 대	형 거대하다

0530	具备	jùbèi	갖출 구 | 갖출 비	동 갖추다, 구비하다
0531	具体	jùtǐ	갖출 구 | 몸 체	형 구체적이다, 특정의 동 구체화하다
0532	俱乐部	jùlèbù	함께 구 | 즐길 락 | 떼 부	명 모임, 클럽, 동호회
0533	据说	jùshuō	근거 거 | 말씀 설	동 듣자하니 ~라 한다
0534	捐	juān	버릴, 기부할 연	동 기부하다, 헌납하다
0535	决赛	juésài	결정할 결 | 겨룰 새	동 결승전을 하다
0536	决心	juéxīn	결정할 결 | 마음 심	명 결심 동 결심하다
0537	角色	juésè	배우 각 | 빛 색	명 역할, 배역
0538	绝对	juéduì	끊을 절 | 대할 대	부 절대로 형 절대적이다
0539	军事	jūnshì	군사 군 | 일 사	명 군사(군대·전쟁에 관련된 일)
0540	均匀	jūnyún	고를 균 | 균등할 균	형 고르다, 균등하다

K

0541	卡车	kǎchē	음역자, 트럭 가 | 수레 차	명 트럭
0542	开发	kāifā	열 개 | 필 발	동 개발하다
0543	开放	kāifàng	열 개 | 놓을 방	형 개방적이다 동 개방하다
0544	开幕式	kāimùshì	열 개 | 장막 막 | 의식 식	명 개막식
0545	开水	kāishuǐ	열 개 | 물 수	명 끓인 물 **L6**
0546	砍	kǎn	벨 감	동 (도끼 등으로) 베다, 찍다
0547	看不起	kànbuqǐ	볼 간 | 아닐 불 | 일어날 기	동 무시하다, 경시하다
0548	看望	kànwàng	볼 간 | 바랄 망	동 방문하다, 문안하다 **L6**
0549	靠	kào	기댈 고	동 기대다, 신뢰하다, 믿을 수 있다 **N**
0550	颗	kē	낟알 과	양 알[알맹이가 있는 사물을 세는 단위]
0551	可见	kějiàn	옳을 가 | 볼 견	접 ~임을 알 수 있다

번호	단어	병음	한자 뜻	뜻
0552	可靠	kěkào	옳을 가 | 기댈 고	형 믿을 만하다
0553	可怕	kěpà	옳을 가 | 두려워할 파	형 두렵다, 무섭다
0554	克	kè	극복할 극	양 그램(g) 동 정복하다, ~할 수 있다
0555	克服	kèfú	극복할 극 | 복종할 복	동 극복하다
0556	刻苦	kèkǔ	새길 각 | 쓸 고	형 고생하다, 애쓰다
0557	客观	kèguān	손님 객 | 볼 관	형 객관적이다
0558	课程	kèchéng	과정 과 | 길 정	명 수업 과정, 커리큘럼, 교과목
0559	空间	kōngjiān	빌 공 | 사이 간	명 공간
0560	空闲	kòngxián	빌 공 | 한가할 한	명 자유시간, 짬 형 한가하다
0561	控制	kòngzhì	제압할 공 | 절제할 제	동 조절하다, 통제하다
0562	口味	kǒuwèi	입 구 | 맛 미	명 맛, 입맛, 기호
0563	夸	kuā	자랑할 과	동 과장하다, 칭찬하다
0564	夸张	kuāzhāng	자랑할 과 | 넓힐 장	동 과장하다 N
0565	会计	kuàijì	모일 회 | 셀 계	명 회계사, 경리
0566	宽	kuān	넓을 관	형 넓다 L4
0567	昆虫	kūnchóng	맏 곤 | 벌레 충	명 곤충 L6
0568	扩大	kuòdà	넓힐 확 | 클 대	동 확대하다, 확장하다

L

번호	단어	병음	한자 뜻	뜻
0569	辣椒	làjiāo	매울 랄 | 고추 초	명 고추
0570	拦	lán	막을 란	동 막다
0571	烂	làn	문드러질 란	형 썩다, 부패하다, 낡다
0572	朗读	lǎngdú	밝을 랑 | 읽을 독	동 낭독하다, 맑고 큰 소리로 읽다 L6
0573	劳动	láodòng	일할 로 | 움직일 동	명 노동 동 노동하다
0574	劳驾	láojià	일할 로 | 탈 가	동 실례합니다
0575	老百姓	lǎobǎixìng	늙을 로 | 일백 백 | 성씨 성	명 서민

0576	老板	lǎobǎn	늙을 로 | 상점 주인 판	명 사장	
0577	老婆	lǎopo	늙을 로 | 할미 파	명 아내, 처, 마누라	**N**
0578	老实	lǎoshi	늙을 로 | 열매 실	형 솔직하다, 성실하다	
0579	老鼠	lǎoshǔ	늙을 로 | 쥐 서	명 쥐	
0580	姥姥	lǎolao	외조모 로	명 외할머니	
0581	乐观	lèguān	즐길 락 | 볼 관	형 낙관적이다	
0582	雷	léi	우레 뢰	명 우레, 천둥	
0583	类型	lèixíng	종류 류 | 유형 형	명 유형	**N**
0584	冷淡	lěngdàn	추울 랭 | 묽을 담	형 쌀쌀하다, 냉담하다	**L6**
0585	厘米	límǐ	다스릴 리 | 쌀 미	양 센티미터(cm)	
0586	离婚	líhūn	떠날 리 | 혼인할 혼	동 이혼하다	
0587	梨	lí	배나무 리	명 배	
0588	理论	lǐlùn	도리, 이치 리 | 논할 론	명 이론 동 논쟁하다, (시비를) 따지다	
0589	理由	lǐyóu	도리, 이치 리 | 말미암을 유	명 이유	
0590	力量	lìliàng	힘 력 | 헤아릴 량	명 힘, 역량	
0591	立即	lìjí	설 립 | 곧 즉	부 곧, 즉시	
0592	立刻	lìkè	설 립 | 새길 각	부 곧, 즉시	
0593	利润	lìrùn	이로울 리 | 불을, 윤택할 윤	명 이윤	
0594	利息	lìxī	이로울 리 | 쉴 식	명 이자	
0595	利益	lìyì	이로울 리 | 더할 익	명 이익	
0596	利用	lìyòng	이로울 리 | 쓸 용	동 이용하다	
0597	连忙	liánmáng	잇닿을 련 | 바쁠 망	부 급히, 재빨리	
0598	连续	liánxù	잇닿을 련 | 이을 속	동 연속하다, 계속하다	**C**
0599	联合	liánhé	연이을 련 | 합할 합	형 연합한, 공동의 동 연합하다	
0600	恋爱	liàn'ài	그리워할 련 | 사랑 애	명 연애　동 연애하다	
0601	良好	liánghǎo	좋을 량 | 좋을 호	형 좋다, 양호하다	

0602	粮食	liángshí	양식 량 | 먹을 식	명 양식, 식량	
0603	亮	liàng	밝을 량	형 밝다, 빛나다	L4
0604	了不起	liǎobuqǐ	마칠 료 | 아닐 불 | 일어날 기	형 대단하다, 굉장하다	
0605	列车	lièchē	줄 렬 | 수레 차	명 열차	N
0606	临时	línshí	임할 림 | 때 시	부 그때가 되어 형 잠시의, 일시적인	
0607	灵活	línghuó	신령 령 | 살 활	형 민첩하다, 영민하다	
0608	铃	líng	방울 령	명 벨, 종	
0609	零件	língjiàn	떨어질 령 | 물건 건	명 부속품	
0610	零食	língshí	떨어질 령 | 먹을 식	명 간식, 주전부리	
0611	领导	lǐngdǎo	거느릴 령 | 인도할 도	명 지도자, 리더　동 지도하다	
0612	领域	lǐngyù	거느릴 령 | 지역 역	명 영역	
0613	浏览	liúlǎn	맑을 류 | 볼 람	동 훑어보다, 둘러보다	
0614	流传	liúchuán	흐를 류 | 전할 전	동 전해지다	
0615	流泪	liúlèi	흐를 류 | 눈물 루	동 눈물을 흘리다	L4
0616	龙	lóng	용 룡	명 용	
0617	漏	lòu	샐 루	동 새다, 누설하다	
0618	陆地	lùdì	뭍 육 | 땅 지	명 육지	
0619	陆续	lùxù	뭍 육 | 이을 속	부 잇달아, 연달아	
0620	录取	lùqǔ	채용할 록 | 가질 취	동 채용하다, 뽑다	
0621	录音	lùyīn	기록할 록 | 소리 음	명 녹음　동 녹음하다	
0622	轮流	lúnliú	바퀴 륜 | 흐를 류	동 차례로 (돌아가면서) ~하다	
0623	论文	lùnwén	논할 론 | 글월 문	명 논문	
0624	逻辑	luójí	순찰할 라 | 편집할 집	명 논리	
0625	落后	luòhòu	떨어질 락 | 뒤 후	동 낙후되다	

0626	骂	mà	꾸짖을 매	통 욕하다
0627	麦克风	màikèfēng	보리 맥 | 이길 극 | 바람 풍	명 마이크
0628	馒头	mántou	만두 만 | 접미사 두	명 만터우, 찐빵
0629	满足	mǎnzú	찰 만 | 발 족	통 만족시키다, ~에 응하다
0630	毛病	máobìng	털 모 | 병, 결함 병	명 나쁜 버릇, 고장, 결점
0631	矛盾	máodùn	창 모 | 방패 순	명 모순, (의견)차이 형 모순적이다
0632	冒险	màoxiǎn	무릅쓸 모 | 험할 험	통 위험을 무릅쓰다
0633	贸易	màoyì	무역할 무 | 바꿀 역	명 무역
0634	眉毛	méimao	눈썹 미 | 털 모	명 눈썹
0635	媒体	méitǐ	중매 매 | 몸 체	명 대중 매체 **L6**
0636	煤炭	méitàn	그을음 매 | 숯 탄	명 석탄
0637	美术	měishù	아름다울 미 | 재주 술	명 미술, 예술
0638	魅力	mèilì	매혹할 매 | 힘 력	명 매력
0639	梦想	mèngxiǎng	꿈 몽 | 생각할 상	명 꿈, 몽상 **L6**
0640	秘密	mìmì	숨길 비 | 빽빽할 밀	명 비밀 형 비밀의
0641	秘书	mìshū	숨길 비 | 글 서	명 비서
0642	密切	mìqiè	빽빽할 밀 | 온통 체	형 밀접하다 통 밀접하게 하다
0643	蜜蜂	mìfēng	꿀 밀 | 벌 봉	명 꿀벌
0644	面对	miànduì	낯 면 | 대할 대	통 직면하다, 대처하다
0645	面积	miànjī	낯 면 | 쌓을 적	명 면적
0646	面临	miànlín	낯 면 | 임할 림	통 직면하다
0647	苗条	miáotiao	싹 묘 | 가지 조	형 (여성의 몸매가) 날씬하다
0648	描写	miáoxiě	그릴 묘 | 쓸 사	통 묘사하다, 그리다
0649	敏感	mǐngǎn	재빠를 민 | 느낄 감	형 민감하다, 예민하다 **L6**
0650	名牌	míngpái	이름 명 | 명패 패	명 유명 브랜드

0651	名片	míngpiàn	이름 명 | 조각 편	명 명함
0652	名胜古迹	míngshèng gǔjì		명 명승고적
			이름 명 | 훌륭할 승 | 옛 고 | 자취 적	
0653	明确	míngquè	밝을 명 | 굳을 확	형 분명하다　동 명확하게 하다
0654	明显	míngxiǎn	밝을 명 | 나타날 현	형 뚜렷하다, 현저하다
0655	明星	míngxīng	밝을 명 | 별 성	명 스타, 배우
0656	命令	mìnglìng	목숨 명 | 하여금 령	명 명령　동 명령하다
0657	命运	mìngyùn	목숨 명 | 옮길 운	명 운명
0658	摸	mō	더듬을 막	동 쓰다듬다
0659	模仿	mófǎng	본뜰 모 | 본뜰 방	동 모방하다
0660	模糊	móhu	모호할 모 | 흐릿할 호	형 모호하다, 뚜렷하지 않다, 분명하지 않다
0661	模特	mótè	본보기 모 | 특별한 특	명 모델　N
0662	摩托车	mótuōchē	문지를 마 | 맡길 탁 | 수레 차	명 오토바이
0663	陌生	mòshēng	길, 거리 맥 | 날 생	형 생소하다, 낯설다
0664	某	mǒu	아무 모	대 어느, 아무, 어떤 사람
0665	木头	mùtou	나무 목 | 접미사 두	명 나무, 목재
0666	目标	mùbiāo	눈 목 | 표할 표	명 목표
0667	目录	mùlù	눈 목 | 기록할 록	명 목록, 목차
0668	目前	mùqián	눈 목 | 앞 전	명 현재

N

0669	哪怕	nǎpà	어찌 나 | 두려워할 파	접 설마 ~일지라도
0670	难怪	nánguài	어려울 난 | 괴이할 괴	부 과연, 어쩐지
0671	难免	nánmiǎn	어려울 난 | 면할 면	동 면하기 어렵다, 피하기 어렵다　L6
0672	脑袋	nǎodai	골 뇌 | 자루 대	명 머리, 두뇌, 지능

0673	内部	nèibù	안 내 | 나눌 부	명 내부	N
0674	内科	nèikē	안 내 | 과목 과	명 내과	
0675	嫩	nèn	연할 눈	형 부드럽다, 연하다	
0676	能干	nénggàn	능할 능 | 일할 간	형 유능하다	
0677	能源	néngyuán	능할 능 | 근원 원	명 에너지	
0678	嗯	ǹg	대답할 은	감 어 (의문을 나타냄)	L6
0679	年代	niándài	해 년 | 시대 대	명 연대, 시대	
0680	年纪	niánjì	해 년 | 벼리 기	명 나이	
0681	念	niàn	생각 념	동 생각하다, 그리워하다, (소리 내어) 읽다, 낭독하다	
0682	宁可	nìngkě	편안할 녕 | 옳을 가	부 차라리 ~할지라도	
0683	牛仔裤	niúzǎikù	소 우 | 견딜 자 | 바지 고	명 청바지	
0684	农村	nóngcūn	농사 농 | 마을 촌	명 농촌	L4
0685	农民	nóngmín	농사 농 | 백성 민	명 농민	
0686	农业	nóngyè	농사 농 | 업 업	명 농업	
0687	浓	nóng	짙을 농	형 진하다	
0688	女士	nǚshì	여자 여 | 선비 사	명 여사[존칭], 부인	

O

| 0689 | 欧洲 | Ōuzhōu | 유럽 구 \| 섬 주 | 명 유럽 | L6 |
| 0690 | 偶然 | ǒurán | 우연히 우 \| 그럴 연 | 형 우연하다, 공교롭다, 뜻밖이다 | |

P

0691	拍	pāi	칠 박	동 치다, (사진을) 찍다, 아첨하다	
0692	派	pài	파견할 파	동 보내다, 파견하다	
0693	盼望	pànwàng	바라볼 반 | 바랄 망	동 희망하다, 간절히 바라다	

No.	단어	병음	한자 훈음	뜻
0694	培训	péixùn	북돋을 배 | 가르칠 훈	동 양성하다, 육성하다 **L6**
0695	培养	péiyǎng	배양할 배 | 기를 양	동 양성하다, 육성하다, 기르다
0696	赔偿	péicháng	물어줄 배 | 갚을 상	동 배상하다
0697	佩服	pèifú	찰 패 | 옷 복	동 감복하다, 감탄하다
0698	配合	pèihé	짝 배 | 합할 합	동 조화되다, 협동하다
0699	盆	pén	동이 분	명 대야, 화분
0700	碰	pèng	부딪칠 팽	동 (우연히) 만나다, 부딪히다 **C**
0701	批	pī	비평할 비	양 무리, 떼, 무더기
0702	批准	pīzhǔn	비평할 비 | 준할 준	동 허가하다, 승인하다, 결재하다
0703	披	pī	입을 피	동 덮다, 걸치다
0704	疲劳	píláo	피곤할 피 | 일할 로	형 피로하다
0705	匹	pǐ	필 필	양 필[말·천을 세는 단위]
0706	片	piàn	조각 편	양 편[조각·범위·면적·경치 등을 세는 단위]
0707	片面	piànmiàn	조각 편 | 낯 면	명 단편 / 형 단편적이다, 편파적이다
0708	飘	piāo	나부낄 표	동 나부끼다, 흩날리다
0709	拼音	pīnyīn	목숨 걸 평 | 소리 음	명 병음 **N**
0710	频道	píndào	자주 빈 | 길 도	명 채널
0711	平	píng	평평할 평	형 평평하다, 균등하다
0712	平安	píng'ān	평평할 평 | 편안할 안	형 평안하다, 편안하다 **C**
0713	平常	píngcháng	평평할 평 | 항상 상	명 평상시, 평소 형 보통이다
0714	平等	píngděng	평평할 평 | 같을 등	형 평등하다
0715	平方	píngfāng	평평할 평 | 모 방	명 제곱
0716	平衡	pínghéng	평평할 평 | 저울대 형	형 균형이 맞다
0717	平静	píngjìng	평평할 평 | 고요할 정	형 평온하다, 고요하다, (마음이) 차분하다
0718	平均	píngjūn	평평할 평 | 고를 균	형 (수량이나 상태 등이) 고르다, 평균적이다

0719	评价	píngjià	평할 평 | 값 가	명 평가 통 평가하다
0720	凭	píng	기댈 빙	전 ~에 근거하여
0721	迫切	pòqiè	급박할 박 | 끊을 절	형 절박하다
0722	破产	pòchǎn	깨뜨릴 파 | 낳을 산	통 파산하다
0723	破坏	pòhuài	깨뜨릴 파 | 무너질 괴	통 파괴하다, 손상하다

Q

0724	期待	qīdài	기약할 기 | 기다릴 대	통 기대하다
0725	期间	qījiān	기간 기 | 사이 간	명 기간
0726	其余	qíyú	그 기 | 남을 여	대 나머지, 남은 것
0727	奇迹	qíjì	신기할 기 | 자취 적	명 기적
0728	企业	qǐyè	꾀할 기 | 업 업	명 기업
0729	启发	qǐfā	열 계 | 필 발	통 일깨우다, 영감을 주다
0730	气氛	qìfēn	기운 기 | 기운 분	명 분위기
0731	汽油	qìyóu	김 기 | 기름 유	명 가솔린, 휘발유
0732	谦虚	qiānxū	겸손할 겸 | 빌 허	형 겸손하다
0733	签	qiān	제비 첨	통 서명하다, 사인하다 C
0734	前途	qiántú	앞 전 | 길 도	명 앞날, 미래
0735	浅	qiǎn	얕을 천	형 얕다, 좁다, 평이하다
0736	欠	qiàn	하품 흠	통 빚지다
0737	枪	qiāng	창 창	명 창, 총
0738	强调	qiángdiào	강할 강 | 조절할 조	통 강조하다
0739	强烈	qiángliè	강할 강 | 세찰 렬	형 강렬하다
0740	墙	qiáng	담 장	명 담장, 벽 L4
0741	抢	qiǎng	빼앗을 창	통 빼앗다, 약탈하다
0742	悄悄	qiāoqiāo	조용할 초	부 (소리나 행동을) 은밀히, 몰래
0743	瞧	qiáo	몰래 볼 초	통 보다

0744	巧妙	qiǎomiào	공교할 교 ǀ 묘할 묘	형 교묘하다
0745	切	qiē	끊을 절	동 자르다, 썰다
0746	亲爱	qīn'ài	친할 친 ǀ 사랑 애	형 친애하다, 사랑하다
0747	亲切	qīnqiè	친할 친 ǀ 정성스러울 절	형 친근하다, 친절하다
0748	亲自	qīnz	친할 친 ǀ 스스로 자	부 친히
0749	勤奋	qínfèn	부지런할 근 ǀ 떨칠 분	형 부지런하다
0750	青	qīng	푸를 청	형 푸르다, (나이가) 젊다
0751	青春	qīngchūn	푸를 청 ǀ 봄 춘	명 청춘
0752	青少年	qīngshàonián	푸를 청 ǀ 젊을 소 ǀ 해 년	명 청소년
0753	轻视	qīngshì	가벼울 경 ǀ 볼 시	동 경시하다
0754	轻易	qīngyì	가벼울 경 ǀ 바꿀 역	형 간단하다, 쉽다, 수월하다 Ⓝ
0755	清淡	qīngdàn	맑을 청 ǀ 맑을 담	형 담백하다
0756	情景	qíngjǐng	뜻 정 ǀ 경치, 풍경 경	명 광경, 정경
0757	情绪	qíngxù	뜻 정 ǀ 실마리 서	명 기분, 정서
0758	请求	qǐngqiú	청할 청 ǀ 구할 구	동 부탁하다, 의뢰하다
0759	庆祝	qìngzhù	경사 경 ǀ 빌 축	동 경축하다, 축하하다
0760	球迷	qiúmí	공 구 ǀ 미혹할 미	명 축구 팬, 광적으로 구기를 좋아하는 사람
0761	趋势	qūshì	추구할 추 ǀ 형세 세	명 추세, 경향, 기운
0762	取消	qǔxiāo	가질 취 ǀ 사라질 소	동 취소하다
0763	娶	qǔ	장가들 취	동 장가가다, 신부를 맞이하다
0764	去世	qùshì	갈 거 ǀ 세상 세	동 세상을 떠나다
0765	圈	quān	우리 권	명 링(ring), 원(圓), 고리 동 둘레를 치다, 원을 그리다
0766	权力	quánlì	권세 권 ǀ 힘 력	명 권력, 권한
0767	权利	quánlì	권세 권 ǀ 이로울 리	명 권리
0768	全面	quánmiàn	온전할 전 ǀ 낯 면	형 전면, 전반 형 전면적이다
0769	劝	quàn	권할 권	동 권고하다

0770	缺乏	quēfá	모자랄 결 | 모자랄 핍	통 모자라다
0771	确定	quèdìng	굳을 확 | 정할 정	형 명확하다, 분명하다 통 확실하게 정하다, 확정하다
0772	确认	quèrèn	굳을 확 | 인정할 인	통 확인하다
0773	群	qún	무리 군	양 무리, 떼　L4

R

0774	燃烧	ránshāo	탈 연 | 불사를 소	통 타다, 연소하다
0775	绕	rào	두를 요	통 빙빙 돌다, 우회하다
0776	热爱	rè'ài	더울 열 | 사랑 애	통 매우 좋아하다
0777	热烈	rèliè	더울 열 | 세찰 렬	형 열렬하다
0778	热心	rèxīn	더울 열 | 마음 심	형 인정이 많다, 친절하다 통 열성적이다, 적극적이다
0779	人才	réncái	사람 인 | 재주 재	명 인재
0780	人口	rénkǒu	사람 인 | 입 구	명 인구
0781	人类	rénlèi	사람 인 | 무리 류	명 인류
0782	人民币	rénmínbì	사람 인 | 백성 민 | 재물 폐	명 인민폐(중국의 법정 화폐)　L4
0783	人生	rénshēng	사람 인 | 날 생	명 인생
0784	人事	rénshì	사람 인 | 일 사	명 인사, 인간사
0785	人物	rénwù	사람 인 | 물건 물	명 인물
0786	人员	rényuán	사람 인 | 인원 원	명 인원, 요원
0787	忍不住	rěnbuzhù	참을 인 | 아닐 부 | 살 주	견딜 수 없다
0788	日常	rìcháng	날 일 | 항상 상	형 일상의, 일상적인
0789	日程	rìchéng	날 일 | 길 정	명 일정
0790	日历	rìlì	날 일 | 지날 력	명 일력, 달력
0791	日期	rìqī	날 일 | 기약할 기	명 날짜, 기일

0792	日用品	rìyòngpǐn	날 일 | 쓸 용 | 물건 품	명 일상용품
0793	日子	rìzi	해 일 | 접미사 자	명 날짜, 시일, 생활 **N**
0794	如何	rúhé	같을 여 | 어찌 하	대 어떻게, 어떠한가
0795	如今	rújīn	같을 여 | 이제 금	명 현재, 요즘
0796	软	ruǎn	부드러울 연	형 부드럽다 **L4**
0797	软件	ruǎnjiàn	연할 연 | 물건 건	명 소프트웨어
0798	弱	ruò	약할 약	형 약하다

S

0799	洒	sǎ	뿌릴 쇄	동 엎지르다, (물이나 다른 물건을 땅에) 뿌리다
0800	嗓子	sǎngzi	목구멍 상 | 접미사 자	명 목, 목소리
0801	色彩	sècǎi	빛 색 | 채색 채	명 색채, 색깔, (개개인의) 성향 **L6**
0802	杀	shā	죽일 살	동 죽이다
0803	沙漠	shāmò	모래 사 | 사막 막	명 사막
0804	沙滩	shātān	모래 사 | 물가 탄	명 백사장, 모래사장
0805	傻	shǎ	어리석을 사	형 어리석다
0806	晒	shài	쬘 쇄	동 햇볕을 쬐다, 비추다
0807	删除	shānchú	깎을 산 | 덜, 제거할 제	동 삭제하다, 지우다
0808	闪电	shǎndiàn	번쩍할 섬 | 번개 전	명 번개, 번갯불
0809	扇子	shànzi	부채 선 | 접미사 자	명 부채
0810	善良	shànliáng	착할 선 | 어질 량	형 착하다
0811	善于	shànyú	잘할, 훌륭할 선 | 어조사 우	동 ~에 뛰어나다, 잘하다
0812	伤害	shānghài	상처 상 | 해칠 해	동 손상시키다, 다치게 하다, 해치다 **N**
0813	商品	shāngpǐn	장사 상 | 물건 품	명 상품

0814	商务	shāngwù	헤아릴 상 | 일할 무	몡 사무(상업상의 용무) Ⓝ
0815	商业	shāngyè	장사 상 | 업 업	몡 상업
0816	上当	shàngdàng	윗 상 | 마땅 당	툉 속아 넘어가다
0817	蛇	shé	뱀 사	몡 뱀
0818	舍不得	shěbude	버릴 사 | 아닐 부 | 얻을 득	툉 섭섭하다, (헤어지기) 아쉽다
0819	设备	shèbèi	세울 설 | 갖출 비	몡 설비, 시설 툉 갖추다, 설비하다
0820	设计	shèjì	세울 설 | 셀 계	몡 설계, 디자인 툉 설계하다, 디자인하다
0821	设施	shèshī	세울 설 | 베풀 시	몡 시설, 설비
0822	射击	shèjī	쏠 사 | 칠 격	몡 사격 툉 사격하다
0823	摄影	shèyǐng	다스릴 섭 | 그림자 영	툉 사진, 영화를 촬영하다
0824	伸	shēn	펼 신	툉 신체 일부를 내밀다
0825	身材	shēncái	몸 신 | 재목 재	몡 몸매, 몸
0826	身份	shēnfen	몸 신 | 부분 분	몡 신분, 지위
0827	深刻	shēnkè	깊을 심 | 새길 각	혱 (인상, 정도가) 깊다
0828	神话	shénhuà	신령 신 | 말씀 화	몡 신화
0829	神秘	shénmì	신령 신 | 숨길 비	혱 신비롭다
0830	升	shēng	오를 승	툉 상승하다, 오르다
0831	生产	shēngchǎn	날 생 | 낳을 산	툉 생산하다
0832	生动	shēngdòng	날 생 | 움직일 동	혱 생동감 있다
0833	生长	shēngzhǎng	날 생 | 자랄 장	툉 성장하다, 자라다 Ⓝ
0834	声调	shēngdiào	소리 성 | 고를 조	몡 성조
0835	绳子	shéngzi	노끈 승 | 접미사 자	몡 노끈, 새끼, 밧줄
0836	省略	shěnglüè	덜 생 | 간략할 략	툉 생략하다
0837	胜利	shènglì	이길 승 | 이로울 리	툉 승리하다, 성과를 거두다
0838	失眠	shīmián	잃을 실 | 잠잘 면	툉 잠을 못 이루다
0839	失去	shīqù	잃을 실 | 갈 거	툉 잃다
0840	失业	shīyè	잃을 실 | 업 업	툉 직업을 잃다

0841	诗	shī	시 시	명 시	
0842	狮子	shīzi	사자 사 | 접미사 자	명 사자	L4
0843	湿润	shīrùn	축축할 습 | 젖을 윤	형 촉촉하다, 습윤하다	L4
0844	石头	shítou	돌 석 | 접미사 두	명 돌, 바위	
0845	时差	shíchā	때 시 | 다를 차	명 시차	L6
0846	时代	shídài	때 시 | 시대 대	명 시대	
0847	时刻	shíkè	때 시 | 새길 각	명 시각, 때, 순간 부 늘, 시시각각	
0848	时髦	shímáo	때 시 | 빼어날 모	형 현대적이다, 세련되다	
0849	时期	shíqī	때 시 | 기약할 기	명 시기	
0850	时尚	shíshàng	때 시 | 숭상할 상	명 시대적 유행, 시류 형 유행에 맞다	
0851	实话	shíhuà	열매 실 | 말씀 화	명 실제 이야기, 참말, 사실	
0852	实践	shíjiàn	열매 실 | 실행할 천	명 실천, 실행 동 실천하다, 실행하다	
0853	实习	shíxí	열매 실 | 익힐 습	동 실습하다	
0854	实现	shíxiàn	열매 실 | 나타날 현	동 실현시키다, 달성하다	
0855	实验	shíyàn	열매 실 | 시험 험	명 실험　동 실험하다	
0856	实用	shíyòng	열매 실 | 쓸 용	형 실용적이다 동 실제로 사용하다	
0857	食物	shíwù	먹을 식 | 물건 물	명 음식물	
0858	使劲儿	shǐjìnr	부릴 사 | 굳셀 경 | 아이 아	동 힘껏 하다	
0859	始终	shǐzhōng	비로소 시 | 마칠 종	명 처음과 끝 부 줄곧, 시종일관	
0860	士兵	shìbīng	선비 사 | 병사 병	명 사병	
0861	市场	shìchǎng	시장 시 | 마당 장	명 시장	L4
0862	似的	shìde	닮을 사 | 과녁 적	조 ~와 같다	
0863	事实	shìshí	일 사 | 열매 실	명 사실	
0864	事物	shìwù	일 사 | 물건 물	명 사물	

번호	단어	병음	한자 뜻	뜻풀이
0865	事先	shìxiān	일 사 | 먼저 선	명 사전, 미리
0866	试卷	shìjuàn	시험 시 | 책 권	명 시험지, 답안을 적은 시험지
0867	收获	shōuhuò	거둘 수 | 거둘 확	명 수확, 성과 동 수확하다, 추수하다
0868	收据	shōujù	거둘 수 | 근거 거	명 영수증
0869	手工	shǒugōng	손 수 | 장인 공	명 수공
0870	手术	shǒushù	손 수 | 재주 술	명 수술 동 수술하다
0871	手套	shǒutào	손 수 | 씌울 투	명 장갑
0872	手续	shǒuxù	손 수 | 이을 속	명 수속, 절차
0873	手指	shǒuzhǐ	손 수 | 손가락 지	명 손가락
0874	首	shǒu	머리 수	명 머리, 시작, 처음, 지도자 양 (시, 노래를 세는) 수 **N**
0875	寿命	shòumìng	목숨 수 | 목숨 명	명 수명
0876	受伤	shòushāng	받을 수 | 상처 상	동 부상당하다, 다치다
0877	书架	shūjià	글 서 | 선반 가	명 책장, 책꽂이
0878	梳子	shūzi	빗 소 | 접미사 자	명 빗
0879	舒适	shūshì	펼 서 | 맞을 적	형 쾌적하다
0880	输入	shūrù	보낼 수 | 들 입	동 입력하다
0881	蔬菜	shūcài	나물 소 | 나물 채	명 야채, 채소
0882	熟练	shúliàn	익을 숙 | 익힐 련	형 숙련되다, 능숙하다
0883	属于	shǔyú	무리 속 | 어조사 우	동 ~에 속하다, ~의 것이다
0884	鼠标	shǔbiāo	쥐 서 | 표할 표	명 마우스
0885	数	shǔ shù	숫자 수	동 세다, 헤아리다, 손꼽히다 명 수 **L6**
0886	数据	shùjù	셈 수 | 근거 거	명 통계, 수치, 데이터
0887	数码	shùmǎ	셈 수 | 셈할 마	명 숫자, 디지털
0888	摔倒	shuāidǎo	내던질 솔 | 넘어질 도	동 쓰러지다, 넘어지다 **C**
0889	甩	shuāi	던질 솔	동 뿌리치다, 내던지다, 떼버리다
0890	双方	shuāngfāng	쌍 쌍 | 상대 방	명 쌍방

0891	税	shuì	세금 세	명 세금
0892	说不定	shuōbudìng	말씀 설 | 아닐 부 | 정할 정	부 아마 동 ~일지도 모른다
0893	说服	shuōfú	말씀 설 | 복종할 복	동 설득하다
0894	丝绸	sīchóu	실 사 | 얽을 주	명 비단, 견직물
0895	丝毫	sīháo	실 사 | 터럭 호	부 조금도, 추호도, 털끝만치라도
0896	私人	sīrén	개인 사 | 사람 인	형 개인, 민간
0897	思考	sīkǎo	생각 사 | 생각할 고	동 사고하다
0898	思想	sīxiǎng	생각 사 | 생각 상	명 생각, 견해, 사상
0899	撕	sī	찢을 시	동 손으로 잡아 찢다, 떼어내다
0900	似乎	sìhū	닮을 사 | 어조사 호	부 마치 ~ 같다
0901	搜索	sōusuǒ	찾을 수 | 찾을 색	동 수색하다, 검색하다 L6
0902	宿舍	sùshè	잘 숙 | 집 사	명 기숙사
0903	随身	suíshēn	따를 수 | 몸 신	동 몸에 지니다, 휴대하다 L6
0904	随时	suíshí	따를 수 | 때 시	부 언제든지, 수시로
0905	随手	suíshǒu	따를 수 | 손 수	부 …하는 김에, 겸해서
0906	碎	suì	부술 쇄	동 부수다, 깨지다 형 자질구레하다
0907	损失	sǔnshī	덜 손 | 잃을 실	명 손실 동 손실되다, 손해보다
0908	缩短	suōduǎn	줄일 축 | 짧을 단	동 단축하다
0909	所	suǒ	바, 곳 소	양 채, 동[학교, 병원 등 건축물을 세는 단위] 조 ~하는 바
0910	锁	suǒ	쇠사슬 쇄	명 자물쇠 동 잠그다

T

| 0911 | 台阶 | táijiē | 무대 대 \| 섬돌 계 | 명 계단, 선반 |
| 0912 | 太极拳 | tàijíquán | 클 태 \| 다할 극 \| 주먹 권 | 명 태극권 |

0913	太太	tàitai	클 태	몡 부인, 아내
0914	谈判	tánpàn	말씀 담 | 판단할 판	동 담판하다
0915	坦率	tǎnshuài	너그러울 탄 | 거느릴 솔	혱 솔직하다, 정직하다
0916	烫	tàng	데울 탕	혱 뜨겁다　동 데우다, 중탕하다
0917	逃	táo	도망할 도	동 도주하다, 도망가다
0918	逃避	táobì	도망할 도 | 피할 피	동 도피하다
0919	桃	táo	복숭아 도	몡 복숭아
0920	淘气	táoqì	일 도 | 기운 기	혱 장난이 심하다 동 (공연히) 화를 내다　**L6**
0921	讨价还价	tǎojià huánjià	구할 토 | 값 가 | 돌아올 환 | 값 가	성어 값을 흥정하다　**L6**
0922	套	tào	덮개 투	양 세트
0923	特色	tèsè	특별할 특 | 빛 색	몡 특색, 특징 혱 독특한, 특별한　**L6**
0924	特殊	tèshū	특별할 특 | 다를 수	혱 특수하다, 특별하다
0925	特征	tèzhēng	특별할 특 | 부를 징	몡 특징
0926	疼爱	téng'ài	아플 통 | 사랑 애	동 사랑하다
0927	提倡	tíchàng	끌 제 | 광대 창	동 제창하다
0928	提纲	tígāng	끌 제 | 벼리 강	몡 요점, 개요
0929	提问	tíwèn	끌 제 | 물을 문	동 문제를 제기하다, 질문하다
0930	题目	tímù	제목 제 | 눈 목	몡 문제, 제목
0931	体会	tǐhuì	몸 체 | 모일, 깨달을 회	동 느끼다, 몸소 느끼다
0932	体贴	tǐtiē	몸 체 | 붙을 첩	동 자상하다
0933	体现	tǐxiàn	몸 체 | 나타날 현	동 구현하다
0934	体验	tǐyàn	몸 체 | 시험 험	동 체험하다
0935	天空	tiānkōng	하늘 천 | 빌 공	몡 하늘
0936	天真	tiānzhēn	하늘 천 | 참 진	혱 천진하다
0937	调皮	tiáopí	조절할 조 | 가죽 피	혱 장난스럽다, 짓궂다
0938	调整	tiáozhěng	조절할 조 | 가지런할 정	동 조정하다

번호	단어	병음	훈음	뜻
0939	挑战	tiǎozhàn	돋울 도 | 싸움 전	동 도전하다
0940	通常	tōngcháng	통할 통 | 항상 상	형 보통이다, 일반적이다
0941	统一	tǒngyī	합칠 통 | 한 일	형 통일된, 일치된　동 통일하다
0942	痛苦	tòngkǔ	아플 통 | 쓸 고	형 고통스럽다
0943	痛快	tòngkuài	아플 통 | 쾌할 쾌	형 통쾌하다, 기분 좋다
0944	偷	tōu	훔칠 투	동 훔치다, 도둑질 하다　C
0945	投入	tóurù	던질 투 | 들 입	동 돌입하다, 뛰어들다, (어떤 일에) 몰두하다　N
0946	投资	tóuzī	던질 투 | 재물 자	명 투자　동 투자하다
0947	透明	tòumíng	통과할 투 | 밝을 명	형 투명하다
0948	突出	tūchū	부딪칠 돌 | 날 출	형 두드러지다, 뛰어나다
0949	土地	tǔdì	흙 토 | 땅 지	명 토지, 땅
0950	土豆	tǔdòu	흙 토 | 콩 두	명 감자
0951	吐	tù	토할 토	동 게워내다, 구토하다
0952	兔子	tùzi	토끼 토 | 접미사 자	명 토끼
0953	团	tuán	모일 단	명 단체, 그룹, 조직　동 둥글게 빚다
0954	推辞	tuīcí	밀 추 | 사양할 사	동 거절하다, 사양하다
0955	推广	tuīguǎng	밀 추 | 넓을 광	동 보급하다
0956	推荐	tuījiàn	밀 추 | 천거할 천	동 추천하다
0957	退	tuì	물러날 퇴	동 물러서다, 빠지다
0958	退步	tuìbù	물러날 퇴 | 걸음 보	동 퇴보하다
0959	退休	tuìxiū	물러날 퇴 | 쉴 휴	동 퇴직하다

W

번호	단어	병음	훈음	뜻
0960	歪	wāi	기울 왜	형 비뚤다, 기울다
0961	外公	wàigōng	바깥 외 | 함께할 공	명 외조부, 외할아버지　N
0962	外交	wàijiāo	바깥 외 | 사귈 교	명 외교

0963	完美	wánměi	완전할 완 | 아름다울 미	형 완벽하다
0964	完善	wánshàn	완전할 완 | 착할 선	형 완벽하다 동 완벽하게 하다
0965	完整	wánzhěng	완전할 완 | 가지런할 정	형 완벽하다, 완전하다
0966	玩具	wánjù	놀 완 | 갖출 구	명 완구, 장난감
0967	万一	wànyī	일만 만 | 한 일	명 만일 접 만약, 만일
0968	王子	wángzǐ	임금 왕 | 아들 자	명 왕자
0969	网络	wǎngluò	그물 망 | 그물 락	명 네트워크, 사이버 L6
0970	往返	wǎngfǎn	갈 왕 | 돌아올 반	동 왕복하다
0971	危害	wēihài	위태할 위 | 해할 해	동 해가 되다, 해를 끼치다
0972	威胁	wēixié	위엄 위 | 위협할 협	동 위협하다
0973	微笑	wēixiào	작을 미 | 웃음 소	명 미소 동 미소를 짓다
0974	违反	wéifǎn	어긋날 위 | 돌이킬 반	동 위반하다
0975	围巾	wéijīn	에워쌀 위 | 수건 건	명 목도리, 스카프
0976	围绕	wéirào	에워쌀 위 | 두를 요	동 둘러싸다
0977	唯一	wéiyī	오직 유 | 한 일	형 유일하다
0978	维修	wéixiū	맬 유 | 닦을 수	동 수리하다, 보수하다 L6
0979	伟大	wěidà	훌륭할 위 | 큰 대	형 위대하다
0980	尾巴	wěiba	꼬리 미 | 꼬리 파	명 꼬리
0981	委屈	wěiqū	맡길 위 | 굽힐 굴	명 억울함, 불평 형 억울하다, 분하다
0982	未必	wèibì	아닐 미 | 반드시 필	부 반드시 ~한 것은 아니다
0983	未来	wèilái	아직 미 | 올 래	명 미래 형 머지않은
0984	位于	wèiyú	자리 위 | 어조사 우	동 ~에 위치하다 L6
0985	位置	wèizhì	자리 위 | 둘 치	명 위치
0986	胃	wèi	밥통 위	명 위
0987	胃口	wèikǒu	밥통 위 | 입 구	명 식욕 L6
0988	温暖	wēnnuǎn	따뜻할 온 | 따뜻할 난	형 따뜻하다 동 따뜻하게 하다
0989	温柔	wēnróu	따뜻할 온 | 부드러울 유	형 다정하다, 부드럽다
0990	文件	wénjiàn	글월 문 | 물건 건	명 문건, 서류

번호	단어	병음	한자	뜻
0991	文具	wénjù	글월 문 ǀ 갖출 구	명 문구
0992	文明	wénmíng	글월 문 ǀ 밝을 명	명 문명　형 교양이 있다
0993	文学	wénxué	글월 문 ǀ 배울 학	명 문학
0994	文字	wénzì	글월 문 ǀ 글자 자	명 문자, 글자　N
0995	闻	wén	들을 문	동 냄새를 맡다, 듣다
0996	吻	wěn	입술 문	명 입술　동 입맞춤을 하다
0997	稳定	wěndìng	편안할 온 ǀ 정할 정	형 안정되다　동 진정시키다
0998	问候	wènhòu	물을 문 ǀ 상황 후	동 안부를 묻다
0999	卧室	wòshì	누울 와 ǀ 집 실	명 침실
1000	握手	wòshǒu	쥘 악 ǀ 손 수	동 악수하다, 손을 잡다　L4
1001	屋子	wūzi	집 옥 ǀ 접미사 자	명 방
1002	无奈	wúnài	없을 무 ǀ 어찌 내	접 유감스럽게도 동 어찌 해볼 도리가 없다
1003	无数	wúshù	없을 무 ǀ 셈 수	형 무수하다, 셀 수 없다
1004	无所谓	wúsuǒwèi	없을 무 ǀ 곳 소 ǀ 일컬을 위	상관 없다, 개의치 않다　C
1005	武术	wǔshù	굳셀 무 ǀ 재주 술	명 무술
1006	勿	wù	금지사 물	부 ~해서는 안 된다, ~하지 마라　L6
1007	物理	wùlǐ	물건 물 ǀ 다스릴 리	명 물리
1008	物质	wùzhì	물건 물 ǀ 바탕 질	명 물질
1009	雾	wù	안개 무	명 안개

X

번호	단어	병음	한자	뜻
1010	吸取	xīqǔ	들이쉴 흡 ǀ 가질 취	동 흡수하다, (경험을) 받아들이다　L6
1011	吸收	xīshōu	마실 흡 ǀ 거둘 수	동 흡수하다
1012	戏剧	xìjù	놀이 희 ǀ 연극 극	명 희극, 연극

번호	단어	병음	훈음	뜻
1013	系	xì / jì	맬 계	명 ~과(전공), 계통 동 (넥타이, 신발, 끈 등을) 매다, 묶다
1014	系统	xìtǒng	맬 계 | 합칠 통	명 계통, 시스템
1015	细节	xìjié	자세할 세 | 마디 절	명 세부 상황, 세부 줄거리
1016	瞎	xiā	애꾸눈 할	부 함부로, 되는대로 동 눈이 보이지 않다, 실명하다
1017	下载	xiàzài	아래 하 | 실을 재	동 다운로드하다
1018	吓	xià	놀랄 혁	동 놀라다
1019	夏令营	xiàlìngyíng	여름 하 | 명령할 령 | 경영할 영	명 하계 캠프 **L6**
1020	鲜艳	xiānyàn	선명할 선 | 고울 염	형 선명하다
1021	显得	xiǎnde	나타날 현 | 얻을 득	동 ~처럼 보이다
1022	显然	xiǎnrán	나타날 현 | 그럴 연	형 명확하다, 분명하다
1023	显示	xiǎnshì	나타날 현 | 보일 시	동 드러내다, 나타내다
1024	县	xiàn	고을 현	명 현[행정구역 단위]
1025	现代	xiàndài	지금 현 | 대신할 대	명 현대 **L4**
1026	现实	xiànshí	나타날 현 | 열매 실	명 현실 형 현실적이다
1027	现象	xiànxiàng	나타날 현 | 모양 상	명 현상
1028	限制	xiànzhì	한정 한 | 누를 제	명 제한, 한계 동 제약하다 **L4**
1029	相处	xiāngchǔ	서로 상 | 살 처	동 서로 알고 지내다
1030	相当	xiāngdāng	서로 상 | 마땅 당	부 상당히, 꽤 동 상당하다, 맞먹는다
1031	相对	xiāngduì	서로 상 | 대할 대	형 상대적이다 동 마주하다, 서로 대립되다
1032	相关	xiāngguān	서로 상 | 관계할 관	동 서로 관련되다
1033	相似	xiāngsì	서로 상 | 닮을 사	형 닮다, 비슷하다
1034	香肠	xiāngcháng	향기 향 | 창자 장	명 소시지 **N**
1035	享受	xiǎngshòu	누릴 향 | 받을 수	동 향유하다, 누리다

No.	단어	병음	한자 뜻	의미
1036	想念	xiǎngniàn	생각 상 | 생각 념	통 그리워하다
1037	想象	xiǎngxiàng	생각 상 | 모양 상	명 상상 통 상상하다
1038	项	xiàng	항목 항	양 항[항목으로 나뉘는 것을 세는 단위]
1039	项链	xiàngliàn	목 항 | 쇠사슬 련	명 목걸이
1040	项目	xiàngmù	항목 항 | 눈 목	명 프로젝트, 항목, 종목
1041	象棋	xiàngqí	모양 상 | 바둑 기	명 장기
1042	象征	xiàngzhēng	모양 상 | 부를 징	명 상징 통 상징하다
1043	消费	xiāofèi	사라질 소 | 쓸 비	통 소비하다
1044	消化	xiāohuà	사라질 소 | 될 화	통 소화하다, (배운 지식을) 소화하다
1045	消极	xiāojí	사라질 소 | 다할 극	형 소극적이다, 부정적인 **L6**
1046	消失	xiāoshī	사라질 소 | 잃을 실	통 없어지다, 소실되다
1047	销售	xiāoshòu	소비할 소 | 팔 수	통 판매하다, 팔다
1048	小麦	xiǎomài	작을 소 | 보리 맥	명 소맥, 밀
1049	小气	xiǎoqì	작을 소 | 기운 기	형 인색하다, 쩨쩨하다, 박하다
1050	孝顺	xiàoshùn	효도 효 | 따를 순	통 효성스럽다, 효도하다
1051	效率	xiàolǜ	본받을 효 | 비율 율	명 효율
1052	歇	xiē	쉴 헐	통 쉬다
1053	斜	xié	비스듬할 사	형 기울다, 비스듬하다 통 기울이다
1054	写作	xiězuò	쓸 사 | 만들 작	통 글을 짓다, 저작하다 **L6**
1055	血	xuè	피 혈	명 피, 혈액 **L4**
1056	心理	xīnlǐ	마음 심 | 다스릴 리	명 심리, 마음
1057	心脏	xīnzàng	마음 심 | 오장 장	명 심장
1058	欣赏	xīnshǎng	기쁠 흔 | 상줄 상	통 맘에 들다, 감상하다
1059	信号	xìnhào	편지 신 | 부호 호	명 신호
1060	信任	xìnrèn	믿을 신 | 맡길 임	통 신임하다, 신뢰하다 **L4**
1061	行动	xíngdòng	행할 행 | 움직일 동	명 행위, 행동 통 행동하다

번호	단어	병음	한자 풀이	뜻
1062	行人	xíngrén	다닐 행 | 사람 인	명 행인
1063	行为	xíngwéi	행할 행 | 할 위	명 행동, 행위
1064	形成	xíngchéng	모양 형 | 이룰 성	동 형성하다
1065	形容	xíngróng	모양 형 | 얼굴 용	동 형용하다
1066	形式	xíngshì	모양 형 | 법 식	명 형식
1067	形势	xíngshì	모양 형 | 형세 세	명 형세
1068	形象	xíngxiàng	모양 형 | 모양 상	명 형상, 이미지
1069	形状	xíngzhuàng	모양 형 | 형상 상	명 형태, 모양
1070	幸亏	xìngkuī	다행 행 | 이지러질 휴	부 다행히
1071	幸运	xìngyùn	다행 행 | 운수 운	명 행운 형 운이 좋다
1072	性质	xìngzhì	성질 성 | 바탕 질	명 성질
1073	兄弟	xiōngdì	형 형 | 아우 제	명 형제
1074	胸	xiōng	가슴 흉	명 가슴
1075	休闲	xiūxián	쉴 휴 | 한가할 한	동 한가롭게 지내다, 여가활동을 하다
1076	修改	xiūgǎi	닦을 수 | 고칠 개	동 고치다, 수정하다
1077	虚心	xūxīn	빌 허 | 마음 심	형 겸손하다
1078	叙述	xùshù	펼 서 | 펼 술	동 서술하다
1079	宣布	xuānbù	베풀 선 | 펼 포	동 선포하다
1080	宣传	xuānchuán	베풀 선 | 전할 전	동 선전하다, 광고하다
1081	学历	xuélì	배울 학 | 지낼 력	명 학력 L6
1082	学术	xuéshù	배울 학 | 재주 술	명 학술
1083	学问	xuéwèn	배울 학 | 물을 문	명 학문
1084	寻找	xúnzhǎo	찾을 심 | 찾을 조	동 찾다, 구하다
1085	询问	xúnwèn	물을 순 | 물을 문	동 물어보다, 알아보다
1086	训练	xùnliàn	가르칠 훈 | 익힐 련	동 훈련하다
1087	迅速	xùnsù	빠를 신 | 빠를 속	형 신속하다, 재빠르다

1088	押金	yājīn	찍을 압 | 쇠 금	명 보증금, 담보금	L6
1089	牙齿	yáchǐ	어금니 아 | 이 치	명 이, 치아	L6
1090	延长	yáncháng	늘일 연 | 길 장	동 연장하다	
1091	严肃	yánsù	엄할 엄 | 엄숙할 숙	형 엄숙하다	
1092	演讲	yǎnjiǎng	널리 펼 연 | 논할 강	명 강연, 연설 동 연설하다	L6
1093	宴会	yànhuì	잔치 연 | 모일 회	명 연회	
1094	阳台	yángtái	볕 양 | 받침대, 높고 평평할 대	명 베란다, 발코니	
1095	痒	yǎng	가려울 양	형 간지럽다, 가렵다, 좀이 쑤시다	
1096	样式	yàngshì	모양 양 | 형식 식	명 양식, 스타일	
1097	腰	yāo	허리 요	명 허리	
1098	摇	yáo	흔들 요	동 흔들다	
1099	咬	yǎo	물 교	동 베어 물다, 물다	
1100	要不	yàobù	중요할 요 | 아닐 불	접 그렇지 않으면	
1101	业务	yèwù	업 업 | 힘쓸 무	명 업무	
1102	业余	yèyú	업 업 | 남을 여	형 여가의, 아마추어의	
1103	夜	yè	밤 야	명 밤	
1104	一辈子	yíbèizi	한 일 | 무리 배 | 접미사 자	명 한평생, 일생	
1105	一旦	yídàn	한 일 | 아침 단	명 잠시, 잠깐 부 일단 ~한다면	
1106	一律	yílǜ	한 일 | 법률 률	형 일률적이다 부 예외없이	L6
1107	一再	yízài	한 일 | 다시 재	부 수차, 거듭	L6
1108	一致	yízhì	한 일 | 이를 치	형 일치하다	
1109	依然	yīrán	의지할 의 | 그럴 연	부 여전히, 변함없이 동 여전하다, 한결같다	

번호	단어	병음	훈음	뜻
1110	移动	yídòng	옮길 이 | 움직일 동	동 움직이다
1111	移民	yímín	옮길 이 | 백성 민	명 이민 동 이민 가다
1112	遗憾	yíhàn	남길 유 | 섭섭할 감	형 유감스럽다, 섭섭하다
1113	疑问	yíwèn	의심할 의 | 물을 문	명 의문
1114	乙	yǐ	새, 둘째 천간 을	명 을[천간(天干)의 두 번째]
1115	以及	yǐjí	써 이 | 미칠 급	접 그리고, 및
1116	以来	yǐlái	써 이 | 올 래	명 이래, 이후
1117	亿	yì	억 억	수 억 L4
1118	义务	yìwù	옳을 의 | 힘쓸 무	명 의무
1119	议论	yìlùn	의논할 의 | 논할 론	명 의론, 시비(是非) 동 의론하다, 비평하다
1120	意外	yìwài	뜻 의 | 바깥 외	형 의외다, 뜻밖이다, 예상외다
1121	意义	yìyì	뜻 의 | 옳을 의	명 의의
1122	因而	yīn'ér	인할 인 | 말 이을 이	접 그래서
1123	因素	yīnsù	인할 인 | 본디 소	명 요소
1124	银	yín	은 은	명 은
1125	印刷	yìnshuā	도장 인 | 닦을 쇄	동 인쇄하다 L6
1126	英俊	yīngjùn	뛰어날 영 | 준걸 준	형 재능이 출중하다, 준수하다, 잘생기다, 말쑥하다, 핸섬하다
1127	英雄	yīngxióng	뛰어날 영 | 수컷 웅	명 영웅 형 영웅적인
1128	迎接	yíngjiē	맞을 영 | 맞을 접	동 맞이하다
1129	营养	yíngyǎng	다스릴 영 | 기를 양	명 영양
1130	营业	yíngyè	경영할 영 | 업 업	동 영업하다
1131	影子	yǐngzi	그림자 영 | 접미사 자	명 그림자
1132	应付	yìngfu	응할 응 | 줄 부	동 대처하다, 대응하다
1133	应用	yìngyòng	응할 응 | 쓸 용	동 응용하다
1134	硬	yìng	단단할 경	형 단단하다, 딱딱하다 L4
1135	硬件	yìngjiàn	굳을 경 | 물건 건	명 하드웨어
1136	拥抱	yōngbào	안을 옹 | 안을 포	동 포용하다, 껴안다

번호	단어	병음	훈음	뜻	
1137	拥挤	yōngjǐ	안을 옹 | 밀칠 제	형 붐비다, 혼잡하다 동 한데 모이다	
1138	勇气	yǒngqì	날랠 용 | 기운 기	명 용기	
1139	用功	yònggōng	쓸 용 | 공로 공	형 열심히 공부하다	L6
1140	用途	yòngtú	쓸 용 | 길 도	명 용도	
1141	优惠	yōuhuì	넉넉할 우 | 은혜 혜	형 특별 우대하다, 할인해주다	
1142	优美	yōuměi	뛰어날 우 | 아름다울 미	형 아름답다	
1143	优势	yōushì	뛰어날 우 | 형세 세	명 우세	
1144	悠久	yōujiǔ	멀 유 | 오랠 구	형 오래되다	
1145	犹豫	yóuyù	오히려 유 | 머뭇거릴 예	형 주저하다, 망설이다	
1146	油炸	yóuzhá	기름 유 | 터질 작	동 기름에 튀기다	
1147	游览	yóulǎn	헤엄칠 유 | 볼 람	동 유람하다	
1148	有利	yǒulì	있을 유 | 이로울 리	형 유리하다	
1149	幼儿园	yòu'éryuán	어릴 유 | 아이 아 | 동산 원	명 유치원	
1150	娱乐	yúlè	즐길 오 | 즐길 락	명 오락, 예능 동 오락하다, 즐겁게 소일하다	
1151	与其	yǔqí	더불 여 | 그 기	접 ~하느니	
1152	语气	yǔqì	말씀 어 | 기운 기	명 어기, 말투, 억양	
1153	玉米	yùmǐ	구슬 옥 | 쌀 미	명 옥수수	
1154	预报	yùbào	미리 예 | 알릴 보	동 예보하다	
1155	预订	yùdìng	미리 예 | 정할 정	동 예약하다	
1156	预防	yùfáng	미리 예 | 막을 방	동 예방하다	
1157	元旦	yuándàn	으뜸 원 | 아침 단	명 설날[양력 1월 1일]	
1158	员工	yuángōng	사람 원 | 장인 공	명 종업원	N
1159	原料	yuánliào	근원 원 | 재료 료	명 원료	
1160	原则	yuánzé	본래 원 | 법칙 칙	명 원칙	
1161	圆	yuán	둥글 원	형 둥글다	L4
1162	愿望	yuànwàng	원할 원 | 바랄 망	명 바람, 희망	
1163	乐器	yuèqì	음악 악 | 그릇 기	명 악기	N

1164	晕	yūn	어지러울 운	형 어지럽다　동 기절하다
1165	运气	yùnqi	운수 운 | 기운 기	명 운, 운수
1166	运输	yùnshū	옮길 운 | 보낼 수	동 운송하다
1167	运用	yùnyòng	옮길 운 | 쓸 용	동 운용하다

Z

1168	灾害	zāihài	재앙 재 | 해할 해	명 재해
1169	再三	zàisān	거듭 재 | 석 삼	부 다시, 재차
1170	在乎	zàihu	있을 재 | 어조사 호	동 마음에 두다, 개의하다 **L6**
1171	在于	zàiyú	있을 재 | 어조사 우	동 ~에 있다, ~에 달려 있다 **N**
1172	赞成	zànchéng	도울 찬 | 이룰 성	동 찬성하다
1173	赞美	zànměi	도울 찬 | 아름다울 미	동 찬미하다
1174	糟糕	zāogāo	망칠 조 | 떡 고	형 엉망이 되다, 망치다
1175	造成	zàochéng	지을 조 | 이룰 성	동 조성하다, 야기시키다
1176	则	zé	곧 즉	접 오히려, 그러나
1177	责备	zébèi	꾸짖을 책 | 갖출 비	동 책망하다, 혼내다
1178	摘	zhāi	딸 적	동 벗다, 떼다, 꺾다
1179	窄	zhǎi	좁을 착	형 좁다 **L4**
1180	粘贴	zhāntiē	붙을 점 | 붙을 첩	동 (풀로) 붙이다
1181	展开	zhǎnkāi	펼 전 | 열 개	동 펴다, 활동을 벌이다, 전개하다
1182	展览	zhǎnlǎn	펼 전 | 볼 람	동 전람하다, 전시하다
1183	占	zhàn	차지할 점	동 점치다, 차지하다 **N**
1184	战争	zhànzhēng	싸움 전 | 다툴 쟁	명 전쟁
1185	长辈	zhǎngbèi	자랄 장 | 무리 배	명 손윗사람, 연장자 **L6**
1186	涨	zhǎng	넘칠 창	동 (물가나 수위 등이) 올라가다

1187	掌握	zhǎngwò	손바닥 장 | 쥘 악	동 장악하다, 마스터하다, 정복하다	
1188	账户	zhànghù	장부 장 | 집 호	명 계좌	
1189	招待	zhāodài	부를 초 | 대접할 대	동 접대하다	
1190	着火	zháohuǒ	붙을 착 | 불 화	동 불나다, 불붙다	N
1191	着凉	zháoliáng	더할 착 | 서늘할 량	동 감기 걸리다, 바람을 맞다	
1192	召开	zhàokāi	부를 소 | 열 개	동 열다, 개최하다	
1193	照常	zhàocháng	비칠 조 | 항상 상	부 평상시대로 / 동 평소대로 하다	
1194	哲学	zhéxué	밝을 철 | 배울 학	명 철학	
1195	针对	zhēnduì	바늘 침 | 대할 대	동 겨누다, 겨냥하다	
1196	珍惜	zhēnxī	보배 진 | 아낄 석	동 아끼다, 소중히 여기다	
1197	真实	zhēnshí	참 진 | 열매 실	형 진실하다	
1198	诊断	zhěnduàn	진찰할 진 | 결단할 단	동 진단하다	
1199	阵	zhèn	한바탕 진	양 한 차례[짧은 시간]	
1200	振动	zhèndòng	떨 진 | 움직일 동	동 진동하다	
1201	争论	zhēnglùn	다툴 쟁 | 논할 론	동 논쟁하다	
1202	争取	zhēngqǔ	다툴 쟁 | 가질 취	동 쟁취하다	
1203	征求	zhēngqiú	부를 징 | 구할 구	동 (의견을) 구하다	
1204	睁	zhēng	눈동자 정	동 눈을 뜨다	
1205	整个	zhěnggè	온전할 정 | 낱 개	형 전체, 온통, 전부	
1206	整齐	zhěngqí	가지런할 정 | 조화할 제	형 정연하다, 단정하다	L4
1207	整体	zhěngtǐ	온전할 정 | 몸 체	명 (한 집단의) 전체, 전부	
1208	正	zhèng	바를 정	형 바르다 부 마침	
1209	证件	zhèngjiàn	증거 증 | 물건 건	명 증명서, 증거 서류	
1210	证据	zhèngjù	증거 증 | 근거 거	명 증거	
1211	政府	zhèngfǔ	정사, 정치 정 | 관청 부	명 정부	
1212	政治	zhèngzhì	정사, 정치 정 | 다스릴 치	명 정치	
1213	挣	zhèng	발버둥칠 쟁	동 (돈·재산 등을) 벌다	C

1214	支	zhī	지탱할 지	양 자루[가는 물건을 세는 단위]
1215	支票	zhīpiào	지불할 지 | 표 표	명 수표
1216	执照	zhízhào	잡을 집 | 비출 조	명 허가증, 면허증
1217	直	zhí	곧을 직	형 곧다
1218	指导	zhǐdǎo	가리킬 지 | 인도할 도	동 지도하다
1219	指挥	zhǐhuī	가리킬 지 | 휘두를 휘	명 지휘자　동 지휘하다
1220	至今	zhìjīn	이를 지 | 이제 금	부 지금까지
1221	至于	zhìyú	이를 지 | 어조사 우	전 ~에 대해서 동 ~의 정도에 이르다
1222	志愿者	zhìyuànzhě	뜻 지 | 원할 원 | 사람 자	명 지원자
1223	制定	zhìdìng	만들 제 | 정할 정	동 세우다, 제정하다
1224	制度	zhìdù	만들 제 | 법도 도	명 제도
1225	制造	zhìzào	지을 제 | 지을 조	동 제조하다, 만들다　L4
1226	制作	zhìzuò	만들 제 | 지을 작	동 제작하다
1227	治疗	zhìliáo	다스릴 치 | 병 고칠 료	동 치료하다
1228	秩序	zhìxù	차례 질 | 차례 서	명 질서
1229	智慧	zhìhuì	지혜 지 | 슬기로울 혜	명 지혜
1230	中介	zhōngjiè	가운데 중 | 낄 개	명 중개, 매개
1231	中心	zhōngxīn	가운데 중 | 마음 심	명 센터, 중심
1232	中旬	zhōngxún	가운데 중 | 열흘 순	명 중순
1233	种类	zhǒnglèi	씨앗 종 | 종류 류	명 종류　C
1234	重大	zhòngdà	무거울 중 | 큰 대	형 중대하다, 무겁고 크다　N
1235	重量	zhòngliàng	무거울 중 | 헤아릴 량	명 중량, 무게
1236	周到	zhōudào	두루 주 | 이를 도	형 주도면밀하다, 세심하다, 꼼꼼하다
1237	猪	zhū	돼지 저	명 돼지　L4
1238	竹子	zhúzi	대나무 죽 | 접미사 자	명 대나무
1239	逐步	zhúbù	쫓을 축 | 걸음 보	부 점차, 점점
1240	逐渐	zhújiàn	쫓을 축 | 흐를 점	부 점점, 점차　L4

번호	한자	병음	훈음	뜻
1241	主持	zhǔchí	주인 주 | 가질, 지킬 지	동 주최하다, 진행하다
1242	主动	zhǔdòng	주인, 주장할 주 | 움직일 동	형 능동적이다, 자발적이다 **L4**
1243	主观	zhǔguān	주인 주 | 볼 관	형 주관적이다
1244	主人	zhǔrén	주인 주 | 사람 인	명 주인
1245	主任	zhǔrèn	주인 주 | 맡길 임	명 주임 **C**
1246	主题	zhǔtí	주인 주 | 제목 제	명 주제 **L6**
1247	主席	zhǔxí	주인 주 | 자리 석	명 주석, 의장
1248	主张	zhǔzhāng	주인 주 | 베풀 장	명 주장 동 주장하다
1249	煮	zhǔ	삶을 자	동 삶다, 익히다
1250	注册	zhùcè	기록할 주 | 책, 문서 책	동 등록하다
1251	祝福	zhùfú	빌 축 | 복 복	동 축원하다, 축복하다
1252	抓	zhuā	움켜쥘 조	동 붙잡다, (손가락·발톱으로) 꽉 쥐다 **N**
1253	抓紧	zhuājǐn	움켜쥘 조 | 긴할, 팽팽할 긴	동 꽉 쥐다, 단단히 쥐다
1254	专家	zhuānjiā	오로지 전 | 정통할 가	명 전문가
1255	专心	zhuānxīn	오로지 전 | 마음 심	형 심혈을 기울이다, 전념하다
1256	转变	zhuǎnbiàn	바꿀 전 | 변할 변	동 바뀌다
1257	转告	zhuǎngào	바꿀 전 | 알릴 고	동 말을 전하다
1258	装	zhuāng	꾸밀 장	동 담다, 포장하다
1259	装饰	zhuāngshì	꾸밀 장 | 꾸밀 식	명 장식(품) 동 장식하다
1260	装修	zhuāngxiū	꾸밀 장 | 닦을 수	동 장식하고 꾸미다, 설치하고 수리하다 **N**
1261	状况	zhuàngkuàng	형상 상 | 상황 황	명 상황
1262	状态	zhuàngtài	형상 상 | 모습 태	명 상태
1263	撞	zhuàng	부딪칠 당	동 부딪치다 **L4**
1264	追	zhuī	쫓을 추	동 뒤쫓다, 추구하다, (이성을) 따라다니다 **N**
1265	追求	zhuīqiú	쫓을 추 | 구할 구	동 추구하다

1266	咨询	zīxún	물을 자 | 물을 순	통 자문을 구하다, 자문하다, 물어보다	
1267	姿势	zīshì	모양 자 | 형세 세	명 자세	
1268	资格	zīgé	자격 자 | 격식 격	명 자격	
1269	资金	zījīn	재물 자 | 쇠 금	명 자금	
1270	资料	zīliào	자원 자 | 재료 료	명 자료	
1271	资源	zīyuán	자원 자 | 근원 원	명 자원	
1272	紫	zǐ	자줏빛 자	명 자줏빛, 보라색	
1273	自从	zìcóng	스스로 자 | 좇을 종	전 ~로부터	
1274	自动	zìdòng	스스로 자 | 움직일 동	형 자동이다, 자발적인	
1275	自豪	zìháo	스스로 자 | 뛰어날 호	형 스스로 자랑스럽게 생각하다	
1276	自觉	zìjué	스스로 자 | 깨달을 각	형 자발적인 통 자각하다, 스스로 느끼다	
1277	自私	zìsī	스스로 자 | 개인 사	형 이기적이다	
1278	自由	zìyóu	스스로 자 | 말미암을 유	명 자유　형 자유롭다	
1279	自愿	zìyuàn	스스로 자 | 원할 원	통 자원하다	
1280	字母	zìmǔ	글자 자 | 어미 모	명 자모	L6
1281	字幕	zìmù	글자 자 | 장막 막	명 자막	
1282	综合	zōnghé	모을 종 | 합할 합	통 종합하다	
1283	总裁	zǒngcái	우두머리 총 | 판단할 재	명 총재, 총수	
1284	总共	zǒnggòng	모을 총 | 함께 공	부 모두, 전부, 합쳐서	
1285	总理	zǒnglǐ	우두머리 총 | 다스릴 리	명 국가 총리, 총재, 대표	
1286	总算	zǒngsuàn	모을 총 | 셈 산	부 결국은, 마침내	
1287	总统	zǒngtǒng	우두머리 총 | 거느릴 통	명 대통령, 총통	
1288	总之	zǒngzhī	합할 총 | 어조사 지	접 요컨대, 결론지으면	
1289	阻止	zǔzhǐ	가로막을 조 | 그칠 지	통 막다, 저지하다	
1290	组	zǔ	조직할 조	명 조, 팀 통 조직하다, 구성하다	L6
1291	组成	zǔchéng	짤 조 | 이룰 성	통 구성하다	L4

| 1292 | 组合 | zǔhé | 조직할 조 \| 합할 합 | 명 조합 동 조합하다 |
| 1293 | 组织 | zǔzhī | 짤 조 \| 짤 직 | 명동 조직(하다), 구성(하다) |

L4

1294	最初	zuìchū	가장 최 | 처음 초	명 최초
1295	醉	zuì	취할 취	동 취하다
1296	尊敬	zūnjìng	높을 존 | 공경할 경	형 존경하는 동 존경하다
1297	遵守	zūnshǒu	좇을 준 | 지킬 수	동 지키다, 준수하다
1298	作品	zuòpǐn	지을 작 | 물건 품	명 작품
1299	作为	zuòwéi	지을 작 | 할 위	명 행위, 행동 동 ~로 여기다, ~로 삼다
1300	作文	zuòwén	지을 작 | 글월 문	명 작문 동 작문하다